U0530968

汉译世界学术名著丛书

第一次世界大战的起源

(第三版)

〔英〕詹姆斯·乔尔 著
戈登·马特尔

薛洲堂 译

商务印书馆
The Commercial Press

James Joll and Gordon Martel

THE ORIGINS OF THE FIRST WORLD WAR

Routledge, Taylor & Francis Group

LONDON AND NEW YORK

Copyright © The Estate of Professor James Joll and Gordon Martel 2007

根据 Routledge 出版社 2013 年版译出

Authorised translation from the English language edition published by

Routledge, a member of the Taylor & Francis Group

All Rights Reserved.

本书原版由 Taylor & Francis 出版集团旗下, Routledge 出版公司出版,

并经其授权翻译出版。

版权所有, 侵权必究。

Copies of this book sold without a Taylor & Francis sticker on the cover are unauthorized and illegal.

本书贴有 Taylor & Francis 公司防伪标签, 无标签者不得销售。

汉译世界学术名著丛书
出 版 说 明

我馆历来重视移译世界各国学术名著。从20世纪50年代起,更致力于翻译出版马克思主义诞生以前的古典学术著作,同时适当介绍当代具有定评的各派代表作品。我们确信只有用人类创造的全部知识财富来丰富自己的头脑,才能够建成现代化的社会主义社会。这些书籍所蕴藏的思想财富和学术价值,为学人所熟悉,毋需赘述。这些译本过去以单行本印行,难见系统,汇编为丛书,才能相得益彰,蔚为大观,既便于研读查考,又利于文化积累。为此,我们从1981年着手分辑刊行,至2021年已先后分十九辑印行名著850种。现继续编印第二十辑,到2022年出版至900种。今后在积累单本著作的基础上仍将陆续以名著版印行。希望海内外读书界、著译界给我们批评、建议,帮助我们把这套丛书出得更好。

商务印书馆编辑部
2021年9月

目　　录

第三版前言 ································· 1
第二版前言 ································· 4

第一章　导论 ································· 7
第二章　1914 年的七月危机 ················· 23
第三章　联盟体系和旧式外交 ················· 73
第四章　军国主义、军备和战略 ··············· 125
第五章　国内政治至上 ······················· 193
第六章　国际经济 ··························· 257
第七章　帝国主义竞争 ······················· 302
第八章　1914 年的社会心态 ················· 349
第九章　结论 ······························· 410

延伸阅读 ··································· 422
索引 ······································· 442

第三版前言

我很高兴有机会更新詹姆斯·乔尔这部著作，延续它的"活力"，尽管他已经于1994年逝世。他对这个专题的研究出类拔萃，既因为他对第一次世界大战之前几十年里欧洲精神特质的掌握，又由于他决定把此书编排成一系列文章，论述对这场大战的主要解读。他的著名讲座谈到那些把欧洲拖入大战的领导人心目中的"心照不宣的假设"（Unspoken Assumptions）（然后以文章发表），我认为这对过去30多年里关于"一战"的研究成果发挥了首要影响。与此同时，他参与了"费舍尔辩论"（Fischer Debate），这对于领会弗里茨·费舍尔历史研究途径的价值（以及某些不足）至关重要。因此，他的知识、博闻和历史直觉极为出色地相互糅合，使此书成为一部经典。

第一版的大多数文本是在1980—1983年之间撰写的。第二版并未作多少修改，只是添加了有关意大利的材料。因此，甚至最近的（1992年）版本中都很少提及过去25年里的研究成果。当然，那些年里肯定没有经历过更早前25年里所发生的激烈辩论，而且詹姆斯·乔尔深入地参与了那些辩论。弗里茨·费舍尔激发的辩论是史无前例的。然而，历史学家们的著作扩展了我们对此书中着重论述的若干主题理解的广度和深度。我们有了多部新出版的关于卷入第一次世界大战的主要角色的传记：三部关于德国皇帝威廉二世的传记（其中约翰·罗尔撰写的最杰出的两卷本只把我们带到了 1900 年）；三部关于沙皇尼古拉二世的传记（其中包括多米尼克·利汶的卓越研究成果）；多部关于主要政客的传记，从约翰·凯格尔对雷蒙·普安卡雷的出色研究到凯瑟琳·勒尔曼研究伯恩哈德·冯·比洛从政生涯的著作；还有数量更多的关于 1914 年之前外交官和负责执行外交政策的官员的传记。我们也有关于民族主义与学校教育、贸易与金融，帝国主义与殖民主义，战略与战略家，社会主义与和平主义，军国主义与海军至上主义，种族主义和青年运动的新研究成果。其中一些成果对特定专题提供了新的综合分析。其他成果则基于对档案材料新的详细研究。所有成果都在某种程度上与此书研究的若干主题相关。

除了罗尔、利汶和凯格尔的著作之外，有三部性质和范围不同的著作非常引人注目：萨缪尔·威廉姆森的《奥匈帝国与第一次世界大战的起源》(1991)，大卫·史蒂文森的《军备与大战的到来》(1996) 和基斯·尼尔森的《英国与末代沙皇》(1995)。这三位作者中每一位都为我们对第一次世界大战种种起因的理解做出了极其宝贵的贡献。而且我认为他们每一位都确证了詹姆斯·乔尔在这本书中论证得出的许多结论。强调这三部著作并不意味着忽视其他若干优秀专著的价值，仅举几个例子，比如安妮卡·蒙巴厄的《赫尔穆特·冯·毛奇与第一次世界大战的起源》，或者 M. B. 海因的《法国外交部与第一次世界大战的起源》，或者 D. M. 麦克唐纳的《俄国的联合政府与外交政策 1900—1914》，或者基斯·汉密尔顿的《泰姆的伯蒂：爱德华时代的大使》，或者布鲁斯·迈宁的

《刺刀先于子弹：俄罗斯帝国的陆军，1861—1914》。尽管这个书单并非是无穷无尽的，但它肯定是广泛的。再者，在各种各样的历史期刊中还刊载着几十篇涉及一战起源诸多重要方面的重要文章。

投入这部著作之初，我做出了自己的战略决策：我并非简单地增加一个"自1991年（或1984年）以来发生了什么"的章节，再把参考书目更新一下。本书论述的主题的范围将会使这种做法难于处理，而且我觉得不是特别有用。我索性换一种方式，尽量在整个现有文本中融入和参照这部著作。所以我努力保持原先的风格和口吻，当似乎需要修改的时候略作修改，但通常是增加一些扩展詹姆斯·乔尔所强调观点的新的细节、例子或者参考资料。在完成此项任务的过程中，我得到了许多同仁的有益忠告，其中我尤其要衷心感谢的是约翰·凯格尔、安妮卡·蒙巴厄、大卫·史蒂文森和萨缪尔·威廉姆森。似乎没有必要对詹姆斯·乔尔的解读做任何重大修改，我认为这充分显示了他的学识和洞察力。如果这个新版本的读者难以辨别詹姆斯·乔尔的行文在哪儿结束，我写的文字从哪儿开始，我的策略就算成功了。如果这个新版本使这部卓越著作在另一代读者心目中"保持活力"，我也就成功地实现了自己的目标。对于我本人来说，我把这项任务视为致敬之举：向这位20世纪杰出历史学家的著作致敬。

戈登·马特尔

2006年1月

第二版前言

与第一次世界大战起源相关的书籍和文章的清单显然是无穷尽的,而且把它们全部读完要花一辈子时间。甚至追踪新出现的相关文献都会让人忙得不可开交。我肯定没有阅读过所有相关的书籍。再给这些书籍增加一本的唯一理由就是现在值得尝试在国际和比较的基础之上把以往20多年时间里历史学家们一直在讨论的一些论点和解释总结一下。

我的论述从1914年7—8月期间的危机开始,而且我把关注点限制于这时参加大战的那些国家,尽管我也就意大利在七月危机期间的政策,以及导致意大利政府在1915年5月做出参战决策的较长期形势的发展有所论述。日本在1914年8月23日对德宣战,但是在日本人看来这场战争是为了达到日本自身的目的而打的,而且不管怎么说,这场战争的直接起源跟日本毫不相干。我没有谈及美国,因为在我看来直至第一次世界大战爆发之后美国的政策似乎不具有国际重要性。这场大战是以欧洲大战开始的,尽管它结束时已经不局限于欧洲了。在试图显示为什么这场特定战争在那个特定时刻爆发的同时,我也努力审视一些可能使某类战争爆发的总趋势。对于历史学家来说,困难在于把一般规律与具体情况联系起来,而且我没有解决这个难题。

第二版前言

　　至少在 1914 年之前，说英格兰和英格兰人通常与说英国和英国人是一个意思，因而我就没有试图在这个方面前后始终保持一致。同样，当写成奥地利-匈牙利人才更为准确时，我有时候索性写成了奥地利人。

　　在撰写这本书期间我从许多朋友和同仁的著作和与他们的交谈中获益良多，我特别要感谢的是：福尔克尔·贝格哈恩，小朗斯洛·法拉尔，大卫·弗伦奇，保罗·肯尼迪，多米尼克·利汶，沃尔夫冈·蒙森，哈特穆特·波吉·冯·斯特朗特曼，大卫·舍恩鲍姆和扎拉·斯坦纳。我也想利用这个机会表示一下我对弗里茨·费舍尔教授是何等的感激，即使我并不是同意他所有的结论。因为正是他重新提出了第一次世界大战起源的整个问题，指出了寻找答案的新方向。我也非常感激苏珊·威尔斯福特夫人，她准备本书的初始打字稿时既有熟练的技巧，又非常仔细。

　　我在本书中多处纳入了早些时候发表的文章的部分内容，这些文章载于保罗·克卢克和彼得·阿尔特主编的《几个世纪里德国与英国关系面面观》(伦敦德国历史学会，第四卷，斯图加特：1978 年)和阿伦·瑞恩主编的《自由的思想：纪念以赛亚·伯林文集》(牛津：1979 年)。我对获准使用这些材料表示感激。

詹姆斯·乔尔
1991 年 3 月于伦敦

马克国王：谁能向世人揭示
　　　　　这不可思议地深藏着的
　　　　　秘密原因？

特里斯坦:吾王,我不能告诉你,

你的问题,

永远无法找到答案。

——理查德·瓦格纳,《特里斯坦与伊索尔德》,第二幕

第一章 导论

现在看来，1914年爆发的第一次世界大战仍然标志着一个旧时代的结束和一个新时代的开始，尽管现在我们可以看到，一战加速而不是造就了20世纪战后社会、政治、经济和文化的许多变化发展。这场战争的经历，尤其是西部战场上的堑壕战经历，已经深深融入了西欧国家的语言和形象比喻之中[1]，继续萦绕在战后多年方才出生的一代作家和艺术家的心头，挥之不去。一战的直接后果——俄国革命，1918—1922年间席卷欧洲的政治和社会动荡，一批新民族国家的涌现导致欧洲政治版图的重新划分——决定了20世纪的历史进程。仅仅这一点就足以说明为何对这场战争诸多起因的兴趣经久不衰。但是，我们关于1914年危机的很多见解还有其他若干维度和视角。

第一次世界大战的种种直接起源比20世纪历史中几乎任何其他问题都记录得更加详尽。主要原因在于，从一开始关于战争爆发责任的争论便具有巨大的政治重要性。随着1919年6月《凡尔赛和约》的签订，关于发动战争的罪责问题具有了强烈的政治和情感意义。战争结束后那些战胜国的第一个反应就是把战争爆发的罪责推到德国人身上。《凡尔赛和约》的第231条——即"战争罪责"条款——这样表述："德国承认德国及其同盟国发动侵略给协约国政府和国民造成损失和伤害的责任。"和约中另外一处更加明确地指出了发动战争在道义上的罪责,并且把这项罪责特地加在德国皇帝身上:"协约国家一致公开谴责退位的德国皇帝霍亨索伦王朝的威廉二世违反国际道德和条约神圣性的滔天罪行。"单独指控威廉皇帝部分地出于当时英国和法国公众寻求复仇的盲目本能。在1918年11月的英国大选期间,"绞死德国皇帝"是一句流行口号。但是,正式审判威廉二世的要求也是对德国皇帝和普鲁士军人集团在战争起源中的作用进行较为审慎的分析的结果,尽管未必准确。在1914年,英国外交大臣爱德华·格雷(Edward Grey)就已受到"普鲁士军国主义"[2]的噩梦的困扰。在战争结束后的和平谈判中,美国总统伍德罗·威尔逊就曾强调废除德国皇帝的必要性,而且要消灭被他称为"军事寡头和君主独裁者"[3]的这群人。

在1919年下半年和1920年初,英国和法国政府大张旗鼓地采取行动,要把德国皇帝抓来审判,并试图说服荷兰政府把正在荷兰避难的德皇引渡过来。英国人和法国人对荷兰人极为恼火。从当时英国驻海牙公使发出的诸多电文中,读者可以看到他对荷兰保持四年中立的积怨。大卫·劳合·乔治(David Lloyd George)对荷兰人恨之入骨,恶毒地指责荷兰人拒绝像他那样看待德皇对战争所负的个人责任。在最高战争委员会里他愤怒抨击德皇。英国发给荷兰政府敦促其交出德皇的照会里充斥着他使用的词语。大卫·劳合·乔治坚持认为"肆意侵犯比利时和卢森堡的中立,野蛮的人质制度,大规模驱逐居民出境,掳走里尔的许多青年妇女,使她们与亲人骨肉分离,无依无靠,沦落于极端混乱肮脏的境地"[4],德皇本人对这些罪行负有责任。如同对荷兰发出的断绝外交关系,甚至实施经济制裁的威胁一样,这些讨伐辞令没有奏效。荷兰政府坚持不屈尊严,既拒绝交出威廉二世,又不答应像当年处置拿破仑那样,把德皇放逐到荷属西印度群岛的库拉索岛上去。

荷兰政府的态度使得审判德皇,并且把发动战争的责任放到他本人身上的想法无法实现。后来追究责任变得不那么紧迫,而且转移到了另外一个层面。到了20世纪20年代中期,越来越多的人接受了这样的观点,即缺陷丛生的国际关系体系导致了战争。根据这个观点,由于把欧洲划分为两大阵营的联盟体系的存在,战争不可避免。"旧式外交"签订的一个个邪恶的秘密国际条约,在有关国家公民不知情的情况下把国家绑上了战车。正如《曼彻斯特卫报》1914年所言:"从技术上讲,由于某些秘密条约,英国被不知情地置于由参与一场暴力赌局所带来的毁灭性疯狂之中,这赌局关乎欧陆两大军事联盟之间的战争。"[5] 1917年4月美国派兵参战后,美国政府奉行的一系列政策加强了上述观点。威尔逊总统受到英国激进传统的很大影响。在整个19世纪,英国激进传统一直批判秘密外交,呼吁外交政策应该基于道德规范而不是权宜之计,基于普遍认可的伦理原则而不是对力量均势的实际盘算权衡。因此,威尔逊在1918年元月阐述了他著名的"十四点"原则。这些主张将作为公正和平的基础。他强调,需要"公开达成的公开和约,此后不能有任何形式私下达成的国际协议,相反,外交活动必须永远开诚布公地开展,而且要公之于众"。作为1919年和平方案一个组成部分的国际联盟的基础倡导这样一个信念,即一个新的国际关系体系行将出现,在这个体系中将废除外交上的讨价还价和秘密的军事协议。国际关系将在公众的注视和控制下由共识所主导。

从国际体系的性质入手寻求对第一次世界大战爆发的解释得益于大多数参战国政府出版的若干卷外交档案文件。比如1926年剑桥大学的古典学学者哥尔德华绥·洛埃斯·迪金森（G. Lowes Dickinson）出版的一本有影响的著作，其书名《国际无政府状态，1904—1914》(*The International Anarchy 1904—1914*)就典型地体现了这一视角。通过公开发表相关文件来使对手声名狼藉，对秘密外交的首次攻击在战争结束之前就发动了。开此先河者是布尔什维克政权的首任外交部部长列夫·托洛茨基（Leon Trotsky），他下令公布了沙皇政府与法国和英国缔结的一些秘密条约，使沙皇俄国的这两个盟国大为难堪。接着在1918年的德国革命之后，魏玛共和政府授权著名的社会民主党理论家卡尔·考茨基（Karl Kautsky）从德国的档案中选编了一部第一次世界大战爆发前夕有关事件的文件集。后来历届德国政府认为，驳斥指责德国负有发动战争罪责的方法之一，在于把旧式外交活动波谲云诡的详细内幕公之于众，向人们揭示，所有政府的手段几乎如出一辙，所以没有理由专门指责德国人。正是由于这个原因，在1922—1927年期间，39卷德国外交文件陆续出版发行，总标题为《欧洲列国内阁的重大政策》(*Die Grosse Politik der Europäischen Kabinette*)。德国此举旨在反击他国指责德国负有发动战争的罪责。这样一来就意味着其他国家感到不得不仿效跟进，以便昭示天下，他们没有什么见不得人的勾当需要遮遮掩掩。因而在1926—1938年期间，11卷的《关于大战起源的英国文件》(*British Documents on the Origins of the War*)相继问世。从1930年起，法国开始陆续发表《法国外交文件，1871—1914》(*Documents Diplomatiques Français 1871—*

1914），不过最后几卷直到 1953 年才出齐。奥地利共和国政府在 1930 年出版了 8 卷奥地利-匈牙利文件。但是意大利的外交文件直到第二次世界大战结束后才公开出版。俄国革命后滞留在国外的沙俄外交人员从他们使馆的档案中选择了一些文件发表，而且苏联政府也在 20 世纪 20 年代和 30 年代印刷出版了相当数量的档案材料。[6]

尽管在很多情况下，各国政府档案直到第二次世界大战后才解密，但上述汗牛充栋的文献材料的出版，意味着历史学家们有了大量的可以对列强外交关系进行探讨分析的证据。对 19 世纪外交史和第一次世界大战背景的研究成了历史研究中最重要的分支之一。一些杰出的历史学家将有关外交史自主性的想法发展成了这样一个观点，即外交史是历史研究的一门独立分支。由此，这似乎印证了 19 世纪德国伟大的历史学家莱奥波德·冯·兰克的观点即列国的外交政策决定它们内部发展变化的方向，决定它们的命运。正是由于这一代历史学家和他们培养的一批学生，相较几乎其他所有时期的国际关系史，我们对 1914 年之前一些年的国际关系史知道得更多更详细。这些历史学家中的许多人仍然注重以这样或者那样的形式划分所有交战国政府的责任，这里仅举几例：法国的皮埃尔·勒努万[*]和美国的贝纳多特·施密特[**]

---

[*] 皮埃尔·勒努万（Pierre Renouvin，1893—1974），法国历史学家，索邦大学教授，曾参加一战，并负重伤，著有《战争的直接起源》（1925）等多部重要作品，还与他人合著有《国际关系史导论》（1964）。（本书页下注释均为译者所加，不另注。）

[**] 贝纳多特·施密特（Bernadotte Schmitt，1886—1969），美国芝加哥大学欧洲史教授，1960 年曾当选美国历史学会会长。他以其主要著作《战争的来临，1914》（1930）与西德尼·布拉德肖·费伊展开论战。

倾向于把罪责归于德国;另外一位美国人西德尼·布拉德肖·费伊*则把战争爆发归罪于奥匈帝国;德国人阿尔弗雷德·冯·韦格勒尔**指控沙皇俄国和英国是发动大战的罪魁祸首。这些详细研究专著中最权威的鸿篇巨制出自意大利记者和政治活动家路易吉·阿尔贝蒂尼***的手笔。但是这部一战专著问世之时第二次世界大战已经开始,出版后数年才赢得国际声誉。而且到了那时,关于一战讨论的焦点正在发生变化。[7]

第二次世界大战后,关于一战诸多起因的讨论往往与二战种种起因的讨论联系在一起。人们普遍认为,发动第二次世界大战的直接责任在于希特勒和德国的民族社会主义政府。《凡尔赛和约》,尤其是关于"战争罪责"的条款,在多大程度上促成了魏玛共和国的垮台和希特勒的崛起?[8] 威廉二世时代和纳粹时期的德国在外交政策上有多大程度的连续性?盎格鲁-撒克逊历史学家们普遍认为,1914年和1939年德国追求的目标具有连续性,这从他们对第二次世界大战的反应就可以清楚看出,A. J. P. 泰勒****所

---

* 西德尼·布拉德肖·费伊(Sidney Bradshaw Fay,1876—1967),又译悉·布·费,美国历史学家,曾执教于哈佛大学和耶鲁大学,其《世界大战的起源》(1928)是研究第一次世界大战的经典作品之一。

** 阿尔弗雷德·冯·韦格勒尔(Alfred von Wegerer,1880—1930),德国历史学家,曾主持魏玛共和国的"战争起因研究中心",旨在推卸甚至否认德国发动第一次世界大战的罪责。

*** 路易吉·阿尔贝蒂尼(Luigi Albertini,1871—1941),意大利影响很大的报纸编辑、国会议员和历史学家,其三卷本《1914年战争的起源》是一手资料翔实的研究第一次世界大战的权威著作。

**** A. J. P. 泰勒(A. J. P. Taylor,1906—1990),英国历史学家,主要研究近代欧洲史、外交史,代表作《争夺欧洲霸权的斗争,1848—1918》。1961年他发表的《第二次世界大战的起源》在史学界引起了激烈的争论。

著《德国历史的进程》(The Course of German History)一书就是最佳例证。确实在他们中间的一些人看来,德国固有的邪恶传统可以追溯至奥托·冯·俾斯麦,或者腓特烈大王,甚或路德。[9]尽管德国许多保守派历史学家们愿意承认德国负有发动第二次世界大战的责任,但是在德国之外,认为该国负有发动一战"罪责"的观点仍然广为流行,对于这些德国历史学家中的许多人来说,面对这样一个现实极其痛苦。这部分地说明了为什么汉堡大学历史教授弗里茨·费舍尔[*]的著作《争雄世界:德意志帝国1914—1918年战争目标》(Griff nach der Weltmacht)1961年发表后在德国引发了激烈的争议。该书不仅披露了第一次世界大战期间德国吞并扩张目标的规模,而且某些批评者相信此书还使人认为,为了实现那些目标,1914年德国政府蓄意开战。[10]在费舍尔的许多德国同行看来,更加糟糕的是他使人认为德国在一战和二战中的目标之间可能存在某种连续性。费舍尔的论点受到德意志民主共和国历史学家们的赞扬,但这无助于他在本国的事业或者名声。在民主德国的主要历史学家之一弗里茨·克莱因[**]的眼里,费舍尔的几个重要论点既无新的见解,也没有什么可争议的:德国对发动第一次世界大战负有主要责任,"实现广泛的战争目标的要求主要是由占德国经济主导地位的经济集团决定的,德意志帝国的侵略战争政

---

[*] 弗里茨·费舍尔(Fritz Fischer,1908—1999),德国历史学家,汉堡大学教授,其专著《争雄世界》在联邦德国引起了激烈争议,遭到了围攻和指责。1969年发表的另一部专著《幻觉之战》从"内政至上"的视角分析了1911—1914年德国的外交政策。

[**] 弗里茨·克莱因(Fritz Klein,1924—2011),德国历史学家,长期任教于柏林的德国科学院,并积极参与了"费舍尔辩论",主编有三卷本巨著《第一次世界大战中的德国》(1968—1970)。

策不过是早在1914年之前奉行的政策的延续而已。"[11]"费舍尔论点"(Fischer thesis)主导了关于一战起源的讨论长达几十年之久,尤其是德国历史学家们再次全力以赴地剖析从俾斯麦到1918年德意志帝国垮台这段历史时期内德国的外交政策。相比之下,在对每个参战列强政策的讨论中,既没有令人耳目一新的理论概括,也没有任何像"费舍尔辩论"那样引起争议的观点,与20世纪20年代的辩论截然不同,那时沙皇俄国、法国、奥匈帝国和英国单独或者集体被认定对发动战争负有责任。20世纪70年代麦克米伦出版社策划并开始陆续出版"塑造20世纪"系列丛书。尽管参与撰写丛书的著名历史学家们对德国(福尔克尔·贝格哈恩*)、英国(扎拉·斯坦纳**)、意大利(理查德·博斯沃思***)、法国(约翰·凯格尔****)和沙皇俄国(多米尼克·利汶*****)的外交政策作了全面详尽的阐释,他们并没有认定自己所研究的国家对战争应负的责任或者罪责。1991年问世的萨缪尔·威廉姆森******的《奥匈帝国与第一次世界大战的起源》(*Austria-Hungary and the Origins*

---

* 福尔克尔·贝格哈恩(Volker Berghahn,1938—),美国历史学家,哥伦比亚大学德国史和现代欧洲史教授。

** 扎拉·斯坦纳(Zara Steiner,1928—2020),英国历史学家,剑桥大学教授,主要研究两次世界大战前后的外交史及欧洲史。

*** 理查德·博斯沃思(Richard Bosworth,1943—),澳大利亚历史学家,研究法西斯意大利的著名专家,曾先后在悉尼大学、西澳大利亚大学和英国的雷丁大学执教。

**** 约翰·凯格尔(John Keiger),英国历史学家,曾任萨尔福特大学国际史教授,2012年至剑桥大学任教,研究重点是法国的外交政策和官僚政治。

***** 多米尼克·利汶(Dominic Lieven,1952—),英国历史学家,剑桥大学教授,曾任伦敦政治经济学院历史系主任,主要研究领域为俄国史和国际史。

****** 萨缪尔·威廉姆森(Samuel Williamson,1935—),美国历史学家,曾任西沃恩南方大学校长,其另一著作《大战略的政治学》(1969)曾获乔治·路易斯·皮尔奖。

of the First World War）却与众不同，尽管他对奥地利1914年之前的外交政策进行了全面系统的研究，但是他也论证了正是这种政策在1914年7月和8月导致席卷整个欧洲的全面大战的爆发。尽管该书比《争雄世界》晚出版三十年，但早在1991年之前，威廉姆森就受到激励，欲质疑专门聚焦于德国的观点：在一篇早先发表的文章中他宣称，希望重新展开对1914年7月的辩论，并且提醒学者们"注意1914年参战各国看得清清楚楚的事实：尽管维也纳忧患缠身，而且可能落伍于时代，但是奥地利毕竟是一个能够采取独立行动，做出独立决策的强国"，旨在让人们看到费舍尔"并不是那么面面俱到"。[12] 然而，该论点并没有像费舍尔的观点那样引发争议，也许是因为负罪的哈布斯堡帝国早已不复存在，没有任何人有既得利益需要为它辩护，反击它的批评者。

在弗里茨·费舍尔的著作中，对一战起因讨论的尤其重要的一个方面，是他在《争雄世界》一书中几乎不经意地提出的观点，即1914年之前德国外交政策的决定性因素是德国国内的政治和社会压力。这个观点在他的下一部著作《幻觉之战》中得到阐发，后来又被他的几个学生和追随者进一步发挥。[13] 该观点的主要支持者之一汉斯-乌尔里希·韦勒[*]认为，德国的贵族和工业巨头们通过动员利益集团来操纵政治舆论的表达，旨在保护他们自己在社会顶层的地位，缓解民主和社会主义构成的挑战。在韦勒看来，威廉二世不过是一个无足轻重的人，一个唯主宰德国社会结构的寡

---

[*] 汉斯-乌尔里希·韦勒（Hans-Ulrich Wehler，1931—2014），德国历史学家，比勒菲尔德大学教授，比勒菲尔德学派代表人物。

头马首是瞻的"影子皇帝"(Schattenkaiser)。[14] 这种"比勒菲尔德学派"治学的视角在约翰·罗尔[*]的一系列著作中遭到不遗余力的质疑与诘难。罗尔的多本专著聚集于德皇威廉二世、他的秉性及其身边群臣的秉性。罗尔认为,德国的政策不是由隐姓埋名的幕后势力或者寡头们主宰的,"而是由有血有肉、活生生的人,有七情六欲和诸如虚荣、自负、势利、浅薄等种种人性弱点的人决定的。"[15] 他严谨扎实的治学工夫和对德意志帝国决策过程细致入微的剖析极大地增加了我们对第一次世界大战之前的德国的理解。

然而,作为对兰克学派所崇尚的"外交政策至上"(Primat der Aussenpolitik)的反拨,韦勒为首的比勒菲尔德学派对"对内政策至上"(Primat der Innenpolitik)的强调促使历史学家们再度审视1914年之前欧洲各国的国内政治形势。毫无疑问,"塑造二十世纪"系列丛书中的每部著作都反映了这个新的重点。这个观点的扩散得益于20世纪60年代美国史学界的一个趋势。当时很多美国的历史和政治学者都在从经济利益和施压集团的视角分析美国的外交政策,其中包括冷战和越南战争的起源。在这种国际背景之下,应用类似的模式来分析1914年之前的欧洲似乎很自然。也会很自然地认为,用阿诺·约瑟夫·迈耶[**]的话来说,"开战的决定和对战事的运筹设计是在欧洲各国统治阶级的政治和政策危机中制定出来的。"[16] 这些观点接近马克思主义的解释。因为在马

---

[*] 约翰·罗尔(John Röhl,1938—),英国历史学家,苏塞克斯大学欧洲史教授,并曾于汉堡大学及弗赖堡大学讲授欧洲近代史,著有《没有俾斯麦的德国》(1967)等书。

[**] 阿诺·约瑟夫·迈耶(Arno Joseph Mayer,1926—),美国历史学家,耶鲁大学教授,主要研究欧洲近代史、外交史和对犹太人的大屠杀的研究。

克思主义看来，帝国主义的本性中蕴含着战争，到了20世纪初，资本主义社会的内部矛盾已经发展到战争不可避免的地步。

这样的解释能够把我们从1914年的当下形势拉开很远，引导我们去思考几个世纪以来整个欧洲的经济和社会发展变化。有一位历史学家企图把迈耶的论点嵌入七月危机本身之中。他暗示，危机期间身处重大责任位置的人在19世纪中叶出生于工业化之前的欧洲，他们在传统迅速变迁的时期在灌输传统价值的学校里接受了教育，尤其在奥匈帝国，刺杀费迪南大公夫妇事件给他们这些当权者造成的巨大压力使他们做出情绪化和非理性的反应。[17] 毫无疑问，理想的情况应该是这样的，对第一次世界大战种种起因的阐释将会带来使人茅塞顿开的黑格尔式的洞悉，在其中世界上的每一件事物都与其他事物相关联，所有的联系和规律都变得清清楚楚。不过，本书的目标并不宏大，它旨在考察他人已经提出的一些原因，为什么这场战争偏偏在这个时候爆发。

我们的解释形成了一个同心圆模型，开始是1914年七月危机期间政治和军事领导人立即做出的各种决策，在做出这些决策时，领导人的性格特征和个人癖好必然起了一定的作用。但是，这些决策本身既受到先前各种选择的限制，又受到它们赖以形成的宪法和政治框架的限制。它们既受到最近国际上诸多危机的影响，又受到之前40多年里缔结的各种外交盟约的影响。它们既是军事领导人与文官们之间错综复杂关系的结果，又是若干长期战略计划和军备计划的结果。它们既受制于国内政治近期和长期的压力，又受制于不同经济利益集团互相冲突的影响。它们取决于对每个国家的关键利益和民族使命的总体认知。再者，开战的决策必须让公众和那些去打仗的士兵感到能够接受和理解；开战的理由必须用能够煽动情绪化反应的语言来表达。而且那种情绪化反应又取决于悠久的民族传统和民族神话的不断重复。

本书旨在首先探讨1914年7月的诸多决策，即那些导致在那个特定时间爆发战争的决策，然后思考促成那些决策的一些因素，或许更为重要的是，思考限制可用选项的一些因素。当我们阅读某一部关于1914年七月危机的著作时，我们常常觉得政客们自己陈述的理由不足以解释当时所发生的情况，而且我们总想寻找某种更深层次和更总体性的原因去解释那场灾难。阿尔贝蒂尼在评价1914年的决策者们时曾经写道："他们的智力和道德禀赋与他们所面临的问题的艰巨性极不相称，他们的行为与行为的结果也极不相称。"[18] 我们时常深有同感。这样说也许在某种程度上有点不公平，因为他们不知道，也不可能知道结果将会是什么样，或者说他们意识不到，也不可能意识到他们决定发动的战争将不会按照他们的意图打下去，而且比他们中间任何一个人所设想的持续得更长，更具破坏性。假设他们有先见之明，可预知自己决策的种种后果，他们会不会做出不同的选择呢？做这样的推测是毫无意义的。他们的决策必须放在1914年他们所面对的情势中加以分析。正如以赛亚·伯林所写："某些特定的施动者，在特定情况下，能做哪些事，无法做哪些事，这是一个经验性问题。像所有此类问题一样，对这个问题的恰当处理需要借助于经验。"[19] 然而，困难在于，关于在1914年7月的特定情况下决定哪些事可以做或者不能做的种种因素，我们掌握了大量证据，可是要确定在任何一项特定决策中哪一个因素起主导作用并不容易。我们所能够做到的仅仅是审视已经提出的各种解释，进而探究这些解释究竟能在多大程度上说明实际做出的若干决策。因此，本书将讨论其他人已经提出的第一次世界大战的一些（但绝不是全部）"原因"，并且探讨每一个原因在多大程度上助长了1914年危机的发展。

正如我们已经看到的那样，20世纪20年代里很多人把第一次世界大战的爆发怪罪于当时的国际体制，对抗性联盟的存在，军备竞赛和"旧式外交"的恶劣影响。这些情况确实为危机的发展准备了条件。一旦危机突发，文官部长们往往意识不到他们的行动自由将受到战略计划及参谋总部和海军总部决策的限制。而且这些战略计划和军方决策又与庞大的武器计划相联系。这些武器计划是大战爆发前那个时期的一个特色。诚然，一些人看到战争的起源植根于当时的国际体制或者是陆、海军总部的战争计划，而其他人则怪罪于那些金融家和工业家们，以及整个国际资本主义的经济结构。要求和平和要求战争的经济压力各是些什么？那么问题又来了，我们是否应该接受"对内政策至上"的观点，在如下因素中寻找战争起因呢？即那些交战国内部的社会和政治问题，以及对战争或许能够解决国内问题，并且避免革命威胁的笃信。

在有些人看来，1914年的战争似乎是帝国主义时代的顶点：许多人一直认为帝国主义的相互争夺对抗必然导致战争。因此我们也必须努力分析这些争夺对抗在创造1914年7月的形势方面起了什么作用。最后，我们可以探究1914年的社会心态（当时的政治、思想和道德信仰）如何有助于战争爆发，而且如何提供了一套价值观标准，政府一旦决定发动战争，就能仰仗这套价值观来为开战正名。在本书的后续部分，每一章专门探讨一个不同类型的解释。这个单子绝不是详尽无遗的。但是,如果我们努力探究每个解释在多大程度上符合 1914 年 7 月发生的情况,探究不同类型的历史现象在多大程度上与危机期间做出的决策相联系,那么,我们也许至少可以开始生成关于导致大战的各种复杂和纷繁因素的概貌,即使它不是第一次世界大战起因的全貌。

参考书目

1. 参见,比如,Paul Fussell, *The Great War and Modern Memory*, London: 1975 年;Eric J. Leed, *No Man's Land: Combat and Identity in World War I*, Cambridge: 1979 年;Modris Eksteins, *Rites of Spring: The Great War and the Birth of the Modern Age*, Boston, Mass.: 1989 年。
2. 参见 Michael Ekstein, "Sir Edward Grey and Imperial Germany in 1914", *Journal of Contemporary History*, 第 6 期(1971 年), 第 121—131 页。
3. *Foreign Relations of the United States*, 1918, Washington: 1933 年,增刊第 1 期,第 1 卷,第 383 页。
4. E. L. Woodward 和 Rohan Butler 主编, *Documents on British Foreign Policy 1919—1939*, 第 1 系列,第 2 卷, London: 1948 年,第 913 页。
5. *Manchester Guardian*, 1914 年 7 月 31 日,引自 Lawrence Martin, *Peace without Victory*, New Haven, Conn.: 1958 年,第 47 页。
6. 关于这些材料的讨论,参见 A. J. P. Taylor, *The Struggle for Mastery in Europe*, Oxford: 1954 年,第 569—583 页。
7. 参见,比如 Pierre Renouvin, *Les Origines immédiates de la Guerre*, Paris: 1927 年;Bernadotte E. Schmitt, *The Coming of the War 1914*, 两卷本, New York: 1928 年;Sidney B. Fay, *The Origins of the World War*, 两卷本, New York: 1928 年;Alfred von Wegerer, *Der Ausbruch des Weltkrieges*, 两卷本, Hamburg: 1939 年;Luigi Albertini, *Le Origini della Guerra del 1914*, 三卷本, Milan: 1942—1943 年。
8. 关于这一点的讨论,参见 Gordon Martel, "Antecedents and Aftermaths: Reflections on the War-guilt Question and the Settlement - A Comment", 载于 M. Boemeke, G. Feldman 和 E. Glaser 主编, *The Treaty of Versailles:*

A Reassessment after 75 Years,Cambridge：1998 年,第 615—636 页。

9 比如,Rohan Butler,*The Roots of National Socialism*,London：1941 年。

10 Fritz Fischer,*Griff nach der Weltmacht*,Düsseldorf：1961 年,英译本 *Germany's Aims in the First World War*,London：1972 年；*Krieg der Illusionen*,Düsseldorf：1969 年,英译本 *War of Illusions*,London：1974 年。关于费舍尔的观点的争论,参见本书所附"延伸阅读"。

11 引自 Matthew Stibbe,"The Fischer Controversy over German War Aims in the First World War and its Reception by East German Historians,1961—1989",*Historical Journal*,第 40 期(2003 年),第 651 页。

12 Samuel R. Williamson Jr,"Vienna and July 1914：The Origins of the Great War Once More",载于 Samuel R. Williamson Jr 和 Peter Pastor 主编,*Essays on World War I：Origins and Prisoners of War*,New York：1983 年,第 9 页。

13 参见为庆祝费舍尔 65 岁和 70 岁生日出版的两本论文集：Imanuel Geiss 和 Bernd Jürgen Wendt 主编,*Deutschland in der Weltpolitik des 19. und 20. Jahrhunderts*,Düsseldorf：1973 年,以及 Dirk Stegmann,Brend-Jürgen Wendt 和 Peter-Christian Witt 主编,*Industrielle Gesellschaft und politisches System*,Bonn：1978 年。

14 在韦勒众多的著作中参阅 *Bismarck und der Imperialismus*,Cologne：1969 年 和 *Das deutsche Kaiserreich 1871 — 1918*,Göttingen：1973 年,由 Kim Traynor 翻译成英文,*The German Empire 1871—1918*,Leamington Spa：1985 年。

15 John C. G. Röhl,*The Kaiser and his Court：Wilhelm II and the Government of Germany*,Cambridge：1994 年,第 114 页。

16 Arno J. Mayer,"Internal Crises and War since 1870",载于 Charles L. Bertrand 主编,*Revolutionary Situations in Europe*,Montreal：1977 年,第 231 页。另外参见他的"Domestic Causes of the First World War",载于 Leonard Kreiger 和 Fritz Stern 主编,*The Responsibility of Power*,New York：1967 年。迈耶认为,战争是欧洲旧贵族为保持其地位的最后一招,为了更加充分理解他的观点的形成,参见他的专著 *The Persistence of the Old Regime：Europe to the Great War*,New York：1981 年,尤其是该书的第 5 章。欲了解对将"迈耶观点"应用于英国的详细批判,

参见 Donald Lammers,"Arno Mayer and the British Decision for War", *Journal of British Studies*,第 12 期(1973 年),第 137—165 页。

17 W. Jannen Jr,"The Austro-Hungarian Decision for War in July 1914",载于 Samuel R. Williamson Jr 和 Peter Pastor 主编,*Essays on World War I:Origins and Prisoners of War*,New York:1983 年,第 55—81 页。其中有这样几句话:"青少年时期潜移默化形成的价值观会变得毫无用处。扮演传统角色不再受到社会褒奖。人们再也不确信社会期待他们如何行事。精英们对自己越来越不受社会敬重而感到惴惴不安。迅速变迁造成的不确定性和迷茫会使人觉得它具有威胁性……持续地无法应对威胁可能引起高度的焦虑。领导人和普通大众都会感到他们正在面临'生死存亡'的形势",第 64 页。

18 Luigi Albertini,*The Origins of the War of 1914*,第 3 卷,英译本,London:1957 年,第 178 页。

19 Isaiah Berlin,*Historical Inevitability*,London:1954 年,第 33 页,脚注 1。

第二章 1914年的七月危机

1914年6月28日,奥匈帝国皇储弗朗茨·斐迪南大公被塞尔维亚和克罗地亚民族主义组织的一名成员暗杀。当时他正在波斯尼亚首府萨拉热窝访问。波斯尼亚以前是土耳其的一个省,1878年以来一直由奥匈帝国管辖,1908年被奥匈帝国吞并。此前三十多年以来,一些民族主义组织和个人急于吸引人们关注他们眼中的民族或社会不公,暗杀国王、总统、主要政客等显赫人物是他们惯用的手段。但是在人们的记忆中,以前没有任何暗杀事件像斐迪南大公的遇害那样触发了一次重大的国际危机。要懂得其中的缘由,我们必须审视七月危机的酝酿过程,细察使一个孤立的恐怖行动导致世界大战爆发的那些关键决策。在本章中我们将尽量以大战参与者们自己描述和讨论这场战争的方式来叙述那些决策。在本书稍后的章节中,我们将在更深的层次上探究一些解释,它们企图跨过此处所依据的外交和政治文件中的证据,但是在眼下,我们将审视对战争爆发负有责任的政治领导人们在处理危机中就他们企图达成的目的所发表的言论和他们自己当时为辩解这些决策所给出的理由。

由于奥匈帝国当局立即认定那些刺客们一直在塞尔维亚王国内部活动,而且得到了塞政府及其官员的怂恿,起初直接卷入危机的是奥匈帝国和塞尔维亚政府。1903年,在一批决心拓展塞尔维亚疆域,把仍生活在外族统治下的塞族居民包括进来的拥有强烈民族主义思想的军官们的支持下,一个新的王朝攫取了塞尔维亚的政权。自从那时以来,奥匈帝国皇帝弗朗茨·约瑟夫及其顾问们对塞尔维亚可能对哈布斯堡王朝内部的南部斯拉夫人——克罗地亚族和塞族——施加的吸引力感到日益担忧。奥皇的担忧是有道理的:塞尔维亚民族主义者们绘制的未来的塞尔维亚地图中包括了克罗地亚、斯洛文尼亚、达尔马提亚、伊斯的利亚、波斯尼亚、黑塞哥维那、门的内格罗和马其顿;他们从中世纪的地图和书籍中寻找依据,主张所有南部斯拉夫人的多片疆土应该融为一体,而且所有的"斯拉夫"民族事实上都是"塞尔维亚人",其中包括仅仅是塞尔维亚人的一个分支部落的克罗地亚人。[1]

人们认为,哈布斯堡王朝的生存即使不取决于解决由众臣属民族所引发的问题(可以说这是不可能的),至少也取决于,如一位奥地利政治家所说,让他们保持在"一种互相不满意的平衡状态之中"。[2] 塞尔维亚人在帝国疆域内的南斯拉夫人中煽动分离主义民族情绪的任何举动,都会被视为对奥匈帝国存在的直接威胁。弗朗茨·斐迪南的遇刺似乎提供了一个极佳理由,可用来对塞尔维亚人采取行动,以消除他们的威胁。也许会让人们有点意外,奥匈帝国的皇帝并没有对刺杀事件感到气急败坏,相反,老皇帝把弗朗茨·斐迪南的遇刺看成是上天对后者公然不顾王朝传宗接代的责任,坚持娶一位仅是贵族出身而无皇室血统的女子为妻的报应。慢慢地他才明白暗杀事件将对奥地利的声誉造成影响,才意识到这是"解决"塞尔维亚威胁的契机。[3] 暗杀发生后的几天里,奥匈帝国政府一直在讨论对塞尔维亚应该采取什么样的行动。有人主张对塞尔维亚采取强硬行动,理由是在1912—1913年的两次巴尔干战争中,奥匈帝国未能阻止塞尔维亚赢得相当大的领土,到了1914年,塞尔维亚的疆域比两年前扩大了很多。奥地利人从中得出的结论是,从长期来看,塞尔维亚对奥匈帝国构成的威胁比以前更大;而从近期来看,塞尔维亚企图把150多万人口和3.4万平方公里土地吸纳进其军事机构和战略计划,这反而会削弱它。

奥匈帝国军队总参谋长弗朗茨·康拉德·冯·赫岑多夫男爵(Franz Baron Conrad von Hötzendorf)建议的解决办法是立即进行全国总动员,迫使塞尔维亚政府对恐怖组织实施更多的控制,同时承认必须阻止任何反对奥地利的颠覆行动。反对这一举措的理由有两条。一条很快被放弃的理由是,采取军事行动来威胁塞尔维亚可能刺激帝国内部其他臣属民族(尤其是捷克人)企图发动革命。匈牙利首相伊斯特凡·蒂斯扎伯爵(Count István Tisza)提出的另一条理由是,在奥匈帝国内已经有足够多的塞尔维亚人了(尤其在帝国的匈牙利这一半),因此,在任何情况下对塞尔维亚人采取行动都不能吞并塞尔维亚领土,增加直接置于奥匈帝国统治下的塞尔维亚人的数量。到了7月3日,蒂斯扎是唯一不准备采取军事对抗的高级决策者,不是由于他反对战争,而是由于他认为当时的时机不利。[4]

旨在把塞尔维亚降低到卫星国地位而采取的任何行动,其成功取决于处理得当,避免挑起可能促使俄国出面干预、支持塞尔维亚的国际危机。尽管奥匈帝国政府意识到这个危险,但是他们希望,如果奥地利得到德国将给予支持的坚定承诺,就可能防止俄国的干预。他们这样思考是有充分理由的：1908年就树立了这样一个先例。当奥匈帝国吞并波斯尼亚的时候，德国明确表示支持奥地利，俄国退缩让步了。也许奥地利人低估了这件事在沙皇嘴里留下的苦涩。沙皇曾抱怨德国的粗暴行径，并且表示"我们不会忘记"。也许奥地利人只是相信必须承担与俄国交战的风险；也许奥地利人只是一些宿命论者，相信除此之外不会再有"解决"塞尔维亚问题的更好时机，这将解释为什么7月7日的大臣委员会几乎没有讨论关于俄国反应的问题。不讨论似乎表明已经做出发动战争的决定了，唯一的问题是他们应该全国动员，不发出警告而直接开战，还是首先对塞尔维亚提出要求，如果遭到拒绝，再发动进攻。[5]

所以，斐迪南大公的葬礼一结束，奥匈帝国的外交大臣利奥波德·冯·贝希托尔德伯爵（Count Leopold von Berchtold）和帝国军队总参谋长康拉德立即决定请求德国支持。贝希托尔德私人办公室主任约瑟夫·霍亚斯伯爵（Count Josef Hoyos）（其本人也是坚信有必要对塞尔维亚采取强硬行动的年轻外交官之一）作为特使被派往柏林，带着弗朗茨·约瑟夫给威廉二世的私人信件。7月5日信件送达后者手中。[6] 在波茨坦皇宫的午餐之后，德皇向奥地利的特使保证，即使俄国会卷入战争，奥地利也可以依赖德国的全力支持。在这个时候德皇似乎胸有成竹：第二天他告诉工业家古斯塔夫·克虏伯（Gustav Krupp），奥地利人打算消灭塞尔维亚，德国将支持他们，甚至为此将冒与俄国开战的风险。然后他就登上"霍亨索伦"号游艇进行他每年一度的三星期巡游。[7] 7月7日，奥匈帝国的大臣委员会开会考虑柏林的回答，并且决定下一步行动。恰在这时首相蒂斯扎表达了他的保留意见，但是会议上的一致意见是，仅仅让塞尔维亚颜面尽扫的外交胜利不足以最终解除塞尔维亚对奥匈帝国的完整所构成的威胁，因此，他们应该提出一些要求，一旦塞尔维亚人拒绝这些要求，奥匈帝国对塞尔维亚采取军事行动就师出有名了。蒂斯扎同意了这一安排，然而坚持主张这些要求应该"合乎情理"，不要损害塞尔维亚的主权。达成了这个一致意见后，贝希托尔德一边着手向皇帝汇报，后者正在像往年一样在萨尔茨卡默古特湖区的疗养胜地巴德伊舍避暑，一边继续说服首相蒂斯扎放弃自己对塞尔维亚采取军事行动的保留意见。他成功了。他声称德国驻奥匈帝国大使收到了威廉二世鼓励奥匈对塞尔维亚采取决定性行动的指示。他使蒂斯扎相信，如果他们犹豫摇摆，这"将在柏林被当成软弱的表现，"将给德国未来对德、奥、意"三国同盟"的政策造成负面影响，因为他深知蒂斯扎认为与德国的联盟对奥匈帝国这个二元君主国的生存至关重要。[8]就这样贝希托尔德成功地克服了蒂斯扎的犹豫不决。

7月14日，奥匈帝国政府就将送往塞尔维亚的最后通牒的初稿达成一致意见，最后通牒的文本最终在7月19日获得批准。最后通牒要求塞尔维亚应该同意奥地利的一系列条件，其中包括在塞尔维亚压制反对奥地利的宣传活动，解散塞尔维亚的民族主义组织"国防"协会（Narodna Odbrana），清洗犯有反奥宣传罪行的军官和官员，逮捕列出姓名的支持并怂恿暗杀斐迪南大公的阴谋分子的有嫌疑的官员，收紧对塞尔维亚与奥匈帝国之间边境的控制。最后通牒还要求奥匈帝国政府的若干代表应该参与塞尔维亚即将开展的对暗杀阴谋起源的调查，也要参与压制反对奥匈帝国的颠覆活动。这份苛刻的要求清单将于7月23日递交给塞尔维亚政府,并且勒令塞政府在48小时内作出答复。

在所有这些日子里,德国领导人在多个场合重复了他们对奥匈帝国的支持,而且持续向奥地利施压,迫使奥地利人认可快速行动的诸多优势。奥地利驻柏林的大使向国内报告说,那里的政府圈子内的人士普遍认为,即使万一俄国出兵干涉,眼下这个时机都是有利的,因为俄国人在军事上还没有完全准备好,而且也没有强大到几年以后才可能达到的程度。与此同时,德国负责外交事务的国务秘书戈特利布·冯·雅戈(Gottlieb von Jagow)既认识到奥地利内部的虚弱,又认为如果要指望奥地利作为一个大国和三国同盟中一个有效的伙伴生存下去,德国就必须不惜一切代价支持这个盟友。雅戈也像奥地利领导人们那样希望大刀阔斧的行动将使俄国人干预的可能性减小而不是增大。正当奥地利人在维也纳讨论最后通牒条件的确切措辞之际,他们在柏林的盟友们也在反复强调采取行动的必要性,毋庸置疑地表明了自己甘冒战争风险的意愿,而且他们甚至对奥地利人迟迟不发出最后通牒感到有些焦躁不安。

自从斐迪南大公被暗杀到目前为止的三个星期左右的时间里,普通民众几乎觉察不到任何迫在眉睫的国际危机。比如在德国,随着暗杀的消息传开,人们还相当兴奋了一阵子,但是很快回归到往常的平静,直到7月23日奥地利给塞尔维亚的最后通牒见诸报端。[9] 有钱的欧洲人像以往一样,动身外出欢度夏季的假日。塞尔维亚的陆军司令到奥地利的一个矿泉疗养地去泡温泉了。[10] 英国驻法国大使回到英格兰休每年三星期的年假,直到7月20日才返回巴黎。[11] 此外,奥匈帝国政府以及他们的德国盟友们推迟向塞尔维亚发出最后通牒有两个上佳理由。第一，这将给农民更多的时间完成庄稼收割，否则战争动员势必导致农业生产的中断。第二，在 7 月 23 日发出最后通牒将确保该通牒不在法国总统雷蒙·普安卡雷（Raymond Poincaré）和他的总理勒内·维维亚尼（René Viviani）访问圣彼得堡期间送达贝尔格莱德。法国领导人对俄国的访问是早些时候作为法俄两个盟国之间的常规系列会晤的一部分安排的，访期定于 7 月 20—23 日之间。正如贝希托尔德对德国驻维也纳大使所说："几杯香槟酒一下肚……就可能庆祝起兄弟般的关系了，那将会影响，而且可能决定两国的态度。如果在最后通牒的电报发送之前圣彼得堡的觥筹交错已经结束，那是再好不过了。"[12]

毫无疑问，在圣彼得堡几乎没有什么灾难临头的感觉。紧接着暗杀事件发生后，虽然具有误导作用，俄国驻维也纳大使 N. N. 谢沃科（N. N. Shebeko）向国内提供的对暗杀危机的看法很平静："已经有理由推断，至少在最近的将来，奥匈帝国的政策走向将会更加克制和理性。这里的人们均持这种看法。毫无疑问，这也是弗朗茨·约瑟夫皇帝将要致力追求的。"[13] 在迎接法国总统和总理来访之前，俄国外交大臣谢尔盖·萨佐诺夫（Sergei Sazonov）于 7 月 14 日离开首都，前往自己的乡间庄园度了一个短暂的假期。但是，甚至在普安卡雷和维维亚尼于 7 月 20 日抵达俄国之前，俄国政府已经开始怀疑奥地利人正在准备对塞尔维亚采取某种决定性行动，而且萨佐诺夫已经在思考俄国也许不得不采取一些预防性军事措施。他们已经破译了奥匈帝国外交部使用的密码，而且他们理应获悉了维也纳和奥地利驻圣彼得堡使馆之间来往电报的内容。不管怎么样,到了7月16日,意大利驻俄国大使就警告俄国外交部的一位高级官员:"奥地利能够对塞尔维亚采取不可更改的措施,因为奥地利人相信,尽管俄国会在口头上抗议,但在实际上她不会为了保护塞尔维亚而采取强力措施。"[14] 而且在同一天俄国驻维也纳大使也向国内报告了大致相同的信息。因而,在7月20日下午,普安卡雷在一种疑惧和捉摸不定的气氛中抵达俄国。

至于法国和俄国政府的领导人们在会谈期间谈了些什么,我们所知道的少得惊人。临行前,法国外交部就几个要点,尤其是影响在俄国的法国企业的一些问题,向代表团成员们做了简介。法兰西共和国的总统及其随从人员在前往圣彼得堡冬宫的沿途受到隆重的欢迎,尽管法国驻俄国大使莫里斯·帕莱奥洛格(Maurice Paléologue)并没有被这个场面所迷惑:"这些都是警方事先安排好的。在每个街角都有一帮可怜虫在一名警察的监督下大声呼喊。"[15] 德国驻俄国大使向国内的报告也与此不谋而合,他指出,尽管普安卡雷受到高规格典礼场面的接待,但是当他在公开场合露面时,几乎看不到真正的公众热情,同时印刷工人的罢工减少了报刊对此次访问的报道和评论。然而,德国人和奥地利人都担心,圣彼得堡的民族主义和反对德国的一批重量级人物如尼古拉大公(Grand Duke Nicholas)(其夫人是门的内格罗人,她强烈的亲塞尔维亚情结在帕莱奥洛格的游说煽动下得到加强),可能影响访问期间法俄两国所做出的决定,而且即使事实上没有达成任何具体的决定,这次访问给世人的印象是两国政府之间的合作紧密而又友善。7月23日晚,普安卡雷、维维亚尼以及他们的随从在结束访问后离开俄国,乘船经海路回国。奥地利对塞尔维亚最后通牒的递交时间尚悬而未决：此前德国人建议他们把递交的时间推迟到法国领导人们离开圣彼得堡之后。最后通牒终于在欧洲中部时间当晚6点钟（也就是圣彼得堡时间晚上8点钟）送交塞方。这时"法兰西"号船上正举行告别晚宴。当晚11点钟"法兰西"号将启程离港。第二天上午10点钟萨佐诺夫收到最后通牒的文本时，他大吃一惊，呼喊道："这是整个欧洲的战争！"[16] 沙皇本人倒是不那么感到震惊；在同一天见到他的财政大臣记录下了当时的情形，他"显得相当平静"，并且认为萨佐诺夫夸大了形势的严重性，"已经惊慌失措了。近年来巴尔干地区冲突频繁爆发，但是有关大国最后总是达成了协议。没有哪个大国为了保护一个巴尔干国家而希望战火在欧洲蔓延"。[17]

英国外交大臣爱德华·格雷爵士（Sir Edward Gray）把奥匈帝国的最后通牒描绘成"我曾看见过的一个国家发给另外一个独立国家的最为可怕的文件"。[18] 第二国际的常务秘书立即给社会党国际局的成员们逐一发电报，询问他是否应该组织一次会议。丝毫不令人意外，塞尔维亚政府的反应是不知所措和一片沮丧。他们正深陷一场国内政治危机之中（参见第四章），并且即将举行全国大选。他们的军事实力尚未从此前的两场巴尔干战争中恢复过来。奥匈帝国的最后通牒递交过来的时候，首相尼古拉·帕西奇（Nicholas Pašić）恰巧离开了首都贝尔格莱德，在外地进行竞选活动，而且确实计划休假几天。费了很大的功夫才联系上他。7月25日一大早，他回到了贝尔格莱德。与此同时，塞尔维亚内阁的本能是以拖延的办法来争取时间，并且把希望寄托在外国调停的可能性上，也许可由塞尔维亚摄政王亚历山大的叔父意大利国王出面调停。然而,由于奥地利设定的时间限制很死板,塞尔维亚人的紧迫问题是确定除了全盘接受奥匈帝国最后通牒的所有条件之外是否还有别的任何选择。有些证据暗示他们考虑了全盘接受最后通牒的条件。但是到头来他们送给奥匈帝国的答复(尽管语气极其卑屈顺从)对奥匈帝国官员将参与塞尔维亚对暗杀弗朗茨·斐迪南大公阴谋活动的调查提出了异议。这就足够了,因为在贝尔格莱德的奥匈帝国的公使已经得到准确的指示,除非塞尔维亚无条件地接受最后通牒的所有条件,别的任何回答都将导致外交关系的断绝。塞尔维亚的回答恰巧在7月25日下午6点钟最后期限即将结束之前送交奥地利代表弗拉基米尔·吉斯尔·冯·吉斯林根男爵将军。吉斯林根立即宣称对塞方的回答不满意,于是乘坐6点半的火车返回维也纳。

对这48小时关键时间里的塞尔维亚政策一直有很多猜测,而且直至今天,这个题目在塞尔维亚的政客和学者中间依然争论不休。一些人认为,由于帕西奇害怕奥地利官员参与调查将会曝光塞尔维亚政府在暗杀阴谋中合谋或者怂恿的程度,所以他坚持最后通牒中的这个条件不能接受。其他一些人则暗示,俄国主动提出支持塞尔维亚改变了塞尔维亚政府大臣们的情绪,由逆来顺受、全盘接受最后通牒的条件转变为有保留地接受。确实,在7月24日塞尔维亚的摄政王亲自呼吁沙皇伸出援助之手,抱怨奥地利的条件不必要地羞辱塞尔维亚的颜面和自尊,而且时间限制太苛刻。"我们不能保卫自己。因而我们祈求陛下尽快给予帮助。陛下一直乐善好施,恩泽四方。我们满怀信心地希望我们的恳求将会在您慷慨的斯拉夫内心激起恻隐共鸣。"[19]甚至在圣彼得堡收到这个求援信息之前就可以清楚地看出俄国将会给予什么样的答复。当萨佐诺夫从奥地利驻俄国大使口中听到给塞尔维亚的最后通牒中的条件时,他就谴责奥匈帝国政府蓄意挑起战争:"你们在放火引燃欧洲!"[20] 他立即跟俄军总参谋长尼古莱·雅努希凯维奇(Nikolai Yanushkevich)将军进行磋商。两人磋商的结果是,第二天(7月25日)沙皇批准进行部分动员的准备,尽管正式的动员令并没有发布。塞尔维亚驻圣彼得堡的公使兴奋地将俄国的这些步骤向他在贝尔格莱德的政府作了报告。[21] 沙皇及其顾问们对动员将会带来的后果心知肚明:早在1892年法俄两国缔结军事同盟的谈判期间,当时俄军的总参谋长就对时任俄国政府首相指出:

> 谁首先集结他的军队对尚未准备就绪之敌发动进攻,谁就确保自己最有可能获取初战胜利,这就为成功运筹整场战争奠定了基础。进行战争动员不能再当作一个和平的行动;恰恰相反,动员代表了战争的最决定性的行动。[22]

直到7月24日(距斐迪南大公被暗杀已过去近四个星期)柏林和维也纳以外的人们才开始意识到这场危机的广度和可能带来的影响。在危机的整个过程中,德国和奥地利政府都是甘冒风险的,他们心里明白,奥地利对塞尔维亚的苛刻要求很可能招来俄国的干涉,而俄国一旦出兵,又会导致一场欧洲大战。然而,他们同时认为,奥地利的行动越果断,德国对其盟友的支持越坚定,俄国人出兵干涉的可能性就越小。可是必须要冒险。首先要冒险的是奥匈帝国的人,因为正如蒂斯扎对德国大使所指出的那样,"要显示其生存的力量,这个帝国必须采取强有力的决定,并且结束其东南部不可容忍的状况;"[23] 其次要冒险的是德国人,因为很多重要领导人与在柏林的巴伐利亚代表持相同的观点,后者在与德国外交部的副外相及其他高级官员会谈之后总结道:"人们一致认为,这是决定奥地利命运的时刻,而且正是由于这个原因,我们已经毫不犹豫地同意支持维也纳决定采取的任何措施,甚至全然不顾与俄国交战的危险。"[24] 在 7 月 23 日奥地利的最后通牒送交贝尔格莱德之后的几天时间里,形势日益明朗,柏林和维也纳的那些人们显然大错特错,他们以为,奥地利采取大刀阔斧的行动,德国明确表示支持,就可以威慑住俄国。

至 7 月 24 日,英国政府开始对形势感到非常忧虑。此前一天,奥匈帝国驻伦敦的大使阿尔伯特·冯·门斯多夫伯爵(Count Albert von Mensdorff)已经私下就奥地利最后通牒中对塞尔维亚的要求与英国外交大臣格雷通气,尤其是对塞尔维亚接受这些要求将设定的时间限制。格雷一下子看到了这种形势可能造成的后果的可怕景象:

> 当前形势可能造成的后果是可怕的。如果多达四个欧洲大国(假如说奥地利、法国、俄国和德国)互相交战,在我看来,这场战争要耗费的金钱将多得不可估量,对贸易的干扰难以想象,恐怕伴随着或者紧接着这场战争的就是欧洲信誉和工业的彻底垮台。时至今日,在工业大国里,这种状况将意味着比 1848 年还要糟糕的情形。不管谁取得了战争的胜利,许多东西将会彻底付诸东流。[25]

结果,第二天格雷就开始探索这样一种可能性,即英国、德国、法国和意大利这些"在塞尔维亚没有直接利益的四个国家,能否为了和平联起手来在维也纳和圣彼得堡同时开展工作"。[26] 当他与法国和德国驻英国的大使们交谈过后,格雷已经开始觉得奥地利与塞尔维亚之间的战争不可能仅局限于这两个国家了,第二天他在动身前往罕布什尔郡进行惯常的周末垂钓之前,用大部分时间想方设法安排某种联合调停。7月26日下午,他从在罕布什尔郡伊钦阿巴斯村的乡间小屋里授权向意大利、德国和法国政府发出正式邀请,让这些政府指示其驻伦敦的大使们同他一道开会,"旨在努力找到防止形势复杂化的办法"。[27]

截止格雷的邀请发出的时候,直接与危机相关的两个国家已经准备采取军事行动了,尽管他们还没有采取不可挽回的步骤。7月25日,德国政府敦促奥地利立即对塞尔维亚发动军事行动,因为"由于其他大国的干涉,对开启军事行动的任何拖延都被视为……一个巨大的危险。"[28] 然而,第二天,奥军总参谋长康拉德将军不得不指出,他的动员计划不允许在8月12日之前对塞尔维亚发动进攻。这就提出了一个问题,即在宣战书发表之后不随即采取行动,这样的宣战是否有任何意义。事实上奥地利的战争计划长期以来一直预想着一场在东部的与俄国和塞尔维亚的双线战争,("战争方案 R+B")认为极其重要的是先在波兰对俄国实施决定性的打击,然后再去攻击两个对手中较弱的塞尔维亚。这也是他们对德国人所作的承诺,旨在使德国人可根据所谓的"施里芬计划"发起动员。到了7月27日,贝希托多德的意见占了上风,决定在7月28日发表对塞尔维亚正式开战的宣言。贝希托尔德至少看似希望通过这个宣言的威胁迫使塞尔维亚就范,而不需要真正采取军事措施。战争宣言不仅提及塞尔维亚对7月23日最后通牒的不能令奥方满意的答复,而且声称塞尔维亚人已经在波斯尼亚边境攻击了奥匈帝国军队的一支小分队。这项指责基于一条未证实的报道,后来证明是虚假消息,尽管塞尔维亚在答复奥地利的最后通牒之前事实上已经将其军队动员了起来。7月26日沙皇尼古拉同意启动"战争准备阶段"中规定的相关安排。7月28日他又在此基础上进一步根据1912年5月起草的"计划表19(A)"(Schedule 19[A])授权在基辅、敖德萨、莫斯科和喀山军区进行部分动员。该计划的总的意图在于"进至对德国和奥匈帝国的武装力量发动攻势,目的是到他们的领土上交战"。[28] 俄国人(正确地)认为,在任何一场战争中德国均会卷入两条战线,集中其大部分部队去攻打法国;俄国对奥匈帝国的第一波攻击将从波兰和乌克兰发起,目的是包抄和消灭集结在加里西亚的奥匈帝国部队,然后夺取喀尔巴阡山脉的重要山口通道,以便发动横穿匈牙利平原的攻势。意识到进行这样的动员将有引发全面大战的危险,沙皇推迟了采取最后的步骤。

然而,即使奥地利和俄国在动员和采取军事行动方面的延迟为格雷建议的外交谈判留下了某些余地,法国和意大利人已经同意他关于召开会议的建议,但7月27日晚间他收到的德国政府的回答,使这个旨在避免战争的不寻常努力或可成功的希望破灭了,因为雅戈一直坚持认为这个问题只涉及俄国和奥地利,应该由两国进行直接谈判来解决。鉴于当时俄国与奥地利之间似乎确有一个开始对话的机会(7月26日萨佐诺夫与奥地利驻圣彼得堡的大

第二章 1914年的七月危机

使进行了冷静而有建设性的会谈),格雷只好暂时接受自己建议的失败,况且雅戈后来并没有完全排除某种调停的可能性。英国驻巴黎大使开始担心最糟糕的情况将要发生:"如果俄国的皇帝坚持俄罗斯是所有斯拉夫国家的保护神这个荒谬而又过时的说法,而又不管这些斯拉夫国家的行为糟糕到什么程度,那么战争就很可能爆发了。"同时他还担心在巴尔干地区爆发的战争在英国不会激发任何公众的热情。[30] 7月27日,甚至在得知德国拒绝了召开会议的建议之前,格雷首次并仍以充满了假想的方式向英国内阁提出如果法国遭到德国的攻击英国是否参战的问题。人们越来越意识到,任何武装冲突都不会局限在某个局部地区。尽管英国内阁里相当多的人反对英国可能参战的想法,但是内阁还是批准了第一海务大臣做出的几条决定,即此前一直在进行海上演习的英国舰队不应该分散到平时的基地驻泊,舰队的官兵应该留在岗位待命,而不能像以往那样演习一结束就被送到各地休假。

法国的总统和总理访问俄国结束后从圣彼得堡乘船返回国内,在形势日益紧张的这些日子里,他们还在海上航行的途中。因此,法国对危机的反应较为混乱。当时无线电通信尚不完善,普安卡雷后来记录下了他和维维亚尼在"法兰西"号上接收到发自埃菲尔铁塔的不完整而又错乱的无线电报时的沮丧心情。直到7月25日他们抵达斯德哥尔摩的时候,他们才认识到形势的严重性。当他们在波罗的海上朝哥本哈根航行期间,船上继续收到的一些电报进一步证实了在斯德哥尔摩时得出的看法。然而,经过普安卡雷的提示,维维亚尼在船上通过电报向国内发出指示,塞尔维亚应在保全颜面所允许的前提下尽可能多地接受奥地利的要求,请求将48小时的最后时限延长,对暗杀斐迪南大公事件的调查应该有国际成员参与。[31] 而在巴黎一直没有很大的紧迫感:法国驻贝尔格莱德公使生病了,在7月14—25日没有向国内发送任何电报;法国驻圣彼得堡的大使帕莱奥洛格认为俄国的行为比较克制温和,给人的印象是,形势不至于恶化为爆发一场席卷欧洲的普遍危机。[32] 法国领导人们取消了他们对丹麦和挪威的国事访问,并且尽快返回国内,于7月29日上午在敦刻尔克港上岸。因此在紧随奥地利发表最后通牒的关键几天里,法国政府的领导人们未能对与危机相关的事件实施多少控制。在他们出访期间,代理外交部部长的司法部部长让-巴蒂斯特·比因维尼-马丁(Jean-Baptiste Bi-envenu-Martin)犹豫不决,优柔寡断,在意识到形势的严重性方面比巴黎的新闻界慢得太多。因此德国和奥地利驻巴黎的大使们都得出这样的印象,即法国不会非常坚定地支持俄国的立场。法国总统和总理不在国内也意味着,法国驻俄国大使帕莱奥洛格可以放手向俄国外交大臣萨佐诺夫(其情绪的变化为本来已经复杂的形势更增添了变数)保证,法国随时准备履行作为盟友的义务。帕莱奥洛格大使全心全意致力于巩固法俄联盟,甚至连普安卡雷总统都曾经指责他"想象力丰富得有点过头"。[33] 更有甚者,7月23日晚普安卡雷和维维亚尼离开俄国,6天后他们返回法国,帕莱奥洛格似乎对这一时间内在圣彼得堡发生的许多详细变化漠不关心,没有随时向巴黎的外交部报告。让·斯坦热(Jean Stengers)为帕莱奥洛格辩护时称,他所了解的比迄今人们所认为的有限得多,他对俄国动员的详细情况一无所知,他并没有刻意对巴黎隐瞒事实。[34]

第二章　1914年的七月危机

普安卡雷的政策是竭尽全力约束俄国,不给德国任何发动战争的借口。他之所以这样做,部分地是由于他真心想不通过战争来解决危机,部分地是出于他的决心,即如果战争来临,必须让法国人民认为它是一场自卫反击战。[35] 不过,法国人还是采取了一些预防性措施。离开军营到外地休假的士兵被悄悄召回到各自的部队;在摩洛哥的一些部队被调回法国本土;省长们奉劝地方报纸的编辑们要爱国,谨慎行事。7月27日法军总参谋长约瑟夫·霞飞(Joseph Joffre)将军和陆军部部长阿道夫·梅西米(Adolphe Messimy)通过法国驻圣彼得堡的武官表达了他们的希望,即万一战争爆发,俄军最高统帅部将立即对东普鲁士发动进攻。很可能法国军事机构对关于俄国人仅仅准备动员军队对付奥地利的报道感到担忧。到了7月29日晚上法国政府内阁在普安卡雷的主持下召开会议时,他们面对着形势恶化的进一步证据。不但奥地利人在7月28日对塞尔维亚宣战,在7月29日奥地利多瑙河小型舰队的军舰还炮击了贝尔格莱德,而且德国政府正在直接威胁法国:维维亚尼一回到巴黎,德国驻法国大使就告诉他,由于法国已经采取了军事准备行动,这样德国就有理由宣布进入"战争危险迫近状态"(Kriegsgefahrzustand),亦即战争动员之前的准备阶段。

社会党国际局在7月29日开会,考虑他们对这场危机的反应,同意将于8月9日在巴黎召开的国际代表大会应该讨论"无产阶级与这场战争"。[36] 所有相关国家的军事行动正在变成当前的重大问题:奥匈帝国与塞尔维亚已经处于交战状态,尽管奥军开始军事行动尚需一些日子,总动员令(对俄国进行动员)尚未发布;法国人已经开始采取一系列预防性措施;英国人一直将其舰队集结待命。最为严重的是,沙皇尼古拉在 7 月 29 日上午签署了两道供选择的法令,一道法令用于部分动员,而另一道法令用于总动员。那天晚上,德国驻俄国大使拜访了萨佐诺夫,递给他德国首相贝特曼·霍尔维格(Bethmann Hollweg)发来的一份电报:"诚请萨佐诺夫先生明鉴,俄国动员措施的进一步升级将迫使我们动员,那样欧洲之战将几乎难以阻止。"[37] 有足够的证据表明,贝特曼·霍尔维格认为这场战争可以限于"局部地区",如果俄国人不出兵干涉,这场战争就可以被限制在巴尔干地区,而且这场战争可以为奥地利人"解决"塞尔维亚问题。尽管也有充分的证据表明,这位德国首相对支持奥地利可能使危机形势升级为一场大战的风险心知肚明。[38]

然而,如果德国外交努力的目的在于把战争控制在局部地区,那么它的实际效果正好与初衷背道而驰,因为俄国的外交大臣、陆军大臣和俄军总参谋长一致同意立即进行战争总动员。可是沙皇尼古拉反而仍然犹豫不决:他刚刚收到威廉二世(用英语撰写)的一份电报,该电报是这样结尾的:"我正在发挥我最大的影响规劝奥地利人直率行事,与你达成令人满意的谅解。我满怀信心地希望你会帮助我努力克服仍然可能出现的种种困难。你非常诚挚、忠实的朋友和表兄,威利。"[39]

确实,到了这个关头,德皇和首相都开始有些担心。7 月 27 日贝特曼·霍尔维格收到了德国驻伦敦大使卡尔·马克斯·冯·利希诺夫斯基亲王(Prince Karl Max von Lichnowsky)的一份电报。这份电报转达了来自格雷的信息,请求德国人说服奥地利政府接受塞尔维亚对奥最后通牒的答复,因为格雷认为塞尔维亚的答复满足了奥地利的要求,而且达到了"他从来都认为不可能达到的程度"。[40] 利希诺夫斯基发现,自从危机开始以来格雷首次显得消沉。此前格雷曾说过,整个英德关系的未来取决于避免战争的联合行动,他已经在敦促俄国人保持克制方面尽了最大的努力,现在德国人也应该在维也纳作出同样的努力。贝特曼·霍尔维格立即将电报转给德皇。第二天下午,德皇回答说,塞尔维亚的答复消除了战争的理由,但是,鉴于"塞尔维亚人是东方人,如此撒谎成性、虚假而且是作梗捣乱的老手",奥地利人应该占领贝尔格莱德,以此作为塞尔维亚人履行承诺的抵押,直到所有这些承诺令人满意地全部兑现。[41] 当天晚些时候,德皇的建议被转达至维也纳;而且由于奥地利政府已经声明它没有永久吞并任何塞尔维亚领土的意图,德皇的建议看起来像是谈判的一个可能的基础。然而,尽管别人多次提醒,奥匈外交大臣贝希托尔德迟迟不作出答复。而他最后作出的答复却又含糊其辞,模棱两可。毫无疑问,这是由于奥匈帝国政府从柏林得到的建议前后矛盾。正当贝希托尔德考虑威廉二世关于"在贝尔格莱德暂作停留"的建议之际,德军总参谋长赫尔穆特·冯·毛奇(Helmuth von Moltke)将军正在敦促康拉德将军:进一步推迟发布奥地利的动员令将会是灾难性的。据说此刻贝希托尔德无可奈何地竖起双臂感叹道:"谁事实上在柏林掌权,是贝特曼,还是小毛奇?"[42] 这丝毫不令人惊讶。也许谁掌权无所谓,因为像此前多年里一样,这两人在这场危机期间基本上有着相同的目的。[43] 在 7 月 28—31 日期间,对于那些外交官来说,形势的变化简直太快了,因为现在军人越来越占据决策的主导地位。

爱德华·格雷爵士虽然碰了一些壁,但是他并没有放弃调停的希望,而且他欢迎这样一个可能性,即"在贝尔格莱德暂作停留"将给奥地利与俄国进行下一步谈判留下时间。然而,这些希望均化为泡影,因为形势已经明朗,奥地利人不会对塞尔维亚人作出任何让步:7月29日下午接近傍晚时分,英国驻柏林的大使向伦敦报告,德国首相已经把格雷的意见转告奥地利人了,即塞尔维亚的答复表示了和解的诚意,足够作为讨论的基础,但是德国人同时告诉这位大使"由于形势发展太快,现在要按照您的建议去做已经为时过晚了"。[44] 格雷的倡议未获成功和英国进行外交斡旋的余地已经消失,这改变了摆在英国政府面前的问题的性质。现在法国和俄国对英国不断增加压力,要求英国宣布对他们的支持;与此同时,德国人不停地要求英国承诺在冲突中保持中立。早在7月25日,英国驻圣彼得堡的大使乔治·布坎南爵士(Sir George Buchanan)就被萨佐诺夫告知:"如果我们(英国人)坚定地站在法国和俄国这一边,就不会有战争。如果我们现在让他们失望,就会血流成河,而且最终我们还是会被拖进战争。"[45] 这种论调将会在此后的几天里成为法国和俄国领导人喋喋不休的口头禅。7月30日晚上,普安卡雷对英国驻巴黎的大使弗朗西斯·伯蒂爵士(Sir Francis Bertie)表达了同样的看法。这位大使在发给伦敦的电报中称,普安卡雷"坚信几个大国之间和平的维持掌握在英国手里,因为如果英王陛下政府宣布,一旦德国与法国由于奥地利与塞尔维亚之间目前的分歧发生冲突,英国将援助法国,那么就不会有战争,因为德国将会立即改变其态度"。[46]

格雷对这一恳求的反应是继续避免做出任何承诺。正如他7

月29日对法国驻伦敦的大使保罗·康邦(Paul Cambon)所说的那样:

> 如果德国牵涉进来,法国也牵涉进来,我们自己并未拿定主意应该做些什么……我们对自己的舰队采取了所有能够想到的预防性措施,而且我正准备提醒利希诺夫斯基亲王不要认定我们会袖手旁观。然而如果我误导康邦先生,让他认定这意味着我们已经决定在我仍然希望不会发生的紧急情况下我们会做什么,那是不恰当的。[47]

格雷对德国人所使用的语言也没有多大的区别。前一天的晚上,贝特曼·霍尔维格承诺,如果英国保持中立,德国就不会从法国夺取领土,尽管这一承诺并不包括法国在海外的殖民地。英国外交部的助理副外交大臣艾尔·克劳爵士(Sir Eyre Crowe)这样记录道:"需要对这些令人震惊的建议做的唯一评论就是,它们表明做出这些建议的政客背信弃义。"[48]然而,格雷继续拒绝作出任何承诺把自己套住:"我们必须保留行动的充分自由,因为在当前危机的任何发展变化中,形势也许似乎需要保留这样的自由。"[49]在危机的早期阶段,他不愿意代表英国答应支持法国和俄国是基于一种担心,即这样的支持可能使俄国政府变得更加不妥协,从而减少成功斡旋的机会。正如反对英国卷入战争的一位政府成员所说:"如果战争双方都不知道我们英国人准备干什么,那么双方就不太情愿冒险了。"[50]可是到了7月28日,格雷认识到,如果他企图采取积极的政策,他不可能说服内阁里的同僚们接受自己的观点。在7月29日英国政府内阁"经过深入的讨论"一致认为,"在目前这个阶段我们不能事先保证在所有情况下都严守中立,或者在某种条件下参战"。[51] 迟至8月1日,英国政府决定"目前我们不能向议会建议向欧洲大陆派遣一支远征部队"。[52] 然而,在此前一天,英国驻柏林的大使发回伦敦的一份电报已经使克劳深信,德国人打算破坏比利时的中立,而且要攫取法国的殖民地;这份电报使格雷的怒气"火冒三丈"。[53] 此时,他手下的官员们几乎没有人对将奉行的政策持任何怀疑态度了。英国外交部的常务副外交大臣亚瑟·尼科尔森爵士（Sir Authur Nicolson）与克劳一道敦促格雷恪守"三国协约":"如果我们现在摇摆犹豫,将来我们会后悔的。"[54]

7月29日,沙皇尼古拉仍然就是否发布总动员令迟疑不决,而且在同一天,贝特曼·霍尔维格在小毛奇的支持下抵制了陆军部部长埃里希·法尔肯海恩（Erich von Falkenhayn）将军的建议,即德国应该立即宣布进入正式战争动员的准备阶段,即"战争危险迫近状态"。但是到了第二天,可以清楚看出,任何旨在说服奥地利人中止他们针对塞尔维亚的行动的努力必定失败,军事准备活动又进一步向前推进了一个阶段,双方都把危机升级的罪责推到对方身上。7月30日下午,沙皇的摇摆犹豫终于被克服（当然不是没有遇到困难）,到下午5点,他发布了第二天宣布战争总动员的命令。随着欧洲紧张形势的加剧,谣言不胫而走。那天下午早些时候,柏林一家报纸上出现的一则报道称,德皇已经下令进行总动员了,尽管没有任何可靠的证据支持这样一个观点,即这条消息影响了俄国的决定。

事实上,这家报纸的消息并不完全错误,因为在某种程度上这则消息反映了德国军方和文职领导人们一种新的坚定情绪。事实上他们在俄国做出动员决定之前就已经决定动员了。但是俄国的总动员意味着贝特曼和小毛奇成功地达成了他们的目的,即如果要开战,俄国人应该首先采取行动。7月30日晚上的入夜时分,贝特曼和雅戈接受了德军总参谋长和陆军部部长的建议,同意于7月31日发布德国进入"战争危险迫近状态"的宣言。相关命令被据此传达,紧接着还发布了德国对俄国非常严厉的警告:

> 不顾仍然悬而未决的争取调停的谈判,并且尽管我们自己直到此刻还没有采取任何动员措施,俄国已经动员了其全部陆军和舰队,那意味着针对我们。俄国的这些措施已经迫使我们为了德意志帝国的安全宣布"战争危险迫近状态",这并不意味着动员。但是,如果俄国不在12小时以内停止所有针对我们和奥匈帝国的好战措施,我们就必须进行动员。[55]

7月30日,在做出德国开始动员程序的最终决定之前,贝特曼·霍尔维格在普鲁士的内阁会议上既说出了他希望使俄国在世人眼中像挑起战争的一方,同时又发泄了他对英国的失望:"对英国的希望准确地说就是零。"但是他以非常宿命论的、不负责任的话语结束他的发言:"绝大多数民族本身是和平的,可是现在形势已经失控,石头已经开始滚动。"[56] 这种无可奈何的心情是危机已经到达一个新的强度的征候。奥地利人一直认为,对塞尔维亚采取大刀阔斧的行动加上德国保证支持就能威慑住俄国。而俄国人却认为对奥地利显示一下实力将会阻止奥地利人对塞尔维亚动武,同时会威慑德国人。在这两种情况下,虚张声势的威慑者都被迫摊牌,这三个国家都面临着其一系列行动的军事后果。

由于俄国进行了总动员,德国与俄国之间爆发战争的可能性迫在眉睫,德国人迫切指望奥地利人在加里西亚战线上担负起他们的责任,对奥地利人对塞尔维亚进行惩罚性远征不再有什么特别的兴趣。可是,在另一方面,长期以来一直鼓吹对塞尔维亚采取惩罚性军事行动的康拉德决心完成这个行动。而且他希望德国的总动员也许会分散和牵制俄国人,迫使后者不敢贸然对奥地利采取行动。甚至在战争爆发之前,这两个盟国在军事目标方面的分歧已经十分明显。奥匈帝国的大臣们很勉强地,而且是在德国人的压力之下,在7月31日才提请奥匈皇帝签署进行总动员的命令(尽管直到8月4日才实际上开始动员)。因此,德国于8月1日就对俄国宣战了,而奥匈帝国直到8月6日才对俄国宣战。

尽管有些平民似乎认为动员不一定必然导致战争,但是形势很快就清楚起来,仅仅把德国的军队动员起来,一直剑拔弩张地处于战争的边缘而不打仗是不可能的。德国军队的作战计划基于这样的假设,即任何一场战争都是在两线作战,同时跟俄国和法国交战,在挥师向东攻打俄国之前,必须首先打败法国,而且必须速战速决。因此,德军的作战计划是在西线对法国发动进攻时竭尽全力地猛攻。为了快速取胜,德军部队将取道比利时向法国推进。德国的总动员既是对法国的威胁,也是对俄国的威胁,而且意味着战争即将来临,一旦爆发,这场战争必然是席卷整个欧洲的全面战争。确实,依据法国与俄国的联盟条约的有关规定,如果德国动员,法国势必动员。可是对避免战争的幻想总是继续萦绕在人们的脑海,不会立即消逝,人们总是指望也许还能做些什么,避免出现已经采取的军事决策的可怕后果。然而,到了8月1日,甚至连德皇这位德国军队的最高统帅本人都发现,他不可能扭转他手下的将军们启动的作战计划。

在那一天,格雷仍然未能在内阁里就英国站在法国和俄国一边进行军事干涉的必要性达成一致意见,并且仍然相信也许可通过恢复俄国与奥地利之间的直接谈判在最后一分钟达成外交解决,他在寻找可能避免德国进攻法国的某种方案,因而避免做出英国政府希望避免的决策。这似乎导致了他与利希诺夫斯基之间的真正的误解。8月1日上午,他的私人秘书威廉·蒂雷尔爵士(Sir William Tyrrell)告诉德国大使,格雷希望在那天下午内阁会议结束以后能够向他提出一个建议,而且他希望这个建议能够避免战争灾难。利希诺夫斯基得出的印象是,如果德国不进攻法国,确保法国的中立,格雷将建议英国保持中立。利希诺夫斯基立即给柏林发电报,三个小时以后又发了第二份电报,内称蒂雷尔后来补充说,即使德国与法国和俄国交战,格雷也将建议英国中立。柏林收到这些消息后兴高采烈,德皇让人端上香槟酒以示庆贺,向英国国王乔治五世发了一份热情洋溢的私人电报,同时召见德军的总参谋长和陆军部部长。但是,当他要求西线德军应该停止集结,德国陆军的全部力量应该用于在东线攻打俄国时,他发现可行的选择是有限的。小毛奇对他说,他所建议的无法实现,"如果陛下坚持率领全体陆军奔赴东线,他将没有一支能够随时出击的陆军部队,他将只有一支没有后勤支援、混乱不堪的武装人员队伍。"[57]事实上自1913年以来,小毛奇一直认为,只要德国与俄国之间战端一开,英国和法国就会立即干涉。这样一个结论使得德国更加倚重施里芬原先的设计,坚持一开战就以压倒性优势兵力攻打法国的战略。[58]

无论如何,情况很快就清楚起来,威廉二世那口气松得太早了。格雷并没有对自己的建议的后果想透彻,他也没有同法国人商量;英国驻巴黎大使弗朗西斯·伯蒂爵士半夜时分收到格雷的电报,内称:"我认为,只要德国军队在边境上保持守势,法国政府就不会反对我们致力于中立的努力。"[59]此时,这位大使显然惊呆了:"我无法想象,一旦俄国跟奥地利交战,而且遭到德国的攻击,法国始终无动于衷会符合两国盟约中规定的法国对俄国应尽的义务……难道我还需要详细询问法俄联盟条约中规定的法国对俄国应该承担的责任吗?"[60]无论如何,法国在那天下午的3点40分宣布进行总动员。法国的陆军部部长告诉英国驻巴黎的武官:"我们首先依靠我们自己和你们。"[61]因而就像在这场危机中经常发生的那样,形势发展的速度快得超乎政客们的想象。在巴黎的大街上,一个书报亭上张贴着刚刚印刷的动员令,它旁边贴着"公正和平"组织的一张海报,上面醒目地印着该组织的格言:"用战争对付战争。"[62]

第二天(8月2日)的上午,格雷放弃了他的建议,并且指示伯蒂爵士不要采取任何进一步的行动。在8月1日英国内阁举行了两次会议。事实上,在第一次会上格雷已经在讨论过程中引入了一个新的因素,这个因素对说服内阁成员中的多数人接受参战的必要性至关重要,即比利时的中立地位问题。德国攻打法国的作战计划以德军陆军借道比利时攻向法国为基础。早在1839年,比利时的中立地位就由英国、法国、普鲁士、奥地利和俄国加以保证,而且在1870年的普法战争期间,普鲁士和法国均再次重申尊重比利时的中立,同时英国确认会恪守其作为保证国对相关责任的承诺。在1914年之前的几年里,比利时政府对欧洲联盟体系一直保持距离,而且反复强调坚守严格的中立立场,以致达到这样一种程度:在1914年7月的危机期间,比利时人自己看上去似乎是欧洲最不担心其中立地位会受到威胁的民族,他们拒绝请求任何他国给予支持。然而,在7月28日,比利时政府告诉英国驻布鲁塞尔的公使:"如果比利时中立地位的完整性受到来自任何方向的破坏,比利时人民决心尽最大的力量进行抵抗。"[63]在7月29日,一位特别信使给德国驻布鲁塞尔公使送来一个密封的包裹,在接到指令之前他不能启封。直到8月2日他才接到拆封的指令。包裹里的文件其实是德军总参谋部在奥地利人收到塞尔维亚对最后通牒的答复之前就起草好的。该文件要求比利时人给予德军部队从比利时过境的权利;同时德国政府承诺尊重比利时的主权和领土完整。与此同时,在德国向比利时发送照会之前,德国进行军事准备的消息在7月31日下午使格雷有理由询问法国和德国政府是否准备尊重比利时的中立,只要别的大国都不侵犯它。当天夜里法国人就给了肯定的回答;然而德国人却不置可否,推迟作出明确的答复。同时格雷把自己的所作所为向比利时人作了通报,可是比利时的外交大臣让格雷放心,比利时与所有相邻大国的关系非常好,比利时没有必要怀疑他们的意图。

德国拒绝作出直接的答复导致格雷向德国发出了事实上是迄

今为止他所发出的最明确的警告:他重申英国不可能承诺保持中立,但是"我们的态度取决于这里的舆论,而比利时的中立将会对这里的舆论产生非常强大的影响"。[64] 事实上英国政府内阁那天早些时候就同意应该正式向德国政府递交这个警告,而且要以非常遗憾的语气表示德国尚未作出他们将尊重比利时中立的保证。然而,尽管比利时中立这个问题对协调英国自由党人对待战争的态度极其重要,但它不是决定支持法国的直接原因。根据1839年的保证条约,对于什么情形确实需要英国的干涉仍存有疑问。比如,试想德国军队仅仅从很小一片比利时领土过境,用温斯顿·丘吉尔的话来说,比利时政府仅仅"稍作抗议就屈从。在列日和那慕尔也许会打它几枪;然后这个倒霉的国家就会向势不可挡的力量低头了"。[65] 另一位内阁成员在8月2日所讲的话也记录在案:"我们不能比比利时人还比利时人。"[66] 7月30日英国首相赫伯特·阿斯奎斯(Herbert Asquith)在向英国国王汇报内阁的立场时总结道:"内阁认为,如果比利时的中立出现问题,那不过是个政策问题,而不是法律义务问题。"[67] 内阁里的讨论和外交部的分析研判偶尔显露出对英国在世界上的地位和力量均衡的性质等问题更加总体性的关切。艾尔·克劳认为,英国不能卷入一场大规模战争的论调意味着它放弃作为一个独立国家的地位。[68] 他的这个观点得到了内阁里一些坚信英国干涉的必要性的大臣们的赞同。8月2日,作为英国议会里的反对党的保守党的一份文件加强了这一观点:"现在在支持法国和俄国方面的任何犹豫彷徨对联合王国的尊严和未来的安全都将是致命的。"[69] 可是这个问题并不经常以如此泛泛而论的形式出现,并且内阁里的诸多讨论是围绕着英国对法国的承

第二章　1914年的七月危机

诺的性质和比利时的中立遭到侵犯可能带来的种种后果进行的。

自从普安卡雷和维维亚尼从俄国返回那个时刻起，法国政府就一直急于使英国人承诺向俄国和法国积极提供支持。他们自己则反复强调他们对法俄联盟的忠心耿耿，几乎没有试图调整法国的对俄政策，或者迟滞俄国的动员。法国驻圣彼得堡的大使帕莱奥洛格和俄国驻法国大使亚历山大·伊兹伏尔斯基（Alexander Izvolsky）都竭尽全力维护两国之间的团结，并且加速法国的行动。然而，在7月31日，维维亚尼确实敦促俄国人要谨慎从事，叮嘱他们（尽管已经太迟了）"不要采取任何可能为德国进行全面或者部分动员提供借口的措施"。[70] 伦敦知晓了法国为和平作出的努力，也想起了1912年格雷与法国驻英国大使之间的通信（参见第三章），"在这些信件中我们同意，如果欧洲的和平受到威胁，我们将讨论我们准备做什么"。[71] 同时康邦大使向格雷提供了德军部队在德法边境调动的最新情报，并且指出，德国进行军事准备的程度远远超过法国的。

这次会见之后，英国政府继续犹豫不决，康邦大使对英国人的打算的担心与日俱增。格雷的压力巨大。他深知英国内阁距离达成一致意见还有多远。每次与这位法国大使交涉，他都能听出其言辞中隐含着的客气的责备，而且尽管他本人深信英国在道义上应该全力支持法国，但是他拒绝接受战争不可避免的观点。他还承受着来自外交部内部的高级官员们（尤其是常务副外交大臣尼科尔森和克劳）的压力，要求他接受参战的必要性，但是他深知内阁里的同僚们是多么不情愿这样做。像这场危机期间如此多的参与者（包括贝特曼·霍尔维格）一样，格雷给在这些日子里看到他的人们的印象是一个精神高度紧张、濒临崩溃之人。在另外一方面，一旦俄国做出了动员的决定，可供法国政府挑选的选择就比英国的要少。到了7月30日下午法国政府内阁开会的时候，全体内阁成员看似一致认为战争会爆发。军事准备业已开始，但是主要的目的在于向英国显示法国的意图是和平的，部署在法德边境的先头部队奉命与实际的边界线保持10千米距离。

在48小时之内，法国的行动自由被德国对俄国的宣战进一步限制住了。在圣彼得堡，德国驻俄大使一直致力于说服俄国人撤销动员措施：德国人已经援引了王朝间互相团结支持的原则，自从弗朗茨·斐迪南大公遇刺以来，德国人持续不断地采取这条路线来为奥地利的政策辩护正名。德国人对奥地利人已经决意不吞并任何塞尔维亚的领土这个事实大做文章，并且暗示这为进一步谈判留下了空间。但是到了8月1日形势变得很清晰，奥地利和俄国都不准备作出任何让步。那天下午，德国政府正式对俄国宣战了，其讨伐的理由是俄国人不准备停止针对德国和奥地利的军事措施。而对于法国来说，德国的宣战意味着，与俄国签订的联盟条约中的条款迫使法国参与战争，而且法国政府十分清楚这样做将招致德国立即攻打法国。此时法国政府最为关切的是，在这场不可避免的战争中，形势应对法国人尽可能有利。这就要求法国人尽量争取英国的支持，然后使德国人看上去是侵略者，这两个目的是非常紧密地联系在一起的。

法国政府使用所有能够使用的招数反复提醒英国人，他们认为英国人对法国负有道义上的责任，与此同时强调（尽管很难说他们自己对这个说法究竟相信到何种程度）避免战争的唯一办法是英国明确宣布支持法国。比如，在7月31日接近午夜时分，一位带着普安卡雷总统致英国国王乔治五世私人信件的法国特使抵达伦敦。次日中午信件递交给了英王。信函的措辞含蓄，字斟句酌："窃以为，和平解决的最后可能性现在取决于英国政府的语言和态度……我深信，目前在他们的外交活动中，英国、法国和俄国给世人团结一致的印象越强烈，指望和平得以保持的愿望就越合理。"[72] 然而，乔治五世国王的答复甚至比康邦大使从与英国政府来往的沟通中得到的答复更加语焉不详，含糊其辞。到了8月1日，事实上，康邦急迫地希望英国不仅采取外交行动，而且积极给予海、陆军的支持。他在伦敦的圈子里充分施展了自己个人的影响，因为自从1898年他被任命为法国驻英大使以来，他在伦敦的外交界是位大家都很熟悉的人物。在伦敦的一些俱乐部里，人们会听到他慷慨激昂地设问是否要把"尊严"二字从英语辞典中抹去。8月1日，正当格雷看似仍与利希诺夫斯基在讨论英国保持中立的条件时，康邦绝望地对老朋友阿瑟·尼科尔森大发牢骚："他们将抛弃我们。"[73] 那天晚上英国内阁会议结束之后，康邦在一次交谈中指出，为了照顾英国舆论，法国一直将自己的军队部署在距离边界线10千米的地方。法国也（像在1912年同意的那样）把自己的舰队结集在地中海，让其北部的海岸成了不设防的海岸。而且格雷也再一次答复说，英国没有任何义务必须支持法国，这其中牵涉"非常严峻的考虑"。[74]

到了第二天，笼罩在英国与法国关系上的疑云有所消散。在保持中立的条件上，格雷已经放弃他对德国人采取的策略。德国人已经占领了卢森堡，理由是他们需要保护经过这个大公国的铁路交通,以防法国可能发动的进攻。德军侵犯法国边界的报道接踵而来。正是在那天下午,英国政府内阁终于达成了一项决定:"如果德国海军的舰队驶入英吉利海峡,或者是通过北海对法国的海岸或者海运采取敌对军事行动,英国舰队将竭尽全力提供保护。"[75] 这也是在1912年英法两国之间来往信函中隐含提出的行动,但是尽管如此,对这个行动的表述措辞谨慎,特地提到了要经过议会批准的必要性,而且对英国是否派遣远征军到欧洲大陆的问题未作任何承诺。因而即使这一次内阁会议仍然没有做出一项措辞毫不含糊的决定,尽管一个与会者后来描述道:"这次内阁会议认定与德国的战争不可避免。"[76] 然而,他们已经接受了对法国的一些责任,他们也承认了对比利时中立地位的大肆侵犯将会构成英国参战的理由。这些决定并不是在意见一致的情况下通过的。内阁中有四名成员(莫利[Morley],伯恩斯[Burns]、西门[Simon]和博强普[Beauchamp])宣布辞职,不过后来其中两人(西门和博强普)撤回了辞呈。

在8月2日和3日这两天期间,关于在西线军事行动的实际情况的流言四处传播。法国和德国政府都互相谴责对方。肯定有不少双方巡逻部队越过边界的情况。对其他一些事件的报道未经证实就发表了,但是后来证明都是虚假消息,例如关于法国的飞机轰炸了德国纽伦堡。不过其中的一些报道被德国人用作他们最后向法国宣战的借口。德国人在8月1日就把对法国的宣战书起草好了,理由是法国不准备在德国与俄国交战时保持中立。但是德国外交部指示驻巴黎的大使,暂时不向法国政府递交宣战书。在柏林,对如何处理开战问题存在很多分歧。小毛奇和海军国务秘书阿尔弗雷德·冯·提尔皮茨伯爵（Count Alfred von Tirpitz）认为根本不需要开战宣言，因为他们认定法国会首先采取正式的军事行动。与此同时，他们认为推迟宣战将会给德国军队更多的时间贯彻落实8月1日宣布的战争动员令。另一方面，贝特曼一心想恪守新近于1907年海牙和平会议上重申的国际法准则，根据相关公约的规定，敌对行动开始之前必须发布一篇正式的战争宣言。

在巴黎，法军总参谋长约瑟夫·霞飞将军一直敦促政府开始战争动员，但是那些部长们却不情愿这样做，旨在让英国人相信他们的和平意图。但是在8月1日上午8点钟，刚刚获悉德国已经开始战争动员之后，霞飞威胁要辞去总参谋长职务，除非政府立即发布动员令。那天下午法国政府内阁同意发布战争动员令。[77] 相比之下由于政治原因，法国人一直得以等待到他们别无选择之时，而德国的战争计划却不允许如此舒缓从容：他们不得不首先行动，目的在于穿越比利时领土对法国发动攻击。因而，正如我们所看到的那样，8月2日晚，德国向比利时发出了最后通牒，截止答复期限是8月3日上午8点。比利时政府和国王坚定而一致地拒绝了德国的最后通牒，同时否认了德国声称的法国对比利时的任何威胁。德国方面立即下令部队向比利时进军。同一天下午，德国驻巴黎的大使奉命发布了对法国的战争宣言。这些天形势的紧张，以及外交函电来来往往的速度和数量造成的后果之一，就是有关国家的电报局忙得不堪重负：电报的收发和传递之间经常有耽搁，而且报文在发送接收过程中还发生了错乱，因而德国驻法国的大使后来写道，他自己不得不重新理顺开战宣言的最后文本，他甚至怀疑原始的报文被法国人篡改了。现在法国人成了德国战争宣言的被动受众,事实上,这个形势反而对法国人有利了。此前德国人通过对比利时的威胁已经使自己处于无理的地位。此时对于德国和法国都很重要的,是把各自的政策表述得让本国的公众和那些他们企图拉拢的中立国的民众听起来觉得师出有名。通过强调俄国人首先进行了战争动员,德国得以把一些责任推卸到俄国人身上,尽管事实上是德国人首先宣战的。可是对法国的军事进攻使德国人输了理,而且对法国宣战加上对比利时的入侵,使德国任何进一步的呼吁对英国人都丝毫不起作用。

8月2日上午,正如我们所看到的那样,英国政府内阁已经接受了保护法国北部海岸的必要性。到了那天晚上,在内阁当天召开的第二次会议上,与会者们一致认为对比利时中立地位的"重大"侵犯将使英国参战名正言顺。在8月3日上午的内阁会议上,诸位大臣们仍未公开承诺采取任何确切的行动,但是他们觉得,8月2日他们达成的决定的逻辑和形势急剧变化的速度使得他们几乎没有什么别的选择。到了中午时分,德国对比利时发出最后通牒和比利时决心抵抗的消息传到了伦敦。当天下午2点钟,格雷给英国驻柏林的大使发了一份电报,让他再一次要求德国保证尊重比利时的中立地位,同时要求德方午夜前给予答复:"否则,你就按指令向德方索回你们的护照,并且说英国国王陛下政府必将竭尽全力采取一切措施维护比利时的中立地位,恪守德国同我们自己一样都是签字国的条约。"[78] 这个最后通牒的期限是8月4日午夜,尽管甚至到了那个时候,英国仍然在犹豫不决,而且直到8月6日英国政府内阁才最终同意向法国派遣英国远征军部队。

第二章 1914年的七月危机

在七月危机期间似乎还保存着某些行动自由的欧洲强国就是意大利:意大利政府,尤其是精明而经验丰富的外交大臣安东尼奥·圣·朱利亚诺侯爵(Marchese Antonio di San Giuliano)一直以焦虑的心情注视着形势的发展变化,但是决心维护意大利的民族利益。意大利同德国和奥匈帝国正式结盟了,三国的盟约刚在1912年续订过。可是意大利与奥地利的关系却一直紧张。意大利对居住在哈布斯堡帝国内的意大利裔少数群体的境遇的不满导致了很多摩擦:比如,奥地利1913年颁布的《霍恩洛厄政令》解雇了的里雅斯特公务员队伍中的所有意大利裔。在为意大利统一而奋斗的民族主义者的心目中,的里雅斯特与特伦蒂诺和达尔马提亚一样,是"属于意大利的土地"(Italia irredenta)的一部分。[79] 在阿尔巴尼亚问题上,意大利和奥地利两国的政府也互相猜疑。阿尔巴尼亚是在国际监督下成立的一个新国家,是1912—1913年巴尔干战争导致的结果。而意大利人对这个地区非常关切,因为阿尔巴尼亚的发罗拉港(Valona)控扼奥特朗特海峡咽喉。圣·朱利亚诺在其政治生涯的早期就曾写道,如果发罗拉成为"一个实力与意大利相当或者比其更强大的国家所掌握的舰队的作战基地,"它就可能较比塞大港(Bizerta)更危险。[80] 在危机期间,圣·朱利亚诺和奥地利驻罗马的大使卡赫坦·梅里伯爵(Count Kajetan Merey)都生病了,意奥关系也因此变得更为复杂。(圣·朱利亚诺于10月去世,梅里不得不在8月上旬返回维也纳动一个大手术。)不管怎么说,梅里是一个不好打交道的人,生性好斗,而且坚决支持对塞尔维亚发动战争,他几乎无法掩饰自己对意大利人的蔑视。因而个人的误解恶化了罗马和维也纳之间的种种麻烦。

自危机开始以来,意大利人就对奥地利人将对塞尔维亚采取什么行动感到担忧:早在7月4日,意大利驻巴黎的大使就向国内报告了奥地利可能向塞尔维亚提出的条件,并且评论说,"塞尔维亚首相尼古拉·帕西奇不可能接受这样的奇耻大辱……那将表明奥地利有发动欧洲大战的坚决而又明确的意图。"[81] 与此同时,危机期间奥地利可能依据联盟条约的规定需要意大利帮助,这个前景也使意大利人燃起了希望,也许这次危机可能提供一个机会,使意大利赢得一些补偿。7月9日,圣·朱利亚诺与德国驻罗马的大使汉斯·冯·弗洛托(Hans von Flotow)私下进行了一次交谈。谈话期间弗洛托给人留下了这样一个印象,即"让奥地利将从属于它的几个意大利省份部分还给该国是件困难的事情,但并不是完全不可能的,前提是意大利给奥地利相应的和有效的支持,甚或是军事上的支持,作为交换"。[82]

在整场危机期间,而且事实上直至1915年春天意大利最终决定参加战争时为止,德国人一直在敦促奥地利人向意大利作出让步,以便换取该国对奥的支持,尽管奥地利人自然不情愿以交出部分领土的方式开启战端。梅里奉命只能在奥地利向塞尔维亚发出最后通牒的前一天知会意大利人。要让意大利人得出盟国在开战前事先已与他们磋商的印象,一天时间的提前量是根本不够的,尤其是在圣·朱利亚诺已经对奥地利准备强加于塞尔维亚人的苛刻条件预测得八九不离十的情况下更是如此。正如他7月24日所说:"奥匈帝国采取的措施会产生危险后果。在我看来,在没有事先取得盟国同意的情况下就不应该采取这样的措施。我认为指出这一点是合适的。"[83] 自从那时起,意大利政府始终坚持认为奥地利对塞尔维亚采取的行动是侵略行径,因而按照联盟条约的规定意大利没有义务进行干涉。

在7月最后一个星期的关键日子里,意大利政府拒绝把自己束缚在奥地利的战车上。他们当然随时准备支持英国外交大臣格雷进行斡旋的种种努力,但是,尽管圣·朱利亚诺声称这场冲突的性质意味着意大利没有任何义务支持奥地利,他也暗示,如果奥地利能够使意大利觉得这样做是值得的,那么他就会提供这样的支持。为了治病他离开罗马,前往菲乌吉温泉进行疗养,而且坚持为了康复必须留在那里。在此期间,由于他不在首都罗马,他必须频繁给安东尼奥·萨兰德拉(Antonio Salandra)首相写信。在其中一封信里他写道:"眼下我们必须让国内外的每一个人对我们的态度和决定捉摸不透,以便努力获得一些积极的好处。"[84] 圣·朱利亚诺确实做到了让人们猜测不出意大利的最终决定,但是形势很快就清楚了,意大利不会立即参战。奥地利驻罗马大使怒火中烧,对圣·朱利亚诺的秘书破口大骂:"既指手画脚,又出言不逊。"[85] 但是那些意大利的外交官们也是非常恼火,尤其是意大利驻维也纳和柏林的忠于三国同盟的大使。8月1日,意大利驻柏林的大使向国内发回的电报抱怨道:"我们置身于这场即将席卷整个欧洲的巨大斗争之外,在危险时刻抛弃我们的盟友……将摧毁意大利作为一个大国的地位。"[86] 意大利军队的领导人们也认为本国对盟国负有责任。在突然去世前一直担任意大利军队总参谋长的艾尔伯托·波利奥(Alberto Pollio)将军已制订出同德国和奥地利合作的作战计划,其中包括向德国的西线派遣意军部队。他与斐迪南大公死于同一天。7月29日,奥匈帝国驻罗马的武官向国内报告称,在刚过去的两天时间里,意大利人的思维发生了显著的变化。"意大利认真地考虑一旦欧洲大战爆发就要同盟国合作",而且现在他们"愿意尽一切可能帮助我们"。柏林的小毛奇和维也纳的康拉德似乎都确信意大利会恪守三国同盟。[87]确实,在危机期间,奥地利军队的总参谋长坚持认为波利奥曾经承诺派遣陆军的一个军到加里西亚,不过意大利外交部说他们找不到关于这个承诺的记录。在波利奥去世之后直至7月27日任命路易吉·卡多纳(Luigi Cadorna)将军为新任总参谋长这段时间内,意大利军队群龙无首。自1913年以来,意大利与奥地利之间还有一个两国海军开展联合行动的协议。

然而对实际问题的考虑压倒了上述这些观点和承诺:圣·朱利亚诺深信英国会参战,意大利不能冒险参战使其海岸遭受攻击,其国际商贸遭受重创。但是意大利也容易受到奥地利海军的攻击;既然意大利海军舰队停泊在塔兰托的军港里,奥地利的舰队停泊在普拉(Pola)*,那么意大利用火车把军队运送至前线的堡垒就必定要冒着遭受奥地利军舰炮火轰击的危险。[88]尽管德国人和奥地利人花钱贿赂了意大利的新闻界,但是意大利国内的反奥舆论太强大了,以至于不能允许意大利人站在奥地利人一边参战。1911年在利比亚的殖民战争使意大利军队损耗极大,亟须休整和重新装备。国内动乱不稳,一旦开战就可能意味着要爆发革命。这些都是圣·朱利亚诺能够用来为自己的立场辩护的令人信服的理由,与此同时,虽然是在牟取私利,他得以指出,一个曾经为摆脱

---

* 普拉,港口城市,位于今天克罗地亚伊斯特拉半岛南端。

外国统治、争取自己民族独立而斗争的国家,去帮助外国碾压一个独立的国家,这在世人看来将绝对是对意大利民族复兴运动的精神的背叛。

正如英国政府内阁花费了好多天时间才得以就英国参战形成一致意见一样,意大利政府在做出保持中立的最终决定之前也是一拖再拖。然而,其中的原因与其说是意内阁中有分歧,倒不如说是圣·朱利亚诺要滑头,希望能够采取一项中立的政策但不正式退出三国同盟。尽管内阁一致认为意大利并不是非参战不可,但是他们对发表一项正式的中立宣言,并且就此向意大利的盟国进行通报还有些犹豫不决。更有甚者,他们还没有放弃从奥地利得到一些领土补偿的希望。8月1日,圣·朱利亚诺告诉德国驻罗马大使,尽管意大利并非必须参战,"鉴于意大利的利益得到先前确切的各协议的维护",他保留了考虑"在当前的形势下意大利将如何帮助盟国"的选择。[89]奥地利大使梅里对意大利人的态度作出了颇具特色的评论:"我依然有这样一个印象,即这是一个敲诈的问题……意大利要盟国先掏钱,然后它才表态,不管这场战争是局部战争,还是全面战争。"[90]此前他早就显示出对意大利人的鄙夷,很不屑地称"这个国家最常见的手势是伸出一只张开的空手"。[91]事实上,到了8月2日意大利正式宣布保持中立的时候,意大利即使出面干预也已经为时过晚,无法产生直接的效果:那几个正在准备战争的欧洲大国正专心致志地忙于他们眼前的军事决策,战争的机器已经运转起来了。

在危机期间,法国和英国一直没有对意大利施加压力,尽管正如我们所看到的那样,格雷曾经希望得到意大利的合作,只要看似尚存斡旋调停的可能性。虽然如此,意大利的中立宣言却让巴黎和伦敦都极大地松了一口气。法国和英国政府都用动情的语言表达了对意大利的感激之情:格雷和意大利的大使竟然激动得流下了眼泪。然而,与此同时法国人和英国人现在燃起了希望,即一旦战争爆发,而且意大利没有参加其盟国一方作战,也许可以把意大利同德国和奥地利离间得更远一些。在战争爆发几天后,就有一些意大利可能获益的暗示,如果法国人、英国和俄国赢得战争,而且意大利加入他们这一边作战。战争打响后几个月内,交战双方的外交活动都致力于争取意大利和那些较小国家比如罗马尼亚(于8月3日宣布中立)、希腊和保加利亚的支持。但是对于意大利人来说,无论如何,虽然1914年8月没有把他们立即拖进战争,但却开启了意大利政治生活的一个新阶段,并且对这个国家此后30年的命运带来深远的影响。

8月1—4日,在战争宣言接二连三地发表之际,奥地利几乎被世人忽略了:直到8月6日奥地利才与俄国最终决裂(尽管奥地利对俄国开战的宣言在三天之前就起草好了),而奥地利陈述的宣战理由,既有俄国在奥匈帝国与塞尔维亚的冲突中采取了威胁的态度,又有站不住脚的一面之词,煞有介事地声称俄国对德国开始了敌对行动。8月12日法国和英国对奥匈帝国宣战了,但是不太情愿这样做,而且格雷和奥地利大使都表达了个人对对方的尊重和遗憾。宣战书的措辞和实际宣布的时机主要是由所有相关国家的如下努力决定的:这些政府都竭力美化自己,以便在国民面前为自己的行动正名。更何况在当前的形势下他们很容易就能这样做。几乎在每一个地方人们都听天由命地接受战争,在很多情况

第二章 1914年的七月危机

下人们还热情地欢迎战争。很少人预见到这场战争的性质、持续时间，以及后果会是什么样子。

正是因为1914年七月危机的后果太深远、太持久，所以对于仅仅用当时立即做出的种种决策和直接有关的政客和外交官们的言论来解释第一次世界大战的爆发，我们往往是不满意的。本章所尝试给出的解释也许能够说明大战爆发前后相关事件发生的先后顺序，并且阐述官方的行动，政府成员、外交官和军人的种种言论。但是这无法解释他们是如何走到这样一种地步的，即他们做出的决策似乎合情合理而且不可避免，当然这种说法也没有解释各国的公众是如何接受甚至欢迎开战决策的。一个高度概括性的说法必定舍弃大量的相关信息（卢易吉·阿尔贝蒂尼在其优秀的专著《1914年战争的起源》中，用了1400页的篇幅来详细探讨从6月28日至8月12日这个时间跨度仅一个半月的阶段），无法清楚地表述那些参与者们经历的错综复杂的情况和困惑，以及那些漫长、炎热的夏日中的重压对那些官员们的影响，此时后者正在乡村别墅避暑消夏或者温泉胜地疗养，很不情愿被召回首都。与此同时还发生了好几个戏剧性的插曲，这些插曲本身并无任何实质性影响，但是给形势增添了复杂性。比如，7月10日晚上，俄国驻塞尔维亚的公使N. V. 哈特维希男爵（N. V. Hartwig）在贝尔格莱德拜访了奥地利的外交使团同行，此行的目的是为了辟谣，因为有谣言说斐迪南大公遇刺的那天晚上他在跟别人打桥牌，还有谣言说在斐迪南大公葬礼那天他没有在俄国公使馆降半旗致哀。他随即因突发心脏病倒毙在奥地利公使馆的客厅地板上。塞尔维亚人给哈特维希举行了隆重的葬礼。一条街道改用他的名字来命名。他立即成为塞尔维亚反对奥地利情绪的象征,同时也成了俄国人支持南部斯拉夫人的民族事业的友谊象征。哈特维希以塞尔维亚政策的启迪者之一、俄国对塞尔维亚事业同情的体现者而著称。他的突然死亡必然会导致各种谣言不胫而走。哈特维希的女儿立即拐弯抹角地表示,她的父亲是被奥地利人谋杀的,尽管广为人知的事实是,他已经患严重心脏病很长时间了。这种指责恰好反映了甚至在危机激化之前奥地利与俄国之间的关系就已十分紧张。

在一场1914年7月那样的危机中,实际上无足轻重的个别人的行动和遭遇会使人觉得重要。比如,7月26日威廉二世的弟弟普鲁士亲王海因里希与英国国王乔治五世共进了早餐。他回到柏林以后显然深信他已得到了英国的中立保证,可是事实上,似乎可以肯定英国国王与他的外交大臣格雷一样小心谨慎,不明确表态。这一误解的唯一效果是增强了德皇对英国政府的反感。与君主们企图利用个人和家庭纽带来影响危机的进程一样,一些地位显要的个人也致力于避免灾难。8月1日内森尼尔·罗斯柴尔德勋爵(Lord Nathaniel Rothschild)给德皇发出了避免战争的私人呼吁。德皇把罗斯柴尔德描绘成"我的一位很受尊重的老相识"。[92] 但是由于到了那时无线电通信已经关闭,德国皇帝给罗斯柴尔德回复的电报从来没有发送出去。当时全球最大的航运公司德国汉堡美洲航运公司董事长艾伯特·巴林(Albert Ballin)与英国的商业巨头和政客们保持着紧密的联系,出于摆脱危机的希望,他曾经向英国政府成员们进言,在德国政府圈子里实际上的意见分歧比表面上的多。人们不情愿放弃希望。所有的问题都会有解决的办法这个乐观的信念（欧洲启蒙时代的伟大遗产）还没有被人们遗弃。

我们这些知道后来发生了什么的人也许能够看清楚，在七月危机期间所做出的诸多关键决策中，哪些证明了任何乐观主义都是没有根据的。这些决策中的每一项都限制或者看似限制了其他政府的行动自由，同时不仅关闭了那些做出决策的国家的选择，而且也关闭了那些对这些决策作出反应的国家的选择。如果想理解这场战争爆发的种种原因，我们在开始时必须至少审视一下人们在做出这些选择的时候所给出的种种原因。把6月28日之前做出的决策暂且放到旁边（比如，"青年波斯尼亚"运动的学生们拟谋杀斐迪南大公的决定，奥匈帝国当局不顾各种警告和斐迪南大公本人的不祥预感，做出允许他在一个极其敏感的日子出访萨拉热窝的决定，1389年的6月28日塞尔维亚人被土耳其人打败，在每年的这一天，塞尔维亚人都沉痛纪念这个民族灾难日），我们可以在刺杀发生之后的日子里认识到哪些是具有特殊重要性和后果的决策。这些决策中的每一项（奥地利对塞尔维亚采取强力行动的决策，德国支持奥匈帝国的决策，塞尔维亚拒绝部分奥地利条件的决策，俄国支持塞尔维亚的决策，英国拟进行干预的决策，以及也许是最为重要的，俄国和德国实施动员的决策）都取决于此前的一系列决策、计划、沿袭下来的各种态度和假设。如果我们欲理解1914年7月所发生的事件，我们必须努力分析这些决策、计划、态度等。

可是即使我们成功理解这些，我们也需要看看1914年的那些相关人物期待他们的决策会有什么结果，因为他们中间很少有人期待他们实际上发动的那样的战争，更少的人意识到战争的后果会是什么。正如俄国驻贝尔格莱德的代表在7月22日警告外交使团中的奥地利同行时所说的:"我们知道一场战争何时开始,为什么爆发,但是永远不知道在哪儿停止。"[93] 7月6日,当奥匈帝国总参谋长康拉德将军与外交大臣贝希托尔德讨论对塞尔维亚开战的问题时,对他们的德国盟友可能想知道这样一场战争的后果是什么,贝希托尔德表达了自己的忧虑,这位将军的回答吐露了同样的茫然:"那么你必须说,我们自己也不知道。"[94] 再者,在危机期间,许多负责任的领导人,尤其是德国首相贝特曼,表达了这样一种心情,即他们是许多比自身强大得多的力量的受害者。贝特曼对自己的私人助理声言,他看到了"一个比人类力量大得多的厄运正高悬在欧洲和我们自己人民的头上"。[95] 7月25日俄国外交大臣萨佐诺夫告诉意大利大使,他担心事态的发展将会远远超出他们的应对能力("d'être débordé dans cette affaire")[96] 8月3日傍晚,英国外交大臣爱德华·格雷爵士在向外交部办公室窗外眺望之际讲出的那句名言表达了同样的无可奈何的绝望心境:"整个欧洲的灯火行将熄灭。在有生之年我们将看不到它们再次点亮。"[97]

  这种被历史大潮裹挟而身不由己的心境诱使我们寻找历史的力量,这些力量将把少数个人做出的决策解释为更宽广和不可避免的历史进程的一部分,或者说至少是更加宽广的图景的一部分,不只限于欧洲各国大臣们的观点所提供的。把这些更加宽广的解释与1914年7月间做出的各种决策联系起来,这个挑战依然是一个史学和哲学问题,这也许真的无法解决。然而,在后面几章里,我们将尝试审视一些已经提出的对第一次世界大战的解释,并且将看看这些解释在多大程度上能够与我们直至目前所讨论的紧随危机发生所做出的各种决策直接联系起来。

参考书目

1 Charles Jelavich, *South Slav Nationalism: Textbooks and Yugoslav Union before 1914*, Columbus, OH: 1990 年,第 21—23,180—181 页。
2 这是塔夫(Taaffe)伯爵用过的表述。参见,比如,Oscar Jaszi, *The Dissolution of the Habsburg Monarchy*, Chicago: 1961 年,第 115 页。
3 Steven Beller, *Francis Joseph*, New York: 1996 年,第 213 页。
4 Samuel R. Williamson Jr, "Vienna and July 1914: The Origins of the Great War Once More",载于 Samuel R. Williamson 和 Peter Pastor 主编, *Essays on World War I: Origins and Prisoners of War*, New York: 1983 年,第 23 页。
5 W. Jannen Jr, "The Austro-Hungarian Decision for War in July 1914",载于 *Essays on World War I: Origins and Prisoners of War*,第 56—57 页。
6 关于霍亚斯的柏林之行和奥匈帝国外交部里的情绪,参见 Fritz Fellner, "Die Mission Hoyos",载于 *Les Grandes Puissances et la Serbie à la veille de la Première Guerre Mondiale*, Recueil des travaux aux Assises Scientifiques Internationales, Belgrade: 1976 年。
7 John Van der Kiste, *Kaiser Wilhelm II: Germany's Last Emperor*, Stroud: 1999 年,第 167 页。
8 Gabor Vermes, *István Tisza: The Liberal Vision and Conservative Statecraft of a Magyar Nationalist*, New York: 1985 年,第 223—225 页。
9 Jeffrey Verhey, *The Spirit of 1914: Militarism, Myth, and Mobilization in Germany*, Cambridge: 2000 年,第 1 页。
10 R. J. W. Evans, "The Habsburg Monarchy and the Coming of War",载于 R. J. W. Evans 和 Hartmut Pogge von Strandmann 主编, *The Coming of the First World War*, Oxford: 1988 年,第 40 页。
11 Keith Hamilton, *Bertie of Thame: Edwardian Ambassador*, Woodbridge: 1990 年,第 319 页。
12 Karl Kautsky, Graf Max Montgelas 和 Prof. Walter Schücking 主编, *Die deutschen Dokumente zum Kriegsausbruch*,第 1 卷, Charlottenburg:

1919 年,第 50 号文档,第 78 页(本书此后简写为 DD)。
13 引自 Dominic Lieven, *Nicholas II: Twilight of the Empire*, New York: 1993 年,第 198 页。
14 O. Hoetsch 主编,*Die internationalen Beziehungen im Zeitalter des Imperialismus. Dokumente aus den Archiven der Zarischen und der Provisorischen Regierung*,共 5 卷,Berlin:1931—1934 年,第 1 系列,第 4 卷,第 245 号(本书此后简写为 *Int. Bez*)。参见 L. Albertini, *The Origins of the War of 1914*, London:1953 年,第 2 卷,第 184 页。
15 Maurice Paléologue, *An Ambassador's Memoirs*, London:1923 年,第 1 卷,第 17 页。
16 Baron Schilling, *How the War Began in 1914*, London:1925 年,第 28—29 页。参见 L. Albertini, *Origins of the War of 1914*, 英译本,第 3 卷,第 290 页。
17 引自 Dominic Lieven, *Nicholas II: Twilight of the Empire*, New York: 1993 年,第 199 页。
18 G. P. Gooch 和 Harold Temperley 主编, *British Documents on the Origin of War 1898—1914*, London:1926 年,第 11 卷,第 91 号文档,第 73 页(本书此后简写为 *BD*)。
19 *Int. Bez*,第 1 系列,第 5 卷,第 37 号。参见 L. Albertini, *The Origins of the War of 1914*, 英译本,第 2 卷,第 350 页。
20 *Oesterreich-Ungarns Aussenpolitik von der Bosnischen Krise 1908 bis zum Kriegsausbruch 1914*, Vienna:1930 年,第 8 卷,第 10616 号文档,第 646 页(本书此后简写为 *OeD*)。
21 参见 Gale Stokes, "The Serbian Documents from 1914: A Preview", *Journal of Modern History* 增刊,48/3(1976 年),第 69—84 页;以及 Richard C. Hall, "Serbia", 载于 Richard F. Hamilton 和 Holger H. Herwig 主编, *The Origins of World War I*, Cambridge:2003 年,第 92—111 页。
22 引自 George Kennan, *The Fateful Alliance: France, Russia, and the Coming of the First World War*, New York:1984 年,第 264 页。
23 *DD*,第 1 卷,第 49 号文档,第 74 页。
24 *DD*,第 4 卷,附录 4,第 2 号文档,第 127 页。
25 *BD*,第 11 卷,第 86 号文档,第 70 页。

26 BD,第11卷,第98号文档,第77页。
27 BD,第11卷,第140号文档,第101页。
28 OeD,第8卷,第10648号文档。
29 Bruce W. Menning, *Bayonets before Bullets: the Imperial Russian Army, 1861—1914*, Bloomington, Ind.:1992年,第242—243页。
30 引自 Keith Hamilton, *Bertie of Thame: Edwardian Ambassador*, Woodbridge:1990年,第321页。
31 John F. V. Keiger, *Raymond Poincaré*, Cambridge:1997年,第169页。
32 M. B. Hayne, *The French Foreign Office and the Origins of the First World War 1898—1914*, Oxford:1993年,第272—273页。
33 John F. V. Keiger, *France and the Origins of the First World War*, Oxford:1983年,第50页;另一方面,这两人是老校友,而且作为1912年政府体制改革的一部分,普安卡雷任命他为核心内阁中与外交部部长共事的"政治参事"。
34 Jean Stengers, "1914: The Safety of Ciphers and the Outbreak of the First World War", 载于 Christopher Andrew 和 Jeremy Noakes 主编, *Intelligence and International Relations*, Exeter:1987年,第29—48页。
35 John F. V. Keiger, *Raymond Poincaré*,第170—174页。
36 Paul Ward, *Red Flag and Union Jack: Englishness, Patriotism and the British Left, 1881—1924*, Woodbridge:1998年,第119页。
37 DD,第2卷,第342号文档,第59页。
38 Volker R. Berghahn, *Germany and the Approach of War in 1914*,第2版,纽约:1993年,第10—11页。
39 DD,第2卷,第335号文档,第51页。
40 DD,第1卷,第258号文档,第250页。
41 DD,第2卷,第293号文档,第18页。
42 Franz Baron Conrad von Hötzendorf, *Aus meiner Dienstzeit 1906—1918*, Vienna:1923年,第四卷,第153页。
43 Annika Mombauer 在 *Helmuth von Moltke and the Origins of the First World War* (Cambridge:2001年) 一书中对这一点做了令人信服的论证,尤其参见第286页。
44 BD,第11卷,第264号文档,第171页。

45　*BD*,第 11 卷,第 125 号文档,第 94 页。
46　*BD*,第 11 卷,第 318 号文档,第 200 页。
47　*BD*,第 11 卷,第 283 号文档,第 180 页。
48　*BD*,第 11 卷,第 293 号文档,第 186 页。
49　*BD*,第 11 卷,第 303 号文档,第 193 页。
50　Herbert Samuel,引自 Michael G. Ekstein 和 Zara Steiner,"The Sarajevo Crisis",载于 F. H. Hinsley 主编,*British Foreign Policy under Sir Edward Grey*,Cambridge:1977 年,第 401 页。
51　这是阿斯奎斯对乔治五世讲的一句话,引自 Ekstein 和 Steiner,"Sarajevo Crisis",第 404 页。
52　*BD*,第 11 卷,第 426 号文档,第 253 页。
53　S. J. Valone,"'There Must Be Some Misunderstanding':Sir Edward Grey's Diplomacy of August 1,1914",*Journal of British Studies*,第 27 期(1988),第 40 页。
54　Keith Neilson,"'My Beloved Russians':Sir Arthur Nicolson and Russia,1906—1916",*International History Review*,第 9 期(1987),第 548 页。
55　*DD*,第 3 卷,第 490 号文档,第 9 页。
56　*DD*,第 2 卷,第 456 号文档,第 177—178 页。
57　Helmuth von Moltke,*Erinnerungen,Dokumente,Briefe 1877—1916*,Stuttgart:1922 年,第 19—21 页。
58　Graydon A. Tunstall Jr,*Planning for War against Russia and Serbia:Austro-Hungarian and German Military Strategies,1871—1914*,New York:1993 年,第 103 页;Holger H. Herwig,"Germany",载于 Hamilton 和 Herwig 主编,*The Origins of World War I*,第 150—187 页。
59　*BD*,第 11 卷,第 419 号文档,第 250 页。
60　*BD*,第 11 卷,第 453 号文档,第 263 页。
61　*BD*,第 11 卷,第 425 号文档,第 252 页。
62　Sandi E. Cooper,"Pacifism in France,1889—1914:International Peace as a Human Right",载于 *French Historical Studies*,第 17 期(1991),第 382 页。
63　*BD*,第 11 卷,第 243 号文档,第 160 页。
64　*BD*,第 11 卷,第 448 号文档,第 261 页。

65　W. Churchill, *The World Crisis*, 第 1 卷, 伦敦: 1923 年, 引自 Michael Brock, "Britain Enters the War", 载于 Evans 和 Strandmann 主编, *Coming of the First World War*, 第 152 页。

66　Harcourt, 引自 "Britain Enters the War", 第 154 页。

67　J. A. Spender 和 C. Asquith, *Asquith*, London: 1932 年, 第 2 卷, 第 81 页, 引自 "Britain Enters the War", 第 154 页。

68　*BD*, 第 11 卷, 第 369 号文档, 第 228 页。

69　引自 Michael G. Ekstein 和 Zara Steiner, "The Sarajevo Crisis", 第 405 页。

70　*Documents diplomatiques français 1871—1914*, Paris: 1936 年, 第 3 系列, 第 11 卷, 第 305 号文档, 第 263 页(本书此后简写为 *DDF*)。

71　*BD*, 第 11 卷, 第 319 号文档, 第 201 页。

72　Raymond Poincaré, *Au Service de la France: Neuf Années de Souvenirs*, Paris: 1927 年, 第 4 卷, 第 438—440 页。

73　Harold Nicolson, *Sir Arthur Nicolson, Bart., First Lord Carnock: A Study in the Old Diplomacy*, London: 1930 年, 第 419 页。

74　*BD*, 第 11 卷, 第 447 号文档, 第 260 页。

75　*BD*, 第 11 卷, 第 487 号文档, 第 274 页。

76　Walter Runciman, 引自 Cameron Hazlehurst, *Politicians and War*, London: 1971 年, 第 93 页。

77　Keiger, *Poincaré*, 第 180 页。

78　*BD*, 第 11 卷, 第 594 号文档, 第 314 页。

79　John Gooch, "Italy before 1915: The Quandary of the Vulnerable", 载于 Ernest R. May 主编, *Knowing One's Enemies: Intelligence Assessment before the Two World Wars*, Princeton, NJ: 1984 年, 第 217 页。

80　引自 William A. Renzi, *In the Shadow of the Sword: Italy's Neutrality and Entrance in the Great War, 1914—1915*, New York: 1987 年, 第 31 页。

81　*I Documenti Diplomatici Italiani*, 罗马: 1964 年, 第 4 系列, 第 12 卷, 第 73 号文档, 第 47 页(本书此后简写为 *DDI*)。

82　*DDI*, 第 4 系列, 第 12 卷, 第 124 号文档, 第 88 页。

83　*DDI*, 第 4 系列, 第 12 卷, 第 468 号文档, 第 301 页。

84　*DDI*, 第 4 系列, 第 12 卷, 第 560 号文档, 第 350 页。

85　*DDI*, 第 4 系列, 第 12 卷, 第 565 号文档, 第 355 页。

86　*DDI*,第4系列,第12卷,第852号文档,第510页。
87　Michael Palumbo,"Italian-Austro-Hungarian Military Relations before World War I",载于 *Essays on World War I: Origins and Prisoners of War*,第37—53页。引文见于第50页。
88　John Gooch, *Army, State, and Society in Italy, 1870—1915*, New York：1989年,第174—175页。
89　*DDI*,第4系列,第12卷,第830号文档,第499页。
90　引自 Luigi Albertini, *The Origins of the War of 1914*,英译本,第3卷,第316页。
91　*OeD*,第8卷,第10989号文档,第888页。
92　*DD*,第3卷,第580号文档,第77页。
93　*OeD*,第8卷,第10688号文档。
94　Conrad, *Aus meiner Dienstzeit 1906—1918*,第四卷,第40页。
95　Kurt Riezler, *Tagebücher, Aufsätze, Dokumente*, Göttingen：1972年,第192页。
96　*OeD*,第8卷,第10688号文档。
97　Viscount Grey of Fallodon, *Twenty-five Years 1892—1916*, London：1925年,第2卷,第20页。

第三章 联盟体系和旧式外交

在 1870—1871 年的普法战争中,普鲁士战胜法国,建立了德意志帝国,这导致了欧洲力量平衡的改变,同时还产生了一个新的国际体系。在这个体系中,此时已经成为欧洲大陆上最强的军事大国,有着庞大而又不断扩张的工业资源的德国必然起着主导作用。因而处理国际关系的方法和国家间联盟的基本架构在很大程度上是由俾斯麦创制起来以顺应 19 世纪 70 年代和 80 年代德国的需求的。俾斯麦的名字也已经与一种特别的外交风格联系了起来:即无原则和不讲道德的现实政治(Realpolitik)。1906 年 12 月爱德华·格雷爵士写道:"直到今天,弄脏杯子的仍然是俾斯麦遗留下的残渣。"他指责德国的外交"蓄意企图在其他国家之间搬弄是非,挑拨离间,在一国面前讲另一国的坏话"。[1] 这种说法也许有点不公正:正如 A.J.P.泰勒已经指出的那样,在外交方面,俾斯麦并不比 19 世纪其他的一些政客们更加邪恶,尤其是拿破仑三世。[2] 然而,俾斯麦在同时代人和后世的历史学者们看来似乎是玩弄外交手腕的大师,正是他极其善于虚张声势和恐吓,迫使其他国家的大使和外交大臣们就范,有时的表现是精心的粗鲁,正如 1887 年他当面向俄国大使一字不落地宣读德国与奥地利结盟的条约,旨在说服俄国人同意与德国签订一项"再保险"条约,万一德国与法国交战,该条约将确保俄国保持中立,而德国无须做出任何具体承诺作为回报。在别的场合,他能够心平气和地接受自己虚张声势的失败:1879年在德国与奥匈帝国缔结联盟的谈判期间,他对奥匈帝国的外交大臣说,"我所能说的就是一句话,仔细想想你们的所作所为。我最后一次忠告你们不要反对。接受我的建议,否则,否则我将不得不接受你们的建议。"[3] 然而,比俾斯麦进行外交活动所使用的手段更为严重的是他内心深处的看法,在他看来,所有的国际谈判和国际活动只能用国家利益来解释,因而"国家理由"(*raison d'état*)永远可以为违背国际承诺提供开脱的借口。俾斯麦认为奥地利和普鲁士都是大国,不能被条约的文本束缚住手脚。没有任何协议可以指望长久有效;而且,正如俾斯麦所说:"所有的条约都应该包含这样的词组'只要形势不变'(*rebus sic stantibus*)。"索尔兹伯里勋爵(Lord Salisbury)的观点几乎与此毫无二致:他在临终前曾就比利时的中立问题写道:"我们在条约中所承担的义务应该置于我们的国家意愿之后,而不是放在之前。"[4]

在很多情况下,联盟条约和其他国际协议的细节是保密的。只是到战争结束后才全文公布。而且,即便是那些已经公布了的条约和协议也都含有秘密条款,所以它们经常被认为包含比字面上实际表述的多得多的内容。1887年俾斯麦与俄国签订《再保险条约》是在德国的盟友奥匈帝国毫不知情的情况下进行的。俾斯麦在下野后愤愤不平,正是在这种心境中他本人透露了还有这样一个条约,以及他的继任者格奥尔格·冯·卡普里维伯爵(Count George von Caprivi)没有续签这个条约的事实。德国、奥匈帝国和意大利之间缔结的三国同盟的某些细节(与联盟的存在截然相反)直到1915年意大利对其前盟国宣战的时候才为世人所知晓,但是在1920年之前并没有全文公开。关于秘密协议和隐秘承诺的各种推测得到了新闻媒体的推波助澜。在大众传媒开始被看成各国政府不得不重视的一支力量的时代,著名记者(比如英国《泰晤士报》的瓦伦丁·吉乐尔(Valentine Chirol)爵士和《柏林人日报》的特奥多尔·沃尔夫(Theodor Wolff))和编辑们与政府成员们往往关系融洽友好,而且经常被用作故意透露某些信息的渠道。这种状况反过来又进一步助长了推测。至少在法国就有一位外交部部长斯特凡·皮雄(Stéphen Pichon)曾经是新闻从业记者,1911年离任后又返回新闻界重操旧业。英国首相索尔兹伯里勋爵曾经无可奈何地写道:"现在驻外记者们撰写的信件简直就跟外交部的电报一样引导国与国之间的外交。"[5]

如果说记者们善于竖起耳朵打探耸人听闻的内部爆料,那么各国政府也像刺探别国军事计划那样急于搜罗别国外交部的秘密。自从黎塞留(Richelieu)时期,法国外交部内就一直存在着(仅短暂中断过)一个被称为"暗室"(cabinet noir)的负责破译别国政府外交密码的机构。自19世纪80年代以来,该机构的日常工作就是从事该行为。[6]在1905年的摩洛哥危机期间,法国外交部部长泰奥菲尔·德尔卡塞(Théophile Delcassé)通过秘密监听德国驻巴黎大使馆的通信,发现自己的顶头上司法国总理莫里斯·鲁维埃(Maurice Rouvier)正在跟柏林秘密谈判。[7]意大利驻巴黎大使馆发送给罗马的大多数电报都被法国人监听截获,从而导致法国获悉了1913年春天三国同盟成员国签订的关于海军的一项秘密协议。在1914年七月危机期间,奥地利人阅读了意大利驻维也纳大使馆发给罗马的所有电报。[8]1914年在俄国驻伦敦的大使馆里有一名德国间谍。该间谍向德国人提供了关于英国海军部与俄国海军部之间在1914年6月的无果谈判的情报（而且似乎夸大了谈判的重要性）。正是这条情报使德国人更加深信他们的对手正在勒紧环绕德国的包围圈，早一点突破这个包围圈总比晚突破好。外交协议和军事计划的严加保密促使所有大国不惜金钱和精力发展他们的秘密情报机构。然而，有关这方面的档案记录支离破碎。仅仅当间谍活动引起政治丑闻的时候（其中最著名的当属法国的德雷福斯事件*），这些活动的一鳞半爪才暴露出来。

整个欧洲（尤其是英国）的自由党人和激进分子一致谴责外交方法的隐秘性，尽管与此同时许多外交官都传播着这样一个观点，即他们从事的是一门秘密的行业，局外人是无法理解的，外交队伍里的成员必须出身于一个独特的阶级或者社会等级。正如英国外交部的一位高级官员1914年所说：

> 我认为你们的遴选委员会一般只会挑选也许可以说是一种类型的人，因为他是适合从事被称为外交的国际生涯的那种类型的人。打个比方吧，所有这些人用同样的语言说话。他们有着相同的思维习惯，相差无几的观点。如果某个操不同语言的人走进这个小圈子，我觉得整个外交界会或多或少地以怀疑的眼光看待他。[9]

尽管各国招募和训练外交官的习惯做法不尽相同，但是他们都以

---

* 1894年发生的政治丑闻，法国陆军炮兵部队的阿尔弗雷德·德雷福斯上尉被指控向德国驻巴黎的大使馆传递法国军队的秘密，被法国军事法庭以叛国罪判处无期徒刑，并且关押在法属圭亚那的魔鬼岛长达5年。后来证明所有的指控毫无根据，德雷福斯于1906年获释并恢复军衔继续服役。

身为排他的小群体的成员而著称,并且或许渴望成为这样的排他的小群体。在每一个国家,外交领域都是最难进的一个公务员系统,尤其是如果某人不是出身于有来头的社会背景。选拔外交官的考试难度非常大,但是有时(比如在俄国)"更多是用来剔除社会出身不理想的候选人,而不是淘汰那些不中用的家伙"。[10] 有望外交官的人普遍指望有一份私下的收入,如果他们出国履职,这份收入应该足够他们维持体面的生活。尽管第一次世界大战之前欧洲国家的大多数外交使团在社会地位上非常排他,外交官们几乎清一色地出身于旧贵族家庭,但是19世纪对受教育程度的日益重视逐步为中产阶级上层的儿子们开启了这扇大门。没有任何国家的外交部或者外交使团的人员在社会背景方面是完全一样的,然而社会地位还是重要的:在很多国家的外交部里,官员们的社会地位往往比驻外的外交官的社会地位低;在那些不太吸引人的岗位上的领事官员和外交官,其出身贵族的比例往往比在欧洲各国首都的大使低得多。在德国的外交系统,贵族出身几乎是必要条件:只有驻秘鲁、委内瑞拉、哥伦比亚和暹罗的大使馆由出身于资产阶级家庭的外交官们把持;1914年德国的外交系统由8位亲王、29位伯爵、20位男爵、54位没有头衔的贵族和仅仅11位无贵族称号的人组成。[11]

假设当时各国的外交官们是从不那么排他的阶级中招募的,那么国际关系是否会处理得更加成功一些呢?假设当时各国之间的外交谈判必须完全公开透明,或者是置于议会的控制之下,那么国际紧张局势会不会略微缓和一些呢?其实即便如此,结果也是非常令人怀疑的。然而,毫无疑问,那些专门从事战后所称的"旧式外交"的人们助长了这样一种看法,即每一次国际谈判的背后总是隐藏着更多不为人知的秘密。阿诺·约瑟夫·迈耶认为第一次世界大战之所以爆发,就是由于"旧制度"把战争视为拯救自身的唯一机会。他这个观点部分建立在如下事实之上,即欧洲各国外交部和所有的外交使团里的重要位置都被贵族们垄断了。此观点符合实际情况的程度因国而异,而且差别相当大。迈耶声称甚至在德雷福斯事件之后法国外交部仍然是贵族们盘踞的堡垒。这个说法经不起推敲。在19世纪80年代法国对官员们进行了清洗,一批训练有素的中产阶级出身的专业外交人员从贵族手中夺过了控制权。他们的地位与他们的教育素质紧密相联。在1899—1936年间,录取进外交系统的284名新人中有249名是注重智力熏陶和精英教育的巴黎自由政治学堂的毕业生。[12] 也许有点出人意料,一个出身于富裕的中产阶级之家的年轻人在专制的俄国比在德国更容易谋到外交职业,尤其是如果他毕业于有名的沙皇亚历山大中学。[13] 社会地位、专业水平和国家政策之间的关系从来不像有些人想象的那样简单或者直截了当。

既然结盟的条约经常是在不信任的气氛中谈判签订的,而且签约各方都有很多没有言明的保留,那么为什么这些条约被认为重要呢?这些正式的协议对有关国家的政策有什么影响呢?在什么意义上可以说联盟体系的存在对1914年世界大战爆发起了推动作用?那个时代的人们用来为联盟体系辩护的理论(如果那不是一个过于宏大的字眼的话)认为,该体系将维持力量均衡。自从18世纪以来,力量均衡(the balance of power)这个词组在外交语言中司空见惯,它既可以解释为对各大国实际的军事和经济力量的客观估计，也可以解释为政治家们对自身国家利益居于何处的主观判断。英国外交部的艾尔·克劳爵士在1907年的一份著名备忘录中表达了力量均衡的概念："对滥用政治支配地位的唯一阻碍一直在于一个同样强大的竞争对手的反对，或者是几个国家联合起来形成的防御同盟的反对。从技术上讲，这样的由各种力量进行组合而建立起来的均势（equilibrium）按照确切意义就是人们所知的力量均衡。"[14] 德国统一之后，俾斯麦的外交努力旨在维持对德国有利的力量均衡，他更加精辟而又以他通常的务实精神说过："所有的政治归根结底浓缩成这个公式：只要世界由五个大国之间不稳定的均势主宰着，就应尝试成为那居于中间位置的第三个国家。"[15] 很多政治家和外交官相信维持力量均衡本身就会防止战争，其途径是直接地或者通过某种机制来威慑侵略者，正如俾斯麦自己所相信的那样，一个大国可以用这种机制来制约其盟国，阻止它们做出任何破坏均衡的事情。

1914年4月《泰晤士报》上的一篇重要文章阐述了力量均衡理论的这一个侧面：

> 几个大国分成两个非常均衡的集团，在每个集团内部，各成员之间关系密切，同时集团并不禁止任何成员与另外一个集团的一个或者多个成员保持最友好的关系，这是对非分野心的双重遏制，也是对种族仇恨突然爆发的双重遏制。所有的君主和政治家，当然，还有所有的国家，都知道集团与集团之间的战争将是后果不可估量的灾难。有了这样的认识就会有一份责任感，这责任感会约束和遏制最大胆和最鲁莽的人。

然而他们也知道,要获得他们自己集团里其他成员的支持,而且要诱使他们分担此类冲突带来的责任和种种风险,任何一个或者多个考虑诉诸武力的大国都必须首先消除其他成员的疑虑,共同认为冲突是必要的和正当的。他们不再是自己事业范围内无拘无束的、仅仅对他们自己负责的裁判员了。[16]

在1914年崩溃的正是这个体系。当时人们清楚地看到,力量均衡并不是当时国际体系内在的调节机制,而且当时欧洲分裂成两大互相竞争的联盟体系,其并不必然像《泰晤士报》的编辑所希望的那样发挥有益的作用。

对于1914年7月的危机至关重要的两个联盟条约,其中之一是1879年德国与奥匈帝国签订的盟约,另一个是1893年法国与俄国签订的盟约。意大利于1882年与德国和奥地利签订了盟约,组成了通常所称的三国同盟,并且最近于1912年进行了续约。这些都是正式的联盟,但是同样重要的是1904年英国与法国、1907年英国与俄国之间达成的不太正式的协约。英国、俄国、法国和日本在15年时间里先后达成的一系列协议建立了一位历史学家所称的"四国协约",尽管它对先前已经存在的三国同盟构成的制衡作用有待观察。[17] 如果我们审视一下这些各种各样的协议谈判达成的背景和打算用它们来应对的各种形势,我们就可以看到它们的性质是如何随着岁月的迁移而变化的。与此同时,这些协议存在的事实导致其他国家根据他们可能在战争中面对的这些看似持久的联盟来制定本国的政策。因而各国的政治期望和军事计划都受联盟体系存在的影响,而且加强了联盟本身往往倾向产生的分裂。

第三章 联盟体系和旧式外交

自 1879 年俾斯麦着手与奥匈帝国谈判达成联盟条约起，到 1914 年该条约的重点已经有了相当大的变化。俄国在 1878 年柏林会议上的遭遇在那些泛斯拉夫主义宣传鼓动分子眼中是蒙受了其他强国的羞辱。在 1879 年的外交形势下，俄国尚未一雪前耻，俾斯麦认为与奥匈帝国结盟将会有吓阻俄国对德国采取任何行动的效果，因而迟早会迫使俄国寻求改善与德国的关系。不出他所料，在 1881 年和 1887 年这种情况确实发生了。但是俾斯麦也一直把德奥同盟看成约束奥地利的巴尔干政策的一种手段，同时还把它看成避免奥地利为了保护奥匈帝国在东南欧的利益而把德国拖进对俄战争的一种手段。在俾斯麦的心目中，德奥同盟是欧洲稳定的一个因素，因为它将既使俄国感到惊恐，足以促使俄国想与德国改善关系，同时又为德国提供控制奥地利对其斯拉夫邻国政策的力量。

对于奥匈帝国来说，与德国结盟意味着对帝国稳定的额外保证。至少自 1815 年以来，哈布斯堡王朝的生存在很大的程度上取决于使其他欧洲强国相信奥地利是欧洲力量均衡中它们不能让其消失的一个重要因素。在 1866 年，奥匈帝国军队在柯尼希格雷茨*被普鲁士军队重创，遭到灾难性失败。随后，庇护九世教皇宣称哈布斯堡帝国的地位已经被削弱"至一个二流东方国家"[18]，奥地利此时要求他国将自身看得重要似乎已彻底不可能了。因此，与德国结盟使奥地利操德语的居民感到宽慰，普奥战争使他们与德国人之间造

---

* 柯尼希格雷茨（Königgrätz），位于今天捷克共和国首都布拉格东北的赫拉德茨-克拉洛韦市西北，1866 年 7 月 3 日普鲁士和奥匈帝国军队在此决战，双方投入兵力超过 45 万人，战役以普军大胜而告结束。该战役又称萨多瓦战役，奥地利自此再无力阻止由普鲁士领导的德国统一进程。

成的致命分裂终因联盟结束了。人们情绪化地认为,德国和奥地利现在紧密地连接在一个命运共同体(Schicksalsgemeinschaft)里面了。正是这种情绪化感觉使联盟的正式外交辞令得到了加强。因而两国的联盟不仅满足了眼前的外交需求,而且也满足了两国很多人的心理需求,因为当时与以往任何时候都不一样,两国的公众(或者至少新闻界)对政府的外交行动立即作出了反应,在这样一个大气候中双方缔结的条约会获得与条约内容不太相干的重要意义。联盟存在的事实比联盟条约的确切措辞更加重要,盟约的具体细节当时还秘而不宣。事实上德奥同盟条约的关键部分是,双方同意如果一个缔约方遭到俄国的进攻,另一个缔约方将"倾其帝国的全部力量"予以支持。

在俾斯麦当政的年代里,德国人和奥地利人都把两国的结盟看成确保稳定的一种手段。而且正如我们所看到的那样,俾斯麦确实于1887年向俄国驻德国的大使透露了德奥盟约的条款,当时他希望通过说服俄国人跟德国签订一份条约来维持那种稳定。然而到了1890年这份《再保险条约》应该续签的时候,俾斯麦却倒台了,但即便是他,也似乎对俄国人的打算心存疑虑,或许甚至更接近于同奥匈帝国谈判达成一项更加有约束力的安排。1889年,在与奥地利人讨论建立一个关税同盟期间,俾斯麦告诉奥地利驻德国大使:

> 我和德国和普鲁士的政治家们从来没有把奥地利视为一个完全的外国……斯拉夫主义的扩张确实是个巨大而又迫在眉睫的危险——我起初没有意识到这个事实,但是在本世纪

初就已经预示出来了。历史事实是,很久以来,普鲁士——她逐渐感到自己国内有那种基础,可以使她成为被斯拉夫人和法国人包围的德意志的领导力量——一直认为,奥地利作为一个伟大国家永葆强盛的必要性至关重要。[19]

哈布斯堡王朝王位的继承人鲁道夫(Rudolf)王储却不信俾斯麦的话。1888年他给自己的父亲奥匈帝国皇帝弗朗茨·约瑟夫写匿名信,提醒父皇当心他预见到的危险:"你已经向前迈开一只脚踏进了巴尔干国家;那是把一只脚踩进了你表面上的朋友(俾斯麦)为你挖好的坟墓。"[20]

在俾斯麦下野后的几年时间里,国际形势发生了根本的变化。1892年8月法国与俄国之间军事协定的签署(次年又升格为完整的联盟)把欧洲分裂成两大阵营。俾斯麦通过三位皇帝的王朝理念来保持东欧平静的政策永远消逝了。

尽管法兰西共和国的政治制度与沙皇俄国的独裁专制制度之间存在着很多差异,法俄修好却是1870年建立起来的新的力量均衡符合逻辑的后果。正如卡尔·马克思在普法战争期间所指出的那样:"如果阿尔萨斯和洛林被侵占,那么法国后来将会与俄国一起对德国开战。"[21]法国的两个省被德国吞并,这意味着从长久来说法国与德国之间不可能和解。尽管某些时候法国政府和公众会短暂地忘却失去的两个省份,但是法国人内心收复它们的希望将会永远保证在未来的欧洲大战中法国将加入反对德国的一方。

对于俄国来说,与法国结盟的好处似乎显而易见:它将使俄国人在东南欧更加放手地自行其是。由于面临两线作战的可能性,一旦俄国与奥匈帝国发生冲突,德国支持奥匈帝国的可能性较小,因而奥地利将无力抵挡俄国的军事行动。与此同时,正当沙皇政府忙于将其控制向东扩张,跨越整个西伯利亚直至太平洋沿岸地区之际(1891年俄国政府作出了修筑西伯利亚大铁路的决定),俄国人希望与法国的联盟将给俄国带来其欧洲部分的安全。但是除了这些战略和外交上的考虑之外,从1887年起法国和俄国之间一直在发展更加紧密的金融联系。跟那个历史时期大多数其他外交联盟相比,这些金融联系给了法俄联盟一个更加稳固的基础。俄国政府不仅需要外国资本投资正在扩张的工业和不断发展的运输体系,而且要用这些资本对俄国政府的公债进行转换,旨在进行合理改革和节省开支。法国的银行家们对扩大他们在俄国金融市场的份额颇感兴趣,积极开展了向法国众多小额储户们销售俄国债券的活动,法国的中产阶级作出了热情的响应。尽管此前法国政府并没有期待或者打算让这些贷款成为对军事或者外交联盟的支持的重要成分,但是到头来确实是这样。甚至,这些债券的发行所激发的对俄国的兴趣,为1891年法国海军舰队对俄国的访问和1893年俄国海军舰队对法国土伦港的访问在民众中取得成功铺平了道路。这种新型的法俄关系也不仅仅局限于两国政府和贷款:法国对俄国采矿业的直接投资从1888年的0.312亿法郎上升到1900年的2.741亿法郎。同一时期法国对俄国冶金工业的直接投资从0.706亿法郎上升到2.988亿法郎。[22] 到1914年,法国投资和俄国经济的互相依赖为法俄两国的外交和军事联盟提供了重要的支撑。

德国也许是无意中为这种国际政治格局的变化作出了贡献。

俾斯麦从来没有显示出他意识到国际金融联系的更加宽广的政治意义。他反而在1887年11月禁止在柏林的证券交易所销售俄国的债券，因为俄国政府向在俄国境内拥有大地产的外国人征税的举措把他惹恼了，这个征税措施影响了在俄国和普鲁士国境两边都拥有不动产的重要的德国贵族阶级成员的利益。俾斯麦对普鲁士容克的几乎是本能反应性的支持，在几年以后被他的继任者重复了，当时新上任的德国首相在继续俾斯麦发起的关税战中给予除俄国人外的所有人进口特许权。作为报复，俄国人对歧视俄国贸易的任何国家在现有关税税率的基础上加征20%—30%的关税。尽管他们之间的贸易纠纷在1894年签署了一项协议之后得以化解，俄国人的经验使自己壮了胆子，他们发展经济的计划愈加依靠法国的支持。

法国和俄国军队高层人士鼓励法俄两国结盟有他们自己的动机。俄国和法国军队的总参谋长尼古拉·尼古拉耶维奇·奥波罗谢夫(N. N. Obruchev)将军和拉乌尔·德·布瓦代弗尔(Raoul de Boisdeffre)将军在1890年开始竭力敦促签订两国的军事协定。[23]从1870年开始，两国的总参谋部之间就一直有一些接触，而且俄法联盟主要是被作为一个军事工具来看待的。1892年谈判，并于1893/1894年冬天获得批准的协议规定："如果法国遭到德国或者德国支持的意大利的进攻，俄国将动用其所有可用部队攻打德国。如果俄国遭到德国或者是德国支持的奥地利的进攻，法国将动用其所有可用部队攻打德国。"尽管有这个条款，至少有一位专门研究法俄联盟的历史学家将它阐释为进攻性协定，旨在肢解德国"或者无论如何都要削弱和羞辱它"。奥波罗谢夫将军想把"德意志和奥匈两个帝国都摧毁掉"。[24] 到了19世纪90年代中期，尽管法俄联盟条约的具体条款并未公布，联盟的存在已经广为人知。该联盟的存在足以在法国和俄国国内引起反对之声。在法国，激进的国会议员对联盟感到恐惧，竭力声讨它，并且表示如果能够做到，他们将拒绝接受它。然而，在法国政府的诱导下，公众对与俄国结盟的支持慢慢地增加了。在1896年，沙皇尼古拉二世与夫人亚历山德拉访问了巴黎，在那里他们受到了超过一百万聚集在街头的巴黎人热情洋溢的欢迎。然后他们在法国总理儒勒·梅兰（Jules Méline）陪同下出席塞纳河上一座新桥的落成典礼，用19世纪俄国最反动的统治者之一、沙皇尼古拉二世的父亲亚历山大三世的名字为该桥命名。[25] 而在俄国，对俄法联盟的抵制来自对立的阵营，即那些担心同共和制的联系将会鼓励俄国国内激进分子和革命分子的反动派。

从此以后，法俄的两国联盟就被视为对德国、奥匈帝国和意大利组成的三国同盟的抗衡。这种对峙的直接后果就是德国的总参谋部立即着手制订两线作战的计划，但是在当时看来，爆发战争的可能性还看似遥远。俄国人正专注于向亚洲扩张。正在竭尽全力抑制帝国内部日益滋长的民族主义纷争的奥地利人渴望能有一段平静的岁月。而法国人正在非洲和东南亚忙于与其他几个殖民帝国进行争夺，反而对阿尔萨斯和洛林问题不太放在心上。威廉二世统治下的德国人急于寻找途径展示他们作为潜在世界强权的地位，似乎对在欧洲与法国人和俄国打仗的前景不太关切。尽管他们在1897年已采取关键行动，以创建一支用于在公海上作战的战列舰舰队，但德国早在15年之前就已经有了世界第三大装甲舰队。而且从一开始,德国的海军战略就部分地取决于对德国与盟国或与潜在盟国关系的考虑:在1872年设立帝国海军部、阿尔布雷希特·冯·斯托什(Albercht von Stosch)将军被德皇威廉一世任命为海军部部长时,他就争辩说,"在与一个海军力量占优势的海上强国交战期间,"德国将不得不在海上坚守自身,否则"对于其海上盟国来说德国不会有什么价值。"[26]

在整个19世纪90年代里,除奥地利以外的所有世界强国的帝国主义行径和利益超越了三国同盟和两国联盟看似建立起来的界线。在远东,在中日甲午战争结束之后的1895年,法国人和俄国人准备同德国人一道强加他们自己的解决方案。在1901年,法国人甚至准备派遣一支法军部队参加由一位德国将军统领的国际联军,去镇压看上去将威胁欧洲人在中国特权地位的中国民族运动者(义和团)。对于在非洲的法国人和在远东的俄国人来说,与德国相比,英国是一个更加直接的竞争对手。

与此同时,正是其一系列帝国义务所引起的诸多问题,逐步而又无意地将英国拖进了欧洲的联盟体系。直至19世纪90年代末,英国政府拒绝考虑与其他强国结成任何正式的联盟。俾斯麦建议英国同前者的国际体系建立更紧密的联系,他们根本没有理会,仅仅将他们自己限制于1887年签订的所谓的《地中海协定》。该协定的具体条款一直秘而不宣,并且不过是声明了已经人所共知的英国对东地中海地区稳定的关切,同时承诺一旦发生危机,英国将与奥地利和意大利进行磋商,如果可能的话,将采取联合行动。然而,在非洲与法国人进行了几年的冷战之后,至1900年,英国又在南非陷入了与布尔人的战争,此时它还面临着俄国对其在中国影响的威胁。获取和经营一个世界范围的日不落帝国的压力已经开始显现。某些英国领导人,最突出的是殖民大臣约瑟夫·张伯伦,正在思考也许英国将不得不放弃某些人心目中的孤立主义传统:

> 1898年5月,张伯伦说,所有的欧洲强国都已经结盟,只要我们游离于这些联盟之外,只要各国都嫉妒我们,只要我们的利益不时地跟所有国家的利益发生冲突,我们就随时可能面临强国联盟的对峙,这个联盟太强大了,甚至最为极端,最鲁莽的政客细想之后都会局促不安。[27]

在1898年和1901年确实有过关于英国与德国结盟可能性的讨论,但是双方的利益相差太远。在远东,英国人需要外交支持以对付俄国;而德国人在欧洲一旦爆发战争的时候需要英国人的帮助,或者至少保持善意的中立。1901年5月,英国首相索尔兹伯里勋爵在他退休之前所做的最后一项重大外交决策中用这些话阻止了这些讨论:"这是一个将英格兰包含进三国同盟内的建议。"他进而谈到了英国的孤立:

> 我们实际上感到过(孤立的)危险吗?如果我们在革命战争中被打垮了,我们的垮台并不是由于孤立。我们有很多盟友,但是如果那位法国皇帝得以渡过海峡,这些盟友们也挽救不了我们。除了在他在位期间,我们从来没有处于危险之中,因而我们不可能判断据说会使我们遭受苦难的孤立是

否包含任何危险的因素。为了防御这种我们无法基于历史理由去相信的危险而招致种种新的沉重义务，这将不是明智之举。[28]

可是，尽管英国政客们的言论给人的印象是，英国可以避免对欧洲大陆的承诺，事实上他们有时却几乎不知不觉地卷入了欧洲强国的结盟活动之中。当时在远东英国立即需要外交支持，1902年与日本签订的联盟条约满足了这种需求。英国脱离所谓的孤立的第一个正式行动，不是像某些评论者所说的承认软弱，而是为确保其在远东的利益而与日本结盟的明智做法，使英国得以将其海军舰队集中于欧洲水域，应对法俄联盟造成的威胁。[29]英国与日本的结盟是英国全球战略中的一个重要行动。

两年之后爆发的日俄战争有着打破英国如意算盘的危险。英国首相亚瑟·贝尔福（Arthur Balfour）认为日本将被击垮，或者将被削弱，他抵制了他的外交大臣兰斯道恩（Lansdowne）勋爵主张的向日本人提供援助的建议。[30]他们两人都担心如果法国援助俄国，英国将被拖进战争站到日本一边。法国人同样害怕这样一个结果，因此英国和法国这两个传统的死对头有了改善他们关系的新动力。1904年4月签订的《英法协约》（The Anglo-French Convention）是这种政策集中的体现。正如法国外交部政治司司长后来所描述的那样，这一两国政府间的协约友好关系（the Entente Cordiale）是"世界政治的一个重大转折点"。[31]可是在当时人们的眼中，这一协约似乎并不是这样的。它只不过是那些逐步变得与原先签约者的初衷相异的诸多国际条约中的另一项而已。在整个

19世纪90年代,英国人与法国人在西部非洲、尼罗河上游和暹罗一直为他们的殖民争端争吵不休。1898年,在尼罗河上游的法绍达*爆发了一场危机。当时法国军队的一支小部队与刚刚重新控制了苏丹的英国军队发生对峙。这个事件导致了对两国之间可能交战的议论,而且英国的海峡舰队被派遣到了地中海。与此同时,法国刚走马上任的新外交部部长、直至1905年法国外交政策的设计师泰奥菲尔·德尔卡塞意识到,法国的盟友俄国不准备在非洲支持法国反对英国,况且法国仍深陷德雷福斯间谍案引发的国内政治危机之中,法国将不得不避免与英国直接对抗。由于德尔卡塞本人与法国国内反对英国的殖民派系关系密切,因此他很不情愿这样做,但他还是逐步地认识到,与英国达成一项殖民交易也许对法国有利。做这样一项交易的基础在于以下的事实,即法国人希望通过攫取对摩洛哥的控制来扩张他们在北非的帝国,而自从1882以来就一直占领着埃及的英国人则想进一步巩固他们在埃及的地位,并对埃及的财政进行改革。法国对这一改革步骤的批准至关重要,因为法国在"公债委员会"里占据着关键位置,该委员

---

* 法绍达(Fashoda),即现在南苏丹西尼罗河州白尼罗河西岸的小镇科多克(Kodok)。1898年法国殖民主义者企图打通从西部非洲到红海的整个萨赫勒地区的商贸路线,派遣一支远征队伍从西非的塞内加尔向东进发,占领了对英国同样重要的法绍达,并在1898年9月与人数占绝对优势的英国军官指挥的埃及部队在这里对峙。英法双方都坚持己方对该地拥有控制权,但是保持了克制,未发生武装冲突,等待各自国内的指示。可是消息传到巴黎和伦敦之后,事件被放大,两国民众群情激愤,政府互相指责,剑拔弩张,英国皇家海军甚至起草了作战计划,动员了预备役人员,形势极为严峻。法国考虑到在未来与德国交战时要争取英国的支持,宁愿损失一些眼前的利益,悄悄命令法军人员撤退。虽然该事件的和平解决为1904年两国签订《英法协约》铺平了道路,但在一部分法国人心目中这是挥之不去的奇耻大辱。为了抹掉事件在法国人记忆中留下的阴影,英国人在1904年将法绍达改名为科多克,该地名一直沿用至今。

会是负责监督埃及财政事务的国际委员会。*

因此,1904年签订的《英法协约》实质上是解决两国之间突出的殖民利益矛盾的一个方案,旨在加强法国的力量以获取摩洛哥,并确认英国在埃及的地位。两国还签订了另一项协定,让暹罗作为法属印度支那和英占缅甸之间的独立缓冲国。两国也在非洲做了一些微小的领土调整。持续了近200年的关于在加拿大外海捕鱼权利的争端也得到了解决。但考虑到此前十年在整个国际范围内发生的种种变化,这个艰难达成的、围绕在欧洲之外争端的具体细节的协议就有了不同的意义。

事后再来回顾1914年的七月危机和战争的爆发,大多数观察家们在《英法协约》中看到了英国在通往与德国交战的道路上采取的第一个决定性步骤。到了1904年,英国的很多人把德国创建一支庞大的海军理解为对英国的世界强国地位构成的严重威胁。而仅仅在几年之前,似乎英国与德国之间没有任何严重的分歧,而且两国之间或可探讨建立一种正式的联盟。到了1904年,英国就有很多人认为德国正在成为一个强力竞争对手。鉴于这种日益增长的威胁,英国海军部在1903年3月决定组建一支北海舰队,并且在苏格兰东部海岸的罗塞斯为该舰队建设一座基地。因此,尽管

---

* "公债委员会"(Caisse de la Dette),1876年5月2日根据埃及总督伊斯梅尔帕夏颁布的法令成立,负责监督埃及偿还所欠下的巨额外债。委员会由来自奥匈帝国、法国、意大利和英国的四位委员加一位秘书组成,其中一位委员任主席。此后不久,英法两国还掌握了对埃及财政收入和支出的直接监管权,埃及政府由此丧失了财政自主性。围绕该委员会和英法的财政监管权发生了一系列事件,最终英军于1882年占领了埃及,英国开始将埃及变为它事实上的被保护国,财政共管制度被终止,但公债委员会得到保留。1885年该委员会得到扩大,加入了德国和俄国的代表。

与法国的协定严格限制于解决两国之间在殖民地方面的新旧分歧,那些参与谈判的两国外交官们心中还是在思考德国变化了的地位和政策。俄国的外交官们也是如此。部分地由于受到法俄联盟的怂恿,部分地由于巴尔干地区的平静,一项雄心勃勃的"亚洲"政策出炉了,该政策最为显著地体现在修筑跨西伯利亚铁路上,而且这项政策将最终导致俄国在1904—1905年与日本打一场灾难性的战争。在与法国谈判之前和谈判期间,时任英国首相亚瑟·贝尔福事实上心里想到的不是德国,而是俄国。正如他向负责谈判的外交大臣兰斯道恩勋爵所指出的那样:"我们拥有很多她会想要的东西,而且即使印度这块肥肉太大,她一口吞不下去,她的政治家们相信,如果她能够沿我们的印度边境获取战略优势地位,我们就会在亚洲非常惧怕她,就会在欧洲做她卑谦恭顺的仆人。"[32]

在法国人撤离法绍达之后,尽管德尔卡塞在非常恼火之际曾考虑过在非洲寻求德国的帮助来对付英国,但是到了1903年,在经过利弊权衡之后,他认识到要实现法国控制摩洛哥的宏愿,增强法国对付德国的地位,上策就是与英国签订一项协定。与此同时,商贸领域和新闻界这个法国舆论的重要方面此前在南非战争[*]期间曾经一致对英国持敌视态度,现在开始欢迎改善法国和英国之间的关系了。所以1903年5月英国国王爱德华七世对巴黎的成功访问和同年7月法国总统卢贝(Loubet)对伦敦的成功访问似乎

---

[*] 南非战争(the South African War,1899—1902),又称第二次布尔战争,是英国对荷兰白人移民后代在南非建立的德兰士瓦共和国和奥兰治自由邦的战争。英国召集了澳大利亚、加拿大、印度和新西兰的军队参战,于1900年打败并且吞并了这两个布尔人国家。但是英国在战争中损失较重,且遭到国际舆论的普遍谴责。

是两国舆论气候得到新改善的象征。

然而,正是德国政府促使英法协约看似快速地向正式联盟方向发展,尽管该协约从来没有变成正式的联盟。自从19世纪90年代以来,德国外交一厢情愿的先入之见是,英国与法国、英国与俄国之间的帝国主义争斗根深蒂固,永远不可能克服,在实力政治的压力之下,英国迟早将被迫寻求按照德国提出的条件与德国结盟。正是由于这个原因,德国外交部并没有因为1898年和1901年两度与英国商谈结盟未果而感到太失望。德国人相信时间在他们这一边。1904年《英法协约》的达成几乎没有动摇德国人的这个信念。德国外交部的官员们仍然认为英国与法国之间的种种分歧是无法克服的,他们之间的任何亲善必然是装潢门面的肤浅表象,很容易破裂。在1904—1906年,德国人想方设法要测试一下这个协约并且暴露其空洞的实质。乍看来,法国先前已经存在的与俄国的联盟确实可能与它同英国的新友谊相冲突。

在《英法协约》签署之前几个星期,在远东,日本和俄国之间爆发了战争。这场战争中的一个偶然事件为协约提供了第一次考验。从波罗的海驶向远东的俄国舰队在途经北海的道杰岬时开炮并且击沉了几艘英国渔船,据称是误将这些渔船当作了日本的舰艇。短时间之内一股激烈的反俄情绪传遍了英国。这时德国政府向俄国人建议,此刻正是在欧洲大陆组建反对英国的联盟的好时机,当然德国人希望法国人也加入这个联盟。但是德尔卡塞拒绝在法国的盟友俄国和其新朋友英国之间做出选择。他使出浑身解数,娴熟地运用外交技巧,在英国和俄国之间进行斡旋,说服俄国人对误击事件进行调查,并且根据英国政府所提的要求交付赔偿。

对英法协约友好关系(Entente Cordiale)最严重的考验不是来自远东,而是非洲的摩洛哥问题,德国在这个问题上挑战法国并且削弱协约的决定却得到了相反的效果。德国的"摩洛哥协会""殖民协会"和"泛德意志协会"等组织多年来一直抱怨政府在保护德国在摩洛哥不断增长的经济利益方面做得不够,但是他们的抱怨始终没有得到任何回应。然而,在1905年3月,正乘坐游船在地中海上航行的德皇在外交部的劝说下违心地在丹吉尔登岸,宣称自己在访问一个独立的主权国家,他明显在批评法国在该国的野心,而且德国要求其在摩洛哥的商贸生意应得到平等待遇。这次登岸的效果是在法国和德国之间制造了近20年中最严峻的危机。此后两国之间有可能爆发战争的议论不绝于耳。它所造成的结果是,英国人和法国人不得不更加仔细地思考在一年之前双方达成的协约的潜在意义。至今仍然不清楚在1905年春天兰斯道恩与法国驻伦敦大使保罗·康邦交谈的内容,也不清楚德尔卡塞与英国驻巴黎的大使弗朗西斯·伯蒂爵士说了些什么。德尔卡塞似乎给他的法国政府内阁的同僚们这样一个印象,即英国人主动提出建立一个攻防兼备的联盟,而英国人则认为他们所承诺的不过是在对付德国的任何威胁时两国政府将一道开会,共同商讨应该采取哪些步骤。伯蒂肯定鼓励法国抵制向德国人作出任何让步:"我希望我们绝不做在法国和德国政府之间调停斡旋、息事宁人的任何事情……让摩洛哥成为法国和德国之间的一个裸露的伤口,就像埃及是法国和我们自己之间的痛处一样。"[33] 如果德尔卡塞企图通过暗示英国承诺将与法国结盟,来哄骗内阁的同僚们在摩洛哥问题上对德国采取更加强硬的立场,那么他是失败的,因为到了这个时候,法国总理鲁维埃被德国意图的严重性震惊了,并且英国希望确保德国人无法在摩洛哥的大西洋沿岸得到一个海军基地,他担心法国可能因此与德国闹得不可开交。这个迹象表明,新的英德海军争夺正在开始影响英国在法德关于摩洛哥的竞争中的立场,此前英国对摩洛哥几乎没有什么兴趣。德尔卡塞发现自己在内阁中孤立了,只得被迫辞职。

可是德尔卡塞辞职之后,法国的政策几乎没有什么变化。这场危机最终于 1906 年 1—4 月在西班牙南部的阿尔赫西拉斯召开的一次国际会议上解决了。然而,英国军队与法国军队参谋人员之间的非正式谈判(其军事意义将在第四章讨论)正是在摩洛哥危机期间开始的。值得注意的重要之处在于,在 1904 年 4 月签订《英法协约》之后不到两年,双方就开始制订对德国采取共同军事行动的计划了。因此,无论英国如何竭力辩解双方参谋人员的谈判是非官方的,不意味着任何承诺,然而该协约正被认为包含着一些道义上的责任,并且相较于解决双方突出的殖民分歧,它已意味着更密切的关系。当保守党政府在 1905 年 12 月倒台,自由党政府代之执政时,新外交大臣爱德华·格雷爵士明确表示,政府的更迭丝毫不意味着外交政策的变化。他授权帝国防务委员会的爱舍尔子爵雷吉诺德·布雷特(Reginald Brett)和乔治·克拉克(George Clark)从 1906 年元月开始与法国人举行系统性会谈。那个月底,英国首相亨利·坎贝尔-班纳曼正式批准两国军方参谋人员之间的讨论继续进行。此后五年里这件事一直对整个内阁保密,尽管内阁核心圈子里的几位大臣有所知悉。[34] 格雷承认,尽管英国方面没有做出任何约束性承诺,与法国签订的这项协约暗含着道德义务。他在 1906 年 2 月写道:

> 如果法国与德国之间爆发战争,我们很难避而远之。英法协约,更有甚者,(官方、海军、政治、商业和新闻界的)持续不断且引人注目地展示好感已经使法国人相信我们一定会在战争中支持他们……如果这个期待落空,法国人永远不会宽恕我们。我认为世人会普遍觉得我们的行为恶劣,弃法国于危难之中而不伸出援助之手……从另外一方面来看,欧洲爆发大战和我们卷入其中的前景是非常可怕的。[35]

与此同时,他允许英国陆军部与法国驻英武官之间的非官方会谈继续进行。1999年对英国和"孤立主义"的一项研究认为,自这一点开始,格雷的外交从根本上是有缺陷的。地位恶化的正是德国,而这一点却没有引起他的重视,"这源于他的认知仍然停留在19世纪90年代"。[36]

阿尔赫西拉斯会议之后,摩洛哥危机渐渐停息。尽管在那次国际会议上法国在摩洛哥的影响得到了确认,德国遭受了外交上的失败,在此后的五年里两国在各项经济事业中还是能够合作的。直到1911年他们在摩洛哥的争夺才导致了第二次严重的危机。与此同时,英法协约继续得到巩固,尽管也许没有像一些法国领导人所希望的那样快。在各种事件此伏彼起的大背景下,只有法国驻柏林的大使儒勒·康邦(英法协约的主要设计师之一保罗·康邦的弟弟)清楚而坦率地发表了自己的看法。他争辩道,法国的未来在于欧洲以外的帝国,而在这个问题上,与英国相比,德国更是法国的"天然盟友"。况且与德国的友好关系可以在欧洲大陆上给法国提供一定程度的安全,否则就不可能获得这种安全。只要法国不理会那些要求德国归还阿尔萨斯和洛林的少数摇唇鼓舌的民族主义分子的叫嚣,与德国缓和关系比与英国签订一项协约能够给法国带来多得多的益处。然而,他的声音不过是无人聆听的旷野里的微弱呼唤,在第一次世界大战前的十年里,他的声音越来越被日渐主宰凯道赛[*]的年轻一代仇德分子们的叫嚣所淹没。[37]

在1907年,欧洲两大竞争性阵营明显的分裂进一步加深。在1907年8月31日,英国和俄国政府签署了一项协议,旨在解决两个帝国之间的边界纠纷,尤其是在波斯、阿富汗和中国西藏地区的争端。在此前的十几年里,英国外交部一直有一群人认为有可能达成一项基于互相承认对方势力范围的协议,而且这样做总比由于较小事件的升级而冒重大冲突的风险更可取。在1903年双方就进行了一些会谈讨论,但是日俄战争在远东的爆发阻碍了英俄两国之间谈判的进展。然而,被日本打败促使俄国政府急于同英国改善关系。与此同时,为了对战争期间封闭黑海出口的国际规则作出对俄国有利的修改,俄国的新任外交大臣伊兹伏尔斯基希望他能够赢得英国的支持。他企图把俄国追求目标的重点从远东转移回欧洲。而且在这方面他有恰逢其时的优势:在1905年之后的岁月里,在经过改革的俄国,外交大臣能够比以前在更大程度上自己作主采取行动。还有一个更加有利的因素,在日俄战争中俄国被日本打败,国内革命高潮此伏彼起,对改革的要求一再让步之后,沙皇已经(至少暂时)退居到家庭和朋友圈子的私人世界里。[38]

---

[*] 凯道赛(Quai d'Orsay),法国巴黎第七区塞纳河左岸的一座码头和街道的名字。因法国外交部的办公大楼座落在该街区,所以凯道赛就成了法国外交部或者法国外交政策,甚至法国政府的代名词。

况且伊兹伏尔斯基支持新宪法对于政策制定的安排,并且相信借助国家杜马中温和的自由派议员对一种重新注入活力的外交政策的支持,俄国就能够重新获得国际地位。那些以宪制民主党人(Kadets)为首的自由派分子则相信与英国和法国拉近关系将会加强俄国羽翼未丰的议会制度。[39] 伊兹伏尔斯基开启了同英国的谈判,旨在解决俄英两国在亚洲,尤其是在波斯,可能发生的冲突。

早在1894年英国就开始一直努力同俄国谈判,以求达成一项解决两国之间争端的协议。然而,日俄战争之后俄国政策的变化最终导致了1907年的英俄协议。正如基斯·尼尔森*指出的,在第一次摩洛哥危机期间显示出来的德国威胁英国利益(尤其是摧毁欧洲力量均衡)的日益增长的潜力,进一步促使英国人寻求与俄国人签订一项协约,但是这并不是首要的动因。[40] 1906年2月20日,格雷写道:"在俄国、法国和我们自己之间签订一项协约将是绝对安全的。如果有必要钳制德国,有了协约就可以做到。"[41] 到了这个时候,英国人认为德国可能比俄国构成更大的危险。因而英国人将不得不对英国在中东和印度的地位进行彻底的重新估量。在印度的军事指挥官们呼吁在那里的陆军应该得到加强,以便应对来自俄国的威胁,这个请求最终遭到拒绝。英国人此时认识到,德国可能是英国的主要竞争对手。然而,英国的自由党人对任何看起来像与沙皇俄国的专制政府结盟的举动都疑心重重。正如英国驻波斯公使所评论的那样:"让两个文明而又开明的国家,像英

---

* 基斯·尼尔森(Keith Neilson),加拿大皇家军事学院历史学教授,主要研究近代军事史和英俄关系,发表了一系列相关文章和专著,如《战略与供给:英俄联盟,1914—1917》(1984)等。

国和法国,达成谅解并且共同行动是容易的,但是……一位英国的开明绅士与一位俄国的官僚要采取共同行动是一件很难的事情。一头野驴同一头军需队驯服的骡子是一对不可思议的搭配,把它们套在一起拉车很难驾驭。"[42]

由于俄国被日本打败后还没有从沉重的军事、经济和政治压力下恢复过来,尽管俄国人清楚地知道,如果要修改涉及君士坦丁堡和土耳其海峡*的协议,英国的首肯是很重要的,但是他们急于避免得罪德国。对于俄国人来说,与英国签订的协议的首要作用是加强对他们自己的亚洲帝国的控制而不必担心英国的干涉,尽管在事实上,两国关于波斯和远东的分歧从来没有彻底消失。然而,这个协议也使俄国人燃起了英国将支持他们在巴尔干地区谋求主宰的希望。在《英俄协约》签订之后一年多一点的时间里,形势就变得很明确,俄国在巴尔干地区的雄心的实现很可能导致与德国的冲突。

在俾斯麦倒台之后的15年里,德国与奥匈帝国之间的联盟可以说一直是国际关系中的一个重大因素,世人把它当作理所当然的事,未予以重视警觉,但是它没有采取任何积极的行动。与列强在欧洲以外的帝国主义争夺相比,东南欧问题和奥斯曼帝国的未来暂时显得不太重要。奥匈帝国没有卷入那些殖民争夺。俄国政府一门心思地集中精力在远东扩张,作为其结果,1894—1896年对亚美尼亚人的屠杀在土耳其引发的诸多危机,1897年克里特岛

---

* 即博斯普鲁斯(伊斯坦布尔)海峡、马尔马拉海和达达尼尔(恰纳卡莱)海峡的统称,是连接黑海和爱琴海、地中海的唯一通道,战略地位非常重要。

的起义以及由此导致的土耳其与希腊之间的战争都没有引起列强之间的冲突,有时反而导致他们之间的合作。但是1905年之后形势开始变化了。摩洛哥危机和阿尔赫西拉斯会议向德国人显示,只有他们跟奥地利的联盟才使他们避免外交上的彻底孤立,因为在摩洛哥问题上只有奥地利一个国家给予他们一些支持:德皇威廉二世在向奥匈帝国皇帝弗朗茨·约瑟夫表示感谢时提到后者"作为配角的出色服务"(brillanten Sekundantendienst),这体现了前者一贯的缺谋少智。维持奥匈帝国这个大国的地位成了德国外交政策的重要目标,这既有外交上的理由,因为奥地利被视为德国唯一的可靠盟友,又有德国内部的考虑,因为奥匈帝国的任何内部危机都可能在德国引起连锁反应。1906年,围绕匈牙利与奥匈帝国其余部分之间的关系发生了宪法危机,作为结果,对帝国形将解体的议论甚嚣尘上。因而德国首相给德国所有的驻外代表写信指出,在这样一种情况下,如果奥地利人变成德国的一部分,那将是危险的:

> 我们将因此接受额外的约一千五百万天主教徒,那样新教徒就会变成少数了……新教徒与天主教徒之间的力量对比将变得与那时导致三十年战争的情形一样,即德意志帝国几乎解体了……(这个问题)迫使人们关注当今如此均衡且由此而强大的德意志帝国是否应该让自己落到这样一个可怕的境地。为了保持强大的德国,对这个问题必须无条件地作否定的回答。[43]

结论是必须不惜一切代价保住奥匈帝国。

第三章 联盟体系和旧式外交

在1908年,德奥联盟的意义变得更加清晰了。由青年土耳其党人革命引起的奥斯曼帝国的内部危机再一次提出了土耳其在欧洲疆域的前途问题。奥匈帝国的外交大臣阿洛伊斯·冯·埃伦塔尔(Alois von Aehrenthal)拿定主意,这是奥匈帝国吞并波斯尼亚和黑塞哥维那两省的一个机会,自从1878年以来这两个省就一直被奥地利占领着,但是在形式上它们仍然处于土耳其的宗主权之下。埃伦塔尔深信强硬的外交政策是一条出路,可摆脱由帝国内部一些藩属民族的雄心所引发的问题——把这两个省纳入奥地利版图将打击塞尔维亚人的这一理想:使塞尔维亚成为"南部斯拉夫人的皮埃蒙特"*,也即成为奥匈帝国内部塞尔维亚人和克罗地亚人骚动的中心。埃伦塔尔也似乎相信一个大胆的行动将会向世人显示奥地利并不完全依赖其德国盟友。而且威廉二世在报纸上读到奥地利吞并波斯尼亚和黑塞哥维那的消息之后确实感到恼火,这是可以理解的。事与愿违的是,吞并危机的结果事实上恰恰向世人显示了奥地利对德国的依赖,同时也显示了在多大程度上联盟内的主动权已经从德国转至奥地利手上。

希望通过在巴尔干地区和土耳其海峡的收获来恢复俄国的国际地位的伊兹伏尔斯基此前已经与埃伦塔尔秘密协商,同意接受奥地利的行动,交换条件是奥地利将支持俄国的主张,同意修改规定博斯普鲁斯和达达尼尔海峡的封闭原则的条约。然而,在伊兹伏尔斯基还没有来得及在欧洲其他国家的首都赢得外交支持时,埃伦塔尔就公开宣布了对波斯尼亚和黑塞哥维那的吞并。伊兹伏

---

* 即皮埃蒙特-撒丁王国,它统一了意大利。

尔斯基极度气愤,想来想去都觉得自己被埃伦塔尔出卖了:"那个肮脏的犹太人欺骗了我。他对我撒了谎。他糊弄了我,那个讨厌的犹太人。"

塞尔维亚人也同样义愤填膺:"解放"塞族人,把他们汇聚到一个统一的塞族国家的抱负使所有政治党派团结在一起。而且只要他们的塞族兄弟们仍然生活在奥斯曼的宗主权之下,期待塞族人早日实现统一的梦想似乎是顺理成章的。可是波斯尼亚和黑塞哥维那被置于奥地利的完全控制之下,这使得这一梦想变得更加遥远。[44] 最后,意大利人也怒不可遏,促使他们启动与俄国人的谈判,旨在阻止奥地利将来在巴尔干地区得到任何收获。这个情况本应在1914年7月的危机期间成为一个警示,表明三国同盟是多么脆弱。[45]

埃伦塔尔洋洋得意。吞并波黑几个月之后他放言:"如果有实力达成目标,胜利是必然的……我们绝不是可以被忽略不计的。我们再次重新征服了这个地方,它属于作为强国中一员的我们。"[46] 奥匈帝国与俄国的关系变得非常紧张,而且出现了可能爆发战争的议论。其结果是德军总参谋长小毛奇对奥匈帝国军队总参谋长康拉德毫不含糊地宣称:"俄国一动员,德国也将动员。"[47] 接着德国就要求俄国应该接受奥地利吞并波黑。而且威廉二世还宣称他一直穿戴着"锃亮的盔甲"[48],支持他的盟友奥地利皇帝。虚张声势的成分在其中占据了很大比重。事实上奥地利人和俄国人在军事上或者经济上都不具备打一场战争的条件,但是吞并危机的效果是显示了该联盟体系的性质和种种局限,虽然德国对奥地利承诺的程度已得到清楚表明,而俄国人却发现法国人和英国人对其在君士坦丁堡的野心的支持不冷不热。

在波斯尼亚危机至第一次世界大战爆发的几年时间里,四件事情催生了对欧洲联盟体系的重新估量和强化:土耳其国内的动荡促使俄国人希望通过在巴尔干地区的获益来洗刷他们在远东遭受战败的耻辱,而且土耳其政局不稳也加强了奥地利的如下信念:必须对塞尔维亚采取大刀阔斧的行动,以消除哈布斯堡王朝的崩溃危险;英国政府圈子里的许多人愈加认识到,德国的海军建设对于英国的帝国利益是一个威胁;德国人认为,出于种种国内政治需要,并且为了确保世界力量均势朝有利于他们自己的方向倾斜,他们必须采取某种对外的政治行动;法国人(尤其是1912年任总理、1913年任总统的雷蒙·普安卡雷)希望他们可以利用与俄国的联盟收复阿尔萨斯和洛林两省,同时在没有德国干涉的情况下建立起他们对摩洛哥的控制。

在1911年4月,摩洛哥内部愈演愈烈的动乱给了法国人所需要的机会,他们可借此派军队到非斯并且准备把这个国家变成保护国。德国人从法国人的这一行动中看到了从法国赢得某些殖民方面的让步的机会,如果在摩洛哥争不到,那么就在法属刚果争取。与此同时,德国政府认识到,成功地抗衡法国将在1912年的议会选举中增强他们的胜算。他们派遣一艘炮艇到摩洛哥的阿加迪尔港,并且声称法国人违背了1906年签订的《阿尔赫西拉斯协定》,要求法国为此进行赔偿。事实上德国的计划未能达到预期目的。它显示出与奥匈帝国的联盟不会有多大价值,除非奥地利自身的利益直接受到威胁,因为奥地利政府甚至拒绝给予德国外交上的支持。而在另一方面,尽管内阁的一些成员不情愿,英国政府通过财政大臣大卫·劳合·乔治发表讲话,宣布与法国站在一起。而直至当时,劳合·乔治一直被认为是最坚决反对英国与欧洲大陆的合纵连横有任何牵涉的大臣之一。他发出了一条警告,当时人人都认定它是针对德国的:

> 如果把这样一种形势强加在我们的头上,即和平只能通过如下方式维持:牺牲用几个世纪的英勇奋斗和成就才赢得的伟大且有裨益的地位,让英国被当作世界民族之林中无足轻重的羸弱之国对待(英国在其中拥有至关重要的利益),那么我郑重强调,如此代价的和平对于我们这样一个伟大的国家来说是无法忍受的奇耻大辱。[49]

私下里劳合·乔治吐露了自己对德国在欧洲的野心的恐惧。他对《曼彻斯特卫报》的编辑说,德国"可以在一个月内打下巴黎",然后"德国不会只敲诈两亿赔款,而是勒索十亿,而且将会确保作为一个大国的法国不再存在。普鲁士(真正有问题的是普鲁士,而不是德国)企图谋求一种欧洲霸权,其与拿破仑的霸权没有什么区别,这是真正的危险"。[50]

一些人预测,德国扩建海军的计划,目的是威胁大英帝国的海外利益。另外一些人,像前面提到的劳合·乔治,预见到一场欧洲大战将会在欧陆创造出一个德国霸权。这两类人士的担心和恐惧现在开始合并到一起了。在劳合·乔治发表讲话之后的几个月内,法国和英国之间在1912年4月达成了一项非正式的海军协议。根据这项协议,英国海军将负责英吉利海峡的安全,法国舰队将集中在地中海。英法协约变得更加像一个联盟了。

阿加迪尔危机期间奥匈帝国没有给予德国支持,德国领导人们很可能并不感到惊讶。危机发生之前几个月,贝特曼就向威廉二世承认:"如果战争打起来,我们必须希望奥地利受到攻击,这样她就需要我们的帮助,我们不希望我们自己遭到攻击,并由此仰赖奥地利是否决定忠实于联盟。"[51] 但是英国对法国的支持程度让德国人大吃一惊,而且德国的民族主义舆论把德国在非洲冒险的失败归咎于英国人。对本国被英法联合羞辱、在危机中孤立无援的切肤之痛,并没有使德国人产生反对帝国主义或者反对军国主义的强烈反应。恰恰相反,一群退役军官成立了德国"陆军协会",该组织在两年之内就发展了7.8万名个人会员,19万团体会员和400多个地方单位。[52] 在另一方面,有些人,比如伟大的历史学家、极具影响的战略评论家和短暂的政客汉斯·德尔布吕克(Hans Delbrück)严厉批判了那些煽动群众情绪的沙文主义分子:他认为,下一场战争将是毁灭性的,是有史以来无与伦比的大灾难,将会使用有史以来发明的最为恐怖的各种武器。他警告说,德国不可能像1871年那样迅速打败法国赢得胜利:法国修筑的大规模防御工事,有利于防御者的武器装备,把百万大军投送到战场的后勤保障方面的困难,这些将意味着交战双方都会战至精疲力竭。国际边境将不会改变,但是欧洲大陆将变成一片废墟。[53] 因而德国的舆论分裂为两派:一派认为战争不可避免,并且期盼它的到来,另一派则谋求某种避免战争的出路。

英国人的观点也同样分裂成两派。一派企图通过就欧洲以外的问题与德国谈判达成各种协议来改善英德关系。另一派则认为只有通过更加紧密地与法国和俄国进行合作,才能维护英国的利益。阿加迪尔危机显示出德国与英国之间的裂痕是多么深。英国外交部的高级官员们尤其认为英国与法国保持密切关系至关重要,因为不这样做就会有危险,如果法国人感到孤立,他们就会与德国直接做损害英帝国利益的交易。

英国决定为法国抵御德国压力的决心打气,这产生了无意和事先没有预料到的后果。尽管意大利继续恪守三国同盟,人们普遍认为(而且有时包含在盟约本身的条款之中),意大利不可能,或者不会考虑与英国交战的可能性:意大利的海岸线太容易受到英国占绝对优势的地中海舰队的打击。但是随着英国的海军力量重新部署到英吉利海峡和北海,英国就不再是地中海最强大的海军大国了。结果意大利首次开始考虑英意海军冲突的可能性。[54] 意大利人发起与奥匈帝国的谈判,计划采取联合行动对付此时地中海最强大的海军舰队,法国舰队。尽管他们认识到,甚至仅仅法国舰队就比他们自己的舰队与奥匈帝国的舰队加在一起都要强,但是他们认为,如果英国的地中海舰队力量不再增强,俄国的黑海舰队停留在达达尼尔海峡后面,他们就可以对法国舰队发动攻击。因而他们计划对法国在北非的殖民地和英国通过苏伊士运河进行的贸易发动攻击。意大利和奥匈帝国的联合舰队拟在爱奥尼亚海结集,旨在威胁马耳他,将西地中海与东地中海截断。[55]

法国在阿加迪尔危机中的外交胜利也鼓励了意大利一有机会就谋求补偿。在1911年9月29日,意大利对土耳其宣战,并且派遣军队占领了的黎波里。这是对奥斯曼帝国的一个打击。接着在几个星期内塞尔维亚与保加利亚签订了一项针对土耳其的协议,旨在征服马其顿,并且将其在两国之间瓜分。在1912年5月希腊被拉进了这个联盟,它被称为"巴尔干同盟"(Balkan League)。塞尔维亚与保加利亚之间的谈判得到了俄国人的积极支持和鼓励,尤其是俄国驻贝尔格莱德和索菲亚的公使们不遗余力地说服塞尔维亚人和保加利亚人忘记他们之间的长期积怨,联起手来共同对付土耳其。1911年和1912年发生的一系列事件向这些欧洲列强提出了众多问题,涉及它们与巴尔干地区几个小国的关系。这些事件显示出这几个小国采取主动行动的能力,而且它们组成的小同盟不可能立即或者轻易地被纳入欧洲现存的联盟体系中去。与此同时,德国和奥匈帝国现在十分怀疑意大利是否会恪守对"三国同盟"的承诺。

自从1882年初次签订"三国同盟"以来,该盟约已经续签了三次,应于1912年再次续签。意大利卷入利比亚战争使续签的时机变得相当重要。意大利政府的一些成员认为,在打赢了一场战争之后意大利在盟约谈判中的分量将会加重。其他一些成员则担心,因意大利在北非的获益,奥地利可能在巴尔干地区声索补偿,因为如果"不可能维持巴尔干地区或者奥斯曼帝国的海岸地区及亚得里亚海和爱琴海中岛屿的现状",[56]那么盟约允许要求补偿,而且利比亚和的黎波里塔尼亚很可能被辩称为奥斯曼帝国海岸的一部分。意大利人也认为早一点续约也许有利,以便确保在81岁的奥匈帝国皇帝弗朗茨·约瑟夫去世之前结束续约程序,因为大家都知道他的继承人弗朗茨·斐迪南大公敌视意大利。与此同时,德国和奥地利政府对意大利感到恼火,因为后者单方面对土耳其采取行动,意大利在1911年11月正式吞并利比亚或占领多德卡尼斯群岛之前没有给德国和奥地利发出提醒。出乎意料的是，爱德华·格雷爵士对意大利的行动比较支持：他对英国驻罗马的大使说："我们和法国都不站在反对意大利的一边非常重要。"而且他还准备告知土耳其人是他们自己招惹了攻击。[57] 然而，到1912年秋季和巴尔干同盟与土耳其之间爆发战争的时候，三国同盟的签字国都看到一些续约会带来的有利因素，因而在1912年12月5日正式签字续约。

意大利与德国和奥地利的联盟可被看作一个极端案例，体现了签字国在缔结条约时的很多保留和相当程度的不信任，至少从意大利这一方来看是这样。意大利人是欢迎1882年的初始盟约的，因为该同盟似乎给这个新近统一的王国带来了强国的地位和声誉。此前一年法国攫取了突尼斯，意大利人企图以此为理由赢得某种补偿，该同盟似乎给他们带来获得盟友支持的前景。在意大利国王看来，通过与欧洲老牌的天主教君主奥地利皇帝交往，该同盟似乎提供了一个与教皇改善关系的机会，因而他驾崩后升天的可能性就更大了。对于俾斯麦来说，意大利与德国和奥地利结盟是他在外交上持续孤立法国的政策的又一步骤。对于奥地利来说，在其统治下的南蒂罗尔和的里雅斯特境内的一些意大利人产生了敌视奥地利的情绪，与意大利的联盟似乎提供了控制这种敌视情绪的一条道路。

对于意大利人来说，三国同盟一直是他们利用其他列强来推进自身利益的工具。与欧洲其他国家组成的联盟一样，成员国在该联盟成立时指望其满足的那些利益和应对的国际形势都已经变化了。到了1911年，意大利不但在北非和东地中海致力于建立自己的殖民帝国,而且也对巴尔干地区所发生的一切积极关注,急于在那里建立自己的影响力。意大利国内反对奥地利的公众情绪并没有减弱,尽管过去十多年里咄咄逼人的新产生的民族主义瞄准了更加广泛的目标,不仅仅限于从奥地利那里夺回"属于意大利的土地"。人们一直认为三国同盟无论在什么情况下都不是针对英国的,在起初签署盟约的时候就是这样正式宣布的。而且,尽管1891年续签的盟约文本使同盟特别侧重于反法,但到了20世纪初意大利与法国之间的经济和殖民地对抗已经大为减弱,在1902年意大利外交大臣宣称如果法国遭到攻击,意大利将保持中立,次年两国还签订了一项商贸条约。因而尽管1912年续约的三国同盟可能看起来是德国和奥地利在外交上的胜利,意大利在多大程度上会恪守对联盟的承诺依然存在很大的不确定性。事实上,据说奥军总参谋长康拉德认为这个联盟是"一场毫无意义的闹剧",是"一个他一有机会就随时挣脱的负担和桎梏"。[58]

在1912—1913年的巴尔干乱局之中,意大利与奥地利的利益经常是对立的,尤其是他们争相企图在刚刚建国的阿尔巴尼亚建立主导性影响。可是联盟的存在迫使他们不自在地妥协,三国政府都继续表现得好似联盟是他们战略计划中的一个重要因素。如果任何一方承认联盟已经失去了其意义就意味着承认外交的失败,就等于放弃了一个可能还有点用处的外交工具。对于很多意大利人来说,意大利与德国和奥匈帝国的联盟确实充其量不过是帮助意大利实现其抱负,使其成为欧洲大国,或者至少是地中海大国的一个外交工具。对于德国和奥地利而言,甚至一个不可靠、不可预测、捉摸不定的盟国也总比没有任何盟国看似要好一些。尽管有一定程度的军事合作,但是远远不能肯定这个和平时期的联盟能否转化成战时有意义的军事合作。正如理查德·博斯沃思所指出的那样:"三国同盟是在和平时期而非战时可能起点作用的外交安排。"[59]

然而,尽管德国在阿加迪尔的大胆举动推动英国和法国靠拢得更近,英法协约向联盟走得更近,但是三国同盟中的两个不太强大的国家之间的合作变得更加紧密了,尤其在东地中海。当世人把关注的重点放在意大利在北非的野心和康拉德富于侵略性的军事计划上的时候,对奥地利与日俱增的独霸亚得里亚海的扩张图谋却关注较少。自从阿尔弗雷德·赛耶·马汉(Alfred Thayer Mahan)的著作《海权论》出版以后,海军力量是一个国家综合国力的重要组成部分的思想已经为世人所普遍接受。1905年奥地利成立了一个"海军协会",在其月刊《旗帜》的创刊号里,在一个标题为"我们的追求"的声明中该同盟会公开亮出了其宣言。这篇声明解释道,奥匈帝国必须沿着德国所走的道路前行。尽管德国在为其提供力量基础的陆地上非常强大,德国人认识到这已经不够了:"历史教导我们,没有海军的声誉,没有海上力量,任何国家都不能保持其大国地位。"在波斯尼亚危机期间和意大利决定入侵利比亚的时候,奥匈帝国决定启动一项宏大的扩建海军的计划,其中包括建造4艘无畏舰和6艘驱逐舰。奥地利的第一艘无畏舰"欧根亲王号"在1912年1月开工建造,于1914年春天竣工,当年7月编入海军服役。奥匈帝国历史上最庞大的海军预算在1914年没有遭遇反对就获得批准,甚至维也纳的《新自由报》(之前这家自由派报纸是反对扩建舰队的)也认为扩建海军非常重要,并且称亚得里亚海为"哈布斯堡王朝流动血液的主动脉之一"。[60]

意大利人似乎心甘情愿而且急于同奥匈帝国在亚得里亚海进行合作。在1913年4月意大利海军的新任参谋长塔翁·迪雷韦尔(Thaon di Revel)派遣意大利海军情报局的前局长到柏林和维也纳,旨在争取奥匈帝国对意大利战争计划的同意,那些计划要求将前者的舰队部署到地中海西部对付法国海军。作为对奥地利海军援助的回报,意大利将部署至少一个陆军集团军在法国南部的前线作战,这样可以使德国陆军从西部战线抽出一个或者更多的陆军集团军到东线,去帮助奥匈帝国军队对付俄国。塔翁·迪雷韦尔同时下令意大利海军在第勒尼安海进行一年里的首次演习,看上去演习明显是针对法国的(目标是拦截一支从北非运送部队到土伦的模拟法国船队)。认为意大利人根本不打算履行他们对三国同盟的承诺,这种看法主要是事后推论出来的:在1911—1914年,有充分的理由相信联盟将会向意大利人提供足够的奖赏把他们挽留在这一边。[61]在与奥地利人合作方面意大利人将会走多远,这是一战之前的几年里欧洲外交的两大不确定因素之一。另外一个不确定因素是一旦战争爆发,英国与法国和俄国的合作能否转化为提供陆军和海军的支持。

1911—1914年间巴尔干地区几乎持续不断的危机给观察家们提供了机会,使他们能够判断意大利人和英国人在援助他们的伙伴方面将会走多远。那里发生的事件也显示出联盟体系和"旧式外交"的性质和各种局限。巴尔干地区爆发的两场战争(巴尔干同盟与土耳其之间的战争,以及紧随其后的保加利亚为了赢得在第一场战争中从土耳其征服的土地而与塞尔维亚、希腊和罗马尼亚进行的战争）都是局部战争。它们都没有升级为一场席卷欧洲的大战，部分地由于欧洲列强还没有为战争做好准备，部分地是因为，考虑到寻找解决办法的愿望，创造达成解决方案的外交机制是可能的。爱德华·格雷爵士得以主动牵头组织了一次各国驻伦敦大使的会议，处理这样一些问题，如新成立的国家阿尔巴尼亚的边界确定和塞尔维亚未能如愿在亚得里亚海岸边赢得一个港口。格雷这次外交努力的成功，以及他能够重复这个成功的信念是他在1914年7月所采取的政策中的一个重要因素。然而，他的成功之所以成为可能，仅仅是因为（使奥地利人大为恼火）德国人决定他们不会全力支持奥地利限制塞尔维亚收获的努力。德国政府确实深信战争爆发的可能性，或者甚至不可避免：在宫廷和陆军圈子里关于条顿和斯拉夫民族之间即将到来的斗争的议论很多，1912年12月德皇发出指示，要进行一场宣传攻势，旨在为战争准备舆论。但是巴尔干危机似乎不是冒险进行一场全面战争的合适时机。这部分地是因为地区性问题的复杂性，并且任何政府都很难向民众解释清楚，为战争正名；也部分地来自一种感觉，即那些小国家正显示出危险的主动性。一位法国外交官写道："在'东方问题'的历史上，这是小国家第一次赢得了如此独立于列强的地位，以至于他们觉得自己可以在完全没有大国参与的情况下行事，而且可以拖着大国一起走。"[62] 然而，在卷入最深的大国中，俄国和德国在军事上都没有做好战争的准备。俄国人需要3—4年的时间从灾难性的日俄战争的失败中完全恢复过来。在1912年12月的讨论中，提尔皮茨坚持认为，在基尔运河的拓宽工程和赫尔果兰岛上的潜艇基地竣工之前，德国是不能在海上交战的。在1914年7月"德皇威廉运河"终于能够允许无畏舰通行时,反对"先发制人"战争的一个最重要的保留意见消失了。[63]

德国的政策也受到下列事实的强烈影响,即在首相和外交部看来,仍然有机会让英国在战争中保持中立,因为英国与法国和俄国的协约还没有成为一个稳固的联盟。贝特曼认为,如果战争爆发了,人们可以声称是俄国先动手的,那么英国就不会干涉。在1912年2月英国陆军大臣霍尔丹勋爵(Lord Haldane)访问柏林期间,还企图就限制海军军备达成协议。尽管这一努力没有取得任何成果,关于其他问题的谈判一直在友好的气氛中持续到大战爆发,比如合作修筑从土耳其至巴格达的铁路,以及,一旦葡萄牙的金融崩溃导致其出售在非洲的诸多殖民地,如何处理它们。英国外交部有些人开始思考,与德国相比,一个重新武装的俄国对欧洲的力量均势是否会是更大的威胁。因而贝特曼认为英国与德国建立友好关系也许是可能的,在这个可能性有充分的时间得到发展之前,避免一次重大危机是值得的,他的观点不无道理。法国政府和英国那些深信德国危险的人士都对同德国恢复友好关系的政策感到担心,急于把英国与法国的联系拉得更近,而且要把两国关系表达得更加明确。1911年初艾尔·克劳爵士写道:

> 根本的事实当然是,协约并不是联盟。对应对终极紧急情况这一目的而言,也许会发现协约是没有任何实质性内容的。一纸协约充其量不过是一种心态,是两国政府都持有的对一般政策的看法,但是它可能是,或者可能变得非常模糊以致失去所有实质内容。[64]

尽管自艾尔·克劳写下这个看法之后,阿加迪尔危机和1912年英国与法国之间的海军谈判使在战争中采取共同行动更加可能了。但法国人很快把英国与德国关系中的任何改善都看作一种迹象,表明英法协约是多么不牢靠。

在1912—1913年东南欧的特殊形势下,奥地利人同样感到,甚至他们与德国的正式联盟也看似没有给予他们期待的支持。德国外交国务秘书阿尔弗雷德·冯·基德尔伦-瓦希特尔(Alfred von Kiderlen - Wächter)在1912年10月曾说,德国展示其在联盟中的主宰地位、防止政策的领导权从柏林转移到维也纳(正如埃伦塔尔很不幸地得以占了比洛的上风那样)的时候到了。[65] 然而,对于比以往任何时候都更加决心削弱塞尔维亚影响的奥地利人来说,德国人的这种态度是非常令人不满意的,德奥双方经常提到两国之间的忠诚,即 Nibelungentreue(尼伯龙人的忠诚,一支超自然的种族,今天的日耳曼人据说是其后裔),不管这个词的确切含义是什么,但是在放在口头上的忠诚与在具体形势下提供的实际支持之间似乎存在着具有讽刺意味的反差。尽管德国人在危机期间的某些时候对奥地利人给予了一些外交支持,巴尔干的冲突没有升级为席卷欧洲的一场大战,因为德国人不准备放手让其盟友反对塞尔维亚。俄国人在巴尔干的外交努力未能在第二次巴尔干战争中阻止其斯拉夫受保护国塞尔维亚和保加利亚互相交战。与支持塞尔维亚相比,此时俄国人更加关注君士坦丁堡未来的命运。在这些情况下,格雷的外交是成功的,因为欧洲列强中没有一个想在那个时候打仗,为这些问题打仗。这是19世纪旧的"欧洲协调"最后一次起作用。

巴尔干危机表明,甚至看起来牢固而又正式的联盟都不会在所有情况下保证支持和合作。也许在最后的紧急情况中,德奥同盟会确保德国对奥地利的支持。与此同时,用 F. R. 布里奇*的话来说,德奥同盟固有的问题依然存在:一个被设计用来应对战争紧急情况的联盟如何才能有效地在和平时期的外交日常工作中为王朝的利益服务。[66] 在 1913 年秋天,另一个情况也变得显而易见,即法俄联盟也不会自动地保证法国向俄国提供全面支持。在 1913 年 10 月,土耳其被巴尔干同盟击败之后,德国人派遣利曼·冯·桑德斯(Liman von Sanders)将军率领一个军事代表团前往土耳其,充当土政府的陆军现代化顾问。桑德斯授命指挥驻君士坦丁堡的土耳其陆军部队。俄国人立即抗议,强调德国派出军事代表团是公然不友好的举动。俄国同时转向法国和英国寻求反对德国的外交支持。萨佐诺夫把这个形势视为对三国协约的"价值的检验",并且敦促格雷必要时动用英国的舰队。然而,格雷拒绝像他那样看待这一事件,认为不值得为此大动干戈。[67]

  法国人的处境更加尴尬。在整个巴尔干危机中,普安卡雷重申了法国会恪守对俄国的联盟义务,同时作为总统,他希望自己对外交政策能够比几位前任实施更加直接的控制。他认为,在 1911 年的阿加迪尔危机期间,法国决策的混乱产生了一个自相矛盾的外交计划。因而他采取了一系列措施,旨在削减凯道赛的官僚们的权力。他决心把与俄国的联盟当作其政策中的一个重要因素。他担心其几位前任对联盟的支持不足以使联盟保持完好。在

---

  * F. R. 布里奇(F. R. Bridge),英国利兹大学荣休历史学教授,主攻外交史和奥匈帝国史,著有《大国与欧洲国家体系,1814—1914》(2014)。

1908年灾难性的吞并危机期间,法国没有向俄国提供有意义的支持。自那时以来的报道表明,俄国正在寻求与意大利修好,而且人们开始议论俄国、奥地利和德国三位皇帝之间的同盟可能复活。[68] 普安卡雷决心显示他对俄国的承诺,而且虽然并非直接致力于挑起战争,但是他接受这样的主张,即一旦俄国与德国开战,那么法国就会有机会收复阿尔萨斯和洛林两省。与此同时,他比其他一些法国领导人对巴尔干地区显出更大的兴趣,想在那里扩大法国经济的影响。有报道说,尽管后来他自己予以否认,在第一次巴尔干战争爆发前夕,他对伊兹伏尔斯基(此时已经担任俄国驻巴黎大使)宣称:"如果与奥地利的冲突使德国干涉,法国将会履行其义务。"[69] 这番话的含义是,法国可能在自身没有受到德国直接攻击的情况下站在俄国一边进行干涉。然而,到了因利曼·冯·桑德斯军事代表团引起争吵的时候,法国政府就小心谨慎得多了。尽管普安卡雷急于重申对联盟的忠诚,但是他有力地回绝了俄国的请求,没有让法国参加对桑德斯的任命的抗议。相反,他建议可以利用这个事件来巩固三国协约,途径是与英国合作,寻找一项妥协办法(最终同意冯·桑德斯可以作为土耳其陆军的总监察长,保留已经授予的军衔),但是桑德斯必须放弃对驻君士坦丁堡的陆军部队的指挥权。到了这个时候,法国人和英国人都担心自己没有真正弄懂俄国的意图,或者俄国人在支持自己在君士坦丁堡的野心方面准备走多远,因而不情愿鼓励他们。事实上,欧洲列强再次认为在这个具体的问题上不值得冒战争的风险,甚至俄国的大臣们自己在这一点上都没有达成一致意见。

到1914年初,欧洲的联盟体系似乎有些混乱。奥匈帝国和俄国都觉得在最近的巴尔干和君士坦丁堡危机中他们没有从盟国得到自己有权期待的外交支持。意大利的立场仍然让人捉摸不定。1883年首次签订，并且最近于1913年续签的德国、奥匈帝国和罗马尼亚之间的辅助性联盟似乎难以存在下去，因为罗马尼亚不断抱怨居住在匈牙利特兰西瓦尼亚省的罗马尼亚人受到压迫，而且像意大利那样，罗马尼亚在战争中确实最终加入了前盟国的对立面。[70] 对于英国而言，与法国协约关系的确切性质和含义直至1914年8月初还是模糊不清的。不过，联盟体系和不太正式的协约关系的存在为在战争以前的岁月里进行外交活动提供了框架。它唤起了对其他国家政府行为的期待，正是这种期待决定了欧洲主要国家的外交政策和军事计划。甚至当联盟没有提供有些政府所希望的迅即的外交支持时，这种情况有时使参加联盟的国家更加急于确保下一次联盟将更加有效地起作用。俄国对法国在冯·桑德斯危机期间的态度和英国不冷不热的支持的担忧，使其在此后的几个月时间里不断尝试，寻求巩固与法国的联盟和加强与英国签订的协议，比如通过两国海军部之间关于合作的协商来达到此目标。德国人认识到奥匈帝国是他们唯一可靠的盟国，他们由此得出的结论是，必须在任何他们认为对于哈布斯堡王朝的生存至关重要的政策中给予后者支持，而且这个认识是1914年7月德国一系列决策的重要动因。然而，这些决策还必须从奥地利的观点来看，他们觉得此前一年里德国没有提供足够的支持。

此外，每个大国都企图建立起自己的一群小国扈从。正如巴尔干国家显示出他们的主动性，列强们也急于把他们招募进各自的联盟体系里，但是代价是承诺支持这些小国的地区性野心。一个大国可能让其政策在某种程度上由如下需要所决定：保持与一个小国的友谊并将它挽留在其外交体系里。俄国政府在1914年7月知道在前一年他们未能像塞尔维亚人所期待的那样热情地支持后者。俄国人觉得，再次不支持塞尔维亚将意味着俄国在巴尔干地区的声誉的终结，并且在该地区可能出现一个新的外交联盟。一旦欧洲国家的政府以为他们已形成两大对立阵营，那么多争取一个小国到自己这边就显得很重要，同时，稳住联盟内那些像意大利那样忠诚度可疑或者摇摆不定的伙伴成了外交活动的重要目标。

尤其重要的是，如果战争爆发，联盟体系的存在将决定对战争形态的预期和对谁可能是朋友、谁可能是敌人的预期。这些预期决定了战略计划的粗略线条，因而如果战争迫在眉睫，各国总参谋部做出的决定经常将它们置于不可逆转的军事行动之中。这种情况的后果是，在危机中，文官大臣们的行动自由比他们自己意识到的还要更加受限。当外交变成军事计划人员对后勤保障的计算的时候，仍然看起来只有职业外交官们才有资格履行的冠冕堂皇、高深莫测的公事变得大相径庭了。不管外交大臣和外交官们在多大程度上认为他们在制定外交政策，而且外交政策在所有的国家行动中占有首要位置，但是在20世纪的欧洲社会里还有其他许多势力在限制着他们的选择，决定他们的行动和制造他们在其中纵横捭阖的舆论氛围。

参考书目

1　G. M. Trevelyan, *Grey of Fallodon*, London: 1939年, 第114—115页。
2　A. J. P. Taylor, *The Struggle for Mastery in Europe 1848—1914*, Oxford: 1971年, 平装本, 第81页, 脚注1。

第三章 联盟体系和旧式外交

3 E. Wertheimer, *Graf Julius Andrassy*, Stuttgart: 1913 年,第 3 卷,第 284 页,引自 W. L. Langer, *European Alliances and Alignments 1871—1890*, New York: 1939 年,第 284 页。

4 引自 Samuel R. Williamson Jr, *The Politics of Grand Strategy: Britain and France Prepare for War*, 1904—1914, Cambridge, Mass.: 1969 年,第 21 页。

5 Salisbury 致 Canon MacColl, 1901 年; G. W. Russell, *Malcolm MacColl*, London: 1914 年,第 283 页,引自 W. L. Langer, *The Diplomacy of Imperialism*, New York: 1951 年,第 85 页。

6 David Stevenson, *Armaments and the Coming of War: Europe 1904—1914*, Oxford: 1996 年,第 70 页。

7 William A. Renzi, *In the Shadow of the Sword: Italy's Neutrality and Entrance into the Great War*, 1914—1915, New York: 1987 年,第 18 页和第 64 页。

8 Christopher Andrew, "Déchiffrement et diplomatie: le Cabinet Noir du Quai d'Orsay sous la Troisième République", *Relations Internationales*, 第 5 期(1976 年),第 370—384 页。

9 第 7748 号敕令书(Cd. 7748)。1914 年英国皇家专门调查委员会就公务员系统的第 5 份报告。参见 Zara S. Steiner 和 Keith Neilson, *Britain and the Origins of the First World War*, London and New York: 2003 年,第 2 版,第 189 及以下诸页。

10 Dominic Lieven, *Russia's Rulers under the Old Regime*, New Haven, Conn.: 1989 年,第 291 页。

11 John C. G. Röhl, *The Kaiser and His Court: Wilhelm II and the Government of Germany*, Cambridge: 1994 年,第 136 页。

12 M. B. Hayne, *The French Foreign Office and the Origins of the First World War 1898—1914*, Oxford: 1993 年,第 306 页。

13 Michael Hughes, *Diplomacy before the Russian Revolution: Britain, Russia and the Old Diplomacy*, 1894—1917, London: 2000 年,第 135 页。

14 G. P. Gooch 和 Harold Temperley 主编, *British Documents on the Origin of the War 1898—1914*, London: 1928 年,第 3 卷,附录 A,第 402—403 页(本书此后简写为 BD)。关于克劳的评介,尤其是对他的备忘录

的评论参见 Sibyl Crowe 和 Edward Corp, *Our Ablest Public Servant: Sir Eyre Crowe 1864—1925*, Braunton:1993 年,第 110—136 页。

15 俾斯麦致俄国驻柏林大使萨布罗夫(Bismarck to Saburoff),1878 年,*Nienteenth Century*,1917 年 12 月,第 1119 页。也参见 G. Lowes Dickinson, *The International Anarchy 1904—1914*, London:1937 年,第 2 版,第 76 页。

16 *The Times*,1914 年 4 月 8 日。也参见 *The History of "The Times"*,第 4 卷:*The 150th Anniversary and Beyond*, London:1952 年,第 1 部分,第 168 页。

17 参见 John A. White, *Transition to Global Rivalry: Alliance Diplomacy and the Quadruple Entente*, 1895—1907, Cambridge:1995 年。

18 引自 Geoffrey Wawro, *The Austro-Prussian War: Austria's War with Prussia and Italy in 1866*, Cambridge:1996 年,第 281 页。

19 引自 Bascom Barry Hayes, *Bismarck and Mitteleuropa*, Rutherford, NJ:1994 年,第 431 页。

20 引自 Steven Beller, *Francis Joseph*, London:1996 年,第 189 页。

21 引自 Karl Kautsky, *Sozialisten und Krieg*, Prague:1937 年,第 200 页。

22 Susan P. McCaffray, *The Politics of Industrialization in Tsarist Russia: The Association of Southern Coal and Steel Producers, 1874—1914*, De Kalb, Ill.:1996 年,第 65 页。

23 Perti Luntinen, *French Information on the Russian War Plans 1880—1914*, Helsinki:1984 年,本书附了 30 多张地图,详细说明了俄国军队的部署、计划中的行动、铁路的使用等。

24 George Kennan 的这个不寻常的解读见于 *The Fateful Alliance: France, Russia, and the Coming of the First World War*, New York:1984 年,第 264 页。引文见第 254—255 页。

25 Judith F. Stone, *Sons of the Revolution: Radical Democrats in France, 1862—1914*, Baton Rouge, La.:1996 年,第 160 页。

26 Lawrence Sondhaus, *Preparing for Weltpolitik: German Sea Power before the Tirpitz Era*, Annapolis, Md.:1997 年,第 143 页。

27 *The Times*,1898 年 5 月 14 日。

28 BD,第 2 卷,第 86 号文档,第 68—69 页。

29　Keith Neilson,"'Greatly Exaggerated': The Myth of the Decline of Great Britain before 1914", *International History Review*,第 13 期(1991),第 695—725 页。

30　B. J. C. McKercher,"Diplomatic Equipoise: The Lansdowne Foreign Office, the Russo-Japanese War of 1904—1905, and the Global Balance of Power", *Canadian Journal of History*,第 24 期(1989 年),第 337 页。

31　Maurice Paléologue, *Un grand tournant de la politique mondiale 1904—1906*, Paris:1934 年。

32　贝尔福在 1903 年 12 月 21 日讲了这些话。引自 Jason Tomes, *Balfour and Foreign Policy: The International Thought of a Conservative Statesman*, Cambridge:1997 年,第 110 页。

33　引自 Keith Hamilton, *Bertie of Thame: Edwardian Ambassador*, Woodbridge:1990 年,第 72 页。

34　参见 J. W. Coogan 和 Peter F. Coogan,"The British Cabinet and the Anglo-French Staff Talks, 1905—1914: Who Knew What and When Did He Know It?", *Journal of British Studies*,第 24 期(1985 年),第 110—131 页。

35　*BD*,第 3 卷,第 299 号文档,第 266 页。

36　John Charmley, *Splendid Isolation? Britain, the Balance of Power and the Origins of the First World War*, London:1999 年,第 399 页。该论点不令人信服。

37　John F. V. Keiger,"Jules Cambon and Franco-German Détente, 1907—1914", *Historical Journal*,第 26 期(1983 年),第 641—659 页。

38　Michael Hughes, *Diplomacy before the Russian Revolution*,第 162—164 页。

39　引自 D. M. McDonald, *United Government and Foreign Policy in Russia 1900—1914*, Cambridge, Mass:1922 年,第 97 页,第 104—107 页。

40　Keith Neilson, *Britain and the Last Tsar: British Policy and Russia 1894—1917*, Oxford:1995 年。

41　*BD*,第 3 卷,第 299 号文档,第 267 页。也参见 Beryl Williams,"Great Britain and Russia 1905—1907",载于 F. H. Hinsley 主编, *British Foreign Policy under Sir Edward Grey*, Cambridge:1977 年,第 133—147 页。

42　引自 David H. Burton, *Cecil Spring Rice: A Diplomat's Life*, London:1990 年,第 141 页。

43 1938年,这段话在为德国开脱第一次世界大战罪责的多达39卷的《欧洲列国内阁的重大政策》(*Die Grosse Politik der Europäischen Kabinette*)丛书的第19卷,第2部分,第6305号文档中被编辑们删掉了,因为"这段话对德奥合并(Anschluss)政策将意味着一个沉重打击"。参见James Joll, "German Diplomatic Documents", *Times Literary Supplement*, 1953年9月25日。

44 Charles Jelavich, *South Slav Nationalism—Textbooks and Yugoslav Union before 1914*, Columbus, OH: 1990年,第20页。

45 William A. Renzi, *In the Shadow of the Sword*,第21页。

46 F. R. Bridge, *The Habsburg Monarchy among the Great Powers, 1815—1918*, London: 1989年,第295页。

47 Franz Baron Conrad von Hötzendorf, *Aus meiner Dienstzeit 1906—1918*, Vienna: 1921年,第1卷,第380—381页; Gordon A. Craig, *The Politics of the Prussian Army 1640—1945*, New York: 1964年,平装本,第289页。

48 引自 Michael Balfour, *The Kaiser and His Times*, London: 1964年,第295页。

49 引自 R. C. K. Ensor, *England 1870—1914*, Oxford: 1936年,第434—435页。有些后来的作家曾经推测,劳合·乔治既是针对德国的,也是针对法国的,旨在恐吓法国人在没有英国参加的情况下不能与德国达成任何协议,尽管这看上去并不像那时所表达出的观点。欲了解对阿加迪尔危机的探讨,参见 Geoffrey Barraclough, *From Agadir to Armageddon: Anatomy of a Crisis*, London: 1982年。

50 引自 Bentley B. Gilbert, "Pacifist to Interventionist: David Lloyd George in 1911 and 1914: Was Belgium an Issue?", 载于 *Historical Journal*,第28期(1985年),第869页。

51 引自 Erich Brandenburg, *Von Bismarck zum Weltgrieg*, Berlin: 1939年,第342页。也参见 Fritz Fischer, *Krieg der Illusionen*, Düsseldorf: 1969年,第135页。

52 Arden Bucholz, *Moltke, Schlieffen, and Prussian War Planning*, New York and Oxford: 1991年,第262页。

53 Arden Bucholz, *Hans Delbrück and the German Military Establishment: War*

Images in Conflict,Iowa City:1985 年,第 76 页。

54　Richard Bosworth,*Italy*,*the Least of the Great Powers*,Cambridge:1979 年,第 268 页。

55　Lawrence Sondhaus,*The Naval Policy of Austria-Hungary*,*1867—1918:Navalism*,*Industrial Development*,*and the Politics of Dualism*,West Lafayette,Ind. :1994 年,第 234 页。

56　A. F. Pribram,*The Secret Treaties of Austria-Hungary 1879—1914*,Cambridge,Mass. :1920 年,第 1 卷,第 225 页。

57　Joseph Heller,*British Policy towards the Ottoman Empire 1908—1914*,London:1983 年,第 53 页。

58　Theodor Sosnosky,*Franz Ferdinand der Erzherzog Thronfolger*,Munich:1929 年,第 143—144 页,引自 Luigi Albertini,*The Origins of the War of 1914*,London:1953 年,英译本,第 2 卷,第 9 页。也参见 Richard Bosworth,*Italy*,*the Least of the Great Powers*,第 196 页。

59　Bosworth,*Italy*,*the Least of the Great Powers*,第 215 页。

60　Lawrence Sondhaus,*The Naval Policy of Austria-Hungary*,第 178,230—231 页。

61　Sondhaus,*The Naval Policy of Austria-Hungary*,第 234—235 页。

62　*Documents diplomatiques français 1871—1914*,Paris:1931 年,第 3 系列,第 8 卷,第 466 号文档。也参见 Fritz Fischer,*Krieg der Illusionen*,第 219 页。

63　Annika Mombauer,*Helmuth von Moltke and the Origins of the First World War*,Cambridge:2001 年。

64　引自 K. A. Hamilton,"Great Britain and France 1911—1914",载于 *British Foreign Policy under Sir Edward Grey*,第 324 页。

65　E. Jaeckh,*Kiderlen-Wächter*,Stuttgart:1924 年,第 2 卷,第 189 页,引自 *Krieg der Illusionen*,第 226 页。

66　F. R. Bridge,*From Sadowa to Sarajevo:The Foreign Policy of Austria-Hungary 1866—1914*,London:1972 年,第 360 页。

67　Joseph Heller,*British Policy towards the Ottoman Empire 1908—1914*,第 112 页。

68　John F. V. Keiger,*Raymond Poincaré*,Cambridge:1997 年,第 137—140 页。

69　F. Stieve 主编,*Diplomatische Schriftwechsel Isvolskis 1911—1914*,Berlin:1926 年,第二卷,第 401 号文档,引自 A. J. P. Taylor,*The Struggle for Mastery in Europe 1848—1914*,第 488 页。

70　Barbara Jelavich 在"Romania in the First World War:The Pre-War Crisis,1912—1914"中考察了罗马尼亚的政策,载于 *International History Review*,第 14 期(1992 年),第 441—451 页。

第四章 军国主义、军备和战略

各国军队的总参谋部,陆军部和海军部负责准备战争。这就是它们存在的目的。但是战争计划的存在未必意味着那些制订它们的军官们自己负责下令执行它们,也不意味着放在档案里的所有作战计划都旨在付诸行动。有时战争计划不过是和平时期军人打发时间的演练而已,正如19世纪90年代德国海军制订了在美国东海岸登陆的计划。[1] 军事计划与实际的开战决策之间的关系相当复杂,不仅要讨论具体的作战计划,而且要讨论军队在社会中的地位,政府文官部长们实施掌控的程度,军备计划和战略思想的性质及含义。在分析1914年7月做出的一系列决策时,必须把所有的因素都考虑进去。但是在武装力量的宪法地位问题,或者总参谋部和海军部的应急计划问题的背后,隐藏着更加广泛的问题,那就是军国主义或者反对军国主义的价值观在社会中的渗透程度,因为一旦一个政府决定打仗,它预期将得到的公众反应正是取决于这一点,而且该政府为向公众显示师出有名而不得不使用的开战理由也取决于这一点。事实上,"军国主义"(Militarism)是政治学词汇中一个相对新的词,它是在19世纪60年代由反对它的那些人创造,并用来抨击俾斯麦和拿破仑三世的一个贬义词。[2]

在士兵是征召来的情况下,这样的正名更加必要。当时除了英国以外,其他列强的军队均由从平民中征召来的士兵组成,服役2—6年。这些巨型军队征召来的兵员人数可观:到了1900年,德国每年征兵28万人,法国征兵25万人,俄国征兵33.5万人,意大利征兵10万人,奥匈帝国征兵10.3万人,尽管由于财政原因,多数政府事实上并没有把每一位符合服役条件的人都征召入伍。随着人口构成和城乡人口比例的改变,军队的性质也跟着改变了。结果,各国政府开始意识到,他们再也无法确保所有的士兵将会毫无疑问地服从命令,或者是接到动员令就会奔赴军营去报到,除非他们得到某种令人满意的、对他们为什么必须上战场的解释。在法国和德国,当局对社会主义和其他革命思想对士兵的影响及反军国主义宣传的扩散日益担忧。当德国的反社会主义法过期失效的时候,德国的社会民主党在1890年的议会选举中获得了惊人的成功。弗里德里希·恩格斯认为,未来可以在使普鲁士的农业劳动者转而支持社会主义方面取得进展,构成军队基层大多数士兵的正是他们的儿子:"而且如果我们获得了普鲁士东部六个省的农村地区,那么,德国军队就是我们的了!"[3] 在任何革命斗争中,军队的忠诚是决定最终结果的一个关键因素,因而社会主义者为赢得军心与军事当局展开了激烈的争夺。

到了1912年,当社会民主党在国会选举中赢得1/3席位,成为帝国议会中最大的单一政党的时候,德国当局感到非常担心,尽管政府中一些人觉得,从战略角度来看扩大军队的规模是可取的,但是他们对此还是心存严重疑虑,因为扩军将意味着很多出身于中产阶级家庭的人将跻身军官队伍,旧的贵族军官队伍被稀释,同时也意味着容易受社会主义思潮影响的士兵人数将增加,这就要冒风险。事实上,德国军队的军官队伍在其成员的社会出身构成方面已经经历了显著的变化:例如,在1900年,德军总参谋部的军官有63%出身于贵族世家;到了1914年,这一比例下降到40%。[4] 尽管资产阶级分子的数量在军官队伍中与日俱增,这个变化丝毫没有使这支军官队伍变得对社会主义的威胁不太持敌视态度。部队里进行了系统的反对社会主义思潮的宣传活动,阻止士兵在空余时间参加社会主义者的集会。此外还鼓励军官进行反社会主义演讲。在战争爆发前夕,许多高级军官,尤其是王储的随从军官们,在谈论采取更加严厉的措施制止社会主义思想扩散的必要性,比如废除普遍选举权和取缔社会民主党。[5]

在法国,在大战爆发之前的几年里,激进的反军国主义运动,尤其是在革命的工团主义者中间兴起的反军国主义运动是一个让政府感到持续震惊的根源,政府反复警告地方当局提防工团主义分子对驻军城镇中的应征士兵施加影响。[6] 而且,把服役期限从2年延长至3年的建议是1913年的重大政治问题之一。社会党坚决反对将服兵役期限作任何延长,主要在其领导人让·饶勒斯的影响下,该党致力于对法国的国防制度进行激进的改革,旨在用公民兵取代由征召兵员构成的常备军。他们的理由是,如果军事行动由公众来控制,就不可能发动侵略战争。即使此类激进的建议在议会通过的机会微乎其微,尽管法国政府在1913年成功使3年兵役法在议会获得通过,反军国主义运动已经强大到足以让任何政府在发动战争之前不得不顾忌征召来的士兵的人心向背。曾经有人担心颠覆性影响将会危及战争动员和开战之初的军事计划的实施,但是在1914年这些担心被证明毫无根据。然而,当我们谈论在1914年之前的10年里军国主义思潮主宰欧洲社会的程度时,我们也必须将这个问题与既挑战又加强这种军国主义情绪的反军国主义运动联系起来加以考虑。

从德国的情况来看,社会主义的挑战被夸大了很多,但是这种挑战的存在及社会民主运动在数量上与日俱增的力量,使普鲁士旧的统治阶级更加觉得他们的价值观受到威胁,只有强力行动才能保存它们。在外部世界的人们看来,而且确实在其国内反对该制度的社会主义者们看来,在德国,军事价值观对社会的影响似乎比在世界上任何其他国家都更加强烈。在1870年以后新建立的德意志帝国军队里,普鲁士人构成了主体成分,普鲁士的陆军部负责帝国所有陆军的行政管理和后勤供给。普鲁士建设强大军队和信奉强有力的军事价值观的传统继续影响整个德国社会。正如德皇在1891年所宣称的那样:"把整个帝国凝聚在一起的不是议会里的多数和决策,而是士兵和军队。我信任的是军队。"[7] 在20世纪初,很多德国人都持这个观点。成为一名预备役军官是中产阶级成员地位显要的标志。这也是一个犹太人或者社会主义者永远无法期望获得的资格。社会民主党人在议会里经常对军事预算投反对票,他们也许会批评军队的行为,但是他们对德国军队在国家生活中的巨大力量太清楚了,因而不敢直接挑战它。

1906年发生了一个著名事件,它闹剧似地显示出军方在德国社会中的地位。一个上了年纪的有犯罪前科的人身着德军第一近卫步兵团上尉的军装,"依据最高统帅的命令"把一些士兵从军队的室内游泳池里叫出来,命令他们跟随他到柏林郊外的科帕尼克小镇,逮捕了市长和司库。捞了一小笔现金后他逃离现场,让那些不知所措的士兵们占领着市政厅达几个小时，直到最高当局收到一份电报："市政厅被军方占领。我们急需占领原因的信息，以便安抚情绪激动的公民。"讽刺作家们也许会取笑这个事件，但这表明德国人会随时不加怀疑地接受任何一个身着军装的人的命令。[8]英国类似的闹剧是1910年的"无畏舰恶作剧"。女作家弗吉尼亚·伍尔芙（Virginia Woolf）把自己的脸涂黑，戴上了假胡子，与一帮年轻人一道骗取了英国皇家海军"无畏号"上军官们的信任，把他们当成了阿比西尼亚的皇帝及其随从，并且得到了与皇帝身份相称的接待。"无畏号"是英国海军当时最先进的战舰，同时也是英国与德国进行海军军备竞赛的最新产物。尽管这是一个精心炮制的恶作剧，弗吉尼亚·伍尔芙的传记作者写道："她通过这次捉弄别人，对人的残忍和愚蠢有了新的体悟。"[9]如果说那个"科帕尼克的上尉"展示了德国人对普鲁士军队的敬畏，那么对"无畏号"军官们搞恶作剧的这群人则是故意拿英国海军开玩笑，而当时英国海军正是大英帝国的荣光的最著名象征。

1913年发生的"萨维尔纳事件"是一个更加严重的例子，它显示了德国的军官队伍认为自己无可指责，并且把自己看成一个特权阶层到了何种程度，尽管此例也表明越来越多的人敢于随时表达这样的批评。[10]驻扎在阿尔萨斯省萨维尔纳小镇的一位年轻德军军官污辱当地的居民，并且怂恿其手下士兵殴打他们。当萨维尔纳的居民进行抗议并且反过来污辱德军军官们的时候，德国驻军的团长最后拘捕了27人，并且将他们关进军营的地下室。帝国议会过问了这个事件，但是尽管因首相对事件处置不当，帝国议会以多数票通过了对他的谴责，该动议没有产生多大效果：驻萨维尔纳德军的团长虽然遭到非法拘捕民众的指控，但是被军事法庭判处无罪释放，尽管一些涉事军官被调到了其他地方。虽然，此时听到比 20 年之前更多的批评军队的声音，这些声音不足以对军事程序产生任何影响，也不能控制军队的行为。陆军大臣、王储和军队的高级军官们表达了他们对国会和政客们的蔑视，并且明确表示，他们永远不会让军队听任这群人摆布。

尽管大部分德国公众对军事价值观的普遍接受也许有助于形成使战争成为可能的大气候，有助于使战争的爆发受到热情欢迎（参见第八章），德国军队在战争降临中所起作用的最重要方面，是它不受文官们的政治控制。普鲁士军队在 1866 年的普奥战争和 1870—1871 年的普法战争中取得的辉煌胜利，以及在以后几十年里所取得的一系列胜利，都归功于普鲁士-德国（Prusso-German）总参谋部。这个独特的总参谋部在欧洲绝无仅有。它把军事计划、动员、部署和作战集中于一个机构，并且免受政治和行政方面的干扰。[11] 事实上，更多的是陆军大臣对总参谋部负责，而不是相反。总参谋部可以不受政治干扰并极少受官僚体制混乱的影响，在这种情况下颁布纪律，制订战争方案。每年 4 月 1 日，总参谋部制订出年度战争计划，然后在年度演习（或者沙盘推演）的基础之上对计划进行重新评估和修改，直到下一年度将计划更新。铁路在这种军事计划中起着越来越关键的作用，甚至到了这样一个程度，即总参谋部在德国领导了用单一的标准时取代全国 5 个不同时区的运动。德军总参谋长老毛奇将军以雄辩成功地让人们认识到，为了把铁路最重要的旅客，祖国的保卫者，在战争打响时及时运送到边境，必须统一全国的时区，这样才能协调铁路时刻表。老毛奇非常重视铁路的战略重要性,他手下一位将军曾经对同僚军官们说过,每当他作出一项重要决定的时候,"他总是使用 Reichs-kursbuch"——德国铁路列车时刻表![12]

德皇是"最高军事领主",陆军的所有领导人仅对他一个人负责。他有隶属于个人的陆军参谋部,独立于文官和海军参谋班子,总参谋长可以直接与他接触。因而可能在政府文官们负责的部门和海军部门不知情的情况下做出种种军事决定。没有集体领导制度或者集体责任。唯一的协调权力属于德皇本人,而且威廉二世是一个刚愎自用、反复无常、情绪不稳定的君主,无法一以贯之地坚持某条行动路线,掌控不了他的顾问班子。

甚至德国陆军与海军之间都没有战略计划方面的协调。自从法国和俄国的联盟条约签订以来,德国陆军的战略一直立基于双线作战的需要。1903年施利芬将军制订的计划是德军总参谋部为应对这种危急形势所做计划的最集中体现。根据该计划,德国将用后来所称的"闪电战"打败法国,以便之后使德国陆军集中兵力攻打俄国。在日俄战争中俄国陆军未能取胜的事实使施里芬受到鼓舞。在1905年摩洛哥危机的紧要关头,如果法国在摩洛哥问题上不向德国让步,德国宰相比洛即将用战争来威胁法国,此时他征求了施里芬对俄国军事力量的看法。德军的总参谋长回答道,俄国军队几乎没有受到像样的训练,装备不足,不堪一击:"他们无法跟另外一支军队抗衡,丝毫不能用于攻势作战。远东战争已经证明俄国陆军甚至比人们普遍感觉的还要差劲。"[13]

事实上,日俄战争是历史上被研究得最为仔细的一场战争,这就使读者难以理解欧洲观察家们从中得出的结论。连篇累牍的报告评论了机枪和火炮产生的防御火力的相对优势。很明显,在中国东北主要处于攻势的日本军队损失的官兵人数比俄国军队多得多。在日俄战争最重要的奉天之战中,日军伤亡约七万人,相比之下俄军仅伤亡约两万人。有一份报告的结论认为,一条由真正强大的武器和野战工事保护的战线"几乎不可能被攻破,哪怕进攻方是不怕任何牺牲、顽强不屈的部队"。[14] 然而,尽管日本军队付出高昂代价,他们的攻击成功突破了俄军的防御,获得了欧洲观察家们的钦佩:

> 此刻,整个日本军队的战线被从刀鞘里抽出的钢刀锃亮的寒光照亮……军官们再一次冲出掩体,高呼'万岁',士兵们也如痴如狂地齐声呼应。他们不顾铁刺网、地雷、陷阱和无情的弹雨,缓慢地,但无可否认地向前推进着。成建制的单位被摧毁了,其他的单位立即接替他们。向前推进的波次暂停片刻,但是渗透不断向前进行着。[15]

正如保罗·麦肯齐(Paul Mackenzie)所总结的,观察家们倾向于钦佩日军的进攻战略,以至于他们得出与自己的证据相左的结论。观察家们反复地赞扬日军的勇气和主动性,同时批评俄军的被动性和军官表现出的无能。因而,当时大多数观察家们(和后来的历史学家们)都无视本来可以从这场战争中得出的最重要的结论:日本和俄国双方都因战争在财力和人力方面造成的巨大代价而精疲力尽。正是由于双方再也无力继续打下去了,他们才走到谈判桌边进行讨价还价,签订了《朴次茅斯条约》。换句话说,尽管日本在中国东北取得了胜利,它再也不能继续战争或者向前推进了。日本并不是由于高超的战略或者战斗精神而赢得了"陆地上的"战争,而是由于俄国再也支撑不了战争的消耗了,后者已经到了爆发革命甚至王朝崩溃的边缘。只要那些观察家们的判断不受赞扬进攻战略的倾向的影响,明显可以看到这场战争的真正教训。

在另外一方面,海军战略家们指出,日本海军摧毁了俄国海军的两个舰队(太平洋舰队和波罗的海舰队),这证明海军在重大冲突中的重要性不断增加。对马海峡海战似乎证明了马汉的理论是站得住脚的,即重大海战在未来将决定战争胜负。在日俄战争之前的十年里,正当德国陆军在谋划如何与法国和俄国交战之际,德国海军正计划如何与英国作战。在1897年,德国开始建造公海舰队,海军国务秘书提尔皮茨海军上将把他的计划建立在使用这个舰队与英国作战之上。与俄国交战的战略计划本应伴随着旨在确保英国至少保持中立的外交政策。与英国交战的战略计划应有旨在确保俄国保持友好的外交政策的跟进。接替施里芬担任德军总参谋长的冯·小毛奇将军认识到了危险。他在1909年6月写道:"鉴于海军与英国交战没有任何取胜的希望,因而必须避免这场战争。"[16] 但是即便是他,也几乎没有什么办法改变德国陆、海军各自为政的状况。由于缺乏协调政策的机制,德国陆军和海军都不顾对方地执行自己的政策,造成的结果是,到了1914年,陆、海军都发现自己被各自政策树立的敌人所包围。英德的海军竞争是导致英国支持法国在摩洛哥的政策、促使英国在俄国与奥匈帝国争夺对东南欧控制权的斗争中站到俄国一边的重要因素。

德国陆军和海军大相径庭的目标和需求制造了许多问题。当中央政府的预算总是捉襟见肘的时候,陆军和海军竞相争取更多的军费制造了额外的财政困难。在1911年政府对阿加迪尔危机处理不当,公众对此表示不满,再加上1912年社会民主党在国会选举中的成功,这催生了要求大刀阔斧地扩充和使德国陆军现代化的民众联合,他们要求扩军的规模远远超出军方领导人们认为合适的程度。德国政府不情愿走这条路线,因为增加税收将意味着议会的财政权力显著增强。[17] 在20世纪初的几年里,德国海军被放在优先发展的位置。但是在1913年,在议会刚刚通过一项补充海军法案之后,政府迫于公众压力,不得不增加陆军规模,此时它只得首次决定征收所得税,因而证明提尔皮茨认为可能在不增加税收的情况下扩建海军的论断是站不住脚的。与此同时,这件事产生了一个悖理的结果,扩充陆军的动议在社会民主党的支持下击败了保守派议员的反对在议会获得通过。社会民主党赞成征收所得税,但是反对增加军费开支。而保守派议员们则赞成扩充陆军,但是不想掏自己的腰包增加军费开支。确实一些历史学家们认为,武器装备的花销和德国公共财政的负担太重,只有一场战争可以使德国免于破产,因为在战争期间可以暂停遵循正统的财政规则。

建设一支大规模的海军对德国内外政策的大多数方面都产生了影响。有些德国领导人把扩建海军看成融合和调和德国国内诸多互相冲突的社会势力的一种手段。这是一个声势浩大的宣传运动的话题。德国的工业界和中产阶级中的许多人都支持这个运动,因为在他们的眼中,与德国陆军相比,海军是一个不太贵族化,不太排斥社会地位低下者的机构,而且德国即将成为"世界强国"(*Weltmacht*)的前景激发了他们的民族自豪感,尽管在他们的心目中,"世界强国"一词的各种含义模糊不清,而且经常不一致。第一次世界大战结束后,对德国外交政策的一种激进的阐释认为,德国建设一支战列舰舰队的首要动机不是出于战略考虑,而是由于政治原因,也就是说,动员"新"德意志帝国中对普鲁士主宰地位的某些侧面(帝国的反议会情绪和由容克领导的德国陆军)感到厌恶的社会力量的支持。如果能够说服德国北部和西部莱茵地区的中产阶级,使他们相信一支强大的海军和使德国变成世界强国的政策符合他们的利益,他们就可能站到德国皇帝及其宫廷一边反对激进分子和社会主义者。提尔皮茨本人有时就打反对社会主义的牌,借此增强其论点的可信度。1997年的一项研究得出结论指出,提尔皮茨实质上是一个机会主义分子,为了支持增加海军军费,建造更多的军舰,在德国的战略政策中给海军更大的份量,他会使用任何可用的理由。至少在一开始,提尔皮茨缺乏深刻的思想信念,仅仅是利用反对社会主义这张牌达到其目的。[18]

然而,事实上提尔皮茨的计划并没有成功。尽管他先前指望在不受制于国会反复投票的情况下规划海军的建设,但英国把德国海军的扩建视为对大英帝国地位和世界力量均势的威胁。英国做出的反应是加快自己海军建设的速度,结果两国海军军备竞赛持续加速,进一步增加海军军费开支在两个国家都需要经过国会的批准。提尔皮茨认为,德国海军一旦挨过了容易受到英国海军先发制人打击的"危险区"之后,其扩建将使德国在海上强大到足以让英国不敢轻易冒险同其对抗。自从1889年以来,英国的海军建设一直明确地以"两强标准"为统领,即英国的海军必须比另外两个海上强国的舰队加在一起还要强大。提尔皮茨的"风险理论"(risk theory)基于这样一个假设,德国海军将扩大到相当规模,以致英国海军将长久地面对与德国海军发生冲突的风险,后者可以重创英国海军舰队,即使英国在海战中打赢了,其剩下的海上力量也将非常薄弱,不足以对付其他主要海上强国的海军。英国将陷入德国舰队的存在会限制其行动自由的窘境。事实上,英国避免了这种窘境,其对策是加快自己海军建设的速度和建造新型军舰(1906年无畏舰入列),同时重新调整外交政策,避免了与法国和俄国冲突的可能性,因而能够游刃有余地对抗德国的威胁。[19] 甚至在第一次世界大战爆发之前,提尔皮茨的战略就失败了。当大战确实爆发之后,德国和英国之前所进行的海军建设被证明不适合于实际发展中的那种海上战争。英国和德国的海军部门仅仅派遣他们的公海舰队进行了一次海战,即1916年5月双方在日德兰半岛外海希望进行的决战,然而这场海战的结果并不是决定性的,因为双方都不愿因恋战而冒损失战列舰的风险。双方都宣称己方获胜,但是此后直至战争结束的大部分时间里两国海军的战列舰均停泊在它们的基地里,这段时间里的海战主要是潜艇和驱逐舰作战。

德国海军扩建计划的后果不仅仅是英国外交政策的重新调整。它还间接导致了英国战略思维的重大改变。在整个19世纪在英国人心目中其海军的超强优势理所当然,结果其陆军的建设被忽视。尽管英国人之前就意识到其海军舰艇和装备日益陈旧过时,曾数次惊恐不已,因而有了1889年加强海军建设的计划,但是德国舰队的崛起是自拿破仑战争以来对英国霸权的第一次严重威胁。在英国,海军特别吃香,不过这种地位并没有使水兵的报酬得到增加,相反他们的薪饷一直很低,约三十年几乎没有丝毫改变。海军似乎是大英帝国强大的象征,但是也可以名正言顺地用开明的理由支持它:它确保了"海洋的自由",以及由此而来的贸易自由,而且它在抑制奴隶贩运方面起到了人道主义作用。海军的预算从来没有在英国国会内遭到较真的反对,甚至爱尔兰人都没有多少异议。甚至那些倾向于和平主义的社会主义者,如未来的工党首相拉姆齐·麦克唐纳都持这样一种立场,即为其子民福祉而恰当构建的大英帝国是防止军国主义扩张的宝贵工具。他争辩道,如果帝国解体,

> 从我们肩上卸下的负担将会强加到别人的肩上。而且我认为我们有资格声称,一个武装的英国不大可能会像任何其他军事强国那样扰乱世界和平。在民主制度监督之下的大英帝国可以成为维护和平和推广国际主义精神的强大力量。[20]

尽管激进分子发现,支持陆军比支持海军更加困难,但讽刺的是,陆军承担的帝国角色反而使对它的支持变得容易一些。历史的记忆使人担心陆军会被强大的中央集权国家用来对付人民或者普通人。英国陆军所承担的帝国角色是不同的:它保护那些不能自我保护的民族免受专制政府种种野心或者自己统治者的压迫倾向的侵扰。在这个问题上,激进分子与保守主义者往往看法一致。1904年建议对帝国防务的管理体制做出具有深远意义改变的委

员会称,"大英帝国是一个超群的海军大国、掌控印度的大国和殖民大国。"[21] 自克里米亚战争之后,英国陆军主要用于保卫英国的殖民地,或者对付那里的起义或动乱,与南非的祖鲁人或者印度西北边境的普什图人作战。印度军队几乎是一支独立自主的军队,由被派往那里进行定期轮换的英军部队提供支持。伦敦的印度事务部或者德里的总督有时看似奉行他们自己的外交政策,尤其是在诸如与俄国争夺对阿富汗的控制等问题上。到了20世纪初,所有这些情况开始逐步改变。在南非与布尔人的战争暴露了英国陆军的种种弱点,从而导致了改革的要求。总参谋部应运而生,设立总参谋长取代了原先的"总司令",并且开始创建一支现代化、机动性强、可以快速部署到战场的陆军,到了1914年,这支陆军将成为"英国远征军"(BEF)。在1905—1906年的摩洛哥危机期间,与法国的协约致使英国陆军部几十年来首次考虑派遣这样一支部队到欧洲大陆作战的问题。但很重要的是,导致英国远征军创建的不是英国总有一天将被迫在欧洲大陆与德国对抗的判断,而是在南非作战所引发的帝国问题和在中东或者中亚地区作战的可预见的问题。[22]

与在德国一样,对于英国应该在欧洲采取的正确战略是什么,英国陆军同海军意见相左。自1906年以来,英国陆军部致力于制订向欧洲大陆派遣部队在法国军队左翼就位的计划。而英国海军,尤其是从1904—1910年担任第一海务大臣、能言善辩、个性强硬的海军上将约翰·费舍尔(John Fisher)爵士,不愿承担为陆军横渡英吉利海峡提供保护的责任,认为陆军的作用应该是通过夺取弗里西亚群岛中一个或者多个岛屿和在可能的情况下登陆德国的波罗的海海岸,来支援英国海军对德国的紧密封锁。英国海军战略的"蓝水学派"支持这种观点,他们认为皇家海军在英伦群岛周围布设的警戒线固若金汤,"甚至连一艘橡皮艇都渗透不进",因而没有必要把大量地面部队留驻在大不列颠本土(批评者将这种观点蔑称为"橡皮艇理论")。[23] 新成立的在首相主持下运行的帝国防务委员会支持这样一种观点,认为创建一支既可以部署到欧洲大陆,又可以在帝国内部部署的远征部队非常重要。

在英国,文官政府对军队建设的绝对控制从来没有受到质疑,不管军队的参谋军官们有多少抱怨,比如"由一个文官掌控陆军的整个主张在理论上是有害的,而且在实践中是糟糕透顶的。文官的所有训练不过是搞政治权宜之计,"[24] 最终决策权还是在首相和内阁手中,这就使一定程度的协调成为可能。与此同时,与德国海军扩张给德国制造了诸多问题一样,皇家海军的扩建和愈演愈烈的海军军备竞赛也给英国带来了不少问题。自由党政府不得不找寻足够的资金,以同时支付竞选中承诺的庞大的社会改革计划和无畏舰的建造,英国新闻界和公众在反对党保守党的带领下叫嚷着要大造无畏舰(一个保守党议员提出的口号是"我们要八艘,我们不愿等待")。然而,正如乔恩·苏密达(Jon Sumida)所争辩的,英国的财政状况比德国的财政状况强大,因为它可以通过大幅度增加直接税收来筹集收入,而德国却不能在不招致无法接受的政治代价的情况下做到这一点,因而只能依赖收益较差的间接税收。说得简明一点,英国政府更加容易聚敛英国社会的财富,这一点显著地缓解了英国面临的种种战略挑战,也减轻了对英国的工业世界领先地位的逐步侵蚀。[25] 英国人拒绝,而且发现从经济上看没有必要放弃他们的海军优势。1908年7月,爱德华·格雷爵士在给英国国王爱德华七世的信中写道:"如果德国舰队有朝一日变得比我们的舰队更加强大,德国陆军就能征服我们国家。德国却没有这种类似的危险;因为不管我们的舰队具有多么强大的优势,任何重大的海战胜利都不能使我们离柏林近一点。"[26] 格雷在排斥了费舍尔海军上将的观点的同时接受了蓝水学派的观点:一支强大的海军允许英国采取防御态势,抵制创建一支大规模的陆军。费舍尔赞成建设强大陆军,同时反对前一种意见,并且推出了海军版的"对攻势的崇拜"。早在1899年,紧随德国认真着手实施海军扩建的计划,他就建议对波美拉尼亚海岸发动两栖攻击,那将使英国威胁德意志帝国的心脏:"在距离柏林90英里的地方登陆,那里有长约14英里的沙滩,它无法防御战列舰舰队的大炮,倾泻出的炮弹摧枯拉朽,将像割草工的大镰刀一样横扫方圆数英里以内的平坦乡村地区。"[27] 1911年,为了解决陆军部与海军部之间的争端,英国政府内阁进行了改组,温斯顿·丘吉尔担任了第一海军大臣,他坚决主张英国必须保持对德国的海军优势:"我必须明确地批驳这样的观点,即英国竟然能让另外一个海军强国仅仅通过海军的压力就胆敢接近她,干扰或者限制她的政治行动。"[28] 事实上德国政府所希望的正是这样,指望英国政府作出政治让步来换取德国海军建设的削减。在1912年2月当理查德·霍尔丹赴柏林企图谈判一项海军协议的时候,德国人明确向他表示,如果欧洲爆发战争,英国只有在任何情况下都保持中立,德国人才能满意。提尔皮茨对一位同僚表达了他自己的立场:

英国将会恪守她对法国的各种义务和承诺……(我们的)

政治要求(是)英国不得参加法国和德国之间的战争,不管谁是侵略者。如果我们得不到这样一个保证,那么我们将继续进行武装,我们要同英法协约一样强大,这个协约事实上具有进攻性联盟的性质。[29]

即使贝特曼·霍尔维格和德国驻伦敦的大使用更加圆滑的外交辞令表达了这些主张,对于英国人来说它们还是非常无法接受的。尽管后来双方企图推迟海军扩建计划的执行,即提出所谓的"海军假日"(naval holiday),实际上军备竞赛并没有认真地缩减,因而潜在的相互敌对也没有缓解。

英国人觉得德国的舰队是件奢侈品(丘吉尔使用的这个词让德国人大为光火),而英国的舰队却是须臾不可缺少的必需品。而在另外一方面,德国人却感到很恼怒,因为在霍尔丹赴德国谈判期间,德国人提出了有利于英国的建议,使英德主力舰的数量比例保持为3∶2,英国人却对此加以拒绝。然而,英国对德国的图谋感到不放心不无道理:正如我们已经看到的那样,提尔皮茨从一开始就把德国的海军谋划成向英国施加政治压力的工具。在德国人看来,英国反对德国的海军建设计划只是虚伪地拒绝让任何别的国家享有英国长期享有的特权。对于英国人来说,德国的政策是对他们安全的不可接受的威胁。事实上,到了1914年,正如提尔皮茨本人似乎已经意识到的那样,他的赌博,即建设一支足够强大的海军舰队作为威慑力量,以便德国能够影响英国的世界政策,已经失败了,但是这个赌博却在两个国家产生了左右舆论的效果,因而对形成使战争成为可能的气氛起了很大的作用。

海军军备竞赛自身形成了难以停止的势头。提尔皮茨在规划海军舰队的建造时故意把建设周期拉长,旨在限制帝国议会干扰该计划的机会。与此同时,在新的规模上建造军舰需要新的设施:必须扩建码头和船坞。基尔运河必须拓宽。当为了赶上英国海军的扩建步伐,加快军舰建造速度的时候,必须征用私人公司辅助政府船厂建造军舰。克虏伯和其他重工业康采恩的工厂不得不扩大。所有这些活动在德国和英国都创造了一些既得利益集团。比如,正是考文垂兵工厂的总经理提醒英国政府注意1906年克虏伯公司正在"为快速制造巨型舰炮及基座"扩建其工厂。[30] 毫无疑问,他希望他自己的公司将由此从英国海军部获得制造舰炮和基座的订单。但是即使不把个别军火制造商在恶化国际形势方面的重要性说得太大,在军火工业和造船工业里就有足够的内在力量,使军舰的建造速度难以有任何放缓。

英国和德国的海军部*在这一点上的看法是一致的。当裁军问题被提交到1907年的海牙和平会议上讨论的时候,英国的海军部这样写道:

> 与军舰建造有关的既得利益集团如今非常庞大,而且在制造业和贸易的几乎每个分支领域里都盘根错节。任何限制海军军备的建议的直接影响将是对这些利益集团一个沉重打

---

* 此处的德国海军部(admiralty)实际应指帝国海军办公室(Reichsmarineamt),部门负责人为海军国务秘书(Staatssekretär)。原有的帝国海军部已于1889年解散,拆分为海军内阁、海军司令部和帝国海军办公室,1899年后海军司令部也被解散,成立了地位十分边缘化的海军参谋部。本书出现的德国海军部,基本指帝国海军办公室。

击,其结果是,这些利益集团将肯定使出浑身解数反对裁军运动,这样形成的阻挠将是一个可怕的障碍。而且与任何别的国家不同,保持造船行业的繁荣和健康是英国的最高利益所在。如果此类限制将看似不可避免地严重影响我们首要的民族工业之一,英国还站到'有限海军军备'的旗帜之下是明智之举吗?[31]

事实上,英国外交大臣爱德华·格雷爵士在海牙和平会议的谈判中所追求的并不是裁军,而是通过与德国达成为期五年的限制海军扩建的协议来削减在军备上的开支。与此同时,他坚持英国必须保留把其他海军赶出海洋的"进攻性"能力,英国决不接受对其封锁别国的权利的任何限制。[32]

再一次,在 1914 年初,在"海军假日"建议正被考量的时候,德国外交国务秘书告诉英国驻柏林的大使,德国反对这个建议,因为"海军建设中断整整一年时间将使无数工人失业",[33] 而且提尔皮茨告诉帝国议会,任何推迟将意味着"上一年的缺口在下一年必须弥补上。这将打乱我们的财政计划,延误造船厂的工期,耽误我们的军事安排,即在军舰竣工后的常规入列……我们应该……不得不解雇大量的造船工人,那样我们所有造船厂的整个机构将受到很大影响"。[34] 所以,海军军备竞赛不仅制造了促成 1914 年大气候的政治和心理态度,而且也启动了越来越难以扭转的经济和技术过程。早在 1893 年,即在海军竞赛开始之前,德国的社会主义思想家爱德华·伯恩斯坦(Eduard Bernstain)就使用了一个在近一个世纪之后仍然家喻户晓的词汇总结当时的形势:"这种迫使其他国家跟上德国步伐的持续不断的武装,本身就是一种战争。我不知道这个说法之前是否有人使用过,但是人们不妨说这是一场冷战。虽然没有开枪打炮,但是却在流血。"[35]

德国社会的结构给予军队一种特殊的角色,产生了对军事价值观的特别尊重。威廉二世和提尔皮茨的海军政策激起了英国的对抗。他们开启海军军备竞赛不仅具有重要的社会和经济影响,而且导致了英国外交和战略政策的重大改变。德国政治制度的性质使得政府内各个部门之间的政策协调几乎不可能,因而德国总体上的政治和战略计划缺乏明确的方向。与此同时,英国人把德国大力扩建海军看成对他们的海洋霸权和世界性帝国的直接威胁,因而尽管英国政府中的某些成员从未放弃与德国改善关系的希望,他们的战略和外交政策越来越明确指向抵抗德国的挑战。社会各阶层的舆论同时转向。第一次摩洛哥危机之后,英国社会民主党领导人亨利·迈尔斯·海因德曼(H. M. Hyndman)变得愈发危言耸听,他警告人们德国海军的扩军备战只能意味着他们准备进攻英国和法国,而且德国的社会主义者无法遏止德国皇帝的军国主义行径。他告诫他的社会党同仁们鄙视"虚假和平的胡话",要直言不讳地大谈德国的威胁:"我不得不指出,并且我是作为一位社会民主党人以及和平人士说出这番话,德国政府正在持续有条不紊地准备入侵我们英国,而且正在建设一支足够强大的舰队掩护那个重大的军事行动。"[36]

法国的军事计划深受1871年战败的影响。其首要目标总是收复被德国占领的阿尔萨斯和洛林,但是也期望在一场战争之初法国的陆军必须顶住德国军队的进攻。然而,自从19世纪80年代以来,巩固和扩大法国在非洲和远东帝国的任务给了法国陆军一个机会,以恢复它在1870年的惨败中失去的自尊,也给那些有抱负的军官带来了提拔和出人头地的机会。直至20世纪初,这种殖民活动意味着,法国陆军既要规划与英国的可能的战争,同时还要规划与德国的战争。然而,在1898年的法绍达危机之后,形势变得很清楚,在非洲,法国无法挑战英国人,这种实力对比促使在德尔卡塞领导下的法国外交部改变了外交政策。法国的激进分子支持这个外交政策走向的改变。他们认为法国在维持一支规模足够大的陆军防御德国攻击的同时,无法负担得起建设一支与英国皇家海军实力相当的舰队。海军的建设应该局限于防御性措施,比如建造潜艇和鱼雷艇,而不是进攻性措施,比如建造大型战列舰。[37] 因此,法国的战略和政治逐步倾向于向英国靠拢,其结果就是1904年的《英法协约》,这个协约也给法国带来了在英国允许之下达成其殖民企图的希望。一旦法国的殖民野心聚焦于摩洛哥,德国似乎就成了法国的主要殖民竞争对手,因而摩洛哥问题成为帮助巩固英法协约、把英德海军竞争与法国在北非的帝国主义企图和收复阿尔萨斯和洛林的长期目标联系起来的问题。在法国帝国主义的近期企图和法国复仇的愿望之间不再有任何冲突,所以1904年以后法国的军事计划就可以集中对付德国了。

然而,法国陆军在法国社会里的地位及政府与法军统帅部之间的关系存在着相当多的困难。1871年普法战争中法军被打败的直接后果是,法国民族主义中的两个传统的合流,一个传统可以追溯到"旧制度"的军事功绩,另外一个传统则来自于1793年保卫法国革命的斗争和后来拿破仑取得的巨大胜利,因而法国的陆军,尤其是军官队伍在法国社会里是受到高度尊敬的一类人。然而,由于德雷福斯事件本身及其造成的意见分歧——一部分人同意法国陆军无可指责的说法，而另外一部分人却认为陆军对待德雷福斯的方式及对该案件的处理是令人震惊的侵犯人权——至法绍达危机之时，法国陆军成了政治争端而不是政治共识的对象。德雷福斯事件之后的1902—1905年，法国政府进行了一次清理陆军军官队伍的运动，旨在确保陆军领导人具有可靠的共和观点，积极活跃的天主教徒不得提拔重用。陆军的社会构成也在变化着：1914年超过半数的军官是从士兵中提拔的，中产阶级出身的官兵在工兵和炮兵中占主导地位，原本在总参谋部占主导地位的贵族出身的军官不断减少。但是，威廉·塞曼（William Serman）认为，尽管在法国陆军军官队伍的构成里，拥有中产阶级家庭背景的人越来越多，可是贵族观念依然占主导地位，使这支队伍敌视共和主义。[38]

这些政治上的分歧必然影响法国政府与法军统帅部之间的关系。当陆军大臣是一位将军的时候，对于他来说，与职业政客们和他的军事同僚们顺利共事并不总是容易的事。当陆军大臣是一位文官的时候，他不得不克服将军们对政客的种种偏见。有些政客试图消除德雷福斯案和清洗军队中反共和分子的运动在陆军与文官之间遗留下来的互相猜疑。尽管法国总理乔治·克莱孟梭在声援德雷福斯的活动中起了带头作用，但是1907年他却批准了对费迪南·福煦上校担任法国陆军战争学院院长的任命。在几年之前这项任命是不可思议的，因为福煦是一名人所共知的虔诚的天主教徒，而其弟弟是一个耶稣会信徒。随后在1911年，负责制订全盘军事计划的总参谋长的职位与一旦战争爆发就接管作战指挥的总司令的职位合并了。巧合的是，在摩洛哥危机期间霞飞元帅被任命担任这个新合并的职位。霞飞兼具无可指摘的共和派资质、在共和派政客中的人脉和对自己所肩负的民族使命的自信。1912年时,当有人问他:"你思考战争吗?"他回答道:"我确实在思考战争,时时刻刻都在思考。我们将会有战争,我们要打仗,我们要打赢。"[39]

尽管国民议会内外的社会主义者和激进分子强烈反对延长士兵服役期限,法国的国家团结在一定程度上的恢复使政府得以在1913年把服役期限从两年延长至三年。1911年的摩洛哥危机、1913年德国陆军规模的扩大,以及向俄国人显示其正在恪守盟约义务的需要(此时前者已大幅扩充了军队),这些情况都给了法国政府一个改善陆军武器装备、通过三年义务兵役法来增加预备役兵员的机会。法国在未来对德战争中取胜的希望越来越依赖于同俄国的联盟。正如德国计划的目标是先在西线打败法国,然后挥师向东,集中兵力攻打俄国,法国人则希望俄国人在东线的军事行动牵制住德国部分兵力,使法军在西线赢得胜利成为可能。因此,法国人不断对其俄国盟友强调需要快速动员和采取攻势战略,其目的是为尽快利用俄国军队的人力对抗东线德军,这样就能缓解西线德军对法军的压力。法国人口增加的速度比起德国来要慢很多。法国的军事计划者对法国人口数量方面的弱势一直是非常清楚的,所以与俄国的联盟不仅对法国具有重要的直接战略效果,而且对利用俄国的人力储备也很重要。与德国人相比,法国人征召更高比例的符合服役条件的男子入伍,在某种程度上以此来弥补他们在人口总数方面的劣势。但是一旦德国人口的全部潜力动员起来,法国人将必然是较弱的一方。

可是要使法俄联盟在军事上有效有种种困难。至少一直到

1910年,俄国人是不情愿对德国发动进攻的。他们认识到,他们也将面临两线作战,在一条战线上与德国人交战,在另一条战线上与奥匈帝国打仗。但是还有其他问题给俄国人带来麻烦并且削弱俄国的军事地位。这些问题中最明显的就是1904—1905年俄国在远东的失败。在这场战争中日本海军摧毁了俄国海军的大部分,而且暴露了俄国陆军在战略、编制和装备方面的严重缺陷。在1904—1905年的灾难之后,俄国军队实施了大规模的改革计划:为装备的升级和加强提供了大量军费开支,供给、预备役制度和后勤保障统统进行了改革,为加强军官培训确立了一项新的更加认真的制度。但是俄国军官队伍中长期形成的根深蒂固的思维定势阻碍了这些改革的有效性。有个典型事例表明俄国陆军军官们的特权地位与上文例举的"萨维尔纳事件"所体现的德国军官们的特权地位没有什么不同。1910年喀山的一家报纸用粗体字刊登了一则告示,其大意是"公民N"寻找一位能够保护他不受驻扎在西姆韦尔斯克的第163团的军官伤害的人。该团的军官们把这则告示看成对他们的侮辱,然后他们通过抓阄的方式选出两个军官对报社实施报复。这两个军官专程去了喀山,走进报社的编辑部,问谁是编辑,然后残忍地将其杀害。案发后他们回到了部队向团长自首,等候惩罚。后来他们被沙皇宽恕。[40] 在许多回忆录和同时代文学作品中,沙皇军队的军官队伍都被描绘成腐化堕落之徒,最为典型的表现是酗酒、懒惰和偷窃。没有几个军官特别把履行自己的军事职责当回事。

俄国军队改革的"宏伟计划"(Great Programme)直到1914年7月才获得国家杜马的批准。此前俄国陆军大臣弗拉基米尔·

苏霍姆林诺夫(Vladimir Sukhomlinov)将军推行了一系列积极的改变,但是这些改变仅仅部分成功了。[41] 1914年7月时,俄国确实已能够维持一支拥有142.3万官兵的和平时期陆军,但是这支军队继续受军官私党之间、出身于贵族家庭和大量出身于平民家庭的军官之间的个人敌对的困扰。苏霍姆林诺夫改变陆军结构和战略的努力因包围他的参谋班子和随从人员的腐败风气而在效率上打了折扣。更加糟糕的是,这些内部意见分歧导致了在一些关键问题上的混乱,如对德国应该采取的战略和俄军需要什么类型的武器装备等。在德国先一步完成动员的形势下,俄国是否应该集中力量坚守几个将会击退德军初始进攻的要塞?或者说是否应该拆除要塞,制订建设一支机动化陆军的计划,并且为快速投送军队而建筑一张铁路网络?[42] 最终,这两项政策中没有一项得到彻底贯彻,两项政策均告失败:战争开始时俄国军队入侵东普鲁士的行动被击败,因为德国人的机动性更强,他们的铁路系统效率更高。1915年俄军的诸多要塞很快就被德国陆军攻占。尽管俄国陆军试图创建自己的总参谋部,但是依然缺乏集中统一的指导。出于无奈,所有决策最终均由沙皇定夺。正如我们所见到的沙皇尼古拉二世在七月危机期间的所作所为,他毫无定力,摇摆犹豫,俄国的体制要求他对军事计划的方方面面实施控制,但是他却无法掌控。

与其他国家一样,俄国也有因陆军和海军争要军费开支造成的困难。在日俄战争中被日本打败之后,重建俄国海军似乎是俄国复兴的重要象征,沙皇非常重视此事。但是海军的战略用途却不太清楚。事实上,俄国的亚洲战略几十年来一直是分裂的:海军至上论者将1884—1885年法国人战胜中国作为证据,认为这表明在亚洲的陆上作战困难,而且没有效果(正是法国海军取得的胜利迫使中国人把印度支那的东京和安南让予法国人,尽管中国人在陆地上打败了法国人),因而反对修筑横贯西伯利亚的铁路。在1904—1905年的日俄战争中,俄国陆军未能阻挡日军的进攻可以作为这种立场站得住脚的进一步证据。另一方面,陆军的战略家们强调俄军在克里米亚战争中的失败和在中亚对阿富汗人的胜利都证明了铁路在俄国战略中与日俱增的重要性。[43] 法国人对俄国在亚洲的帝国野心毫无兴趣,但想方设法把俄国的注意力集中在欧洲。他们认为俄国人应该集中财力发展陆军武器装备,而不是把钱花在这样一些事情上,比如建造无畏舰(从一家英国公司订购,在俄国建造)和在1913年着手实施一项相当规模的进一步扩建海军的计划。1914年春天,当俄国政府请求与英国进行海军谈判的时候,英国海军部不相信那些无畏舰会起任何作用。正如格雷后来所写道:"在我这个海军方面的门外汉看来,在与德国的战争中俄国的舰队似乎无法开出波罗的海,英国舰队也不会进入波罗的海。"[44]

在1914年之前的几年里和在七月危机期间,俄国的外交政策和战略计划既不是由享有特权的军官队伍所决定,也不是由军方领导人的主导影响所决定,而是由产生于独裁制度弱点的不确定性所决定,在这个制度下最终的决策由一位无法胜任的独裁者拍板。俄国的外交政策和战略计划更不是由军火工业的利益集团塑造的:在俄国军火工业主要是由国家控制的,国家保留了所有最重要的军火工厂、造船厂和钢铁厂的所有权。在俄国根本没有像法国的施耐德公司、英国的维克斯公司,或者德国的克房伯公司这样的大型私营企业。尽管在1914年之前一些私营公司参与竞争,以求在军火市场分一杯羹,但它们的规模一直较小,没有显著的政治影响。[45] 在情感和战略上,俄国与巴尔干斯拉夫国家的关系有一些固定预设。满足这些预设的需求和俄国长久以来一直在索取君士坦丁堡,这两点同样影响了俄国政策的走向。但是由于这些将会招致奥匈帝国的敌对,而奥匈帝国肯定会得到德国军事上的全力支持,这样俄国就需要加强与法国的联盟。由此,法国的希望就必须得到满足,即一旦战争爆发,俄国应攻打德国。因而,对于俄国来说,俄军不可避免地要在两条战线作战:在东普鲁士和普鲁士控制的波兰与德国人交战,在加里西亚与奥地利人作战,同时俄国领导人也不得不准备可能在巴尔干地区打仗,因为罗马尼亚和保加利亚的立场尚未确定。与此同时,俄国从远东战败和1905年的革命动荡中恢复过来的速度,再加上其重新武装计划的规模(尽管这项计划没有有效地贯彻实施)使其他强国对俄国的战争潜力刮目相看,使法国人放心的同时,却让德国人感到震惊。

在奥匈帝国这个多民族国家,陆军是最强大的凝聚力量之一。它能否继续作为大国存在下去,取决于为让其他国家政府认真地将这个帝国看作国际体系中不可取代的因素而维持足够的内部稳定。弗朗茨·约瑟夫皇帝兼有两个头衔,既是奥地利的皇帝,又是匈牙利的国王。军官们受到对皇帝的真正忠诚的激励。他们招募自较为广大的社会阶层:正如在俄国那样,只有一小部分军官来自贵族家庭,尽管他们的姓经常被授予显示高贵身份的"冯",以此作为对他们的长期服役的奖赏。不过,他们形成了一个公认的阶层;常常同一个家庭连续好几代人当军官,而且他们形成了自己的社交和伦理准则,因视角的不同,这些准则可以被看作愚蠢和傲慢的表现,或者是忠诚和无私的体现。(在小说创作方面,亚瑟·施尼茨勒的短篇小说《古斯特少尉》表达了前一种观点,而约瑟夫·罗特的长篇小说《拉德茨基进行曲》则代表了后一种观点。事实上,由于讽刺奥地利陆军青年军官们愚蠢的道德价值观念,施尼茨勒失去了预备役军官的资格。)许多军官以陆军总监弗朗茨·斐迪南大公为榜样,能够讲这个君主国十种语言中的好几种。尽管斐迪南被认为是一名语言技能欠佳的人,但是他能够讲帝国内七种不同的语言。

在另外一方面,奥匈帝国这个君主国作为一个整体的主要缺陷是,其非常臃肿、复杂的行政管理体系尾大不掉,军队深受其害。由于1867年的妥协方案($Ausgleich$)(同匈牙利的妥协)和二元宪法的建立给予匈牙利政府与帝国内奥地利这一半同等的权力,三个不同的政府部门分别负责管辖军事系统的不同部分。主体的野战军由奥匈共同的陆军部部长管辖。陆军部是三个有权管辖帝国内两个半边的部门之一(另外两个部门是外交部和财政部)。但是两边的预备役陆军部队(奥地利的战时后备军[$Landwehr$]和匈牙利的国土防卫军[$Honved$])却分别由奥地利和匈牙利的国防部管辖。关于奥地利和匈牙利每年各自征召的士兵人数应增加多少,双方政府之间产生了相当多摩擦。由于这个原因,再加上每次国际危机(在危机中会采取预防性军事措施,正如在1908年的波斯尼亚危机和1912—1913年的巴尔干系列危机期间那样)都使本来就长期短缺的军费变得更加拮据,事实上,在可以应征的男性中,相对而言,仅一小部分人被征召入伍。尽管如此,在1912年6月,奥地利和匈牙利的议会都通过了新的法律,保证各自的武装力量每年新征召的人数从13.9万增加到18.1万。在此基础之上,此后5年里还要每年增加,到1917年将增至24.3万。然而,一位历史学家估计,1914年时野战军中的步兵营的数量比1866年与普鲁士交战时还要少,尽管奥匈帝国总人口增加了约2000万。[46]而且尽管官方反复声称陆军是一支真正的凝聚力量,不受各单独民族的自我标榜的影响,它多少体现了奥匈国家意识的本质,但在第一次世界大战爆发前不到10年,日耳曼人与匈牙利人之间为保留德语作为陆军指挥语言产生了激烈争执。(如果来自一个民族的新兵数量超过这个团总人数的20%,对新兵的教导将以这个民族的语言进行,但是德语一直是作战指挥时使用的语言,尽管匈牙利人主张使用匈牙利语。)

奥匈帝国也面临其地理位置构成的种种战略困难:与俄国、塞尔维亚、门的内格罗和罗马尼亚接壤的漫长边界总长度超过2000千米。除了这个地缘政治现实之外,还有一个事实就是他们的军备计划受制于财政原因。尽管这个国家拥有效率较高的军火工业(位于皮尔森的斯柯达工厂的国际贸易非常兴旺,是德国著名的克虏伯公司的竞争对手),其陆军的武器装备并不总能适应部队需求,弹药储备连打一场非常短暂的战争都不够。其海军状况反映了其军事形势:奥匈帝国海军司令鲁道夫·蒙特库科里(Rudolf Montecuccoli)海军上将认为,奥地利和匈牙利议会批准的经费难以满足新军舰的建造需求,从而无法实现帝国在亚得里亚海的战略。因此,在1911年他决定从奥地利联合借贷银行借款1370万克朗,从国家银行借款1850万克朗,并且授权"的里雅斯特技术工厂"承担价值为 2480 万克朗的已超出议会批准预算的建造工作。他在没有获得任何上级批准的情况下总共欠下了 6000 万克朗的债务账单。当这个情况被发现后,弗朗茨·斐迪南对他给予支持,认为他这样做是"仅仅出于最好的意图"。[47] 很明显,奥匈帝国最主要的敌人可能是俄国,但是奥军的总参谋长康拉德将军却也在计划打垮塞尔维亚的战争,同时还谈到可能有必要对奥地利名义上的盟友意大利发动先发制人的攻击。因此,到了 1914 年,奥匈帝国的陆军跟这个君主国的许多其他事情一样处于一种荒唐和矛盾的形势中。它起着团结象征的重要作用,这种团结理应超越民族冲突。然而,民族冲突是陆军自身内部的虚弱的潜在根源。它有许多有能力而又忠于职守的军官,但是他们的作用受到臃肿的官僚行政体制的阻碍。正如 1914 年发生的一系列事件将要显示的那样,最为严重的是奥军的总参谋部从来没有能够明晰地指出他们的战略重点究竟是哪些。他们以为他们不会不得不同时与俄国、塞尔维亚和意大利交战。但是,到了 1915 年春天,他们面临的恰恰就是这样的处境。

意大利的战略家们也同样被意大利的地缘战略脆弱性所困扰。意大利与法国和奥匈帝国的陆地边界既难防御敌人的攻击,又难以据其发动进攻。其漫长的海岸线使意大利的城市和铁路易于遭受敌人的舰炮轰击,因而使意大利极易受到英国、法国的海军优势力量的打击,甚至是奥匈帝国海军的打击。[48] 与法国的情况相似,意大利陆军的地位和公众对它的态度也是有好有坏。一方面,它是意大利统一的象征,也是统一后的意大利在欧洲的角色的象征。在另外一方面,反军国主义的左派把它视为政府用来驱散罢工者和镇压公众动乱的力量,正如1894年在西西里岛和1898年在米兰那样。19世纪70年代,像欧洲其他国家的陆军一样,意大利陆军也在汲取普法战争的教训,并且推行了一系列改革。这个时期的改革把陆军构想成"意大利民族的学校",而且专门规定每个团由从两个不同地区招募来的士兵组成,尽管反军国主义者们认为从单一地区招募士兵将使部队在遂行公共安全任务时不太可靠。

到了20世纪初,意大利陆军作为国家的一个象征似乎没有三十年之前那么受欢迎了,其象征作用也不再有效了:它镇压起义的任务似乎与日俱增,而且这个时候意大利左派的反军国主义运动非常强劲。当意大利陆军在1896年企图征服埃塞俄比亚时,它遭受了灾难性失败,这对其自豪感是一个沉重打击。而且,除了在每个国家的陆军中都可以发现的对晋升缓慢以及基层军官与总参谋部军官之间差距的种种抱怨之外,意大利陆军军官的职业生涯似乎不如以前那么有吸引力了。与德国的情况相比,一些受过教育的年轻男子选择只当一年应征士兵,但此后不会接受预备役军官职务,军队本期望他们应为这一角色而接受训练。还有对军官在接受教育和文化方面的局限性的各种抱怨。据估计很多陆军军官来自中产阶级下层家庭和偏远的小村镇。[49] 尽管陆军大臣通常是一位将军,但很少有军官对政治感兴趣。与德国的情况不一样,在意大利没有能够起重要政治作用的军事阶层。如果政府插手国王所认为的属于他自己的领域,接连几任君主都发出了抱怨,尽管如此,除了在对陆军持批评态度的左派中间,人们认为陆军理应听命于政府,文官政府的最高地位从未遭受过真正的挑战。

然而,从 1907 年开始,意大利进行了一些变化和改革。在 1907 年 12 月第一位文官陆军大臣上任了,这在部分上看似是因为首相乔瓦尼·乔利蒂(Giolitti)希望这将有助于增加了的军事预算比较容易在国会获得通过(尽管事实上一名将军担任下一任陆军大臣时才做到这一点)。在这些年里,意大利主要与其盟国奥匈帝国进行陆海军军备竞赛。尽管它与法国在改善关系,它也同法国人进行军备竞赛。意大利的战略计划反映了上层的政治矛盾心理:在整个 19 世纪 90 年代,意大利的将军们都在制订与法国交战的计划,但是英法协约(加上意大利在巴尔干地区和亚得里亚海的野心)使意大利制订了为在东北方向与奥匈帝国作战的动员计划,并且开始每年在与奥地利接壤的阿尔卑斯山山区举行演习。[50] 意大利在陆军尚未来得及更新装备之前就发动了对利比亚的战争,在金钱、物资和人员方面耗费巨大,付出了高昂代价。这场战争使改革和扩大陆、海军的一系列动议的效果在很大程度上遭到毁坏。另外一方面,对土耳其的战争却给意大利陆军挽回了不少声誉。现在陆军在新成立的民族主义组织,尤其是 1910 年成立的意大利民族协会中拥有一批慷慨激昂的支持者。更加重要的也许是对利比亚的战争为陆军赢得了其以前批评者中一部分人的支持:意大利社会党中的一些人赞成这场战争,因而从该党反对战争的主体中分裂了出来。在的黎波里有财政利益和在意大利帝国有传教利益的天主教教会现在也对军队持支持和怂恿态度,批准了官方任命的陆军随军教士。

意大利海军在公众心目中的形象更佳。与在德国一样,意大利海军在人们看来比陆军更加开明,更加跟上时代的步伐,而且是意大利作为一个强国地位的象征。在1888年,意大利是世界上实力排名第三的海军强国。尽管十年之后它滑落到第五的位置,它很快将开始一项主要针对奥匈帝国的建造无畏舰的庞大计划。1908年意大利制订的造舰计划企图在军舰数量上建立起对奥地利海军的2∶1的优势,尽管造舰的成本远远超出意大利的财力。到了1913年,经过修改的造舰计划仍然要争取2∶1.6的优势。[51] 正如意大利政策的其他方面一样,其盟国和潜在的敌人对其海军战略的含义还吃不准:比如,尽管意大利与奥匈帝国在亚得里亚海进行竞争,但意大利占领了利比亚的托卜鲁克,打败了土耳其之后占领了爱琴海南部的多德卡尼斯群岛,这使意大利海军在东地中海获得了基地,增加了英国海军部对奥地利和意大利联合舰队可能给英国制造麻烦的担忧。意大利人也很快看到新技术发展的某些潜力:仅仅在加布里耶莱·邓南遮创作了《前途未卜》(这是首批以飞行员为主人翁的小说之一)三年之后,他们在1910年创建了一所航空学校。正是意大利人在人类历史上首次将飞机用于战争,这发生在利比亚战场上。意大利武装部队的虚弱并不是由于缺乏想象力或者技术性技能,而是由于其陆、海军的官僚机构和他们的供给体制。

从1908年至1914年6月担任意大利陆军参谋长的艾尔伯托·波利奥将军及其继任者卡多纳将军都没有什么直接的政治影响。不管他们多么不心甘情愿,他们认同政府的任务是制定政策,他们自己的任务是执行政策。因而,比如,当波利奥在与意大利的盟国德国和奥匈帝国讨论联合计划的时候,他事实上并不知道三国同盟条约的确切条款。再者,乔利蒂和意大利政府在事先没有与总参谋部详细磋商的情况下就决定对利比亚发动远征,而且关于决定派遣远征军,波利奥只收到很简短的通报。像大多数意大利政客一样,乔利蒂蔑视军方:"将军们都是平庸之辈。他们都是从行伍中提拔起来的。而在这些人当兵的时候,全国的家庭都是把家中最笨的儿子送到军队去,因为父母亲没有办法调教这些不成器的儿子。"[52] 军事方面的考虑服从于政治方面的考虑也限制了意大利与盟国的军事合作。尽管在1888年意大利政府与德国人达成协议,一旦德国与法国之间爆发战争,意大利将向德国的西部战线派遣5个集团军和3个骑兵师参战,但是波利奥在1912年不得不告诉德军总参谋长小毛奇,由于在利比亚遭受的重大损失,意大利根本无力向莱茵河流域派遣部队。次年,与德国,甚至奥地利总参谋部都有良好关系的波利奥保证,一旦德法交战,他就会请求意大利政府批准向德国派遣部队,但是事实上并没有为此做任何准备。在1912年底,他也向小毛奇建议,倘若战争爆发,三国同盟的舰队应该安排合作。这项建议的结果是1913年6月在维也纳签订的海军协定。该协定规定,意大利和奥地利的舰队将在一位奥地利海军上将的指挥下在墨西拿会合,他们将想方设法在俄国的黑海舰队还未能驶进地中海之前就摧毁法国海军的舰队。[53] 这里没有提到英国皇家海军,这并不令人感到意外。而且即便如此,在1914年7月的危机期间,意大利的军事意图与它的外交政策一样还是存在着很大的不确定性。1914年6月28日波利奥的突然去世使意大利军队缺乏集中控制的状况变得更加严重。意大利所采取的一个积极步骤是在7月13日额外召集了一批预备役人员入伍，但是其动因似乎是要对付意大利铁路工人罢工的威胁，而不是为了应对爆发欧洲战争的威胁。

意大利政府决定宣布保持中立，这使军方领导人们大感意外：7月31日，波利奥的继任者卡多纳给国王写信，力陈派遣部队到德国的必要性。一方面卡多纳对政府宣布中立感到意外和震惊，而另一方面首相萨兰多拉直到大战结束6年之后才知道卡多纳写给国王的备忘录，这是意大利文官当局与军事当局之间缺乏沟通的最典型的例证。与德国的政策不同，意大利在最终危机中的政策并不是由先前的军事计划决定的，甚至也不是由利比亚战争造成的国力虚弱决定的，而是由政府和国王维护意大利利益的政策所决定的。

在另一个直接卷入一战爆发的国家里，军方的作用非常重要，而且其性质大不相同。在塞尔维亚，其陆军中的一个团体在1903年谋杀了国王，并且用来自敌对王朝的君主取代了他。因而新国王把自己获得王位归功于军队。1908年塞军对政府接受奥地利吞并波斯尼亚和黑塞哥维那感到失望和愤愤不平，但是塞军因在两次巴尔干战争期间赢得胜利而获得了巨大的声誉和影响。它主张对从马其顿夺取的领土的管辖权，竭力反对政府任命文官来管理这片土地。1913年12月，在俄国领事馆于马其顿城镇比托利伊举办的一次招待会上，在塞尔维亚政府代表和当地驻军的团长之间就发生了一次直接的冲突，那位上校团长坚持要在那位文职官员之前提议为沙皇的健康祝酒。此后塞尔维亚政府专门发布了一道命令，让文官在所有公共场合有优先权。正是由于这些芥蒂和其他的不和，1914年6月塞军参谋长说服国王罢免首相帕西奇，幸亏俄国政府和亚历山大王储的支持，帕西奇才得以留任。自此国王从政治活动中引退，亚历山大成为摄政王，帕西奇宣布解散议会，在8月1日举行新的选举。因此，由于军队与文官政府之间的关系紧张，在弗朗茨·斐迪南大公遇刺之际，塞尔维亚正处于一次重大政治危机之中。

在波斯尼亚危机期间，塞尔维亚强烈的民族情绪导致在贝尔格莱德成立了民族主义者的"国防"协会，它很快就在其他城镇发展了分支协会，甚至与在美国的塞尔维亚人都建立起了联系。在1911年，"一切为了塞尔维亚人的民族精神和祖国"的口号被确定为该协会的会训。该组织鼓励年轻人自愿参加军事训练，并且开展弘扬塞尔维亚民族精神的文化活动。此外，后来成为塞尔维亚军事情报头领的陆军上校德拉古廷·迪米特里耶维奇（Dragutin Dimitrević）（更著名的是其化名"阿皮斯"[Apis]）创立了"联合或者死亡"秘密协会（其反对者们称之为"黑手会"）。阿皮斯是参与谋杀塞尔维亚国王的弑君者之一。为了达到其民族主义和革命的目的，此人会不择手段，包括谋杀。该协会的章程如此写道："本组织更主张采取革命行动，而不是文化活动"[54] 这一点是"联合或者死亡"协会与"国防"协会显著的区别，尽管有些人是这两个协会的成员。阿皮斯及其团伙的非法活动恶化了军队与文人政府之间的冲突。在弗朗茨·斐迪南被谋杀之前不久，帕西奇就下令调查非法越境向波斯尼亚走私武器的行径。整个阴谋诡计的网络尚未完全显山露水，并且在南部斯拉夫运动内部制造了尖锐而又持久的争斗。尽管在1914年7月面临奥地利进攻之际，塞尔维亚内部出现了短暂的团结,促使帕西奇政府部分拒绝奥地利最后通牒的原因之一,很可能是他意识到,如果让奥地利官员参与塞尔维亚对谋杀斐迪南大公事件的调查,将会彻底暴露阿皮斯及其组织对这个国家的整个政治和行政生活的影响范围。帕西奇与阿皮斯之间的仇恨从未泯灭。尽管三年后阿皮斯被捕,并且因策划谋杀亚历山大摄政王的指控被判处死刑,至死世人对他的活动及其动机都不甚了了,因而他所扮演的角色一直是胡乱猜测和谣言的话题。他肯定与谋杀斐迪南大公的"青年波斯尼亚"团体有联系。把杀手们从塞尔维亚边境带入波斯尼亚的那个向导就是阿皮斯的特工之一,不过正是这个人向"国防"协会的当地代表报告了自己的所作所为,那个代表又将这个情况向政府作了报告。另一方面,阿皮斯已经知道,政府根据首相的命令对他开展了调查。而且有证据显示,在杀手们已经离开塞尔维亚前往萨拉热窝之后,他试图阻止谋杀的实施。恰似后来的互相交织的恐怖组织一样,它们之间的联系错综复杂。

比暗杀阴谋和各种秘密社团的细节更加重要的是阿皮斯的生涯所揭示的塞尔维亚社会和政治的性质。在一个民族主义情绪急剧蔓延的贫穷小国里,军队被视为民族抱负的象征。然而,至于如何实现那些抱负,意见分歧很多,还有不少争斗。与此同时,军队的利益与那些政客们的利益也不尽一致。政客们将自己的政治生涯寄托在议会和民主制度的建立之上。可以追溯到奥斯曼帝国统治年代的恐怖主义和暗杀阴谋传统为塞尔维亚的内政和外交政策增添了一个不稳定因素。即使阿皮斯及其组织真的卷入谋划和实施对斐迪南大公的暗杀,他们并不真正预先知道谋杀行动的长期后果将会是什么。消灭一个他们所认为的塞尔维亚人民的敌人和压迫者就足够了。不管怎样,与奥匈帝国的战争迟早会到来。正如阿皮斯主办的报纸在1912年所指出的那样,阿皮斯认为:

> 塞尔维亚与奥地利之间的战争……不可避免。如果塞尔维亚想有尊严地生活,她只能通过战争才能达此目的。这场战争是由我们对自己的传统和文化世界的义务所决定的。这场战争衍生自我们民族的责任,它不允许自己被同化。这场战争必须使塞尔维亚、南部斯拉夫人和巴尔干人民获得永恒的自由。我们整个民族必须并肩站在一起抵御来自北方的这些异族人的猛攻。[55]

可是在1914年夏天,塞尔维亚军队尚未从其在两次巴尔干战争的损耗中恢复过来,显然此时塞尔维亚不宜挑起这样一场战争。证据也显示无论是塞尔维亚政府,还是其军队统帅部都不想挑起战争。然而,如此多的军官和政客卷入那些阴谋诡计给奥地利指责塞尔维亚涉嫌参与谋杀弗朗茨·斐迪南大公留下了乍看起来貌似可信的把柄,并给奥匈帝国对塞尔维亚发动战争提供了所需的借口。出于不同的原因,塞尔维亚和奥匈帝国双方都认为这场战争不可避免。有些时候狂热的民族主义会导致并非基于理性的利弊权衡的莽撞行动,这些行动的后果往往不可预测,亦非初衷。1914年的塞尔维亚这个案例就是突出例证。

陆军和海军的社会和政治地位的性质,军方领导人在决策方面所起的作用因国而异。话说回来,无论一个国家的军官队伍的影响有多大,也不论该国社会对军官队伍的道德价值观如何尊重,每个国家陆、海军的实际计划必然影响其他国家的政策。每个政府都会对其邻国陆、海军的军事准备作出反应:增加军备的行动从来不是孤立的,其他国家会跟着增加军费开支,不管它们的政治制度是什么。军备竞赛本身会使人们觉得战争不可避免;尽管众多国家的政府均声称,他们准备打一场防御战争就表示希望和平和决心威慑侵略,但是事实上威力力量在威慑的同时也常常起到挑衅作用。某些政府为推行其政策比其他政府更愿发动战争或者至少更愿冒战争风险,在这种形势下,没有任何政府觉得能够排除战争的可能性,因而就采取使战争更加一触即发的行动。出于多种原因,德国谋求改变世界的力量均势,使其朝有利于自己的方向发展,哪怕这样做要冒战争的风险,因而开启了军备竞赛的步伐。然而欧洲列强是相互紧密捆绑在一起的,一个国家的军备计划和军国主义宣传势必引起另外一个国家军备计划和军国主义宣传的跟进。德国海军的扩张刺激了英国海军的扩张:在德国,海军协会成立起来,与之相伴的是英国的海军协会(及其竞争对手"帝国海洋协会"或者叫做"海军人协会"[Navier League]),以及奥地利海军协会。俄国的军费开支给德国提供了增加陆军的借口,而俄、德两国军费的增加又刺激法国通过了将兵役期延长至三年的法律。呼吁民族复兴和为即将来临的斗争而加强战备成了政治宣传鼓动中反复使用的豪言壮语——无论是在法国的"爱国者联合会",英国的"全国兵役协会",还是在塞尔维亚的"国防"协会里——尽管在很多情况下这些号召被早前关于和平、紧缩和改革的自由主义式口号或者社会主义者的如下论断所抵消。后者认为工人不属于任何一个国家，阶级之间的战争注定要取代国家之间的战争。这些因素中的某些促成了1914年的大气候。在后面的几个章节里将探讨这些因素。但是在有一个领域里，战略决策与其他所有决策相比占据了优先位置，并限制了文官政客们的选择。这便是七月危机本身的实际进程和诸多直接后果。

在1914年期间实施的战争计划受到许多因素的影响：战略思想，技术能力，以及指挥结构。随着外交形势的变化，这些战争计划经过一次又一次的修改，因而当战争爆发时，战争开局行动的性质在相当程度上已经被预料到了，而且各国军队的总参谋部早已详细地制订了行动方案。无法预见的并且使这场战争非常不同于其发动者们所想象的是那些开局行动的后果。除此之外，政治上的犹豫不决，惊慌失措和战术性重大失误常常使那些军事计划的效果与计划制订者们的初衷相去甚远。然而，总的来说，1914年7月最后一个星期的危机发展速度意味着，一旦实施那些军事计划的命令已经下达，改变那些计划的机会就微乎其微了。首先发动军事行动的奥匈帝国的例子就清楚地显示，很难使参谋军官心目中的理想世界与几十万行动起来的士兵的现实相一致。

正如我们所看到的那样，康拉德将军在很大程度上负责奥匈帝国的战略计划，摆在他面前的问题是，他不得不考虑到一旦战争爆发，战斗就有可能在两条战线，也许在更多条战线上展开。他狂热地决心利用第一个可能的机会在军事上把塞尔维亚打得一败涂地，而且他还向政客们暗示俄国对塞尔维亚的支持可能到头来是虚张声势。他迟至7月31日还说："我们不清楚俄国是否仅仅在威胁,因此我们千万不要让自己从攻打塞尔维亚的行动中分散注意力。"[56]这种说法是言不由衷的:所有的证据均表明俄国对任何外国与塞尔维亚的冲突都会进行干涉。康拉德赌了一把,指望对塞尔维亚的"闪电般打击"会足够快速,可以防止俄国进行有效的干涉,因为在奥地利进攻塞尔维亚和俄国完成有效动员之间会有两个星期的空档,奥地利可以利用这一点。[57]在另外一方面,对于德国人来说,德奥同盟中关键的一点是,当德国集中兵力在西线对抗法国之际,该同盟将使奥地利对俄国立即发动攻势。使奥匈帝国的处境更加复杂的是,尽管意大利与奥匈帝国正式结盟了,但是很难确信其在战争中将会采取什么态度。而且康拉德有些时候也确实曾经设想过对意大利发动先发制人的战争。不管在什么情况下,为了谨慎起见,绝对不能让意大利前线不设防。除此之外,尽管罗马尼亚名义上也是一个盟国,但是不得不把它看作一个潜在的敌人。匈牙利当局担心一旦爆发战争,他们在特兰西瓦尼亚地区的罗马尼亚属民可能举行起义。如果罗马尼亚反对奥匈帝国,那将会给俄国一个腾出部队攻打奥匈帝国的显著优势:奥匈帝国的总参谋部经过计算得出结论,如果失去罗马尼亚这个盟国,那么就相当于失去20个师,或者40万兵力;如果罗马尼亚反过来与奥匈帝国作战,损失的效果将会翻番。

截至1914年春天,俄国人已经对他们的铁路运输系统做了相当大的改进。康拉德先前计算的结果是俄国的军事动员需要30天时间。现在看来很可能不需要那么久。他本来希望在15天之内动员起奥匈帝国的军队来攻打塞尔维亚,这样奥匈在俄国能够在加里西亚开始军事行动之前将有时间对付塞尔维亚。现在他的希望不大可能实现了。在一场以讨伐塞尔维亚为名而发动的战争中,出于声誉和舆论原因,无论如何都很难推迟对塞尔维亚的作战行动,转而把兵力集中于俄国战线之上。正如诺曼·斯通(Norman Stone)所令人信服地表明的那样,[58] 康拉德和奥匈帝国政府既是他们对塞尔维亚的纠缠的受害者,又是这个君主国本身的虚弱军事实力的受害者。1914年3月康拉德曾设法应对这种形势。那时他试图改变对俄国的作战计划,目的是在战争初期从部分奥地利领土上撤出奥军部队,以便集中兵力打防御战。然而,这样一种战略除了直接违背奥地利盟国德国的利益之外,奥国陆军部运输局还告诉他必须修改铁路时刻表,那样就要花费太长的时间。

因此,7月25日,奥地利旨在击败塞尔维亚的陆军动员开始了,此时奥地利对塞尔维亚的最后通牒即将逾期,离对塞尔维亚实际宣战只剩三天时间了。奥地利对于俄国的威胁未予理会,根据计划将把奥匈帝国陆军的大部分兵力用于攻打塞尔维亚。当形势变得很明确,俄国不是在虚张声势,而且德国人对奥地利不断施加压力,催促他们加快开始在加里西亚发动攻势的时候,康拉德发现在任何合理的期限内都不可能把大部分部队从南部战线转移到北部战线。铁路的时刻表和火车车厢有限的运力不允许大规模调兵。陆军部运输局局长语气肯定地告诉康拉德,如果企图转移部队,到头来会导致一片混乱,如"创世之初那般的混乱"(Tohuwa-Bohu)。[59] 康拉德就这样因自己发动的攻打塞尔维亚的战争而进退维谷,被迫在非常不利的情况下同时对塞尔维亚和俄国开始军事行动,结果开战后最初几个月里的战斗成了奥匈帝国的灾难,几乎没有人指望奥匈帝国能够恢复到其事实上做到了的程度。问题的根源不仅仅在于康拉德的战争计划，或者是他愿意冒的种种风险：奥匈帝国的整个行政系统使得该国无法实施迅速而又更加灵活的动员。奥匈帝国政府决心不惜一切代价打垮塞尔维亚。尽管他们意识到其代价可能是与俄国打一场战争，他们还是不顾一切地实施攻打塞尔维亚的军事计划。其结果是直至1915年保加利亚参加德国和奥地利一边作战，相当数量的德军部队和一位德军指挥官被派遣到塞尔维亚战线之前，奥地利都没有能够粉碎塞尔维亚的抵抗。奥地利还不得不面临在战争初期与俄国交战时所遭受的一系列失败。正是这些败仗导致了德国对奥匈帝国与日俱增的决定性影响。本来指望将显示奥匈帝国实力和维持其大国地位的一场战争事实上到头来却导致了其大国地位的丧失和最终的垮台。

俄国人已经缓慢而又相当不情愿地接受了法国人一直向他们灌输的观点，即他们将不得不在东线开战，对德国发动进攻。尽管当时俄国人的军事准备并不连贯且混乱：仍然在把1913年批准的额外军费中的一部分用于在波兰的破旧要塞增加火炮。然而，他们在战略铁路建设方面取得了长足的进展，1912年5月他们修改了"19号计划"，即同时攻打德国和奥匈帝国的战争计划。1910年制订的最初计划是用俄国陆军的绝大部分部队攻打东普鲁士，同时俄军其余的部队对奥匈帝国采取防御性战略。1912年俄国决定，如果德国攻打法国，俄国将派遣9个集团军到东普鲁士对抗德国，派遣16个集团军到加里西亚攻击奥匈帝国，因为俄国估计届时德国将忙于西线作战，无力有效顾及东线。[60] 1912年秋天，当大多数强国政府认为战争可能因巴尔干危机而迫在眉睫时，沙皇、高级大臣,以及俄军的相关统帅就考虑过是否可能进行部分动员仅对奥匈帝国开战,而避免挑衅德国。后来他们放弃了这个想法,主要由于当时的首相弗拉基米尔·科科夫佐夫(Vladimir Kokovtsev)预见到(后来形势的发展证明他是正确的),"不管我们把拟采取的措施称作什么,动员就是动员,我们的对手将会用实际的战争来应对。"[61]

由于俄国军队规模庞大,俄国幅员辽阔,调兵遣将距离遥远,因此把握进行动员的时机对战争爆发后其初始作战计划的成功至关重要。正是1914年7月俄国人进行动员的决定被德国抓住用来为他们宣战提供师出有名的依据。这就形成了两次世界大战之间人们习以为常的看法,即"动员就意味着战争"。在塞尔维亚人呼吁沙皇给予支持之后,1914年7月24日俄军参谋长和俄国外交大臣再次考虑在基辅、敖德萨、莫斯科和喀山四个军区进行部分动员,旨在对奥匈帝国采取军事行动。然而,俄国人在实际行动上很谨慎,部分原因是出于偏见,部分地由于谋士们的意见分歧。7月25日他们决定招回正在休假的军官,让正在野外演习的部队返回驻防营区。次日一大早他们正式宣布"战争准备阶段"开始了。这事实上意味着,在不使用那个致命词汇的情况下,就可以着手采取通向全面动员的起初步骤。这一决定使俄国人得以领先德国几天,因为直至7月31日德国才下达命令采取与此相同的措施——宣布进入"战争危险迫近状态"。

俄国人是否能够或者说本应该进行7月24日讨论的部分动员?对这个问题后来有很多探讨。在某些历史学家看来,这似乎是动员计划与铁路时刻表不可阻挡地决定危机发展的又一个例证。但是，正如 L. C. F. 特纳所显示，[62] 在1914年这一可能性没有被非常认真地考虑过，而且在此前的1912年，由于同样的原因俄国人排除了进行部分动员的可能性，即俄国一开始部分动员就会立即挑起奥地利的总动员。事实上，"战争准备阶段"的宣布和已经采取的措施给了俄国人额外的用于动员的时间，同时显然为进一步的外交谈判留下了余地。奥地利人以往一直害怕的形势是俄国人迟迟不动员，直到奥匈帝国军队被牵制在塞尔维亚战线上才开始动员。然而，康拉德草率决定要冒一切风险准备立即攻打塞尔维亚所制造的恰恰正是这种形势。

在7月25日至最终决定宣布进行总动员这段时间里，俄国政府犹豫不决，各方意见存在分歧，典型地体现了俄国的治理特色。俄国军队总参谋长尼古莱·雅努希凯维奇向沙皇——并且向德国人——暗示可以在不威胁德国的情况下进行针对奥匈帝国的军事动员，此时，他已经发电报指示下属把7月30日看作进行总动员的第一天。这样就可能让俄国外交大臣萨佐诺夫向德国驻圣彼得堡的大使保证俄国没有进行任何动员，因为尽管动员的准备工作已经开始，正式的动员令尚未发布。人们肯定无从知晓萨佐诺夫本人对已经采取的军事措施的后果理解到何种程度：7月26日，俄国采取军事措施的最初报道传到德国驻俄使馆后，在回应德国大使的质询时萨佐诺夫反问道："当然，动员并不等于与贵国交战，不是吗？"看样子这位德国大使没有那么天真，至少根据他后来的回忆可以看出他的谙达敏锐，他回答道："也许在理论上讲，动员不等于战争。但是……一旦按钮已经按下，动员的机制全面启动，后面的发展就谁也阻挡不了。"[63]

实际上发生的情况正是这样。到了7月29日下午,德国对俄国军事准备的强烈反应使萨佐诺夫极为警觉,他准备赞同发布总动员令。可是,正当一道道动员命令即将通过电报发往各军区之际,事件发展遇到了另外一个周折,沙皇在收到一份来自德皇威廉二世的私人电报后再一次改变了主意:他大声嚷道:"我不会对一场骇人听闻的大屠杀负责!"并且开始再次考虑进行部分动员的想法。[64] 然而,结果还是毫无两样,因为此时奥地利人在德国人的压力下已经决定动员了,并且在7月31日下达了总动员的命令。俄国的总动员仅仅推迟了24小时:到了7月30日晚上,动员命令发布了,这就给了德国人一个开始他们自己的动员的机会,其借口就是俄国人已经首先进行动员了。

一连串的事件发展得太快了,各国的外交官们无法跟上军事计划的现实。在和平时期的最后日子里我们一次又一次地得到这样的印象,即政客和外交官们往往在丝毫觉察不到形势已经变化的情况下做出了种种决策。在这方面,令人感兴趣的是法国政府对俄国军事准备的进展究竟掌握到什么程度。在理论上,法俄联盟条约的条款规定俄国人有在动员之前与法国人磋商的义务,虽然实施动员的原因是奥匈帝国采取了行动,而且法国驻圣彼得堡大使帕莱奥洛格看上去肯定对所发生的一切心知肚明,并且表示欢迎。然而,法国总统普安卡雷和总理维维亚尼似乎特地尽可能长时间地假装对俄国的动员一无所知,他们这样做很可能旨在避免招致抨击,批评他们本来可以做出更多的努力约束俄国人采取几乎肯定会导致战争的步骤。

不管如何,法国的军事计划现在基于这样一个假设,即俄国人准备在动员之后的第 16 天对德国军队发起攻击。这个承诺俄国人是一直不太情愿给法国人的。在 1910 年俄国人曾经希望改善他们与德国的关系,沙皇与德皇在波茨坦进行了广为宣传的友好会见。1911 年初,法国人震惊地发现他们的俄国盟友不跟他们打招呼就从波兰边境撤回了两个集团军。然而,那一年的 8 月份,一个法国军事代表团发现俄国人比此前更加愿意承担义务。尽管他们说在两年时间之内他们不能完成战争准备,但现在他们同意在开始战争时就对德国发动进攻。1912 年普安卡雷访问了圣彼得堡,沙皇的叔父和俄国骑兵总监(一战爆发时成为俄国军队最高指挥官)尼古拉大公观摩了法国陆军的演习。他的妻子是门的内格罗人,热心支持俄法联盟,支持俄国扮演南部斯拉夫人保护者的角色。她坚持带一袋洛林的泥土回俄国获得了法国人的好感。

1913 年夏天霞飞访问了俄国,并且报告称他对俄国在修筑战略铁路方面所取得的进展感到满意,因而法俄两国合作的计划得到了进一步推动和正式化。1913 年 9 月法国和俄国签订了一份军事条约,双方都承诺在与德国爆发战争之后将对其发动攻势,法国将在开战第 11 天后、俄国在开战第 15 天后展开进攻。俄国军队总参谋长雅科夫·日林斯基(Yakov Zhilinski)同意霞飞的观点,即尽管法俄联盟条约规定法国和俄国将只打"防御战争",但是这并不意味着在交战中采取守势。恰恰相反,他们都认为猛烈地且同时发动进攻绝对至关重要。[65] 这些作战计划基于这样的假定,即"德国将把她军队的绝大部分部署在西线攻打法国,仅仅留下最少量部队在东线防御俄国。"[66] 与此同时,法国政府进一步向俄国提供了一笔数量可观的贷款,用于铁路建设和武器装备制造。

自从1911年的摩洛哥危机以来，法国人除了加强他们与俄国的联系之外，还一直在考虑和修改他们的战略计划，对法军的统帅部进行改革。当霞飞成为总参谋长和总司令后，他着手制订了一项新的战争计划，即"17号计划"。这项计划不但依赖俄国从东线攻打德国军队，而且也指望在法军战线的左翼存在一支规模不大的英军部队。事实上，相较两国外交部之间的更为谨慎的政治接触，法英两国的总参谋部之间的会谈已经使双方之间产生了更密切的合作，同时这些会谈比与俄国人之间的会谈更加频繁，更加详细。然而，霞飞的战争计划建立在关于德国作战意图的不准确的情报之上：他认为德国军队的绝大部分将集中在洛林省的边境上，而且德国人经过比利时境内的任何行动将会局限于桑布尔河和默兹河以南地区，部分地因为他没有意识到德国人准备把他们众多的预备役师与其他正规师一样立即投入作战行动，这将为越过比利时领土的大规模作战行动提供足够的兵员。法国人希望对德军主力的全面攻击能够速战速决，一部分原因是霞飞估计德国将投入二十个师到东线攻打俄国，而不是事实上的七个师。[67]

当时尽管有几个持批评意见的声音，但是在法国军事领导人中间占上风的作战理念是：胜利既是物质优势的结果，又是精神优势的结果，进攻的斗志必然使进攻获得成功。福煦在法国战争学院的教导如此阐述道："如果失败来自精神原因，那么胜利也可能来自精神原因。"[68]他的门徒，格朗梅松上校*（在霞飞被任命为法

---

* 路易·罗伊佐·德·格朗梅松（Louis Loyzeau de Grandmaison，1861—1915），第一次世界大战期间已经成为法国军队的一位将军，任总参谋部作战局局长，大力宣扬"全力进攻"（*attaque à outrance*）的作战思想。

军最高统帅的过程中,他是发挥了影响的几位年轻军官之一)则更加强有力地指出:"回归了其传统的法国军队,除了进攻之外不知道还有别的战争规律……所有的进攻必须做到竭尽全力……向敌人冲锋,去消灭他……这样的结果只有以流血牺牲的代价才能取得。"[69] 格朗梅松所说的进攻的代价是对的,但是他关于进攻结果的说法却是错误的。这些强调进攻的作战理念也体现在"17 号计划"本身的制订之中:"不管战场态势如何,总司令的打算是全军团结一致向前推进攻打德军。"[70]

在 1914 年初决定这次全面进攻将在洛林发起之前,霞飞曾经考虑通过比利时攻打德国,而且在 1912 年曾向法国最高战争委员会力陈这个想法。然而,普安卡雷和法国政府的大多数成员意识到,法国对比利时中立的任何破坏,以及在德国军队越过德比边界之前令法军进入比利时的任何行动,都很可能使英国不会站在法国一边,霞飞不得不接受这个判断。这里至少清晰地彰显了文官政府掌控军事领导层的权威。当七月危机来临之际,军队继续服从文官的领导,最终的决策一直由政府定夺,而不是由军队的统帅部拍板,不管军方如何急迫地敦促政府采取行动。然而,在总统和总理结束对俄国的访问返回法国之前,经陆军大臣的同意,霞飞确实采取了一些预备性措施。7 月 29 日,普安卡雷和维维亚尼一返回巴黎,霞飞就催促他们批准进一步措施,允许法国陆军进入法德边界的阵地。对于法国的战争计划来说,动员所需要的时间至关重要:法军总参谋部估计,动员时间每比敌人慢 24 小时,就会造成 15—20 千米法国领土的丧失。[71] 7 月 30 日,法国政府内阁同意了军方的要求,但是他们坚持法军部队应该与边界线保持 10 千米距离,因为他们决心留给英国人和意大利人这样的印象,即法国的意图纯粹是为了防御。

到了7月31日,霞飞更加担忧,他对德国已经采取的军事措施和已经征召入伍的预备役人员数量的看法似乎有些夸大。那天下午,他告诉政府内阁,法国动员的任何耽搁可能意味着不得不在战争一开局就放弃法国领土,"最高统帅必须拒绝承担这个责任"。[72] 内阁批准了进一步的部队调动,但是没有批准征召预备役人员入伍,因为在英国人给法国人吃下保证出兵干预的定心丸之前,法国政府内阁仍然急于避免采取任何可能被英国人误解的步骤。事实上,尽管每个国家的政府都声称自己下令动员是对别国军事准备的反应,各国的军事机器大多是在意识到危机的严重性之后在互相独立的情况下启动运转起来的。就这样霞飞成功地说服了政府允许他在8月1日下午发布动员令,8月2日星期天作为动员的第一天。尽管法国政府后来暗示采取这项决定是对德国宣布"战争危险迫近状态"的反应,实际上直到法国做出动员的决定之后,巴黎才收到德国的这条消息。

法国官方的声明宣称:"动员不是战争"。[73] 确实在1914年7月最后几天和8月初发布的大多数动员令并不一定意味着会立即发生敌对行动。在大多数情况下从动员令下达到随时能够开战,无论如何都会有两个星期或者更长时间的延迟。军事计划要求一旦动员令下达就立即开始侵略行动的唯一国家就是德国。战争爆发时的德国战略的总路线已经由施里芬将军准备的作战计划确定了,他是1891—1906年德军的总参谋长。在其军事生涯的早期,施里芬就坚信,唯有靠进攻战略德国才能打赢战争。正如他在

1893年的战争演习期间对德军第五步兵师的指挥官们讲话时所解释的那样：

> 我有一个清晰的印象，防御的观念在你们的心目中占据了大到似乎不恰当的位置。甚至在数量上占优势，处于有利的地形上，大多数绅士们还是按兵不动，等着敌人攻过来。这样最大胆的希望便失去了，本来可以打赢敌人的进攻被拒绝了。这令人震惊，因为仅仅在22年之前，从第一仗直至最后一仗一直进攻的思想还激励着每位官兵……没有进攻你是不可能打赢敌人的。我感激那些保存了进攻思想的绅士们，当你有进攻的手段时，你就必须进攻敌人，要一鼓作气地进攻到实际上消灭他。[74]

"施里芬计划"的实质是把采取进攻战略和两线作战的必要性结合起来。一旦法国和俄国的军事协议签订，德国很可能不得不在两线作战。施里芬做出了一开战就在西线而不是在东线进攻的关键决定。这项作战计划在1905年年底施里芬退休之前、俄国最虚弱之际最终定型。[75] 施里芬推测德军应该在西线发动进攻，因为俄国缺少铁路和公路，这意味着其动员的进展非常缓慢，俄国人需要40天时间才能在东线越过德国边界。德国军队必须利用这段宝贵的时间速战速决，打赢法国。他认为只有取道比利时和荷兰发动进攻才能迅速打败法国。利用荷兰和比利时的铁路系统对于施里芬的盘算十分关键。这两个国家的铁路能使德国军队首先向西，然后向南遂行快速大规模突击，使它们能够与法国的铁路系统连接起来。[76]然后德军就将在工事最薄弱的地区越过法国边界，包抄法军，包围巴黎。最终法国军队将会被切断与巴黎的联系，被迫向东部边境地区的堡垒回撤，就在那里被消灭。（事实上，尽管至少早在1905年法军总参谋部就隐隐约约地猜测到德军通过比利时攻打法国的意图，但是他们攻打洛林的作战计划意味着他们将或多或少地正中施里芬的下怀，因为施里芬希望通过攻打南锡来把法军吸引走，使他们不能增援其北部前线。）按照施里芬的盘算，德军可以在约一个月时间内取得初始胜利，而且确实整个计划是一场赌博，其赌注押在德军的快速机动能力和在法军没有来得及重新集结部队抵挡德军从比利时方向的进攻之前就击败法军之上。打败法国之后，大量的德军部队将调往东线反击俄军的进攻。

施里芬根本不在乎其战争计划可能造成的政治后果：他写道："卢森堡、比利时和荷兰的中立必须打破。"[77]也许荷兰人可能准备同意德军部队过境；也许比利时人将会抵抗。无论如何，德国绝不能受政治和外交方面顾虑的干扰而偏离对其战略目标的追求，也绝不能受施里芬已预见到的一种可能性的影响，即英国或许会出兵干预，派遣一支远征部队登陆欧洲。他需要调兵遣将的空间，以便从一个广阔的战线上发起进攻。要做到这一点，德军部队就必须从比利时过境。而且他还需要越过荷兰的领土，使用荷兰的铁路系统，旨在占领比利时列日的铁路枢纽及其周围的几大要塞。

正是对这最后一点，施里芬的继任者小毛奇将军要做重要的修改。他很在意德国政界反对侵犯荷兰的中立，因而决定，如果可能，就不通过荷兰领土攻占列日。索性换条思路，一开战就对列日及其周围的几大要塞发动突然袭击。这个冒险的突袭行动应该在宣战之前就付诸实施，要求德军部队在一条狭长的战线上快速向前推进，出其不意，让比利时人猝不及防（事实上在 8 月 4 日夜里到 5 日拂晓，德军成功地发动了突袭）。这一行动对德军作战计划的整个后续发展至关重要。所以，在小毛奇将军看来，施里芬计划的性质决定了必须侵犯比利时的中立，必须一发布动员令就尽快发动进攻，攻打列日甚至需要前线现有的部队更快地立即行动，因为在动员的第三天就要按计划攻打列日。7 月 31 日晚小毛奇与首相贝特曼·霍尔维格举行了长时间的交谈，他强调，俄国一宣布动员，德军就应在西线发动进攻，这至关重要，只有这样，才能在俄国完成动员、东线的战斗打响之前实施对法国的全面攻击。在西线发动进攻，在三天之内攻占列日也同样至关重要。德军不得不几乎在德国政府宣布动员之后立即攻打比利时，在下达动员令到开始作战之间没有任何迟缓的余地。攻占列日的作战计划严格保密，看起来似乎连德国皇帝都没有被告知，而且首相贝特曼在 7 月 31 日仅仅领会了它的大意。也就是说，其他国家可以在下达令动员之后等待观察一段时间再决定后续的步骤，然而对于德国而言动员必然意味着战争。

尽管德国对比利时中立的侵犯给了英国政府一个令人信服的理由，使其可以向自由党的支持者们解释为什么向德国宣战。正如我们所看到的那样，英国政府对德国宣战的决定基于更加宽泛的政治和战略理由。不过，自 1905 年底英法两军总参谋部初次会谈时起，英国的军事计划人员就预见到未来的战争会将比利时卷入。确实，在这个阶段英法两国甚至都与比利时人会谈过，尽管在紧迫的摩洛哥危机沉寂后，这些会谈没有持续下去。比利时当局回归到固执地坚持他们的中立立场,拒绝任何与英国人和法国人合作的建议。然而,英法两军总参谋部之间的接触一直在继续。英国政府对英军计划人员——尤其是自从1910之后担任陆军部作战局局长的将军亨利·威尔逊爵士——与法国人之间日益增强的合作采取了非常含糊的态度。一方面,为所有可能发生的武装冲突制订计划是军方的本职工作。另一方面,决定何时把这些计划付诸实施则是政治领导人的事。正如格雷在1911年谈及1906年英法两军总参谋部的会谈时对阿斯奎斯所说:"当时军事专家们举行了会谈。我永远不知道他们商定了什么——状况是这样的,政府相当自由;但是如果政府下达了命令,军事人员懂得该做什么。"[78] 很可能正是由于阿斯奎斯头脑里有军事计划不一定非执行不可的观念,他才在阿加迪尔危机之后告诉下议院:"绝没有任何一种尚未透露的秘密安排。"[79] 与他最亲近的一些顾问们并不太信服这一点。六个星期之前,艾希尔勋爵在其日记中这样写道:"我提醒他(阿斯奎斯),陆军部已经与法军总参谋部一道制订出一份详细的计划……仅仅这个事实已肯定把我们卷入战争,不管内阁喜欢与否。"[80] 这也是威尔逊将军的观点。正是威尔逊为向法国派遣英国远征军牵头制订了详细的计划。在1911年7月他还详细安排了英军部队在法军部队左翼的集结区,并就港口设施和供给线问题与法方达成了一系列详尽确切的协议。然而,不管这些协议对英国政治和军事领导人形成导致英国站在法国一边参战的心态起了多大作用,在危机的最后日子里仍然是文官们说了算:甚至当内阁决定出兵干预的时候,依然没有做出下令派遣英国远征军的决定。威尔逊将军对英国外交部、政府成员和反对党领导人大为光火并发出抗议,而且在他的日记里轻蔑地记录着"格雷犹豫不决,拖延下达命令,罪孽深重",还记载着阿斯奎斯曾给帝国总参谋长写信,"明确公开表示了"政府从来没有向法国人承诺过派遣远征军的事实。[81] 仅在8月4日英国才下达动员命令,对德国宣战之后两天才下令派遣英国远征军到欧洲大陆战场。甚至到了那个时候英国高层还在辩论远征军的力量和目的地,还有人建议威尔逊与福煦制订的作战计划应该全盘改变。在8月12日,原先的计划终于付诸实施,但是计划早就存在似乎并没有左右政府的政策或者政府做出决策的时机。

英国的政府机器拖延而不是加速了英国陆军与法国人进行合作的计划的实施。英国皇家海军的情况有所不同。它在几个月之前做出决定,为了节约经费,在1914年夏天舰队就不举行完整规模的演习了,但是应该进行一次动员练习。作为结果,在7月17日整个舰队被动员起来,并且集结在朴次茅斯西南的斯皮特黑德海峡,举行了隆重的检阅仪式,直到7月23日才开始陆续驶离该海区。7月26日,奥地利向塞尔维亚发出最后通牒的消息广为人知的时候,第一海务大臣巴滕贝格的路易斯亲王(Prince Louis of Battenberg)海军上将立即下达舰队停止解散的命令。第二天这道命令获得了亲王的政治上司第一海军大臣温斯顿·丘吉尔的批准,尽管直到7月29日英国内阁才授权海军进行作战准备。因此,皇家海军到了实际宣战的时候得以完成其备战措施,集结到战时基地,苏格兰以北奥克尼群岛的斯卡帕湾。有些历史学家[82]对英国的这一行动的解读是:这显示出事实上是英国开启了使危机升级并导致战争的动员进程。但是似乎没有证据能表明除了一次偶然的好运气之外还有别的什么,或者巴滕贝格的行为不符合任何一位在其职位上的负责任的军官应该做的事,或者这决定是他单独想要做出的。丘吉尔后来说,他曾经希望这一步骤会提醒德国和奥匈帝国谨慎行事,而且格雷在与奥地利大使谈话时把巴滕贝格这一决定用作英国政府以严峻态度看待当时形势的一个标志。可是事实上海军当局并没有与政府磋商就做出了这个决定。这个决定似乎也是在获悉威廉二世于7月25日下令召回在挪威海域进行夏季巡航的德国海军舰队之前做出的。德国外交部对召回舰队一事感到后悔,担心此举会惊动英国人。值得一提的是,尽管在理论上,巴滕贝格的决定使皇家海军在宣战时就处于高度戒备状态,但是这对舰队在战争开始时的海上作战几乎没有带来任何影响,而且看似肯定没有影响在危机的最后几天里英国的一系列政治决策。

那么在多大程度上人们可以把第一次世界大战的爆发更多地归咎于军备竞赛,或者战略计划,而非政治决策呢?所有的大国都在扩充和重新装备它们的陆军和海军,尤其突出的是英国与德国之间的海军竞赛,一国采取的一个步骤会立即引起另一国也采取一个步骤。军备导致军备,一个军备计划一旦启动就很难停止,因为逆转它会产生广泛的社会和经济后果。可是与此同时,如果各国政府不想面临破产,它们只有两种办法可供选择,要么削减军备计划,要么增加税收。为了筹集海军和陆军扩军的费用,德国政府在1913年新征收了一项特别财产税。在法国,征收所得税在大战即将爆发之前是主要的政治问题之一。在英国执政的自由党政府冒着触发重大政治和宪法危机的风险,在1909年的预算里纳入了增加遗产税和土地增值税的条款,这手政治妙棋旨在既为皇家海军扩张筹款,又为政府的福利计划埋单,但是让反对党保守党深恶痛绝。

战略计划的影响取决于军队在社会中的作用和总参谋部在决策过程中的地位,这些因素因国而异。这种影响可能既有积极主动的,也有消极被动的。被动影响是在国际危机期间它限制政府的行动自由。进行动员的决定,以及陆军和海军动员所必须采取的步骤必然增加战争的危险,刺激感觉自身受到威胁的政府发起反制措施。在德国和奥地利能够感觉到主动的影响:在这两个国家总参谋部能够要求并且说服政府采取侵略性军事行动,或者说军队实际上不受文官们的控制。所有的总参谋部、陆军部和海军部的职能都是为在国际危机中采取行动制订计划,而且并不是在所有的情况下他们的计划中都包含直接的侵略性行动。然而,在奥匈帝国,总参谋长康拉德和他的大多数文官同僚们都深信尽早攻打塞尔维亚的重要性。在德国,施里芬制订(经过小毛奇修改)的计划要求一宣战就立即入侵比利时。而且,与其他每一个欧洲强国都不一样,施里芬计划是德国唯一一套动员计划。

每个国家的政府都预感到爆发战争的可能性:这就是他们维持总参谋部和在武器装备上花费巨资的理由所在。但是有些政府比其他政府更加愿意盘算着要发动战争。到了1914年,奥地利人深信他们必须不惜冒任何风险征服塞尔维亚。德国人则认为时间不再在他们一边,许多德国领导人都说有一场不可避免的战争,与其晚打,不如早打,尽管陆军与海军有些分歧,那不过是关于在什么时候开战最有利而已。

康拉德已经谈论需要发动预防性战争好几年了（而且正是由于这个原因在1911—1912年被短暂撤职），而且自从1908年以来一直在准备对塞尔维亚的军事行动,尽管存在把该行动与对俄国的行动结合起来的问题。塞尔维亚在两次巴尔干战争中取得的胜利给康拉德带来了新的紧迫感,促使他呼吁尽快对塞采取行动。显然他随时准备一有机会就立即抓住,攻打塞尔维亚,而弗朗茨·斐迪南大公遇刺带来了一个极不寻常的有利机会。有些历史学家已经追溯到德国是在1912年12月做出发动战争决定的,当时德皇威廉二世召集了一次参谋会议（后来首相贝特曼·霍尔维格愤怒地将其描述为"战争会议"）,他因德国驻伦敦大使的报告而担忧。那报告写道,一旦欧洲爆发全面战争,英国将站在法国一边。[83] 提尔皮茨和小毛奇带着奥古斯特·冯·黑林根海军中将和格奥尔格·冯·穆勒海军上将一道参加了会议。但是值得注意的是,政客们没有参加会议:首相、外交国务秘书,甚至陆军部长都没有受到邀请。德国皇帝对英国非常恼火。英国的"力量均衡"政策注定使其成为德国"永恒的敌人",奥地利人完全有权利反击塞尔维亚的威胁,旨在挫败奥匈帝国内部塞尔维亚少数民族的挑战。小毛奇表达了迫切求战的愿望,"越早打仗越好",尽管提尔皮茨坚持认为至少还需要一年半时间德国海军才能做好战争准备。事实上因此采取的具体战备措施很少。甚至德皇下达的为即将来临的战争进行舆论攻势的命令都没有被当回事,至少在一位观察者看来,这次会议上的讨论是德国决策过程的不确定性和模糊性的一个例证。福尔克尔·贝格哈恩在批驳费舍尔学派观点的时候重申了他先前的论断:不是在这个时候,而是在后来,德国做出了发动战争的致命决定:"正是1913年和1914年德国外交和内政政策所遭受的一系列挫折在1914年7月使主张发动先发制人战争的意见占据了上风。"[84] 可是我们手头关于这次会议的史料是令人信服的证据,这些史料显示至少到了这个日子,德国的领导人们已经预见到在最近的将来要爆发战争,并且在时机看似有利之际,甘冒这一风险,尽管他们并没有计划在特定的时刻打一场特定的战争。小毛奇认为战争不可避免,而且通过不断地鼓吹晚打不如早打在1912年以后增强了柏林的好战气氛。[85]

其他一些参战强国的态度较为复杂。他们也准备战争,而且在许多方面他们期待战争的到来。英国人希望战争不要到来,而且有限度地设法阻止战争。法国人,尤其是总统普安卡雷本人,认为站在俄国一边打一场战争也许可使法国收复在普法战争中失去的阿尔萨斯和洛林,但是他们不准备发动战争。法国陆军制定了基于全面进攻的战略,但是他们在德国首先进攻之前是不会把攻势战略付诸实施的。战略的主动权掌握在德国人手里。

俄国的形势则更加复杂。俄国从日俄战争的失败中恢复元气的速度快得令人吃惊,而且英国人和德国人都认为俄国将在1916年或者1917年有能力打一场重大战争。俄国的某些领导人说话的口吻给人们的印象是似乎他们随时准备因1913年德国向君士坦丁堡派遣军事顾问团而打一场战争,但是他们显然对如何打赢这场战争并没有任何清晰的主意,因为很快就可以清楚地看出,面临同时在两条战线上与德国和奥地利交战,俄国不可能派遣远征军去占领土耳其的两条海峡。然而,到了1914年,俄国政府中至少部分大臣确信,俄国已经强大到足以同时抗衡德国和奥匈帝国,不必等到1917年才具备这种能力了,该国已着手执行1913年批准的庞大的陆海军扩军计划。而在另外一方面,德国人认为他们最好在俄国人在军事上变得更加强大之前尽早与俄国打那场预料之中的战争。但是由于涉及俄国人的总体国际地位和在巴尔干地区的影响等多种原因,俄国人在1914年感到非采取行动不可,因而他们相信自身必须对塞尔维亚请求帮助的呼吁作出反应。他们认为他们可以冒一场战争的风险,尽管他们仍然希望强硬的外交立场和最终的军事动员也许能够阻止奥匈帝国攻打塞尔维亚。

各国政府准备主动采取军事行动,冒打一场欧洲大战的风险的程度是不一样的,但是德国和奥地利的战争计划引发全面战争的危险程度最高。比导致大战实际爆发的直接责任更加重要的是所有参战国的心态,是一种预感战争很可能迫在眉睫,而且认为在某些情况下战争绝对必要的心态。可是,他们实际上得到的战争并不是他们所期待的战争,也不是各国总参谋部和海军部所计划的战争。政府圈子内外很少人预见到一场旷日持久而又毁灭性的世界大战。卷入大战的国家的政府没有一个为战争制订了相应的经济计划:开战后几个星期这些参战国的弹药就消耗得所剩无几了。在德国,银行家兼工业家瓦尔特·拉特瑙(Walter Rathenau)在1914年9月就提醒政府,战争将会持久,他说服首相贝特曼·霍尔维格让他负责囤积战略原料。1914年8月4日被任命为陆军大臣的英国最著名的军人基钦纳勋爵[*]的话使同僚们大吃一惊,他声称,英国必须准

---

[*] 霍雷肖·赫伯特·基钦纳(Horatio Herbert Kitchener,1850—1916),英国陆军元帅,在第二次布尔战争期间任英国殖民军参谋长,因实行残酷的焦土政策和设立集中营迫害布尔人而广受谴责。在第一次世界大战的前两年担任英国陆军大臣。

第四章 军国主义、军备和战略

备"向战场投送百万大军,并且在几年的时间里把他们维持在那里",但是并没有就此应如何行事的计划。后来格雷评论道:"他如何做出了对战争持续时间的这一预测从未被披露过,也不知道他是靠什么样的推理能力做出预测的。"[86] 英国政府彷徨了很长时间才按照他的简令行事:直到1916年英国才开始实行强制征兵。

军事战略家们,文官政客们和民间游说团体都似乎被一位历史学家所说的"短暂战争幻觉"[87] 所迷惑。在大战爆发之前的几十年里攻势战略思想渗透进军事计划的几乎每一个方面,尽管实施这种战略的实际困难显而易见:"构思占主导的关于进攻和防御的战略智慧的专家们,或许没有注意他们的主张对战略稳定的影响。实际上,他们的兴趣和观点可能导致他们夸大进攻的好处。"[88] 相较于那些发动它的人们所想象的,这一失算的后果将使第一次世界大战成为欧洲历史上重要得多的转折点。有些参与战争的人心情轻松,如德国的皇储敦促德国人民参加一场前景光明而又令人愉快的战争;而另外一些人则带着从未想象到的遗憾,如爱德华·格雷爵士看到整个欧洲的灯光都熄灭了。

参考书目

1 Holger H. Herwig and B. F. Trask,"Naval operations plans between Germany and the USA 1898—1913",载于 P. M. Kennedy 主编,*The War Plans of the Great Powers 1880—1914*,London:1979 年。另参见 Ivo N. Lambi,*The Navy and German Power Politics 1862—1914*,Boston,Mass.:1984 年,第 129—131 页。Nancy Mitchell,*The Danger of Dreams:German and American Imperialism in Latin America*,Chapel Hill,NC:1999 年,该书非常怀疑这些计划代表真正的野心。

2 Nicholas Stargardt,*The German Idea of Militarism:Radical and Social-*

    ist Critics,*1866—1914*,Cambridge:1994 年,第 5 页。

3　引自 Gary Steenson, *After Marx, Before Lenin: Marxism and Socialist Working-Class Parties in Europe*,*1884—1914*,Pittsburgh:1991 年,第 98 页。

4　Ulrich Trumpener,"Junkers and Others: The Rise of Commoners in the Prussian Army",*Canadian Journal of History*,第 14 期(1979 年),第 29—47 页。

5　参见 Hartmut Pogge von Strandmann, "Staatsstreichpläne, Alldeutsche und Bethmann Hollweg",载于 Hartmut Pogge von Strandmann 和 Imanuel Geiss 主编,*Die Erforderlichkeit des Unmöglichen: Deutschland am Vorabend des ersten Weltkrieges*,Frankfurt am Main:1965 年。关于军队中的反社会主义措施,参见 Martin Kitchen, *The German Officer Corps 1890—1914*,Oxford:1968 年,第 7 章。

6　Jean-Jacques Becker, *Le Carnet B: Les pouvoirs publics et l'antimilitarisme avant la guerre de 1914*,Paris:1943 年。

7　引自 Michael Balfour, *The Kaiser and his Times*,London:1964 年,第 158 页。

8　*The Times*,1906 年 10 月 18 日。

9　Quentin Bell, *Virginia Woolf*,London:1972 第 1 卷,第 158 页。

10　"萨维尔纳事件"详情及其后果参见 David Schoenbaum, *Zabern 1913: Consensus Politics in Imperial Germany*,London:1982 年。

11　Geoffrey Wawro, *The Austro-Prussian War: Austria's War with Prussia and Italy in 1866*,Cambridge:1996 年,第 284 页。

12　Arden Bucholz, *Moltke, Schlieffen, and Prussian War Planning*,New York and Oxford:1991 年,第 126 页。

13　转引自 David G. Herrmann, *The Arming of Europe and the Making of the First World War*,Princeton,NJ:1996 年,第 41 页。

14　S. P. Mackenzie,"Willpower or Firepower? The Unlearned Military Lessons of the Russo-Japanese War",载于 David Wells 和 Sandra Wilson 主编,*The Russo-Japanese War in Cultural Perspective*,Basingstoke:1999 年,第 33 页。

15　François de Negrier, *Lessons from the Russo-Japanese War*,London:1905 年,第 69 页。引自 S. P. Mackenzie,"Willpower or Firepower? The Unlearned Military Lessons of the Russo-Japanese War"。

16 A. von Tirpitz, *Politische Dokumente*, 第 1 卷, *Der Aufbau der Deutschen Weltmacht*, Stuttgart and Berlin: 1924 年, 第 160 页。也参见 Gerhard Ritter, *Staatskunst und Kriegshandwerk*, 第 2 卷, Munich: 1965 年, 第 197 页。

17 Roger Chickering, "War, Peace, and Social Mobilization in Imperial Germany: Patriotic Societies, the Peace Movement, and Socialist Labor", 载于 Charles Chatfield 和 Peter van den Dungen 主编, *Peace Movements and Political Cultures*, Knoxville, Tenn.: 1988 年, 第 10 页。

18 Lawrence Sondhaus, *Preparing for Weltpolitik: German Sea Power before the Tirpitz Era*, Annapolis, Md: 1997 年, 第 230 页。

19 参见 C. H. Fairbanks Jr, "The Origins of the Dreadnought Revolution: A Historiographical Essay", *International History Review*, 第 13 期(1991 年), 第 246—272 页。该文是对无畏舰革命有关文献的史学回顾, 作者指出这场革命的起因是英国对法国, 而非德国的担心。

20 Paul Ward, *Red Flag and Union Jack: Englishness, Patriotism and the British Left, 1881—1924*, Woodbridge: 1998 年, 第 70 页。

21 引自 Franklyn Arthur Johnson, *Defence by Committee*, London: 1960 年, 第 68 页。

22 Keith Neilson, *Britain and the Last Tsar: British Policy and Russia 1894—1917*, Oxford: 1995 年, 第 142 页。尼尔森在该书中提出了一个重要的观点, 认为在俄国海军于日俄战争中被日本打败之前, 英国建造无畏舰的计划是为对付俄国海军的扩张, 而不是对付德国海军的。

23 Christopher Bassford, *Clausewitz in English: the Reception of Clausewitz in Britain and America 1815—1945*, Oxford: 1994 年, 第 100 页。

24 Henry Wilson 日记, 1901 年 12 月 31 日, 引自 C. E. Callwell, *Field-Marshal Sir Henry Wilson*, London: 1927 年, 第 1 卷, 第 47 页。

25 Jon Sumida, *In Defence of Naval Supremacy: Finance, Technology and British Naval Policy, 1899—1914*, London: 1989 年, 第 336 页。

26 G. P. Gooch 和 Harold Temperley 主编, *British Documents on the Origins of the War 1898—1914*, 第 6 卷, London: 1930 年, 附录 3, 第 779 页(本书此后简称 BD)。

27 引自 Paul Hayes, "Britain, Germany, and the Admiralty's Plans for At-

tacking German Territory, 1905—1915", 载于 Lawrence Freedman, Paul Hayes 和 Robert O'Neill 主编, *War, Strategy, and International Politics: Essays in Honour of Sir Michael Howard*, Oxford:1992 年, 第 99 页。

28 英国议会议事录(Hansard), 第五系列, 第 1 卷, 第 1749—1791 集。参见 E. L. Woodward, *Great Britain and the German Navy*, Oxford:1935 年, 第 408 页。

29 A. von Tirpitz, *Politische Dokumente*, 第 1 卷, *Der Aufbau der Deutschen Weltmacht*, 第 282 页。也参见 Arthur J. Marder, *From the Dreadnought to Scapa Flow*, 第 1 卷, *The Road to War 1904—1914*, London:1961 年, 第 156 页。

30 引自 Marder, *From Dreadnought to Scapa Flow*, 第 1 卷, 第 156 页。

31 Marder, *From Dreadnought to Scapa Flow*, 第 1 卷, 第 158 页。

32 David Stevenson, *Armaments and the Coming of War: Europe 1904—1914*, Oxford:1996 年, 第 107 页。

33 BD, 第 10 卷(2), 第 500 号文档, 第 736 页。另参见 Marder, *From Dreadnought to Scapa Flow*, 第 1 卷, 第 315 页。

34 BD, 第 10 卷(2), 第 501 号文档, 第 737 页。

35 E. Bernstein, "Die internationale Bedeutung des Wahlkampfes in Deutschland", 引自 R. A. Fletcher, *Revisionism and Empire*, London:1984 年, 第 151 页。

36 Douglas J. Newton, *British Labour, European Socialism and the Struggle for Peace 1889—1914*, Oxford:1985 年, 第 188—189 页。

37 Judith F. Stone, *Sons of the Revolution: Radical Democrats in France, 1862—1914*, Baton Rouge, La:1996 年, 第 284 页。

38 William Serman, *Les officiers Français dans la nation, 1814—1914*, Paris:1982 年。

39 引自 Jean-Jacques Becker, *1914: Comment les Français sont entrés dans la guerre*, Paris:1977 年, 第 43 页, 注 174。关于法国文官与军方关系的论述, 参见 David Ralston, *The Army of the Republic*, Cambridge, Mass.:1967 年, 尤其是 Douglas Porch, *The March to the Marne: The French Army 1871—1914*, Cambridge:1981 年。

40 J. Bushnell, "The Tsarist Officer Corps, 1881—1914: Customs, Duties,

Inefficiency", *American Historical Review*,第 86 期(1981),第 761 页。
41 尤其要参见 Norman Stone, *The Eastern Front 1914—1917*, London: 1975 年,第 1 章。
42 Bruce W. Menning, *Bayonets before Bullets : the Imperial Russian Army, 1861—1914*, Bloomington, Ind. ;1992 年,第 232 页。
43 Steven G. Marks, *Road to Power : The Trans-Siberian Railroad and the Colonization of Asian Russia 1850—1917*, Ithaca, NY:1991 年,第 36 页。
44 Viscount Grey of Fallodon, *Twenty-five Years 1892—1916* : London: 1925 年,第 1 卷,第 284—285 页。另外参见 Arthur J. Marder, *From Dreadnought to Scapa Flow*,第 1 卷,第 309—311 页。
45 Peter Gatrell, *Government, Industry and Rearmament in Russia, 1900—1914 : The Last Argument of Tsarism*, Cambridge:1994 年,第 197, 215—234 页。
46 Norman Stone, *The Eastern Front 1914—1917*,第 71 页。
47 Lawrence Sondhaus, *The Naval Policy of Austria-Hungary, 1867—1918 : Navalism, Industrial Development, and the Politics of Dualism*, West Lafayette, Ind. ;1994 年,第 219 页。
48 John Gooch, "Italy before 1915: The Quandary of the Vulnerable", 载于 Ernest R. May 主编, *Knowing One's Enemies : Intelligence Assessment before the Two World Wars*, Princeton, NJ:1984 年,第 205 页。
49 参见 John Whittam, *The Politics of the Italian Army 1861—1918*, London:1977 年,第 151 及以下诸页。
50 Herrmann, *The Arming of Europe*,第 106 页。
51 William A. Renzi, *In the Shadow of the Sword : Italy's Neutrality and Entrance in to the Great War, 1914—1915*, New York:1987 年,第 33 页。
52 引自 John Gooch, *Army, State, and Society in Italy, 1870—1915*, New York:1989 年,第 173 页。
53 Renzi, *In the Shadow of the Sword*,第 40 页。
54 Vladimir Dedijer, *The Road to Sarajevo*, London:1967 年,第 378 页。
55 Dedijer, *The Road to Sarajevo*,第 415 页。
56 引自 Norman Stone "Die Mobilmachung der österreichisch-ungarischen Armee 1914", *Militärgeschichtliche Mitteilungen*,第 2 期(1974 年),第

67—96 页。

57 Graydon A. Tunstall Jr, *Planning for War against Russia and Serbia: Austro-Hungarian and German Military Strategies*, 1871—1914, New York: 1993 年,第 160—163 页。

58 Norman Stone, *The Eastern Front*, 第 4 章。另外参见 Norman Stone, "Moltke and Conrad: Relations between the Austro-Hungarian and German General Staffs 1909—1914", *Historical Journal*, 第 9 期(1966 年), 第 201—228 页;重刊于 P. M. Kennedy 主编, *The War Plans of the Great Powers 1880—1914*, 第 222—251 页。细节参见 Günther Kronenbitter, "*Krieg im Frieden*": *die Führung der k. u. k. Armee und die Grossmachtpolitik Österreich-Ungarns 1906—1914*, Munich: 2003 年,以及 Norman Stone, "Die Mobilmachung der österreichisch-ungarischen Armee 1914"。

59 Norman Stone, "Die Mobilmachung der österreichisch-ungarischen Armee 1914", *Militärgeschichtliche Mitteilungen*, 第 2 期(1974 年),第 79 页。

60 David Stevenson, *Armaments and the Coming of War*, 第 159 页。

61 L. C. F. Turner, "The Russian Mobilization of 1914", 载于 P. M. Kennedy 主编, *The War Plans of the Great Powers 1880—1914*, 第 255 页。

62 L. C. F. Turner, "The Russian Mobilization of 1914"。另外参见 L. C. F. Turner, *Origins of the First World War*, London: 1975 年。

63 Friedrich Graf Pourtalès, *Meine letzten Unterhandlungen in Sankt Petersburg*, Berlin: 1927 年,第 27 页,引自 Luigi Albertini, *The Origins of the War of 1914*, 第 2 卷, London: 1953 年,第 481 页。

64 引自 L. C. F. Turner, "The Russian Mobilization of 1914", 载于 P. M. Kennedy 主编, *The War Plans of the Great Powers 1880—1914*, 第 266 页。

65 *Documents diplomatiques français 1871—1914*, Paris: 1935 年,第 3 系列,第 8 卷,第 79 号文档。也参见 L. C. F. Turner, "The Russian Mobilization of 1914", 载于 P. M. Kennedy 主编, *The War Plans of the Great Powers 1880—1914*, 第 257 页。

66 Perti Luntinen, *French Information on the Russian War Plans 1880—1914*, Helsinki: 1984 年,第 166 页。

67 Roy A. Prete, "French Strategic Planning and the Deployment of the B. E. F. in France in 1914", *Canadian Journal of History*, 第 24 期(1989

年),第 43 页。
68 引自 Sir Basil Liddell Hart,"French Military Ideas before the First World War",载于 Martin Gilbert 主编,*A Century of Conflict 1850—1950:Essays for A. J. P. Taylor*,London:1966 年,第 138 页。
69 Sir Basil Liddell Hart,"French Military Ideas before the First World War",第 140 页。
70 引自 S. R. Williamson,"Joffre Reshapes French Strategy 1911—1913",载于 P. M. Kennedy 主编,*The War Plans of the Great Powers 1880—1914*,第 147 页。
71 Stephen van Evera,"The Cult of the Offensive and the Origins of the First World War",载于 Steven Miller 主编,*Military Strategy and the Origins of the First World War*,Princeton,NJ:1985 年,第 73 页。
72 J. J. C. Joffre,*The Memoirs of Mashal Joffre*,London:1932 年,两卷本,第 1 卷,第 125 页。也参见 Luigi Albertini,*The Origins of the War of 1914*,第 3 卷,第 105 页。
73 Raymond Poincaré,*Au Service de la France:neuf Années de souvenirs*,Paris:1926—1933 年,10 卷本,第 4 卷,第 484 页。
74 引自 Arden Bucholz,*Hans Delbrück and the German Military Establishment:War Images in Conflict*,Iowa City:1985 年,第 61 页。
75 施里芬计划的各种版本在 1956 年首次全文发表,并载于 Gerhard Ritter 主编,*The Schlieffen Plan*,London:1958 年,英译版。近年来该计划成了争论的主题。引起这场争论的尤其是 Terence Zuber 的著作 *Inventing the Schlieffen Plan:German War Planning,1871—1914*,Oxford:2002 年。朱伯否认存在这样一项"计划",并且施里芬和德国的战争谋划比人们通常以为的更加灵活。欲了解这场辩论的详细情况和新发掘的文献证据,参见 Hans Ehlert,Michael Epkenhans 和 Gerhard Gross 主编,*Der Schlieffenplan. Analyse und Dokumente*,Paderborn:2006 年。
76 在欧洲,比利时铁路的密度最高。在施里芬计划中,迅速攻占列日至关重要,因为这里是四条铁路交会的枢纽。
77 Gerhard Ritter 主编,*The Schlieffen Plan*,第 136 页。
78 Grey of Fallodon,*Twenty-five Years*,第 1 卷,第 94 页。也参见 Samuel R. Williamson Jr,*The Politics of Grand Strategy:Britain and France*

Prepare for War 1904—1914,Cambridge,Mass.;1969 年,第 139 页。
79　英国议会议事录(Hansard),第五系列,第 32 卷,第 107 集。
80　M. V. Brett 主编,*The Journals and Letters of Viscount Esher*,London: 1934 年,两卷本,第 2 卷,第 61—62 页。Samuel R. Williamson Jr, *The Politics of Grand Strategy*,第 197 页。
81　Callwell,*Field-Marshal Sir Henry Wilson*,第 1 卷,第 154,156 页。
82　比如 Erwin Hölzle,*Die Selbstentmachtung Europas*,Göttingen:1975 年。
83　参见 John C. G. Röhl, "Admiral von Müller and the Approach of War 1911—1914", *Historical Jouranl*, 第 12 期(1964 年), 第 651—673 页; *1914: Delusion or Design*, London:1973 年; "An der Schwelle zum Weltkrieg:eine Dokumentation über der'Kriegsrat'vom 8 Dezember 1912", *Militärgeschichtliche Mitteilungen*, 第 1 期 (1977 年); "Die Generalprobe. Zur Geschichte und Bedeutung des'Kriegsrates'vom 8 Dezember 1912", 载于 Dirk Stegmann, Bernd-Jürgen Wendt 和 Peter-Christian Witt 主编, *Industrielle Gesellschaft und politisches System*, Bonn:1978 年。也参见 Fritz Fischer, *Krieg der Illusionen*, Düsseldorf:1969 年, 第 232 及以下诸页,但是需对照比较 Bernd F. Schulte, "Zu der Krisenkonferenz vom 8 Dezember 1912 in Berlin", *Historisches Jahrbuch*, 第 102 期(1982 年), 第 183—197 页。
84　Volker R. Berghahn,*Germany and the Approach of War in 1914*,第 2 版,New York:1993 年,第 8—10 页。
85　Annika Mombauer,*Helmuth von Moltke and the Origins of the First World War*,Cambridge:2001 年,第 283 页。
86　Grey of Fallodon,*Twenty-five Years*,第 2 卷,第 69 页。也参见 Barbara W. Tuchman,*The Guns of August*,New York:1962 年,第 195—197 页。
87　Lancelot L. Farrar Jr,*The Short War Illusion*,Santa Barbara,Calif.:1973 年。
88　Jack Snyder,*The Ideology of the Offensive:Military Decision Making and the Disasters of 1914*,Ithaca,NY:1984 年,第 216 页。

第五章　国内政治至上

在前面三章中，我们依据对其产生影响的外交和战略因素考察了使各国走向战争的决策。人们往往认为每个政府都主要受到外交政治目的的驱使，如维持现存国际体系内部的平衡，扩张领土或者扩大国际影响，保护祖国免受攻击或者包围。但是所有外交政策的决策还有另外一个侧面，即各国国内政治和内部的社会和经济压力所提供的侧面。

在1914年，每个欧洲强国都经历了一场政治和社会危机，而且有些国家所面临的种种问题因战争的爆发得到了解决或者至少延缓了。然而，这并不一定意味着这些政府是为了解决或者延缓这些问题才宣战的。事实上，许多政府完全清醒地意识到，宣战所制造的社会问题也许要比解决的问题多。在战前的年代和战争爆发之际，欧洲诸国政府在制定外交政策的过程中不得不注意舆论的向背。但是这并不必然意味着他们主要用外交政策来操纵舆论，或者说用它来达成国内政治目的。正如我们将要看到的那样，在有些情况下，尤其醒目的是德国的情况，外交政策有时被用来提供宣泄民族情绪的焦点，以便分散公众对德国社会的分裂和对立的注意力。然而，国内政策与外交政策之间的关系非常复杂，而且，一项可能把国家卷入战争的政策是更可能制造民族团结的气氛，还是更容易触发一场革命，这常常是看不清楚的。

有一种观点认为，一个国家的国内政治和社会压力决定其外交政策的性质，并且由此也决定其战争决策。这种观点的支持者们在分析德国的形势方面最强烈地阐明了这一点。而且绝大多数研究的重点是探讨在一战之前40年里德国外交政策与国内政治之间的关系。[1] 确实德国国内的政治形势和宪法体制具有其他交战国所没有的特点。我们已经看到，在1914年的危机中，不容易确定做出决策的最终责任在何处，在形式上德皇是最终做决定的人，并且他听取文武官员们的建议，这些官员们不受任何集体责任原则的约束。正如俄国的尼古拉二世的情形，德国的形势因威廉二世的性格变得更加复杂。他把自己看作权力至高无上者，但是他却受到来自两个相反方向的影响，一个方向是他自己层出不穷的异想天开的主意，在另一方向，他被一些顾问们的政策牵着鼻子走。并且，他更加受自己的信念的支配，他总认为自己代表和体现大多数臣民的抱负。不过，由于德国的宪法体制十分复杂，公众舆论，包括对政府政策持批评态度的舆论，可以通过多种渠道产生影响。德意志帝国并不是一个铁板一块的中央集权制国家。每个邦国对其公民的日常生活仍然拥有重要的支配权力。帝国中央当局不得不尊重各邦国统治者和政府的情感，因为他们上缴给中央国库的财政贡献对整个帝国的正常运转至关重要。有证据显示，至少从19世纪90年代开始，帝国政府的大臣们便认为，强有力的外交政策和鼓励咄咄逼人的民族主义精神将是克服各邦的自主独立情绪、培养与1870年时相似的民族团结精神的办法。

更为重要的是德意志帝国议会的存在。这个议会由全体成年男性公民投票产生。可是它的权力有限。造成这种状况的部分原因是帝国政府的许多职能仍然由各邦行使，因而面积最大，实力最强大的邦国普鲁士的种种政策在许多方面与中央政府的政策同等重要。在好几个邦国，尤其是普鲁士，有资格参加邦议会选举投票的人数非常有限，这就保证了保守分子在邦议会的多数席位。帝国政府(或者更恰切地说，首相和各部门的国务秘书们，鉴于他们不是一个宪法意义上的集体机构)并不对德意志帝国议会负责，因此当时在德国没有像英国和法国那种受制于议会的政府。不过，帝国议会是重要的，因为需要经过它的投票程序使立法通过。更加重要的是需要它投票通过中央政府的预算。与此同时，帝国议会的选举还会显示出德国国内政治气候的某种迹象。因此，从俾斯麦开始，历任帝国首相需要在帝国议会确保获得并且维持多数席位，而且推出新的外交政策屡次成为达成该目标的一种有效方法。在1886—1887年间，当一股新的民族主义狂热以支持拿破仑式的将军乔治·布朗热(Georges Boulanger)的形式席卷法国的时候，俾斯麦觉得可以利用这个形势使自己处于有利地位。于是他决定在1887年2月举行帝国议会选举，以为这样做会使他在议会获得多数席位，并且能确保七年军事预算案在议会获得通过。尽管他成功了，但是此举在阿尔萨斯-洛林适得其反，那些总体上反对柏林统治，尤其反对七年军事预算案的代表们赢得了帝国议会中代表该省的全部席位。俾斯麦把这种情况解读为德国在该省统治的失败。[2] 俾斯麦后续的继任者之一，伯恩哈德·冯·比洛(Berhard von Bülow)为1907年的帝国议会选举提出了民族主义、殖民主义与反社会主义三者相结合的口号，选举获得成功。

然而，有一种观点认为对国内政治的关切决定了德国外交政策的运作。这种观点的支持者们会争辩说，这件事远非只是为了赢得某一次选举的直接目的而利用外交政治问题：外交政策被故意用来作为一个操纵舆论的工具，目的是在德国人民中间营造一种凝聚感，克服被视为对德意志帝国的存在构成威胁的社会和政治分裂。一个殖民帝国的吸引力，一支庞大的海军舰队和一种积极的外交政策既能作为把忠诚分子凝聚在德国皇帝和帝国政府周围的基础，又能作为抗衡社会主义运动日益增长的威胁的手段。它甚至也能作为把社会党人融入德国社会的手段。实际上，这一解释的问题之一是，要确定在奉行这一政策的人们的心目中，这些互相矛盾的目的哪一种最为重要：是将帝国主义和"世界政策"用来凝聚力量反对社会党人，还是用它们来把社会党人融入德国的"人民共同体"？

这个问题需要在两个不同的层面进行讨论。第一是动机这个总问题，即导致德国政府在19世纪90年代决定奉行"世界政策"和建设一支必要时能够挑战英国海军的舰队的动机。正如我们所看到的那样，这个决定改变了英德关系的全部基础，对形成使战争在1914年成为可能的氛围起了极大的推动作用。我们也需要审视一下在战争即将爆发之前德国政府承受的种种压力，尤其要审视1912年帝国议会选举以后德国政府承受的种种压力。那次选举显示，每三位选举人中就有一位人投了社会党候选人的票，德国社会民主党成了帝国议会中议席最多的单一政党。

德国皇帝及其顾问们要建设一支庞大的海军、将德国变成世界强国的决定在德国的外交政策中划出了一条清晰的分界线，因而德国帝国主义似乎是某一具体决策的结果，而不像英国和法国那样，这两者走上帝国主义道路是至少几十年里一连串事件积累的结果。确实，作为赢得公众支持的一种手段，俾斯麦在19世纪80年代对殖民活动给予了有限的鼓励，而且有人认为，这种做法是通过将对外扩张和在国内推行社会福利相结合来削弱社会党人号召力的总体策略的一部分。[3] 然而，尽管德国19世纪80年代的帝国主义运动为在此后一些年中发展出有影响力的游说集团打下了基础，但该运动并没有非常深入地发展下去，或者持续很长时间，其直接的政治后果并不非常重大。但是奉行"世界政策"的决定和在1897年通过第一项"海军法案"却对德国的内政和外交政策产生了深远的影响。这一项要把德国变成世界强国的具体决策在多大程度上是国内政治压力的结果呢？这项决策是否旨在像服务外交政策目的那样服务国内政策的目的？

在设法探讨德国决定奉行"世界政策"的更深层次原因的时候，论者必须小心谨慎，不能低估个人和不可预测因素的影响，既然是考察德国的情况，尤其不可低估德皇威廉二世本人的地位和种种偏好。有些历史学家谈论了德皇的"个人统治"，但是忽视了德皇的权力取决于德国宪法体系内其他人的合作程度；[4] 然而，可以肯定的是，贴近他的顾问班子和知己们只是一个小圈子（因而他的批评者们指责他通过王党治理德国），而且尤其在他登基的早期，他自己的种种偏见和变化无常的念头非常重要。如果德皇本人不热衷于创建一支德国海军舰队，德国的海军建设就不可能如此大张旗鼓地进行。毫无疑问，这在部分上是他自己争强好胜心理的结果：满足他的如下情感需要，显示自己能与他的英国王室亲威比肩,他的国家能够与他既爱又恨的英国平起平坐。没有威廉二世的个人支持,他1897年任命的海军国务秘书提尔皮茨海军上将永远不可能实现其扩建海军的计划,也永远不可能赢得足够的公众支持以克服反对建设庞大海军的政治阻力。然而,威廉二世也受到他所阅读的马汉的《海权论》(1890)一书的启发。在该书中,这位美国海军战略家和历史学家认为,现代海军为列强政府提供了与其对手(主要是殖民世界里的贸易竞争对手)交战的进攻性武器,控制海洋的途径有两条,要么通过大规模海战,要么如果潜在对手企图发动战争,就以威胁消灭他们的海军来威慑他们。德国皇帝声称他"不是泛泛地浏览,而是贪婪地阅读马汉舰长的著作"。

受到威廉二世的情感和理智支持的"世界政策"拨动了德国人民的心弦,引起了强烈的共鸣。政客们和工业资本家们敏锐地发现支持这个政策可以捞到的诸多好处。当时人们普遍觉得俾斯麦在1890年的倒台标志着一个时代的结束。这种感觉导致许多人,尤其是民族自由党的支持者们,寻求支持新的民族事业,找寻新的可以为之奋斗的民族目标。答案就在于"世界政策",尽管对这项政策在实践中究竟意味着什么有多种不同的解释。对城市化和工业化带来的种种问题的与日俱增的恐惧,伴随着对德国外交政策的走向和德国的世界地位的忧虑。政客们谈论到有必要实施"广泛团结政策"(*Sammlungspolitik*),即通过诸多政策打造出支持国家和德皇的牢固组织,尤其是反对日益发展的社会主义运动的牢固组织,以此来网罗力量。正如普鲁士的副首相约翰内斯·米克尔(Johannes Miquel)在1897年所写到的:"当前的巨大任务是不带任何偏见地团结支持国家的一切人士,并且在此基础上准备与社会民主运动进行不可避免的战斗。"[5]

提尔皮茨本人的主要关切是为了海军的利益而创建海军,同时把海军作为一种手段,使德国借助它可获得世界强国的地位,这实际是一种未受到明确界定的地位。但他也清醒地认识到在为德国舆论提供一个号召因素方面海军将起的作用:"在新的伟大民族使命和与之相连的经济收益中,存在一剂对付受过教育和未受教育的社会民主党人士的猛药。"[6] 提尔皮茨更加直接的政治目的与他总体上反对民主的观念是吻合的。这个目的就是保护海军扩建计划,防止帝国议会作梗造成中断,他的计划的大部分旨在确保不必经过国会的批准就能建造新军舰,替换旧军舰。用福尔克尔·贝格哈恩的词语来描述,提尔皮茨是在建造一支"反对帝国议会和英国"[7]的舰队,并且希望海军建设能够在国内有利于德国政府的集权制度,在国际上使力量均势朝有利于德国的方向发展。

可是想要使海军成为一个新的保守派联盟的核心焦点,还存在诸多困难。最主要的困难是德国真正的保守势力——普鲁士的许多土地拥有者对于新政策根本不热心,而且在有些情况下还积极反对该项政策。鉴于农业的保守势力坚决反对任何将触动他们钱袋子的财政措施,诸如遗产税,或者所得税,随着建设海军计划在规模和成本上的增加,形势变得日益严峻;面对他们的反对,在社会党人的支持下,直到1913年所得税才得以征收。以农场主和工业资本家的关于经济利益的交易为基础,比洛像俾斯麦那样在1903年成功地暂时拼凑出一个保守集团,但该集团缺乏稳固的根基,它在1909年的瓦解导致了比洛的下台。

政治右翼对政府的"自然的"普遍支持并不是没有其麻烦的。诸如"泛德意志协会"之类的动员团体意味着,广大的公众在促进国家安全方面扮演着重要角色。这也意味着政府本身对德国所面临的危险没有足够关注,并且它不愿意采取必要的步骤以通过如下方式去应对这些危险:"在陆地和海洋上扩充军备,鼓励对外进行殖民扩张,支持侨居在全世界的德国人保持其文化传统的斗争,以及在国内打击颠覆活动。"[8] 提尔皮茨对有利于其扩建海军计划的宣传活动的积极鼓励导致了一批有效的游说施压团体的成立,尤其是"舰队协会"。这些团体本身变成了政府不得不认真倾听其意见的机构,而且这些团体给中产阶级有抱负的成员提供了取得有影响地位的机会,此前这些位置一直被贵族独揽。[9] 德国海军的不断壮大以及提尔皮茨雄心勃勃的扩建海军计划是德国在社会和经济领域正在发生变化的迹象。不过可以争辩的是,德国海军不但远远没有为这个意见对立的国家起到凝聚人心的号召作用,它反而加深了分裂,把德国社会和体制结构中互相矛盾冲突的力量释放了出来,同时使德国政府奉行必然导致与英国冲突,甚至很可能导致战争的外交政策。奉行"世界政策"的主张和对扩建海军舰队的支持受到了比工业资本家们更加广泛的圈子的欢迎。工业资本家们必定会直接从海军扩张中获益。即使扩建海军的主张从来没有能够像某些支持者们所希望的那样把工人阶级从社会民主党那边吸引过来,并且把他们融入德国的"人民共同体",但是鼓吹海军扩张的宣传对工人们并不是没有起任何作用:收到邀请去参观一艘战列舰的社会民主党政客们丝毫没有掩饰他们的满意心情,至少其中一个人终生牢记了这次参观。[10]

德国海军的建设不但暴露了德国政治和社会的一些矛盾,而且导致形成了一股民族主义思潮和富有侵略性的帝国主义辞藻。正是这股思潮和辞藻使战争显得可以接受,而且甚至有好处。这股思潮的存在是1911—1914年德国政府不得不考虑的因素之一。这并不是1909年成为首相的贝特曼·霍尔维格面临的唯一问题。他的前任伯恩哈德·冯·比洛长久以来所奉行的外交政策致使德国陷于孤立并且日益担心自身正被敌对强国包围。这种形势又增加了扩大陆、海军规模的压力,到头来增加了德国的财政困难。比洛企图通过征收遗产税来应对财政困难问题,但是徒劳无功,他的垮台是这项税收的直接结果,而且形势还将继续恶化。有迹象表明左翼自由派分子和一些社会民主党人正在寻找增大帝国议会权力的机会。他们也已经着手鼓动对普鲁士邦议会选举的有限选举权进行改革。任何政府将不得不找到办法,要么与这一新的潜在温和左派共事,要么与越来越声嘶力竭的民族主义右派共事。尽管比洛成功地组成了一个保守的同盟,在1907年的帝国议会选举中赢得了胜利,暂时遏制了稳步壮大的社会民主党人的势头,但是他在下一次1912年的选举中再次失利,德国社会民主党在帝国议会中的代表席位从43席增加到110席,使该党成为帝国议会中最大的单一政党。这次议会选举的结果使德皇及其支持者们感到震惊:大多数社会民主党人是共和派分子,该党的领导人之一,古斯塔夫·诺斯克(Gustav Noske)在1910的一次党的会议上说,他们将在下一次议会选举时号召把德国变成共和国。[11]这一主张引起的恐惧导致右派们大声疾呼要求发起一场反对社会民主党的运动,包括呼吁从高层发动一场政变、废除普选权和建立某种威权政府。这些主张得到了德国王储及其小圈子的积极支持,德皇在其本人更无所顾忌的时刻也对这些主张表示了一定程度的赞同。

贝特曼·霍尔维格致力于奉行他所称的在这些对立势力之间的"对角线政策。"他不想把社会民主党人从德国政坛疏远得太远,尤其鉴于他看到国际形势日益恶化。同时他还希望通过缔造在他看来将是一个"超越党派"的政府来创建某种民族共识。事实上,他施展身手进行回旋的余地非常有限。而且肯定的是,这位行事谨慎、心高气傲、忧郁、保守的官僚完全不是一个能够直接挑战陆军领导人和工业资本家们的既有权力的人。这群高级将领和工业大亨们将在内政方面的任何宽松、温和的姿态或者对外妥协的企图都一概谴责为软弱的表示。

在1911年的摩洛哥危机之后这一点变得非常明显,各种民族主义的游说施压团体一致义愤填膺地攻击贝特曼软弱无能,德国默认了法国建立起对摩洛哥的控制,但是没有得到足够的补偿,德国派遣一艘军舰到阿加迪尔激发起来的殖民希望破灭了。此前,德国那些民族主义势力曾经指望出动军舰这一旨在挑起重大国际危机的举动将是在非洲建立新的德意志帝国的第一步,并且是展示德国的帝国实力的一个机会。正如德国海军"豹"号军舰抵达阿加迪尔港两天后德国民族主义势力的一份报纸在1911年7月3日所写的:"在德国,全国人都深深地松了一口气,好像一场恶梦已经消失,好像旭日的光芒驱走了心有不甘但又无可奈何的屈辱梦魇。"[12] 有些德国人觉得只有通过一次体现民族自信的大刀阔斧的行动才能消除德国的麻烦,即使冒战争的风险也在所不惜。但是,

第五章　国内政治至上

当他们得知德国的炮舰外交的收获仅仅局限于得到在法国殖民地刚果的两小块地方的时候，他们大失所望。德国主管殖民地事务的国务大臣将这两块地方轻蔑地描写为"一部分完全分文不值，另一部分几乎分文不值的领地"，[13] 大部分要么是沼泽，要么是丛林，那里的居民正在被昏睡病吞噬生命。而一位法国的民族主义记者则以当时典型的情绪抱怨法国对德国作出的让步，他把刚果的这两小块殖民地描写为"伊甸园里所有生灵、所有的神奇之美经常出入其中的非凡海岸，画家们喜欢以这些神奇之美填满他们关于创世的画作"。[14] 而且，为获得在德国人眼中的微小的收益所付出的代价，却是法国国内反德情绪的加强，以及劳合·乔治在伦敦市长官邸发表的演说，该演说被看作英国公开表态支持法国。

尽管在1912年3月霍尔丹访问柏林的时候，德国企图与英国达成一项新的协议，但是很明显，德国海军部并不准备修改其造舰计划，除非英国毫不含糊地承诺在欧洲大陆爆发战争的时候严守中立。因而贝特曼外交政策中取决于改善与英国的关系的那部分没有取得丝毫进展，与此同时他面临着更大的压力，要赢得帝国议会同意进一步增加海军军费。到了霍尔丹访问德国的时候，1912年1月的帝国议会选举已经成了定局，右派惨败，德国社会民主党大获全胜。贝特曼特意不使用比洛在1907年选战中采用民族主义口号的策略，因为他不希望通过那样一种方式去鼓励右翼，那看起来像是在回应对右翼的批评。正如他对一个朋友所说的那样：

> 我们必须在财力允许的范围内为海上和陆地的防卫竭尽

全力,但不是用威胁的呼喊,而是尽可能地不声不响。这样一来,虽然海军仍在扩建,我们也可以安排与英国进行谈判,目的是不要走向战争。那就是我努力的方向,但是来自四面八方的阻力难以克服。[15]

事实上,他很快就面临着他无法抗拒的增加海军经费的要求,德皇宣称,"我和德国人民的耐心已经枯竭。"[16] 这位皇帝还对任何认为财政方面的考虑将会限制海军扩张的论调表示了极大的鄙夷。与此同时,致力于加强德国陆军建设,鼓动全国各行各业,尤其是年轻人,准备战争的各种民族主义协会与新成立的"陆军协会",对政府的抨击正在变得愈发尖锐。到了 1913 年,在海军经费增加的基础上又增加了新的陆军经费。

从 1911 年直至第一次世界大战爆发,而且确实直至他在 1917 年倒台,贝特曼·霍尔维格反复面临要求他辞职的呼声:当时逼其下野的一语双关的口号"*Bethmann soll Weg*"("贝特曼必须下台")* 与 1911 年秋天英国保守党人逼迫其领导人亚瑟·贝尔福辞职的 BMG 运动(Balfour Must Go,贝尔福必须下台)可谓异曲同工。

威廉二世的反英恐慌经常周期性地发作。贝特曼确实在 1912 年 3 月向德皇提交过自己的辞呈,因为这位皇帝在一次反英情绪发作期间给德国驻伦敦的大使直接发去了电报,扬言如果英

---

* 将霍尔维格(Hollweg)的首字母改为 s,并将该姓氏拆为与原读音相近的两个单词,意为"必须走"。

国人从地中海抽调军舰加强其北海舰队,这将立即导致德国进行动员。当贝特曼的辞呈交到德皇手中的时候,他已经息怒。但是这个插曲给了这位首相一个总结其政策的机会:在试图与英国达成协议时的任何失败,都要归咎于英国人,否则

> 不但我们与英国的关系将会显著恶化,而且已经极其嚣张的法国沙文主义将会受到鼓舞,就会想入非非,产生种种非分的念头。法国将会变得极具挑衅性和傲慢,我们将被迫攻打它。在这样一场战争中法国肯定会得到俄国的帮助,而且毫无疑问,也会得到英国的帮助……我无法承担造成这种形势的责任。如果战争强加在我们头上,那么我们就坚决打这场战争,并在上帝的帮助下不被敌人打败。但是如果我们在我们的荣誉或者至关重要的利益没有受到影响的情况下却要挑起一场战争,我将把它看成违背德国命运的恶行,即使我们有希望可以预见到取胜。[17]

对贝特曼这个立场的理解取决于许多捉摸不定的词义,尤其是他所使用的词汇如"荣誉"和"至关重要的利益"的确切含义,同时也取决于贝特曼为这些词汇赋予的意义在多大程度上与批评他的民族主义者基本相符;有时人们的印象是他与那些民族主义者的分歧不在于目的,而在于使用什么手段。

围绕"萨维尔纳事件"发生的争吵充分显示出奉行"对角线政策"的难度。当时帝国议会中的大多数议员(包括民族自由党议员,天主教中央党议员,左翼自由派议员和社会民主党议员)纷纷

企图通过决议公开谴责军方领导人,批评首相对该事件处置不当。这反而显示出国会的无能和与军事当局公然摊牌的困难。"萨维尔纳事件"在帝国议会和报刊上所引起的对军队的那种公开批评在 20 年之前是不可想象的。但是尽管如此,议会和公众的批评自由的表面增长却被这些情况抵消了:首相贝特曼仍然可以无视国会的公开谴责,而陆军的领导人们仅仅做出象征性的姿态,处分了一下污辱和擅自囚禁阿尔萨斯民众的军官。那位倒霉的阿尔萨斯省长眼看着自己行使职权的努力被德皇公开斥责,这是典型的德国国情。而且同样典型的是,既然这位省长本人是一位将军,他本来应该保持沉默,而不是让军队的声誉受损。

贝特曼不是那种与军队实力和德皇的偏见正面对抗的人,这至少在部分上是因为他与军队和威廉二世一样对帝国议会里那群职业政客们相当蔑视。在谈到国会里关于"萨维尔纳事件"的辩论时,他轻蔑地说:"这是个疯人院。"

> 从他们的脾气可以判断,这些人以为他们能够掩饰自己在政治上的天真。自负的(民族自由党的)巴瑟尔曼与(社会民主党的)沙伊德曼和(天主教中央党的)埃茨贝格尔臂挽着臂,丝毫不庄重……因而我站在火雨中间。那还不是最糟糕的。我内心太反感了,气恼得都感觉不到炙热的炭渣。[18]

还有部分原因是贝特曼也深信陆军和海军起着特殊的作用,尽管他抽象地声称尊重法治。在谈到"萨维尔纳事件"时他说:"我宁愿自己的名声蒙受抹黑,也不允许诋毁陆军。"[19] 在海军问题上他的态度更加积极:"一个有海岸线的真正强国不可能是一只旱老鼠:她**必须**有一支舰队,而且是一支强大的舰队……不仅仅是为了保卫她的海上贸易的目的,而是为了实现她的伟大这个总体目的。"[20] 尽管他对普鲁士的军事阶级的行事方式和风格心存种种疑虑,虽然他个人具有真正的理想主义倾向和文化修养(他曾经对英国驻柏林的大使抱怨说,在阿加迪尔危机期间,他都没有时间在上床就寝之前像平常那样弹奏贝多芬的奏鸣曲:"空气中弥漫着刺耳的现代噪音,我如何才能静心弹奏心爱的老曲呢?"),[21] 由于其出身、秉性和置身其中的、正由他运作的体制,贝特曼·霍尔维格的行动自由是有限的。他悲观、内向和敏感的性格使他容易被人指责为怯懦:弗里茨·斯特恩在一篇有见地的文章中提醒我们,贝特曼在回忆录中曾经写道,如果德国1914年选择了不同的路线,那就等于自我阉割。[22] 他的宿命思想日益导致他相信现存的任何事物是无法改变的。即使他没有那么听天由命,面对民族主义保守势力的已确立起来的力量,他也无可奈何,不可能有多大作为。他鼓吹的"对角线政策"不断地被向右的拉力所扭曲,他无力抵制。

从1912年的帝国议会选举到第一次世界大战爆发这段时间内,大量民族主义的宣传明确地把号召准备战争与希望战争或可终结社会民主主义联系起来。右派的新闻记者们不仅仅为一场日耳曼人反对斯拉夫人的战争做舆论准备,他们也放出这样的言论:"一场新鲜的不受限制的战争将会立即使帝国议会中110名社会民主党议员元气大伤。"或者在别处他们叫嚣:"战争是医治现存所有弊病的唯一良药。"[23] 贝特曼不赞成这个观点。相反,他说,保守派"指望一场战争来把国内政治扭转到保守的方向",他认为"后果难以预料的一场世界大战将会极大地加强社会民主党的力量,因为它宣扬和平,而且将推翻许多君主"。²⁴1913年11月这位首相就世界大战对德国外交政策的后果表达了如下看法:

> 如果未来的战争没有非打不可的理由,那么不仅霍亨索伦王朝的王冠将岌岌可危,而且德国的前途也将危在旦夕。毫无疑问,我们的政策当然要大胆地贯彻执行。但除非德国的荣誉、安全和未来受到威胁,否则在每一个复杂的外交纠纷中挥刀舞剑不仅是鲁莽行为,而且是犯罪行为。²⁵

而且,贝特曼担任首相的历史显示他并不过分担心社会主义的威胁,甚至在1912年德国社会民主党在帝国议会的选举中大获全胜之后,他的政府反而变得更加有效,而不是相反。并且他最终预见到一场波及世界的全面战争将很可能破坏而不是维持德国的现状。²⁶

德国政府的其他成员和军队的最高统帅部认为,推迟一场他们觉得不可避免的战争毫无意义。相比之下,眼睛紧盯着国内形势的贝特曼感到关切的是,如果战争爆发,形势看上去应是德国遭到俄国的攻击,如果可能的话,也应是英国将保持中立。他的政策的第二部分失败了,但是第一部分却取得了相当的成功,部分上是因为社会民主党的一些领导人的态度。自马克思和恩格斯以来,社会主义者一直认为,一场反对欧洲最为反动的力量沙皇俄国的战争是师出有名的,无论他们多么严厉批评德国国内的军国主义。而且尽管某些左翼社会民主党人,尤其是罗莎·卢森堡和卡尔·

李卜克内西，在第一次世界大战爆发之前的几年里大张旗鼓地掀起了一场反对军国主义和战争的运动，该党的领导人却在这些问题上表现得更加谨慎克制，他们敦促国防体制的改革，而不是攻击国防的现状。当一个社会民主党议员当选为帝国议会的副议长之一的时候，那些资产阶级的政客们拒绝担任议长和副议长，而当德皇威廉二世莅临国会的时候，社会民主党议员们则拒绝起立与其他议员一道三呼万岁，他们也拒绝出席宫廷的各种社交礼仪活动。尽管社会民主党人与他们的对手都突出强调他们之间的严重分歧（如以上情况所显示的），帝国首相贝特曼仍能与一些右翼社会民主党议员保持着联系，社会民主党的议员们也支持政府，如在1913年投票支持了为扩充陆军所需要的财政支出而增加税收的议案。在1914年7月的危机期间，贝特曼得以说服陆军领导放弃了逮捕社会民主党领导人的打算，因为他在社会民主党内的线人已经向他保证，尽管该党组织了要求和平的游行示威，但是社会民主党人不会做出任何反对战争准备的举动。1914年8月4日帝国议会各政党一致投赞成票通过的紧急战争信贷法案足以显示所谓的德国社会民主党人的"消极融合"。[27]

"外交政策至上"（*Primat der Aussenpolitik*）这个概念来自于19世纪德国伟大的历史学家列奥波德·兰克的著作。他曾经论述道，正是一个国家的外交政策使其免受其他强国的干涉而独立行事，强国们将会允许其发展自己的民族特性和各种体制，因此这个国家的存在本身和性质取决于其外交政策的成功。他的思想要比一些后来的学者们想象的更复杂。他是一位非常睿智的历史学家，不可能看不到这一点，正如他所指出的："国内事务与国际事务相互作用,相互影响,这是自然而又不可避免的。"[28] 在德国,许多有影响的历史思想家在20世纪初重新宣扬兰克的一些观点:例如关于大国之间相互作用及力量均衡的思想,而且尤其是关于国际关系在影响国内发展变化方面的重要性的观点,因而国内政策应服从于外交政策。当时的政治领导人们也发表了此类观点,比如伯恩哈德·冯·比洛在1890年曾经写道:"万事必须服从于我们国家的统一和我们作为一个欧洲大国的地位,而且甚至我们的国内政治必须与之相适应。"[29]

此外,兰克还强调了维持力量均衡和反对任何一个国家霸权的重要性;他的观点的继承者们在帝国主义时代直指英国的海上霸权和挑战它的必要性,旨在恢复力量均衡,这一力量均衡必须是全世界范围内的,而不再局限于欧洲。正如当时一位杰出的历史学家和政论家奥托·兴茨(Otto Hintze)在其1916年发表的一篇文章中所指出的那样:

> 我们的意图是在与英国的和平竞争中逐步发展,直至那个老牌强国有朝一日被迫承认我们是世界政治中一个平等的竞争者。英国还远远没有给予欧洲大陆列强任何这样的平等待遇,而且德国拒绝承认英国在海洋上的唯一霸主地位肯定是促使这个岛屿王国与德国交战的主要原因。我们在这场战争中的目的只能是迫使英国放弃自诩为海洋上的绝对霸主,借此在世界民族之林中创建一种平等状态。[30]

这些观点与提尔皮茨关于德国海军扩张计划的宗旨的言论几乎完

全吻合。

因此，除非我们采取这样的看法，即每个人都言不由衷，他们所说的话不过是掩盖更深层次原因的托辞而已，否则我们必须承认，甚至在德国这个案例中，如果仅仅依据"对内政策至上"这种理论分析其外交政策，或者把德国的战争决策完全归咎于国内的种种压力，那就错了。尼尔·弗格森提出了一个新的解决方案来解释这一关系：他认为，1914年使德国滑过边缘陷入战争的决定性因素是，该国军方和文官领导人都深信德国在与其欧洲大陆邻国的军备竞赛中不可能取胜。如果德国以往"在军国主义的道路上走得更远一点"，在陆军上花费更大量的资金，德国就不至于落到如此地步，但是德国国内的政治压力不允许政府支出更多的军费。所以，不安全感驱使德国越过边缘，此时再谈战争的"国内起源"就言之有理了——论者可以采用这个视角而不必接受"国内政治至上"的观点。[31]

当然有很多证据显示德国的政客和陆、海军高级将领们对国内政策与外交政策之间的关联非常清楚，不仅仅因为在某些时候他们认为对外冒险也许有助于在国内制造一种民族团结的气氛，而且也因为他们害怕反对政府好战政策的社会民主党的力量。对国内问题的警觉和跻身为世界强国的梦想之间的平衡永远都是微妙的。最近发表的一些历史著作强调了德国社会的内部矛盾在决定德国的外交政策和发动战争的决策方面所起的重要作用，因而引起了对一些被大部分老一代历史学家们所忽视了的因素的注意。然而，我们必须不能忘记，对于许多德国领导人来说，无论是积极追求世界强国地位，还是在他们认为敌对的世界中消极地确保德国的地位,这些都是必须要做的事,是目的本身,无论在国内获益和损失几何。"对角线政策"不仅仅涉及要在左右两翼之间保持平衡,而且要在国内和国际问题之间保持平衡。

至少一个国家(即奥匈帝国)的外交政策主要是其国内问题的产物。奥匈帝国本身的存在取决于其国际关系。自从19世纪初梅特涅担任外交大臣和首相的时代以来,对于奥地利政府和哈布斯堡王室来说,始终至关重要的是要说服其他国家:维持这个帝国是国际形势所必须,一旦它消失,就会在中欧产生一种给国际体系稳定带来致命影响的形势。到了1914年,这个国际共识开始崩溃。奥匈帝国统治下的一些臣服民族为了各自的民族诉求正在寻求外部的支持,有些甚至与外国政府接触联系。而这种形势又由于这个帝国的宪法体制进一步复杂化了。奥地利在1866年的普奥战争中遭到惨败之后,于1867年创建了奥匈帝国这个二元君主国。为了挽救这个帝国,使之免于瓦解,奥地利人同意使匈牙利人成为与他们自己平起平坐的伙伴,匈牙利有自己的议会和自治政府,并且在帝国的外交政策和国防问题上匈牙利有同样的发言权。在实践中,这种政体运转起来太复杂,因而他们就采取了一种"官僚专制"体制,而不是使这个两国合并的过程彻底停顿下来。这就意味着帝国政府以法令的形式使基础性立法获得通过——但是有一条无形界线,比这更重大的立法必须要经过议会批准,比如重大的税收增加,或者是增加征兵的定额。弗朗茨·约瑟夫不准备冒可能的政变风险,避免大幅度增加税收、陆军的军费或者征兵的数量,结果使这个帝国的武装力量进一步落后于其他强国。[32]

至20世纪初,与奥匈帝国边境接壤的独立民族国家不断增长的影响给这个君主国境内的民族独立运动带来了新的焦点。欧洲南部的斯拉夫人如塞尔维亚人、克罗地亚人、斯洛文尼亚人开始转向塞尔维亚寻求支持。由于这几个民族都对哈布斯堡王朝有很大的怨恨,他们开始忘记了自己在宗教和文化方面的种种分歧。1916年一个因当逃兵而被审判的克罗地亚族中士在受审时以最简洁的语言表达了当时这几个民族的情绪:"克罗地亚人一直忠于皇帝,但是他并不爱他们,反而把他们扔给了匈牙利人,因而他们被迫转向塞尔维亚人,塞族人至少会说他们的克罗地亚语。"[33] 这种对弗朗茨·约瑟夫的潜在信任的表现也引起了这个君主国内其他少数民族的共鸣,尤其是在第一次世界大战之前几十年里遭到"匈牙利化"政策同化的少数民族的共鸣。在1892年,特兰西瓦尼亚的一个罗马尼亚民族主义者联合会向这位奥匈帝国皇帝呈递了一份备忘录,请求给予一定程度的民族自治,以使他们免于匈牙利人的主宰。自从19世纪70年代以来,布达佩斯的政府采取了一系列措施,企图抹去特兰西瓦尼亚地区罗马尼亚人独特的民族身份特征:东正教教会和东仪天主教教会的学校都被置于国家的直接控制之下,宣扬"敌视匈牙利国家的思想"的教科书被禁止,其中包括 A. T. 洛里安(A. T. Laurian)的《罗马尼亚人的历史》(*Istoria romanilor*, 1873)。该书认为特兰西瓦尼亚是罗马尼亚人的故土,而且他们祖祖辈辈都一直居住在那里。而匈牙利人却是后来者,因而没有什么资格在那里占主导地位。[34] 该地区罗马尼亚人中的大多数改革派人士远远没有要求从奥匈帝国独立,与罗马尼亚合并到一起:相反,他们要求更多地参与这个君主国的事务,要求在学校、法庭和公共行政管理中使用罗马尼亚人语言的权利。他们也呼吁奥匈帝国的皇帝给予罗马尼亚人普选权和无记名投票权。匈牙利族的政客们反对这些改革要求,因为他们担心这些措施可能会使"罗马尼亚人变成特兰西瓦尼亚新的多数民族"。即使把选举权限制于受过教育的罗马尼亚族人也无法阻挡要求普选权的潮流,因为罗马尼亚族农民的文盲率在不断降低。伊斯特万·贝斯伦伯爵担心,一场团结一致的罗马尼亚族人的政治运动将会与维也纳和匈牙利的左派结盟;选举权改革"将会使特兰西瓦尼亚的匈牙利人在选举中不敌其余民族"。[35] 匈牙利当局没收了那份呈递给奥匈帝国皇帝的备忘录的抄本,并且对备忘录的作者和散发者们提起刑事诉讼,因而进一步证实了民族主义者的种种抱怨。那些寄希望于弗朗茨·约瑟夫皇帝的人感到极其失望,但是那些致力于大罗马尼亚事业的左派"论坛分子"(Tribunists)则感到满意:因为匈牙利当局的迫害行为显示罗马尼亚族的事业将不会得到维也纳的支持。

布达佩斯的集权政策引起了诸多国际连锁反应。罗马尼亚国王卡罗尔及其政府更加关切的是扩张主义俄国的威胁,而不是居住在特兰西瓦尼亚的罗马尼亚族人的愿望。因而在1883年,他们通过与奥匈帝国和德国分别签订协议投靠了德、奥、罗三国同盟。但是这些协议一直保密,并没有递交议会讨论批准,因为罗马尼亚政府深知这些协议不得人心,可能被议会拒绝。匈牙利人越来越深信,罗马尼亚政府正在支持特兰西瓦尼亚的罗马尼亚族的独立运动:例如,罗马尼亚"教育和宗教部"定期向特兰西瓦尼亚地区罗马尼亚族的教会和学校提供资助。奥地利外交大臣古斯塔夫·科尔诺基伯爵（Count Gustav Kálnoky）深信，尽管与罗马尼亚签订了同盟协议，但是一旦爆发战争，奥匈帝国实际上最多能够指望的是罗马尼亚保持中立。所以在1914年，每个人都在猜测罗马尼亚是会履行与德、奥签订的协议，还是会保持中立，再或者站到三个协约国一边，与他们共命运，同时企图"拯救"他们在特兰西瓦尼亚地区的同胞。[36]

在所有困扰哈布斯堡王朝的民族问题中，南部斯拉夫人问题最具严重的国际影响。波希米亚和摩拉维亚地区的捷克人与德意志人之间的关系更加棘手（但是这些关系尚未波及国际关系），而且在1914年，地区层面进行的旨在达成某种妥协的谈判久拖不决。可是，尽管少数捷克和斯洛伐克族领导人寄希望于俄国，有的甚至秘密地与俄国政府进行了接触，但是绝大多数人还没有为他们的诉求寻求外部支持，而且俄国人也尚未准备冒险对他们给予公开和实际的鼓励。在匈牙利，尽管罗马尼亚族人中间的分离活动令当局担忧，因为他们可能转向罗马尼亚寻求支持，可是波兰族人中间的分离倾向就不那么令人不安，因为他们不可能指望俄国给他们任何有意义的支持。在匈牙利首相伊斯特万·蒂斯扎看来，南部斯拉夫人问题更加令人担忧。他反对把更多的斯拉夫人融入奥匈帝国，这会使这个二元君主国的问题更趋复杂，他更赞许的解决斯拉夫人问题的办法是把几个独立的巴尔干小国置于这个友善的二元君主国的保护之下。[37]

尽管弗朗茨·斐迪南大公赞成给予克罗地亚族在奥地利内部某种形式的自治，任何这类变革都遭到蒂斯扎和匈牙利人的拼死反对，因而到了1914年奥匈帝国几乎没有做出什么努力来平息克罗地亚人的积怨,结果后者增加了与其他南部斯拉夫人的接触。在1905年,奥匈帝国内的几个克罗地亚和塞尔维亚族政客们就一项共同计划达成了一致意见,但是这一计划取得的成果很少。此后在1908年,奥匈帝国对波斯尼亚的吞并在奥匈帝国内外增加了塞族人的不满,因而随着塞尔维亚国内民族主义情绪的增长和南部斯拉夫人团结统一运动的高涨,在奥地利政府看来,塞尔维亚似乎对哈布斯堡王朝的存在构成与日俱增的威胁。鉴于奥地利与塞尔维亚之间的冲突很可能牵涉俄国,因为俄国为了自身的目的总是迫不及待地利用其作为巴尔干国家的传统保护者的角色,奥匈帝国当局未能化解他们国内的民族矛盾必将产生国际影响。奥匈帝国政府认为建立起对塞尔维亚的某种控制对于他们国家的生存至关重要。在1906—1910年,奥匈尝试利用施加经济压力的手段,但收效甚微,此后它决定使用更加直接的办法。在1914年的战争决策是一个错误信念的结果,他们以为只有对塞尔维亚采取大刀阔斧的行动,才能解决奥匈帝国内部的几个斯拉夫民族的问题,奥匈帝国的内部问题只能通过积极的具有侵略性的外交政策来解决。尽管奥匈帝国的情况错综复杂,其国内问题与它的外交政策之间的关系还是相对清楚的,虽然人们可能惊讶于康拉德、贝希托尔德及其同僚们的错误观念和幻想,这使他们认为攻打塞尔维亚可以解决哈布斯堡君主国的种种困难。但是俄国对奥匈帝国攻打塞尔维亚的反应在多大程度上取决于俄国国内的形势呢?

在俄国,国内形势和俄国的外交关系都被1904—1905年灾难性结局的影响所左右:俄国在远东被日本打败,俄国国内发生了革命。战争之前沙皇及其顾问班子曾经把日本看作一个容易攻击的目标:一个面积狭小、落后、次要的亚洲国家。他们认为打赢一场短暂的战争将会动员起对政府的支持,平息民众对这个专制制度及其未能给臣民提供过得去的生活标准的普遍不满。尽管俄国人主要不是出于国内原因而与日本打仗的,但是他们相信这样一场战争将使他们在国内处于有利地位。在西伯利亚的俄国官员们把那里正在出现的地区主义意识看成不断滋长的革命和分离主义情绪的证据。他们认为必须用经济现代化的政策来对抗这种情绪,而这种政策的主要工具将是横贯西伯利亚的铁路。因而有一位历史学家最近得出结论:"俄国进行经济现代化和革新不仅仅是为了维持其在列强中的地位,而且是为了支撑其国内的专制统治。"[38]具有反讽意味的是,正是这个政策促使它与日本打了一场灾难性的战争,这场战争增强而不是平息了民众对专制政权的不满,因为这个专制制度现在似乎都无法与二流敌人匹敌,何谈保卫沙皇帝国。圣彼得堡和莫斯科的游行示威和罢工与俄国在远东战败直接相联,当国家本身似乎处于崩溃的边缘的时候,沙皇及其顾问们很不情愿地同意实行一系列的政治改革,旨在消除爆发革命的威胁。战争结束后,尼古拉二世任命的外交大臣伊兹伏尔斯基对战败的教训刻骨铭心。他认为自己懂得外交政策与国内政治这两个不同领域之间的联系:1891年谢尔盖·维特伯爵(Count Sergei Witte)发动的宏大铁路计划"纯粹是装模作样,仅仅满足了那位政治家无限的野心,对俄国的真正福祉毫无益处,俄国地广人稀,技术和经济都不发达"。[39] 1905年实施的系列改革被欧洲各地的开明人士欢呼为宪制民主的胜利,是发起进步的社会改革的希望。这些改革看起来似乎打开了与英国和解妥协的大门。正如英国驻圣彼得堡的大使哈丁吉勋爵(Lord Hardinge)所说,俄国专制制度是"一个现在仅仅处于半开化和野蛮状态之中的过时的东西,不可避免地必须加以改良,以便适应过去 20 年里俄国在文明方面所取得的巨大进步。"[40] 与那个专制制度本身相比,这些改革看上去确实具有革命性。在 1905 年之前,沙皇享有完全的法律自由,为所欲为。当时俄国的《基本法条》承认,沙皇作为国家元首和政府首脑可以按其意愿在"他的"国家自由行事。尽管早在一个世纪之前(在拿破仑战争期间的 1810 年作为对要求改革呼声的回应)就设立了国务会议,沙皇仍然可以不受约束地接受或者拒绝他自己任命的高级官僚们的建议。1905 年之前,沙皇的权力是完全的,不受限制的;除了通过沙皇本人的权威,没有任何立法或者废除法律的机制。那就是这个专制制度的本质,这就是为何欧洲各地(包括俄罗斯帝国内部)的开明和进步人士都把沙皇专制制度看成欧洲政治和社会改革的最大障碍。与罗曼诺夫王朝的专制制度相比,霍亨索伦王朝和哈布斯堡王朝的皇帝们在其中活动的制度便显得"符合宪法",进步和现代。

宣布创立杜马的《十月宣言》(1905 年 10 月 17 日)故意让许多细节语焉不详,但是很显然,不管选举制度如何设立,不管议会或议院的职能和职责如何界定,新的制度将意味着对沙皇权力的限制。不甘心自己权威被缩小的尼古拉二世坚持自己的权力依然没有限制,自那年 10 月开始,他竭尽全力对抗新制度对他施加的哪怕是温和的限制。不过,杜马是作为俄罗斯帝国唯一的立法机构而设立的,在1906年对《基本法条》的修改接近于使这个帝国有了第一部正式宪法,开始设立立法程序,而且界定了相关人员的职能。只有杜马才能启动立法;杜马通过的法律将呈递给国务会议批准,最后呈递给沙皇签署颁布。但是杜马在很多方面受到限制:政府的某些问题不能在杜马辩论,预算的某些项目不属于杜马管辖的范围,而且最重要的是,国防和外交事务将仍然是沙皇及其大臣们的专属领域。[41]

在1905—1906年的政治动荡和改革之后的几年里,沙皇成功地重建了他的大部分权威,自由派开明人士要求设立议会制的主张仅仅得到部分的满足。但是杜马的存在确实提供了一个借以表达意见的机构,沙皇及其顾问们不得不对这些意见给予一定的注意。杜马的权力范围狭窄,上院,即国务会议,可以宣布杜马的许多努力无效,但是议会对预算有一定程度的控制,而且可以就广泛的议题发表意见。在议会外面的公众舆论的言论更加激烈,其基础比以前更加宽广,尽管对言论自由仍然有限制,而在西欧这些对言论自由的限制似乎无法忍受。而在另外一方面,1905年革命的经历使得那些保守派和沙皇本人极其害怕爆发新的革命,深深地提防任何要求增加杜马权力的主张。然而,尽管工人们不断罢工,而且有蔓延之势(在1914年7月法国总统访问圣彼得堡之际就发生了一次大罢工),自1905年以来,直至一战爆发,俄国的经济得到了长足的扩展;而且看上去取得了一定程度的政治和社会稳定,这尤其是1906—1911年担任首相的彼得·斯托雷平(Piotr Stolypin)推行的土地改革的结果,尽管在1911年他被刺杀也许提醒世人当时的表面稳定是多么的脆弱。尽管在1914年又有关于

"革命"的议论,但是在连续几年获得好收成以后俄国的农村很平静,圣彼得堡和莫斯科的罢工偃旗息鼓了,军队和警察依然完全忠于政府。[42] 由于俄国政府体制的结构,很难评估塑造了俄国外交政策的种种压力的相对强度。沙皇仍然是"全俄罗斯专制君主"(尽管自由派反对使用这个头衔)。[43] 尼古拉二世既固执,又易受影响,有些时候他很容易被他听到的建议所左右,有些时候他却执拗地坚持一种决策,而不是面对争论和激烈交锋。大臣会议没有集体责任,大臣们个人不对杜马负责,但是仅仅对沙皇负责。而且,大臣会议依然代表俄国传统的拥有土地的上层贵族和官僚阶级:在1894—1914年尼古拉二世任命的大臣中间90%出身于贵族世家,只有6%来自职业和商业阶级的家庭。[44] 因而他们的影响在很大程度上取决于他们的个性和他们与同僚的关系。不过,新的大臣会议利用了这样一个观点,即鉴于俄国外交和帝国政策造成的灾难,大臣们有必要对这个领域给予密切的注意,以免1905年革命死灰复燃。[45] 斯托雷平担任大臣会议主席期间能够推行他的一系列政策,而且试图与杜马在一定程度上共同合作。他的继任者科科夫佐夫以前是位能干的财政大臣,但是由于反动程度不够深而遭到同僚们越来越多的批评,因而他失去了沙皇的信任,或者说,更重要的是他失去了皇后的信任,因为他竟胆敢批评长老(staret)(神职人员)拉斯普京在宫廷的影响。此人是位淫荡无度、拉帮结派的僧侣。尼古拉二世和皇后相信,罗曼诺夫王朝的未来就依靠他对年轻王子的血友病的治愈力和表面上对病情的控制力了。德皇威廉二世肯定认为沙皇受他妻子亚历山德拉·费奥多萝芙娜皇后(英国维多利亚女王的孙女,一直自认为是英国人)和他的母亲玛丽亚·费奥多萝芙娜皇太后(丹麦的公主)的影响。威廉二世认为这位皇太后一心想为普鲁士得到丹麦的石勒苏益格和荷尔施泰因报仇。[46]

科科夫佐夫被以前的一位首相、年迈而又无足轻重的伊万·戈列梅金(I. L. Goremykin)所取代。一个英国的观察者把这位前首相描述为"其态度就像一个男管家,忠实地把主人的指示传达给其他佣人,因而是沙皇和皇后都能接受的人选。"[47]他把自己则描述成"像一件旧毛皮大衣。一年里好几个月我都被放上樟脑丸装在箱子里。现在不过是场合需要我了,就把我拿出来应付一下。场合一过去,再把我装进箱子,直至下一次需要我"。[48]尽管他成功地与杜马维持了过得去的关系,但他当然对俄国政策的总方向不起任何决定作用。1914年3月的一个小插曲足以表明俄国政府内部的混乱。一份德国报纸发表了一篇文章,攻击俄国的重整军备,指责俄国具有侵略意图。俄国的报纸上发表了两份回应文章,一篇由陆军大臣苏霍姆林诺夫直接授意起草,另外一篇则由外交大臣萨佐诺夫主持起草。第一篇回应称,"俄国希望和平,但为战争做好了准备",而且补充道,如果必要,俄国陆军会立刻发动攻势。然而第二篇回应文章的口气却缓和得多,而且争辩道,尽管报纸上唇枪舌剑,俄国与德国的友谊应该保持。正如英国驻俄国大使所评论的那样:"为了回应德国报纸的攻击,俄国陆军大臣和外交大臣会主张不同的应对方法也许并不令人意外。但是耐人寻味的是,本月10日他们都受到沙皇的接见,而且在两天之后竟然会发表两篇如此互相矛盾的文章。"[49]

沙皇本人不仅收到各种非官方顾问们的建议,而且也收到了他家庭成员和宫中人员(当然也包括拉斯普京)类型相反的种种建议。此外,不管多么不情愿,他也不得不考虑一下杜马的意见。尽管斯托雷平在对杜马选举投票权做了非常严格的限制的情况下进行了新的选举,并且对杜马的权力也做了约束,新一届杜马里还是有人发表了批评意见,包括对俄国驻外大使和陆、海军指挥官们的能力的评论,甚至这些评论对象中间有些是皇室成员。但是还有其他一些团体,如贸易、工业、金融和农业代表的委员会,贵族联合会和其他一些协会,也表达了他们的观点,并且希望发挥影响,与此同时充满活力的报纸则反映了杜马中各政党的观点。

在1912年秋天选举产生的第四届杜马似乎为现存政权提供了一个支持的基础。两个自由主义政党(比较保守的十月党和比较激进的立宪民主党)政见相去甚远,而且他们各自内部也存在政见分歧。十月党人准备接受现存宪法的种种局限,并且依据宪法行事,而立宪民主党人则致力于宪法改革,要求赋予杜马真正的权力,要能够制约帝国政府的大臣会议。对于组成第四届杜马中最大的政党派别的各个保守团体来说,哪怕是最温和的改革要求都是无法忍受的。他们中间的一些人反复敦促沙皇进一步削减议会的权力,而且像德国议会中的部分议员向威廉二世施加压力那样,要求尼古拉二世从上层发动一次政变,一劳永逸地把反对派镇压下去。沙皇倒是很想采纳这个建议,尤其是在杜马中有人批评拉斯普京在宫廷中施加影响之后(尽管没有任何证据表明在1914年之前他发挥了任何政治作用或者影响),[50] 但是最终他还是接受了大多数大臣们的提醒,没有采取违犯宪法的行动。因此,在1914年,俄国仍然是一个专制国家,但是在这个专制国家里还有机会发表一些不同的观点,还有一些可以对沙皇施加影响的渠道,后者将做出最终决策，并认为他直接对上帝和他的子民负责。在他的心目中普通民众当然与他们在议会中的代表们是不一样的。（确实，拉斯普京能够吸引沙皇家庭的原因之一就是沙皇倾向于把他看成"一个虔诚的，头脑简单的俄罗斯人"，使沙皇能够与"俄罗斯人民生活的疾苦"保持联系。）[51] 沙皇与皇后都认为他们自己代表"真正的"俄国——农民俄国——的利益，而不是杜马中城市化的自由民主党派的利益。1913年，在举办规模宏大的纪念罗曼诺夫王朝建立300周年的活动期间，沙皇夫妇到俄国农村旅行时，成群结队热情欢迎他们的农民给他们留下了深刻的印象："你看我们的大臣们是多么的怯懦。他们把时间花在对沙皇谈论革命，借以吓唬他，而民众的心都向着我们，这对于我们来说足矣。"皇后让尼古拉放心，"我们见到了真正的俄国，忠于我们的俄国。"[52]

尽管俄国政治阶级中几乎每个人都深信国内稳定或者国内改革与外交政策之间有着密切的联系，但是对那个联系究竟是什么的看法却有相当多的分歧。因此，右派中有许多人对与法国和英国走得很近心存疑虑，因为这样的联盟有鼓励俄国自由主义思想的危险。为了罗曼诺夫王朝的稳固，这些右派宁愿与德国结盟，与德国一道反对他们所称的西欧犹太自由主义。[53] 年迈的保守派官僚彼得·尼古拉耶维奇·杜尔诺瓦在1913年呈递给沙皇的一份著名备忘录最明晰地表达了这群人的观点。他认为俄国与德国没有真正的利益冲突，两国都对使波兰人保持平静感兴趣，俄国不会挑战德国的海洋利益，两国的经济利益紧密地联系在一起，最重要的一点是这两个国家是"文明世界里坚持保守原则"反对英国和法国民主政体的代表。[54] 右派中其他更具民粹色彩的团体如"俄罗斯男性联盟"则推崇具有斯拉夫色彩的受民众欢迎的专制主义,希望恢复"他们想象的曾经在莫斯科公国存在过的沙皇与其子民之间的亲密关系"。[55] 这些团体吹捧官方的"专制、东正教和民族"三部曲,对俄国的文化生活的世界主义倾向,犹太人和帝国内其他非俄罗斯族人的背信弃义感到失望悲痛。1907 年以后,右派分子和温和派联合起来组成民族党(主要来自西部边疆地区),主张帝国的统一,在帝国内的各民族中俄罗斯族优先,反对给犹太人平等权利。在许多右派的心目中,日俄战争的后果挥之不去,他们也认为战争也许会再次导致革命。斯托雷平深信,"使俄国被拖进欧洲大战是不可取的"。[56] 而科科夫佐夫在 1913 年对英国驻俄大使说:"时下有关俄国内部形势的种种报道太夸大了,并且他说只要和平能够维持,就没有什么可害怕的。"[57] 在另外一方面,许多保守的民族主义分子也深信,如果俄国要存在下去,其专制制度要维持下去,它必须重振其强国地位,洗刷被日本打败的耻辱。

1909 年以后十月党人开始失去权力,该党开始分崩离析。这使斯托雷平认为奉行更加强劲的民族主义政策也许能够使他把右派、温和右派和民族主义分子团结起来支持政府的各项政策。通过把十月党人维护俄国声誉和国际地位的宗旨结合起来(该宗旨使他们不太可能反对政府的政策措施),他或可取得杜马中多数的支持。因而斯托雷平开始推行把俄罗斯人的权利凌驾于其他民族之上的政策,尤其是在波兰和芬兰。改革被逐步放弃,以有利于明确肯定俄罗斯人的优越地位。俄国政府在平息 1905 年之后公众普遍的不满情绪方面取得了成功,非但没有在俄国产生犹豫和不稳定,反而恢复了政府的自信,催生了"俄国许多政治和社会精英中间的非常得意的情绪:他们战胜了几代人以来对他们地位的最严重的威胁"。[58] 在远东军事上的惨败动摇了沙皇俄国政府的根基,几年之后,俄国的统治精英们便认为他们已经成功地加强了其政治和行政管理体制,并且强大到这样一种程度,即他们可以再次憧憬建立对君士坦丁堡、达达尼尔海峡和博斯普鲁斯海峡的控制。所以,尽管右派中的许多人出于诸多政治原因主张维持与德国和奥地利的传统王朝联系,俄国的民族主义-帝国主义野心的复活很可能导致它与德奥两国的冲突,对共和制法国和自由主义英国的更大的依赖。

而在另外的一方面,俄国自由派人士希望与法国和英国关系的加强将增加国内改革的压力;他们也准备设想,比如在波兰,作出让步,旨在赢得法国和英国自由派的支持,在这两个国家里,左翼舆论对与俄国结盟一直持批评态度,尤其是由于斯托雷平削减了1905年革命的初期收获。自由派和保守派都认为俄国对巴尔干诸国有直接的利益,尽管出于相当不同的原因。这些不同的态度渐渐被贴上了"泛斯拉夫"和"新斯拉夫"的标签。泛斯拉夫主义者继承了19世纪70年代和80年代他们前辈的传统,在他们看来,俄国政策的目的应该是把俄国的影响扩展到达达尼尔和博斯普鲁斯海峡,发挥斯拉夫基督徒保护者的作用,这样从奥斯曼帝国统治下解放出来的斯拉夫人就会完全依靠俄国。政治上,斯拉夫优越论者既不是自由派,又不是保守派,而是反动派,他们向后看,把彼得大帝之前的俄国当作他们的理想境界,也就是说要回到俄国企图效法欧洲,使国家现代化之前的时代。自由派知识阶层中的一个重要组成部分反对这种向后看的思想,他们代之以提倡"俄罗斯之魂",后者将把他们跟西方区别开来:他们认为俄国有潜力获得光荣的未来,正是这种潜力将同时把他们从欧洲的影响和俄国历史的禁锢中解放出来。他们还认为传统的俄罗斯民族主义失败了,俄国农民挣脱农奴制的法律枷锁将会在新生的俄国产生一种新的集体的灵魂。而这种新的灵魂又会激励他们的斯拉夫各兄弟民族的人民。[59] 在这批新一代的自由派人士中间有些人以更加灵活的态度看待俄国与其他斯拉夫民族的关系,并且憧憬俄国在独立的各斯拉夫民族的自由联合中起着领导作用。在他们看来,支持国外各斯拉夫民族的种种向往和追求,这与国内改革的思想互相联系在一起。正如一位俄国的新闻记者对法国大使所说的那样:"泛斯拉夫党人是反动派,新斯拉夫党人是立宪派。"[60] 在重新建构中欧问题上,沙皇本人有时就受到类似主张的影响。1913年4月他告诉异常困惑的英国大使,他认为哈布斯堡帝国的崩溃瓦解仅仅是一个时间问题:

> 他谈到了将来总有一天我们将会看到一个匈牙利王国和一个波希米亚王国,而南部斯拉夫人可能并入塞尔维亚,特兰西瓦尼亚的罗马尼亚人并入罗马尼亚,操德语的诸省统统合并进德意志帝国。德国就不会有个奥地利把她卷进因巴尔干问题而爆发的战争中去了。沙皇陛下说,这样一个格局将有助于和平。[61]

因此,到了1914年,在俄国形成的一种举足轻重的舆论认为,俄国必须在东南欧扩大其影响。关于俄国什么时候才能做好战争准备还有意见分歧。关于俄国是与德国合作还是与法国和英国合作才能更好地追求自己的目标也有意见分歧。但是在俄国统治者的小圈子里，不管某些政客是多么害怕战争的后果，大家越来越强烈地觉得俄国国内的发展取决于成功的而又具有扩张性的外交政策。俄国外交部一直致力于扩展俄国在巴尔干地区的影响，鼓励巴尔干地区两个互相竞争的斯拉夫国家保加利亚和塞尔维亚在彼此之间建立联盟。这个联盟已经导致了第一次巴尔干战争的爆发。"巴尔干同盟"国家的胜利受到了俄国人的欢迎，俄国国家杜马通过了一个热情洋溢的动议，祝贺保加利亚人取得的胜利。巴尔干同盟的瓦解，以及保加利亚与它先前盟国之间的战争，使得沙俄政府更加急于为在巴尔干地区发挥俄国影响重新建立一个新的基地。俄国外交部试图说服法国人给保加利亚人一笔贷款，但是德国人先下手为强。当德国军队派遣以利曼·冯·桑德斯为首的军事代表团赴土耳其时，俄国的法国盟友没有给予俄方足够支持，这被视为对俄国外交政策的沉重打击。再者，慑于国际压力，俄国也未能在第二次巴尔干战争结束时的领土谈判中给予塞尔维亚完全的支持。这些外交上的失败在1914年7月促使包括沙皇本人在内的许多俄国人深信，俄国政府的国内和国际信誉取决于在这次危机中给予塞尔维亚毫不含糊的支持。沙皇认为如果他做出任何让步，"俄罗斯将永远不会宽恕其君主"。[62] 至于其他方面，他还说："如果你们看到我如此平静，这是因为我有一个坚定而又决绝的信念，俄国的命运，我自己和我家庭的命运掌握在上帝的手中，是上帝把我置于沙皇的位置上。不管发生了什么，我将俯首听命于上帝的意旨，心中只想为上帝赋予我的这个国家服务，绝无任何其他杂念。"[63]

当时俄国存在两种截然不同的观点。一种观点认为,强有力的外交政策,甚至一场战争也许能够激发出潜藏着的对沙皇的忠诚。相反的观点则认为战争可能引发一场革命。在对待与外国结盟的问题上也有两种相反的观点。保守派倾向于支持传统的三位皇帝(俄国沙皇、德意志帝国皇帝和奥地利皇帝)的联盟。自由派则希望与法国和英国的联盟将有益于俄国国内的改革。这些对立观点之间复杂的均衡意味着很难估量沙皇所承受的不同压力的相对强度。然而,到了1914年2月,当戈列梅金取代科科夫佐夫担任大臣会议主席的时候,在政府圈子里似乎所有人都松了一口气,战争不可避免了。在1914年2月21日的一次会议上讨论了一旦奥斯曼帝国垮台,俄国军队就登陆攻占君士坦丁堡的详细作战计划,尽管不少人希望这场军事行动不会立即付诸实施。外交大臣萨佐诺夫指出:"我们不能以为我们攻打土耳其两条海峡的军事行动不会引发欧洲的全面大战。"而俄国军方的领导人们则宣称,在攻打两条海峡的同时不可能也在西线作战。但是,"我们在西部边界的斗争胜利会决定海峡问题在有利于我们的方向上得到解决"。[64] 诚然他们仍然希望也许能够在欧洲大战爆发之前就攻占君士坦丁堡,并同意继续研究关于这次远征的作战计划,但显然俄国的外交大臣和军方领导人们此时觉得很可能爆发欧洲大战,而且这场战争可能帮助他们赢得他们长期以来梦寐以求的对两条海峡的控制,尽管他们更加希望这场危机最好推迟两年或者三年再爆发,以便他们有足够的时间完成准备。

这次会议的直接背景是由于俄国政府愈发担心巴尔干地区的

形势仍然非常不稳定,土耳其国内形势的发展将导致奥斯曼帝国的最终崩溃。然而,更加重要的原因也许是这样一种愈发流行的信念,即斯拉夫民族与条顿民族之间的冲突不可避免,这与在德国的情况相似。在几个月时间里俄国的报纸上连篇累牍地刊载反对德国的文章:比如在1914年初,右翼的主要日报《新时代》如此写道:"从现在起,我们外交政策的主要目标应该是打断我们周围日益勒紧的条顿绞索,这根绞索威胁俄国和整个斯拉夫各民族,将会给我们带来致命的后果。"[65]

俄国外交政策的一系列决策是在几乎没有理性的利弊权衡的气氛中制定出来的。种种关于战争后果及其对国内形势影响的模糊的看法、希望和担心要比对俄国战略地位的精确估计更加重要。而且,鉴于在可以称为俄国公众舆论的比较狭小的圈子里,对待外交政策和俄国与外部世界关系的种种态度与对待国内形势的种种态度难以分割地联系在一起,很难区别"国内政策至上"与"外交政策至上"之间的分野,或者很难说,在能够左右那位摇摆不定而又信奉宿命论的沙皇的两种互相对立的影响中,哪一种在战争决策中更加重要。与几乎其他任何一个列强的情况相比,更难确切指出任何单个因素决定了俄国加入第一次世界大战,也很难把俄国套进任何一个可以用来解释其他国家在1914年如何走向战争的模式。

共和制的法国的国内政治与沙皇俄国的国内政治差别很大。1871年法国的第二帝国垮台后重新建立起了共和制度,关于这种制度的最根本的东西在法国几乎没有进行过什么争论。尽管政党制度使得政治非常不稳定，该制度没有遭到任何重大挑战。1911年至一战爆发这段时间是政治上相当紧张的阶段，不仅仅因为工人罢工此起彼伏，1910年的铁路工人大罢工达到高潮，而且因为法国的政治被三大争议所主导。这三大争议是：关于选举改革的争论和推行比例代表制的提议，所得税问题，以及最重要的，推行或者更加确切地说是重新推行三年制强制兵役，代替1905年采用的两年制兵役期限。因为这些问题引起的议会内中坚团体的分化意味着，在1912年元月至一战爆发这个时期内法国政府更迭了七次，走马灯似地换了六位总理，即便是用第三共和国的标准来衡量，这种人事变动也确实太频繁了。仅仅到了1914年5月和6月的选举期间，选民之间的界线才似乎（也许具有误导性）变得更加清晰一些，民意显著地倾向于左派，法国社会党获益突出。

自从1911年的阿加迪尔危机以来，法国公众的反德民族主义情绪复活，重新唤起了丧失阿尔萨斯-洛林的惨痛记忆。随着欧洲紧张气氛的加剧，许多法国人对莱茵河对岸不安分的邻国变得更加警惕，对丧失的两个省份比数年前更加敏感。巴黎的剧院里上演的爱国剧，如《法国人之心》《服役》，或者《阿尔萨斯》（正如英国驻法国大使也注意到的那样，剧中人物对德国人的强烈谴责"赢得了观众们雷鸣般的掌声"）[66]，都非常成功。1913年4月一架德国的齐柏林飞艇迫降在吕内维尔，之后不久德国商人在南锡遭到袭击。这两起事件使法国公众紧张骚动。上述这些情况不断向德国驻巴黎的代表们提醒着法国的民意现状。在另外一方面，法国民众大声疾呼，反对三年兵役制，左派们反复声称这在他们看来是军国主义的威胁，他们将坚决抵制。这些情况也许暗示对法国舆论的现状能得出不同的结论。如果任何一届法国政府想生存下去，它就多多少少不得不将其外交政策建立在这两种极端意见的平衡之上。

1913年1月雷蒙·普安卡雷当选为总统时，法国大众民族主义的复活得到了表达。尽管普安卡雷此前已经当了一年总理，他得以从总理办公室搬进总统办公室是通常的政治手腕和议会操控的结果，但是对于法国公众来说，他的当选似乎预示着将会对德国采取强硬路线和大力彰显法国在欧洲的地位。普安卡雷是在洛林出生的，这个事实足以解释在大战爆发之前、战争期间和战争结束后他的外交政策。他对法国外交部和一些驻外大使总是持蔑视态度，决心亲自影响外交政策，并且着手改组外交部。担任总理的时候他就致力于加强陆军和巩固与俄国的联盟。尽管他急于确保一旦法国与德国开战，俄国人就立即采取军事行动，他同时希望避免在本国人民不会支持而又仅仅让俄国获益的情况下使法国卷入巴尔干地区的战争。如果非要开战，那原因必须是一个在法国公众看来对本国构成直接威胁的问题。由于这个原因，法国政府有时在俄国人眼中似乎是相当不可靠的盟友，尤其是在巴尔干危机期间或者德国军事代表团抵达君士坦丁堡之际，就像在阿加迪尔危机期间在法国人看来俄国人似乎是不可靠的盟友一样。普安卡雷深信，对于法国来说，与俄国的联盟至关重要，一旦德国挑起战争，法国将可能在俄国的支持下收复失去的两个省份。因此，他需要消除俄国人的疑虑，让他们放心，尽管法国似乎对俄国在巴尔干地区的一些关切显得不太热心，法国对联盟应尽的义务还是认真的。这就是1913年法国向俄国提供一笔新贷款的原因，这笔钱旨在帮助俄国人延伸他们的战略铁路；这也是法国政府欣然抓住德国在

1913年1月扩充陆军的机会延长法国的兵役期限的一个原因；这也许也能解释为什么在担任总理一年之后，普安卡雷甘愿参加共和国总统的竞选，尽管当选总统后看上去将放弃实权，仅仅履行一些纯粹礼仪性的职能。他深信他能够营造一种民族团结一致的气氛，而且准备为了达到这个目的把总统的特权使用到极限。国内政治必须服从于外交政策。

所以，在1913年3月，法国政府宣布它将在议会提出把兵役期限延长至三年的法案。法国民众普遍害怕德国人大规模的入侵，政府充分利用了民众的这一恐惧心理，但是法国军方领导人们有更加精确的担忧。他们担心德国可以立刻动员起来的部队要比法国多，可能在法国军队组织就绪并能够随时开展"17号计划"所想定的全面进攻之前就发动突然袭击，因而在战争爆发时法国军队有更多训练有素的士兵正在服役至关重要。法案在议会的通过也将给俄国人确凿的证据，证明法国对盟国的忠诚、它的决心和军事能力。

某些人在当时和后来认为，随后激烈的公众辩论似乎反映了法国舆论的深刻分歧，其程度就像德雷福斯案件引发的分歧一样。比如，德国驻巴黎的大使在1914年6月向国内报告称：

> 赞成和反对三年制兵役的斗争事实上变得与下面这场斗争同等重要了：是保证法国确立在国内外都受到尊重的强大国家制度，还是让法国未来成为爱国主义观念崩坏的社会主义国家，就像当年判决德雷福斯有罪还是无罪变得等同于宣称与反动派同流合污，还是与进步的共和派与时俱进。这样

一来，法国便正处于国内形势发展的关键点上，国内的发展势必影响其外交政策。[67]

然而，尽管左派激烈地反对三年制兵役法，当时的形势要比乍看起来复杂得多。有些人准备把这项法律当作迟早要作废的短期应急措施来支持：陆军领导人满足于较为缓和地增加兵员，而且他们担心短时间内征召很多新兵，都没有足够的营房可供分配。包括社会党领导人让·饶勒斯在内的许多社会主义者赞成加强国防，但是要求所采取的措施应是对整个国防体制进行彻底改组的完整计划的一部分。支持增加陆军规模的法国人分裂为两派。一派认为士兵服役时间延长不到一年就够了，要么在征兵时更加具有选择性。而另外一派则完全反对任何看起来歧视某个阶级公民的措施。再者，扩军的成本问题意味着服兵役期限的延长与通过征收所得税来增加财政收入的需要紧密相联，因而出现了这样一个悖谬情况，许多人（尤其是种种激进团体中的人士）只赞成目的，却不准备投票赞成达到目的的手段。[68]

但是，即使在服役期限延长问题上的意见分歧并不像有时看起来那样泾渭分明，毫无疑问的是，对于支持者们来说，1914年选举的结果极其令人担心，对于普安卡雷总统本人来说尤其是这样。他有时谈到过，如果有任何取消这项法律的动议他就辞去总统职务。1914年6月，在选择总理时，他决心找到这样一位人选，能不顾社会党人在新一届议会席位的增加，全心全意致力于维持三年兵役法。然而，普安卡雷提名的总理人选在入主办公室仅仅三天之后就在议会中失败了，这位总统被迫接受勒内·维维亚尼担任总理。维维亚尼先前曾经是社会党人,现在是独立人士,他对三年兵役法的尽心程度让人难以捉摸。他的摇摆不定、情绪化和缺乏外交经验导致普安卡雷在此后的几个星期里对他进行了严厉的批评:他和维维亚尼在访问圣彼得堡后乘船返回法国,在途中他在1914年7月27日的日记中写道:那天他"花了好半天时间对维维亚尼解释道,对待德国的软弱必定使形势复杂化,消除危险的唯一办法就是显示出坚定的韧性和血性。但是他惶恐不已,坐立不安,一刻不停地口吐欠考虑的字眼或者词语,这暴露了他对外交事务惊人的无知"。[69] 直至第一次世界大战爆发之前,三年兵役法的前途似乎仍不能确定,因为为了确保议会的支持,维维亚尼的政府宣布它预计兵役期限最终将会缩短。

尽管先前十年里极端的反军国主义运动现在已经式微,相当多数人签署的反对三年兵役法的请愿书也足以使法国当局忧心忡忡,与此同时各级工会和社会党,至少在理论上,致力于组织反对战争的总罢工。然而,人们很容易过分强调在一战爆发之前的三年里法国军国主义和反军国主义两股力量的极端言论的意义。也许那位对法国政坛的精明观察者,德国驻巴黎大使冯·舍恩男爵在1914年2月所写的见解是中肯的:

> 寻求复仇的好战欲望……现在过时了。它仅仅在一定程度上在理论上存在着。1871年的创伤在所有法国人的内心仍然隐隐作痛,但是谁也不愿意为了阿尔萨斯和洛林使自己或者儿子冒生命危险,除非出现这样一种形势,它可能为这种冒险展现出极其有利和相当不错的前景。[70]

普安卡雷的政策的目的就是确保一旦战争打响，这场战争所处的形势将恰恰提供那位德国大使所指的"极其有利和相当不错的前景"。依照普安卡雷的观点和他当上总统后那些孜孜不倦地聆听他意见的政府部长们的观点，只有加强与俄国的联盟和巩固与英国的关系，才能获得这样的前景。但是他也致力于营造一个民族团结的气氛，而且他的两个政策目的有时似乎相互不协调。不管怎么说，国内政策与外交政策不可分割地交织在一起，历史学家难以把其中之一置于另外一个之上。对三年兵役法的抵制和1914年选举中左派获得的胜利显示出，任何一届法国政府将其国内和外交政策呈现为致力于和平的政策是多么重要。在俄国驻巴黎大使1912年发回国内的一份报告中，其引述的普安卡雷的言论似乎准确地总结了他的政策，尽管普安卡雷本人后来否认讲过这些话："法国毫无疑问是爱好和平的国家：她既不寻求战争，也不希望战争，但是德国侵犯俄国将会立即改变这种心态。"[71]

普安卡雷的外交政策和他施展政治手腕的自由所受到的限制是由整个法国在政治上的分歧决定的，可是1914年7月和8月的一系列事件表明他的政策毕竟是成功的，而且法国舆论的分歧并不像人们所担心的那样深刻。1914年7月31日一个民族主义狂热分子谋杀了社会党领导人让·饶勒斯，尽管饶勒斯此前公开支持政府对危机的处置。谋杀事件不但使左派失去了其最有能力的领导人，而且给了普安卡雷和维维亚尼向法国社会党人做出伤感姿态的机会。政府有一份名单，上面列出了在动员开始进行时要逮捕的左派鼓动分子的名字。当政府决定不按照名单进行抓捕时，它已经看得很清楚，反军国主义的力量被夸大了，动员将不受社会党人或者工团主义者的干扰而按计划进行。然而,这些法国国内的分歧直至那个时候一直使普安卡雷为了达到自己的目的采取消极等待的态度。所以从某种意义上说,创造可以被法国认定为有利的形势的主动权一直在俄国和德国手里。事实上,法国国内的政治分歧在长期导致政府部长队伍不稳定的同时,也使凯道赛的法国外交部大楼里的官员们成为欧洲诸国外交官中权力最大、最独立的,在七月危机期间,他们自始至终都坚决地坚持和平方针。[72] 法国政府没有挑起战争或者致力于战争,但是普安卡雷的一系列政策旨在确保一旦战争爆发,其形势将使法国最有胜算。

170　　在英国,对于自由党政府来说,与法国的协约不仅是深得人心的成功,而且是该党的一笔政治资本,而与俄国的协约却被左派抨击为放弃自由主义原则。1905年上台的自由党政府,其支持者中的许多人坚持理查德·科布登、约翰·布赖特和(在某种程度上)格莱斯顿的传统,认为力量均衡是一个危险的概念,在军备上的支出既浪费金钱,又不道德,英国的政策应该维护自由贸易,不使英国自己卷入外国的纠缠之中。尽管这些自由主义信仰已经遭到削弱,但是这个问题在1914年依然受到关注。就优先花钱在社会福利上还是在海军建设上,自由党政府内部一直进行着激烈的争论。在1914年7月的最后几天里,在英国政府的内阁中也上演着一场舌战,几乎到了最后一分钟都难以确定,一旦英国决定站到法国和俄国一边参加战争,英国政府会不会分裂。

　　在1914年之前的几年里,英国政府面临着一系列国内政治危机。此前,上议院否决了政府提交的预算草案,后来一项限制上议院权力的法案力排众议获得通过，这引发了一次重大的宪制冲突。劳资纠纷此前已开始增加，工会组织显露出了新的斗争精神。争取妇女选举权运动的激进分子所采用的策略给执法机构带来了种种新的问题，因为妇女们在暴力游行示威期间用铁链把自己拴在栏杆上、冲击公共活动、放火焚烧政府建筑和邮箱，被逮捕后她们进行绝食抗议，迫使当局要么给她们强制喂食，要么暂时释放她们，然后再次逮捕她们。对于一个自由社会和自由党政府来说，这两种处置她们的方式都是令人极度反感的。最后，给予爱尔兰自治权的议案在英国议会获得通过导致了关于爱尔兰北部乌尔斯特地区前途问题的僵局，并且人们在讨论着是否会发生武装起义和英国在爱尔兰的军队可能背逆政府。阿诺·约瑟夫·迈耶认为，英国的形势和德国的存在着相似之处，那些觉得受到左派的社会主义者和激进分子威胁的"超级爱国者们"加入了"关税改革协会""海军协会"和"全国兵役协会"之类的组织（恰似德国的右翼分子加入"泛德意志协会""海军协会"和"殖民协会"一样），竭尽全力拥护支持"协约"的政策。但是大卫·法兰奇（David French）却认为，这些右翼团体与阿斯奎斯政府内阁里的大臣们一样，均认为战争将产生经济混乱，并且会增加政治上的分歧，导致他们竭力维护的公共秩序崩溃，而且"由于战争给英国工人阶级提供了检验他们爱国精神的实在机会，这恰恰会给英国带来右翼们希望避免的问题"。[73]

相反，1914年最后危机之前的几年砥砺使英国内阁的大臣们变得坚定起来：他们不断听到关于工人运动将导致经济混乱的可怕警告，但是他们经受住了那条战线上接二连三的暴风骤雨，而且

"得以继续执政掌权"。[74] 当他们在7月做出决策的时候,这些大臣们看不到参加战争有任何好处,当然打仗也没有什么可怕的。在1914年之前的几年里,事实上很难在这些英国国内问题与外交上的一系列决策之间找到任何联系。英国政府内部在外交政策问题上的意见分歧,并不总是与在其他种种问题上的诸多分歧相对应。比如,爱德华·格雷爵士在政府的激进成员眼中给予法国过多的承诺,并且在英德对抗问题上过于强硬,但是由于他支持给予妇女普选权而遭到更加保守的内阁同僚们的批评。国内问题往往使人们不关注国际事务,因此外交政策问题被交由外交部和职业外交官们处理。大部分时间里,对外交政策的批评局限于被A.J.P.泰勒称为"麻烦制造者"[75]的一小撮激进分子。在英国政府内部,围绕把钱花在海军扩建上还是花在社会福利上,两种对立意见争吵不休。反对党保守党敦促政府进一步增加海军军费开支,而政府的主要问题却在于它与其激进支持者之间的分歧,这些支持者呼吁政府削减军备,并且与德国达成谅解。

1911年阿加迪尔危机发生的时候,自由党内部曾经有一阵子担忧,生怕该党领导层背着公众承担对外国的义务。已经退休的前外交事务常务副大臣托马斯·桑德森勋爵(Lord Sanderson)在1912年1月指出:"在自由党内对格雷有相当程度不满。一大部分不满是他热衷于干涉自己并不理解的他人事务的必然结果。但是一部分不满出自缺乏信息。"[76] 劳合·乔治后来愤愤不平地抱怨说,格雷没有向内阁通报欧洲的形势,可是人们怀疑那个时候每当讨论外交事务时,劳合·乔治并不总是注意倾听,至少直至阿加迪尔危机结束之前是这样。还有一点必须提及,格雷有些时候肯定喜欢与一小帮亲近的同僚们在一起讨论他的政策，而不是与整个内阁一起讨论。由于他未能与更加宽广的圈子交流，他至少在1911年11月的一个场合被迫向议会保证，他没有在同僚和他的党不知情的情况下向外国承诺英国将参加战争：

> 任何一届英国政府都不能在没有舆论支持的情况下决定走上战争的道路，而且现存的真正让议会承担任何这类责任的保证，都被包含在以前提交给议会讨论批准的条约和协议之中。对于我们自己来说，自从我们进入外交部以来，我们没有签订过任何种类的秘密条约。[77]

格雷不诚实不坦率到什么程度呢？他误导同僚的能力究竟有多大呢？对这些人们众说纷纭。他拒绝调查了解军方领导人们已经安排好的任何事情的细节。这种做法被解释为不称职的表现和不老实的证据。事实上格雷所承受的种种政治压力反对可能把英国拖进欧陆战争的任何政策，尽管他本人预见到了使英国可能有必要参加欧洲战争的一些情形。

在第一次世界大战爆发的时候，英国政府面临的最糟糕的国内问题是乌尔斯特问题，而且这是一个对英国的国防政策有着直接影响的问题。针对英国政府关于爱尔兰自治的动议而发起的抵制运动，其势头正在扩大，而且得到了议会中的反对党保守党的积极支持，因此，乌尔斯特新教统一派决心抵制在都柏林的由罗马天主教徒多数所控制的政府，他们与自治支持者之间看上去很可能爆发内战。1913年12月31日，英国陆军部的作战局局长亨利·

威尔逊爵士写道:"乌尔斯特已经迅速成为国家生活中唯一具有主宰性和直接的因素。"[78] 随着七月危机的到来,乌尔斯特与国际形势之间的关系一直萦绕在阿斯奎斯的心头,7月24日他写道:"我们离一场真正的世界末日大决战的距离已经可以测量或者可以想象了,那场大战将使乌尔斯特问题和民族主义志愿者们显得十分渺小。令人高兴的是,我们似乎没有理由不袖手旁观。但是这难道不是一个令人毛骨悚然的前景吗?"[79] 两天之后他又写道:"这是以往四十年里最危险的形势。这个形势也许会有顺势使乌尔斯特内战的血腥画面淡出人们视野的效果。"[80] 然而,这并不是说英国政府在1914年7月的种种行动旨在故意用国际危机来分散人们对爱尔兰冲突的关注。

乌尔斯特问题引起的危机提醒英国政府,一旦战争爆发爱尔兰将会变得多么脆弱,自治问题给联合王国臣民们的忠诚施加了何等压力。1914年初,都柏林城外卡拉赛基地驻军的军官们就已经相当清楚地表明了他们的立场,他们威胁宁愿辞去他们的军官委任,都不愿意通过武力把解决方案强加于北爱尔兰的新教徒多数。到了1914年年中,形势变得更加严峻。就爱尔兰南部而言,英国政府已经认识到5年之前的看法已经不适用了。在1909年,英军驻爱尔兰部队的指挥官曾经写道:"可以安全地把爱尔兰当地的防务交托给爱尔兰士兵的时候现在已经到来。"[81] 但是在1914年,英国人普遍认为2.4万名爱尔兰人预备役士兵应该用于遂行海外任务,而英国本土的部队应该去驻守爱尔兰。其结果是英国远征军士兵中间相当一部分是爱尔兰人,而且他们的行为证明,英国人在这个问题上仍感到担心是多余的。[82]

第五章　国内政治至上

尽管如此,在1914年7月,在爱尔兰存在着真正的暴动威胁。在7月26日,当国际形势的严峻性变得很清楚的时候,2.5万支德国制造的步枪在都柏林附近从船上卸下。这批武器是爱尔兰激进民族主义分子厄斯金·查尔德斯(Erskine Childers)从德国汉堡采购的,具有讽刺意味的是,他正是《沙漠之谜》(1903)的作者,该书是描写德国的反英阴谋的最吸引读者的流行小说。但是在乌尔斯特,积极活动分子也早在1914年1月就开始一直忙于从汉堡购买武器,而且在4月就有一批3万支步枪交货了。统一派政客们,其中包括国会议员,甚至甘心使用这样的词语,如:"假使乌尔斯特人被排除在联合王国之外,我还不如改换门庭,向德国皇帝表示效忠呢。"或者还有:"德国和德国皇帝要比约翰·雷德蒙德、帕特里克·福特和莫利·马圭尔的统治更加可取。"这个观点被概括在这样一种表达中:"如果新教徒乔治不这样做,那么新教徒威廉就会。"[83]事实上尽管德国政府对于爱尔兰问题感兴趣,而且确实关切,但是它不赞成某些人士(尤其是爱尔兰裔美国人)所做的建议,即德国应该进行干涉,旨在促进爱尔兰正在发端的内战。爱尔兰内部争斗的双方在德国购买武器似乎纯属私人行为。[84]

英国自由党政府面临的最强劲的压力是呼吁和平的压力,而不是叫嚣战争的压力。在格雷的内心深处,他从来没有任何疑问,一旦法德发生冲突,英国将不得不支持法国。他的理由不是基于英国国内的政治压力,而是基于对外交政策和英国作为一个世界强国的传统思维。然而,英国政府制度的影响之一是它迫使大臣们拐弯抹角,不光明正大。一个自由民主国家的自由党政客本人认为形势要求开战,但是他却不得不对选举他的人民隐瞒自己的所作所为。我们有一些更近的此类例子，比如1939—1941年间的美国总统富兰克林·罗斯福和越南战争期间的林登·约翰逊。自由党内的左派激进分子对格雷的指责是，把自由党选举上台的英国人居然不知道政府在外交政策中对外国所做承诺的程度。不管英国政府如何强调与法国签订的协议没有承诺英国将站在法国一边打仗，许多英国政府的成员们还是认为，那些协议确实承诺英国将在战争中支持法国，但是一旦自由党政府的支持者们知道了全部真相，他们就不会再支持该党了。1914年德国对比利时中立地位的侵犯给了英国政府号召自由党追随者支持战争所需要的道德理由。如果我们在几个主要交战国的政治和宪法制度中寻找导致一战爆发的责任，那么可以认定英国政府的结构要为以下情况负责任，即外交大臣格雷在他绝对有把握可以赢得本党的支持之前，不愿意公开承诺英国在战争中将支持法国。

由于这个原因，对英国与法国陆军总参谋部之间的会谈和海军之间签订的协议，以及英国与俄国海军之间的讨论，格雷故意采取模棱两可的态度。他不得不考虑到他自己党内的各种政治态度和传统。英国政府在危机期间的策略，部分地取决于如下一点：需要调和格雷、阿斯奎斯、霍尔丹及其他人基于外交策略原因认为必要的政策与自由党内阻碍那种政策的压力。英国政府参加第一次世界大战的决策基于他们对英国国际地位的看法和他们认为要维持英国的国际地位就必须出兵干预的观点。这项决策必须以恰当的方式对政府内外的自由党成员宣讲，以便克服他们出于本能的对使英国卷入欧洲大陆事务的政策的极度反感。在1914年7月的紧迫危机之中，英国的国内政治对其外交政策的实施造成了障碍，而不是对好战行动起推波助澜的作用，这种情况与意大利的国内形势导致选择中立而不是参战令人惊讶地相似。

意大利在1914年保持中立的决策至少部分地是国内形势的结果，尽管安东尼奥·萨兰德拉首相领导的政府，尤其是外交大臣安东尼奥·迪·圣·朱利亚诺，觉得"舆论"是为意大利那令盟国幻灭的政策进行辩解的有用借口。围绕和平还是战争的真正的政治争斗是在欧洲冲突爆发后约两个月才正式开始的。不过，在1914年8月至1915年那"令人惊异的五月"（意大利此时站到法国和英国一边参战）之间，意大利舆论中正在定型的许多分歧界线其实先前早就存在。实际上，企图侵占利比亚的战争已经清楚地显示出这些舆论的分歧在哪里。

1914年标志着古典自由主义在意大利开始终结，之前这段自由主义时期的主导人物是乔瓦尼·乔利蒂。许多历史学家将这个阶段批判地定性为一个腐败、议会营私舞弊和在最差的意义上的靠圆滑政治手腕拼凑中间派联合政府（*trasformismo*）的时代。其他历史学家对这个时期却持不同的看法，他们认为，在此期间乔利蒂为意大利在20世纪得以生存下来创造了条件，教育了选民（1912年实现了男性普选权，尽管受过教育这道门槛使大约35％的男性无缘选举权），允许现代经济的发展，把工人阶级融入了意大利社会。尽管1914年3月由于其支持者队伍发生了分裂，乔利蒂在议会仍然有多数支持的情况下辞去了首相职务。人们期待他不久将再度出山。在他的坚持下圣·乔朱亚诺不太情愿地留任外交大臣。即使乔利蒂下野了，他仍然是意大利议会里最举足轻重

175

的人物,因此1914年7月他对中立决策的支持至关重要。

乔利蒂时代的外交政策着重显示意大利作为大国的地位,与此同时避免可能消耗其经济和军事实力的行动。对利比亚的入侵满足了意大利人追求声誉的欲望,取悦了一群日益嚣张的民族主义分子,这群人不断抨击意大利的自由主义体制改革,认为它不能在世界上张扬意大利的伟大。在另外一方面,这场战争的代价是昂贵的:乔利蒂辞职的直接原因是需要增加税收来平衡预算,增税的建议遭到了支持和反对战争的两派的批评。还有一些人认为乔利蒂低估了战争的代价,由此使国家走上歧途,而且此后在弥补军队的损失方面行动迟缓。这些人也批评他的增税建议。

1914年3月取代乔利蒂政府的萨兰德拉政府很快就面临着一个国内问题的挑战。这个挑战既提醒政府意大利还有诸多尚未解决的社会和经济问题,又提醒政府左派强大的力量。1914年6月在安科纳爆发了反对征兵的游行示威,示威者与警察发生了冲突,导致三人死亡,紧接着一股革命性的动荡浪潮很快席卷意大利全国,并且演变成全国大罢工,即后来人们所称的"红色星期"(Red Week)。铁路停运,报纸停刊,宣告成立了若干自封的共和国(其中一些甚至颁发护照,种植自由树,尽管它们生存了仅仅几天时间);政府调动约1万到1.2万名军队官兵镇压动乱,而且1891级入学读书的人也被征召入伍了。[85]

意大利在战争爆发之后10个月的时间里一直奉行中立政策,其经济由此紧张到极点:由于工业原料贫乏,投资资金紧缺,国内市场无法消耗掉意大利工业所生产的产品,意大利的经济依赖国际贸易。1914年7月战争爆发之后,所有交战国很快就采取了一系列措施,禁止出口维持战争所需要的原料。战争打响之后的几个星期里意大利国内煤炭的价格就翻了三倍,意大利的工业被迫以更高的成本寻求其他原料来源。先前那些"中立派"工业组织很快就赞成干涉,认为这是解决他们经济困难的办法,赞成战争的民族主义分子逐步开始在意大利议会中占据主导地位。[86]

意大利政府被6月的激烈动荡吓得胆战心惊。当七月危机爆发之际,他们深知要维持公共秩序是多么艰难。因而他们急于避免任何可能激起新的暴乱的政策,如果意大利站到奥匈帝国一边参加战争就很可能产生这种结果。意政府的政客们认为,如果意大利在战争开局的几个战役中就打了败仗,他们将会面对国内革命的爆发,这就解释了为什么意大利政府把更多的金钱用于沿北部边境修筑一座座要塞,而不是建筑铁路。一旦战争爆发,要把足够数量的兵员投送到前线发动攻势必须靠铁路。[87]意大利在三国同盟中的成员资格是其大国地位的象征,但是由于意识到在特伦托和的里雅斯特还有无数意大利人仍然生活在奥地利的统治之下,公众对同盟的态度必然是复杂化的。意大利的民族主义者们本身就存在意见分歧。尽管对利比亚的征服似乎展示了意大利作为一个殖民大国的成功,为意大利的帝国野心打开了新的更加宽广的眼界,但是1914年7月的危机的焦点在巴尔干地区,这个事实使意大利人猛然直面其与哈布斯堡王朝之间诸多未解决的问题。

七月危机发展得太快,几乎没有时间让舆论发挥多少直接的影响,尤其是正值议会休会期间,关于意大利采取何种态度的决策是圣·朱利亚诺和萨兰德拉悄悄地做出的。正如那位外交大臣所说,"审慎、寡言,保密"是他行事的三项原则。[88]保持中立的决策暂时受到了大多数人的热烈欢迎,只有像意大利驻柏林和维也纳的大使等少数几人例外,因为他们自己对意大利的盟国很尽心,把本国的中立看成可耻的背叛。意大利没有立刻卷入战争,这使那些天主教徒们反而松了一口气,虽然他们对法国自由派的反教权主义的厌恶和对斯拉夫人及东正教扩张的担心使他们同情奥地利。不过他们与右派的许多人一样,担忧如果德国和奥地利在战争中获胜,就会迫使意大利为背弃盟国而付出代价。然而在眼下他们可以聊以自慰的是,欧洲这场大战是上帝的审判,他们无能为力。一直对奥地利在塞尔维亚的企图持同情态度的教皇庇护十世在8月20日去世。他的继任者,在9月3日被选举为教皇本笃十五世的枢机主教戴拉契爱瑟,宣扬严格的中立,并且希望成为调停者和公正和平的主持者。事实上,天主教徒和社会党人会发现自己的立场令人惊讶地相似,因为他们双方都把自己看成致力于创建一个更好的世界的国际力量。在6月的全国大罢工失败以后,极左派遭受了挫折,但是他们的许多发言人,尤其是社会党机关报《前进》的编辑贝尼托·墨索里尼威胁说,如果政府站到德国和奥地利一边参加战争,他们就发动革命。意大利社会党人中的大多数把中立立场看成他们自己政策的合乎逻辑的结果,而且他们相信,在主要国家的社会党中,几乎唯有意大利社会党是在恪守自己的国际主义原则。

在短时间内,对中立政策的普遍接受产生了全国万众一心的气氛,恰似在交战国里政府的宣战带来了"神圣团结"*和"城

---

* 指在一战期间法国左派和政府间的"停战"。为一致对外,法国左派同意在战争期间不再反对政府或号召罢工。1914年8月3日德国对法国宣战,次日,法国总理维维亚尼宣读的普安卡雷总统起草的声明中用了"神圣团结"(Union Sacrée)一词。

堡和平"*[89]。这种团结一致的现象并没有持续多长时间。意大利国内关于是否需要参战的争论已经持续较长时间,而且复杂且苦涩。与此同时,卷入战争的那些国家正在竭力以增加领土为诱饵,企图把意大利争取到自己一边来。

1915年4月以萨兰德拉为首的意大利政府不顾议会里多数议员的反对,作出了在下个月站到法国、英国和俄国一边参加战争的决策。在这些多数议员们看来,参战的风险似乎太高,结果太没有把握。这是基于严格的"现实政治"的原则作出的决策。萨兰德拉一直强调他就是按照这个指导原则行事的。眼看着法国军队取得了马恩河战役的胜利,俄国军队在喀尔巴阡山战线获胜,萨兰德拉和他的外交大臣锡德尼·宋尼诺(Sidney Sonnino)认为协约国在1915年春天胜利在望。政府圈子里对形势的"现实主义"评估受到了议会外日益大声疾呼的好战舆论的支持。这种舆论使前首相乔利蒂坚持中立政策的努力化为乌有。主张意大利出兵参战的干涉主义分子(由自由主义者、革命者,民族主义者,未来主义者和前社会党人组成的倾向各异、很不协调的联盟),他们的胜利无论好坏都终结了乔利蒂时代和打上他烙印的自由主义执政理念。而且,尽管萨兰德拉不可能在议会获得多数的支持,意大利国王还是拒绝了他的辞呈。意大利作出参战决策的方式表明,以国家利益

---

* "城堡和平"(Burgfrieden)一词是德国中世纪的词汇,意指在一座城堡的管辖范围内,私人之间的冲突是被禁止的,否则将招致帝国禁令的惩罚。此处被用来指德国左翼与政府在一战期间的政治"停战"。1914年8月德国社会民主党的绝大多数议员(唯独李卜克内西投了反对票)和其他反对党议员都投票赞成政府发行战争公债,这些反对党均同意停止反对政府的活动。

为遁辞的冷酷外交政策与有效的街头游行示威结合在一起，可以把意大利拖进一场起初它没有卷入的战争，而且，这场战争将比在1915年那"令人惊异的五月"里任何人所想象的，持续时间更长、更加残酷，代价更高。

本章对一战主要交战国家的国内和外交政策之间关系的简要审视表明，没有任何单一的解释模型可以适用于所有这些国家；在几乎每一个国家，参战的决策都是互相矛盾的希望、恐惧、继承自前人的各种态度和先前所有计划的结果，而不是对战争的利弊得失进行冷静而又理性的权衡的结果。在短期内，国内政策方面的考虑显然起到了它们的作用，但是这个作用难以捉摸，而且一个国家的情况与另外一个国家的差别很大。在德国，政府面临着右派的压力，而在英国和法国，政府的压力却来自左派，因此，此类关于战争对国内形势影响的各种估计必然大相径庭。话说回来，在战争初始的几个阶段里，许多问题看似真的找到了解决办法：在英国，爱尔兰问题可以暂时搁置起来（尽管搁置仅仅不到两年时间），关于给予妇女选举权和参政权利的宣传鼓动偃旗息鼓。在法国，关于征收所得税的问题和财政改革可以放到日后再说，因为政府可以通过号召爱国精神呼吁人们投资政府的战争债券，以此增加岁入，而且在整个战争期间这些债券的偿还问题都可以一再推迟，直至战争结束；与此同时，关于服役年限的争论也消失了，因为每个适龄男性都已经被无限期动员起来了。甚至在俄国，战争的破坏性影响也没有立即得到确认，而且期待战争可能激发出潜藏的对沙皇政权的忠诚，这暂时看似是有道理的。尤其是在德国，战争似乎使德国人忘记了他们中间的分歧，产生了一种短暂的团结一致的气氛，凡是经历过这种气氛的人永远不会忘记它。

然而，很难证明这些结果就是欧洲国家的领导人们在做出开战决策时内心所期待的。对于历史学家来说，在 1914 年 7 月所发生的一切与此前政客们所普遍表达的希望和担心之间永远存在着断裂。对在危机期间所作出的各项政治和战略决策的详细研究显示，政治家和将军们的动机远远不像如下观点所以为的那样理性和深思熟虑，该观点指出他们是蓄意策划和发动战争，因为他们将战争作为摆脱其国内无法解决的社会和政治矛盾的一种出路。

然而，还有关于 1914 年之前欧洲的社会性质及其与一战爆发之间关系的更加深刻的若干问题。1914 年 7 月欧洲强国的各种决策在多大程度上是工业和资本主义社会结构的必然结果？在资本主义世界有没有必然迟早导致武装冲突的长期矛盾？如果有长期矛盾，那么这些长期力量与七月危机中各国实际作出的导致战争就在那时爆发（而不是之前或者之后）的所有决策之间的关系是什么？这是我们必须考虑的研究本主题的下一个路径。

参考书目

1 要了解对这些论点的精彩讨论，参见 Wolfgang J. Mommsen, "Domestic Factors in German Foreign Policy before 1914", 载于 *Central European History*, 第 6 期（1973 年），第 3—43 页；蒙森自己的结论是 1914 年德国政府运转不佳，因而贝特曼无法抵制军方的影响。也参见 Michael R. Gordon, "Domestic Conflict and the Origins of the First World War: the British and German Cases", 载于 *Journal of Modern History*, 第 46 期（1974 年），第 191—226 页。

2 Stephen L. Harp, *Learning to Be Loyal：Primary Schooling as Nation Building in Alsace and Lorraine*,1850—1940,De Kalb,Ill.：1998,第93页。

3 比如,Hans-Ulrich Wehler 就持这种观点,尤其在其德文著作 *Bismarck und der Imperialismus*（Cologne：1969）和他用英语撰写的文章"Bismarck's Imperialism 1862—1890"之中,载于 *Past and Present*,第48期(1970年),第119—155页。也参见 H. Pogge von Strandmann,"Domestic Origins of Germany's Colonial Expansion under Bismarck",载于 *Past and Present*,第42期(1969年),第140—159页。

4 比如 Erich Eyck, *Das persönliche Regiment Wilhelms II*,Zurich：1948。欲了解德国皇帝的治理方法,参见 J. C. G. Röhl, *Germany without Bismarck*,London：1967年。

5 J. von Miquel, *Reden*,Halle：1914年,第4卷,第279及以下诸页。参见 Geoff Eley,"*Sammlungspolitik*,Social Imperialism and the Navy Law of 1898",载于 Geoff Eley, *From Unification to Nazism*,London：1986年,第110—153页。

6 Alfred von Tirpitz, *Erinnerungen*,Leipzig：1919,第52页。欲了解提尔皮茨的政策,尤其要参见 Volker R. Berghahn, *Der Tirpitz-Plan*,Düsseldorf：1971年。也参见 Volker R. Berghahn, *Germany and the Approach of War in 1914*,第2版,London：1993。

7 Volker R. Berghahn, *Der Tirpitz-Plan*,第13页各处。

8 Roger Chickering,"War,Peace,and Social Mobilization in Imperial Germany：Patriotic Societies,the Peace Movement,and Socialist Labor",载于 Charles Chatfield 和 Peter van den Dungen 主编, *Peace Movements and Political Cultures*,Knoxville,Tenn.：1988年,第8页。

9 参见 Geoff Eley, *Reshaping the German Right：Radical Nationalism and Political Change after Bismarck*,New Haven,Conn.,and London：1980年。

10 Gustav Noske, *Erlebtes auf Aufstieg und Niedergang einer Demokratie*,Offenbach am Main：1947年,第40页。

11 John Van der Kiste, *Kaiser Wilhelm II：Germany's Last Emperor*,Stroud：1999年,第153页。

12 *Kreuzzeitung*,1911年7月3日,引自 Fritz Fischer, *Krieg der Illusionen*,Düsseldorf：1969年,第121页。

13 *Die grosse Politik der Europäischen Kabinette*, Berlin:1926 年,第 29 卷,第 10770 号文档,第 406 页。(此后简写为 *GP*)
14 引自 Jean-Claude Allain, *Joseph Caillaux : Le Défi Victorieux 1863—1914*, Paris:1978 年,第 415 页。
15 引自 Fritz Fischer, *Krieg der Illusionen*, Düsseldorf:1969 年,第 145—146 页。
16 *GP*,第 31 卷,第 11386 号文档,第 155 页。
17 A. von Tirpitz, *Politische Dokumente*, 第 1 卷, *Der Aufbau der Deutschen Weltmacht*, Stuttgart and Berlin:1924,第 318 页各处。也参见 Fritz Fischer, *Krieg der Illusionen*, 第 188—189 页。
18 引自 Konrad H. Jarausch, *The Enigmatic Chancellor*, New Haven. Conn, and London:1973 年,第 102 页。
19 引自 Volker R. Berghahn, *Germany and the Approach of War in 1914*, 第 2 版, New York:1993 年,第 186 页。
20 G. P. Gooch 和 Harold Temperley 主编, *British Documents on the Origins of the War 1898—1914*, 第 10 卷, London:1936 年,第 47 号文档,第 37 页。(本书此后简写为 *BD*)也参见 Konrad H. Jarausch, *The Enigmatic Chancellor*, 第 141—142 页。
21 *BD*, 第 7 卷, 第 763 号文档, 第 788 页。
22 Fritz Stern, "Bethmann Hollweg and the War", 载于 Fritz Stern, *The Failure of Illiberalism*, New York:1972 年,第 267 页。
23 引自 Volker R. Berghahn, *Germany and the Approach of War in 1914*, 第 195 页。
24 引自 Konrad H. Jarausch, *The Enigmatic Chancellor*, 第 151—152 页。
25 Hartmut Pogge von Strandmann 和 Imanuel Geiss 主编, *Die Erforderlichkeit des Unmöglichen : Deutschland am Vorabend des ersten Weltkrieges*, Hamburger Studien zur neueren Geschichte Band 2, Frankfurt am Main:1965 年,第 22—23 页。
26 David E. Kaiser, "Germany and the Origins of the First World War", *Journal of Modern History*, 第 55 期(1983 年),第 442—474 页。
27 欲了解关于 1914 年之前德国社会党人态度的讨论,尤其要参见 Dieter Groh, *Negative Integration und revolutionärer Attentismus : die deutsche Sozialdemokratie am Vorabend des Ersten Weltkrieges*, Frankfurt

am Main:1973 年。
28 Leopold von Ranke,*Englische Geschichte*,引自 Friedrich Meinecke,*Zur Theorie und Philosophie der Geschichte*,Stuggart:1959 年,第 258—259 页。
29 引自 Peter Winzen,"Prince Bülow's *Weltmachtpolitik*",*Australian Journal of Politics and History*,第 22 期(1976 年),第 230 页。
30 引自 Ludwig Dehio,*Germany and World Politics in the Twentieth Century*,London:1959 年,英译版,第 53 页。
31 Niall Ferguson,"Public Finance and National Security:the Domestic Origins of the First World War Revisited",*Past and Present*,第 142 期(1994 年),第 141—168 页。
32 Steven Beller,*Francis Joseph*,London:1996 年,第 164 页。
33 C. A. Macartney,*The Habsburg Empire 1790—1918*,London:1968 年,第 768 页,脚注 1。
34 Keith Hitchins,*A Nation Affirmed:the Romanian National Movement in Transylvania*,*1860—1914*,Bucharest:1999 年,第 144—200 页。
35 Ignác Romsics,*István Bethlen:A Great Conservative Statesman of Hungary,1874—1946*,Boulder,Col. :1995 年,第 56 页。
36 Keith Hitchins,*A Nation Affirmed:the Romanian National Movement in Transylvania*,*1860—1914*,第 299—315 页。
37 Gabor Vermes,*István Tisza:the Liberal Vision and Conservative Statecraft of a Magyar Nationalist*,New York:1985 年,第 213 页。
38 Steven G. Marks,*Road to Power:the Trans-Siberian Railroad and the Colonization of Asian Russia 1850—1917*,Ithaca,NY:1991 年,第 221—222 页。
39 John A. White,*Transition to Global Rivalry:Alliance Diplomacy and the Quadruple Entente,1859—1907*,Cambridge:1995 年,第 212 页。
40 引自 Keith Neilson,*Britain and the Last Tsar:British Policy and Russia 1894—1917*,Oxford:1995 年,第 81 页。
41 Peter Waldron,*Between Two Revolutions:Stolypin and the Politics of Renewal in Russia*,London:1998 年,第 32—36 页。
42 Dominic Lieven,*Nicholas II:Twilight of the Empire*,New York:1993 年,第 186 页。

第五章　国内政治至上

43　参见 Dominic Lieven 在 *Russia's Rulers under the Old Regime* 中提供的有用的图表,New Haven,Conn.:1989 年,第 27—55 页。

44　Hugh Seton-Watson,*The Russian Empire 1801—1917*,Oxford:1967 年,第 629 页;Geoffrey A. Hosking,*The Russian Constitutional Experiment:Government and Duma 1906—1914*,Cambridge:1973 年,第 10,54 页。

45　见 D. M. McDonald 详细研究这个关系性质的专著 *United Government and Foreign Policy in Russia 1900—1914*,Cambridge,Mass.:1992 年;不幸的是,由于这本书的目的,作者更加感兴趣的是外交政策问题对政府执政的影响,而不是相反。

46　Lamar Cecil,"William II and His Russian 'Colleagues'",载于 Carole Fink,Isabel Hull 和 Mac Gregor Knox 主编,*German Nationalism and European Response,1890—1945*),Norman,Okla.:1985 年,第 117—123 页。

47　Bernard Pares,*The Fall of the Russian Monarchy*,London,1939 年,第 157 页。

48　*Out of My Past:The Memoirs of Count Kokovtsov*,Stanford,Conn.:1935 年,第 439 页。

49　BD,第 10 卷,第 2 部分,第 611 号文档,第 493 页。

50　Dominic Lieven,*Nicholas II:Twilight of the Empire*,第 168 页。

51　Bernard Pares,*The Fall of the Russian Monarchy*,London:1939 年,第 157 页。

52　引自 Hélène Carrère d'Encausse,*Nicholas II:the Interrupted Transition*,London:2000 年,第 153 页。

53　参见 Hugh Seton-Watson,*The Russian Empire 1801—1917*,Oxford:1967 年,第 695—696 页。

54　D. M. McDonald,*United Government and Foreign Policy in Russia 1900—1914*,第 199—200 页。

55　Don C. Rawson,*Russian Rightists and the Revolution of 1905*,Cambridge:1995 年,第 226—230 页。

56　引自 I. V. Bestuzhev,"Russian Foreign Policy February—June 1914",*Journal of Contemporary History*,第 1 期(1966 年),第 105 页。

57　BD,第 9 卷(2),第 611 号文档,第 493 页。

58　Peter Waldron,*Between Two Revolutions:Stolypin and the Politics of Renewal in Russia*,第 184 页。

59 Robert C. Williams, *Russia Imagined: Art, Culture, and National Identity, 1840—1995*, New York: 1997 年, 第 5 页。

60 George Louis, *Les Carnets*, Paris: 1926 年, 第 1 卷, 第 87 页, 引自 Erwin Hölzle, *Die Selbstentmachtung Europas*, Göttingen: 1975 年, 第 49 页。

61 BD, 第 9 卷, 第 2 部分, 第 849 号文档, 第 690 页。也参见 Erwin Hölzle, *Die Selbstentmachtung Europas*, 第 54 页。

62 I. V. Bestuzhev, "Russian Foreign Policy February—June 1914", *Journal of Contemporary History*, 第 1 期 (1966 年), 第 104 页。

63 *Mémoires d'Alexandre Izvolsky*, Paris: 1923 年, 引自 L. Albertini, *The Origins of the War of 1914*, London: 1953 年, 第 2 卷, 第 574 页。

64 O. Hoetsch 主编, *Die Internationalen Beziehungen im Zeitalter des Imperialismus. Dokumente aus den Archiven der Zarischen und der Provisorischen Regierung*, Berlin: 1931 年, 第 1 卷, 第 295 号文档, 第 285—286 页。

65 I. V. Bestuzhev, "Russian Foreign Policy February—June 1914", 第 100—101 页。

66 BD, 第 2 卷, 第 461 号文档, 第 675 页。

67 GP, 第 39 卷, 第 15674 号文档, 第 261 页。

68 参见 Gerd Krumeich 的重要著作 *Armaments and Politics in France on the Eve of the First World War: the Introduction of Three-year Conscription 1913—1913*, 英译版, Leamington Spa: 1984 年。

69 France, Archives Nationales, Papiers Poincaré, 第 36 卷。1914 年 3—8 月日记。Fonds Nouvelles: Acquisitions françaises, 第 16027 号文档, 第 122 页。阿诺·约瑟夫·迈耶 (Arno J. Mayer) 教授慷慨地向本书作者詹姆斯·乔尔提供了这些未公开发表的记录的副本, 作者在此表示感谢。

70 *Die grosse Politik der Europäischen Kabinette*, 第 39 卷, 第 15667 号文档, 第 250 页。

71 引自 L. Albertini, *Origins of the War of 1914*, London: 1952 年, 第 1 卷, 第 373 页。也参见 L. C. F. Turner, "The Edge of the Precipice: A Comparison between November 1912 and July 1914", *R. M. C. Historical Journal*, 第 3 期, Canberra: 1974 年。

72 M. B. Hayne, *The French Foreign Office and the Origins of the First*

第五章 国内政治至上

World War 1898—1914,Oxford:1993 年,第 302,307—308 页。

73 David French,"The Edwardian Crisis and the Origins of the First World War",*International History Review*,第 4 期(1982 年),第 221 页。

74 Avner Offer,"The Working Classes, British Naval Plans and the Coming of the Great War",载于 *Past and Present*,第 107 期(1985 年),第 221 页。

75 A. J. P. Taylor,*The Troublemakers*,London:1957 年。

76 引自 Zara S. Steiner 和 Keith Neilson,*Britain and the Origins of the First World War*,London:2003 年,第 2 版,第 152 页。

77 Hansard,第五系列,第 32 卷,第 57—58 集。也参见 Keith Robbins,*Sir Edward Grey*,London:1971 年,第 252—253 页。

78 C. E. Callwell,*Field-Marshal Sir Henry Wilson*,London:1927 年,第 1 卷,第 139 页。欲了解英国军方关于爱尔兰的看法,参见 Ann Vorce 的宝贵研究"The Role of Ireland in British Defence Planning 1908—1914",未公开发表的硕士学位论文,伦敦大学,1975 年。

79 H. H. Asquith,*Letters to Venetia Stanley*,由 Michael Brock 和 Eleanor Brock 选择和编辑,London:1982 年,第 123 页。

80 J. A. Spender 和 C. Asquith,*Life of Herbert Henry Asquith, Lord Oxford and Asquith*,London:1932 年,第 2 卷,第 83 页。

81 General Sir N. Lyttleton 致 R. Haldane,PRO London W032/7081,引自 Ann Vorce,"The Role of Ireland in British Defence Planning 1908—1914",第 4 页。

82 已故的 E. M. Robertson 先生向作者提供了这条信息。我们对他表示感激。

83 E. Halévy,*A History of the English People in the Nineteenth Century*,*Epilogue*,第 2 卷 *The Rule of Democracy, 1905—1914*,London:1934 年,第 548 页,脚注 4。

84 参见 Wolfgang Hunseler,*Das Deutsche Kaiserreich und die Irische Frage 1900—1914*,Frankfurt am Main:1978 年。

85 William A. Renzi,*In the Shadow of the Sword: Italy's Neutrality and Entrance in the Great War, 1914—1915*,New York:1987 年,第 51—53 页。

86 Franklin H. Adler,*Italian Industrialists from Liberalism to Fascism: the Political Development of the Industrial Bourgeoisie, 1906—1934*,Cambridge:1996 年,第 85 页。

87　John Gooch, *Army, State, and Society in Italy, 1870—1915*, New York: 1989 年,第 174—175 页。
88　*DDI*,第 3 系列,第 1 卷,第 230 号文档,第 134 页。
89　参见 David Welch,"August 1914: Public Opinion and the Crisis",载于 Gordon Martel 主编, *A Companion to Europe, 1900—1945*, Oxford: 2006 年,第 197—212 页。

第六章　国际经济

"战争是资本主义本质所固有的产物；只有到了摒弃资本主义经济之时，战争才会消亡。"到了1914年这个论断已经成为马克思主义者的正统理论；如果这个论断是经得起检验的，它将为第一次世界大战的爆发提供最全面的解释，尽管仍然有个问题它没有回答，即为什么这场特定的战争在资本主义日益加深的危机中的那个特定时间爆发。1907年在斯图加特召开的国际社会党代表大会上正式宣告了上述论断，尽管大会通过的拼凑而成的冗长决议在开篇就宣告了资本主义与战争之间的必然联系，但是该决议接着又对可能在革命之前爆发的战争表达了几种互相矛盾的态度。这一革命将使任何战争都不可能发生。[1]

资本主义必然导致战争的观点呈现为几种不同的形式，既有比较简单的表述，又有较为复杂的理论。简单的观点认为工业家们，尤其是那些武器装备制造商们，为了赚钱而挑起战争，或者说为了摧毁国外的经济竞争对手，商人们鼓励他们的政府采取军事行动。复杂的理论则阐述经济帝国主义与国际冲突之间的联系。马克思主义者始终坚持认为第一次世界大战是帝国主义竞争的必然结果，而这些竞争又是资本主义危机的必然结果。围绕资本主义、帝国主义和必然的战争之间的关系，诞生了诸多理论。在

1914年之前,激进派的和社会主义的思想家们,如英国人J. A. 霍布森(J. A. Hobson)(尽管他认为资本主义仍然有挽救的可能),奥地利人鲁道夫·希法亭(Rudolf Hilferding)和德籍波兰人罗莎·卢森堡就已经阐述了其中的一些。对这一观点最有影响力、最具争论性的表述,是列宁在一战期间的1916年写就的《帝国主义是资本主义的最高阶段》这本小册子。1914年欧洲各国社会党人中的大多数支持各自的政府参加战争,理由是这是一场保卫国家的战争。列宁企图向他们证明这场战争事实上是一场帝国主义战争,是资本主义国家之间竞争的直接结果,这些国家的资本家主人们拼命地寻找新的投资地域,敦促政府为了这个目的进行帝国主义扩张,因此,各国争相控制世界上剩下的尚未进入资本主义阶段的地区,这必然以武装冲突告终。

大多数认为一战起因是经济原因的理论以这样一个见解为基础,即帝国主义的竞争引起战争,而这些竞争是由经济压力引起的,但是这两个论断并不必然要加以接受;正如我们将要显示的那样,帝国主义的心理作用肯定帮助产生了使战争成为可能的观念,但是并不是所有帝国主义政策都是由直接经济利益驱动的。再者,其他不与帝国主义直接关联的经济因素对国际关系也有影响。然而,关于经济帝国主义最彻底的理论,比如罗莎·卢森堡在她的《资本积累论》中所阐述的理论,把资本主义社会里几乎每一个发展都归咎于无孔不入的帝国主义精神特质的潜在影响。对战争起因主要是经济原因这种观点的审视将肯定要讨论帝国主义。

然而,一开始我们可以审视把一战爆发归咎于经济利益的那些较为简单的观点。比如,有这样一种观点,认为某些工业资本家通过战争获利,他们能够影响其政府的决策。同样可以说其他的集团在战争中会遭受损失,他们对政府施加的影响是主张和平。这些论点不容易进行检验,因为20世纪初经济生活的结构复杂,很难确定具体工业资本家和商人的利益事实上究竟在哪里。要评估他们对政府施加影响的程度则更加困难。显然,整个欧洲的钢铁生产商从海军舰艇建造数量的增加中获取了巨额利润,而且我们知道这种情况有时导致他们为宣传扩建海军提供直接的金钱支持,可是经验和有效性在各国大相径庭。比如在德国,钢铁大王们挥金如土地对"海军协会"提供资助。[2] 在巨大的港口城市汉堡,由于俾斯麦的殖民举措和威廉二世时代的海军建设计划,建造军舰的数量大幅度增加:在第一次世界大战之前该城约20%—25%的造船订单来自德国海军。当19世纪90年代德国人向国外移民的数量下降的时候,诸如北德劳合航运公司和汉堡美洲航运公司等联合成立了"德国-巴西协会",旨在促进贸易和移民。[3] 丝毫不令人惊讶,比如德国的"海军协会"是由那些与汉堡美洲航运公司老板艾尔伯特·巴林那样的造船航运大亨关系密切的商人创立的。这些商人也是其他声称爱国的扩张主义组织如"泛德意志协会"、"殖民协会"和"陆军协会"的大力资助者。[4]

英国的情况大相径庭。"英国海军协会"比德国的海军协会规模小,它依靠个人赞助,看上去仅获得了那些对为海军建造舰船感兴趣的工业家们小额的捐赠。[5] 英国的工业家们更倾向于关注贸易和关税,而不是那些标榜爱国的活动团体。钢铁制造商们越来越大声地指责他们所面临的来自德国,尤其是美国的不公平的竞争。卡特尔制在德国的兴起和美国钢铁公司(世界上第一家"资本超过十亿美元的托拉斯")的组建致使英国的这些竞争者在联合王国倾销廉价钢铁,把英国的公司挤出他们自己国内的市场,使他们无法找到扩大他们的工厂并对其进行现代化改造的必要资金。英国议会设立的关税委员会得出结论认为,英国工业面临的种种困难并不是天然不利因素造成的结果,而是由于"外国的政策和手段"。必须找到新的方法来捍卫英国的工业:"这样的改变必须对国内市场提供足够的保护,必须为在外国和殖民地为英国产品找寻新市场做好准备。"[6]

再者,尽管英国的钢铁制造商们也许会欢迎为海军建造舰艇的政府合同,这并不意味着他们肯定希望打仗。很多钢铁制造商同样地或者更多地参与了商船的建造,一旦爆发战争,国际贸易中断,他们就要损失金钱,因为他们的产品中有相当一部分出口到其他国家。在1907年英德海军军备竞赛的高潮时期,英国从德国进口了价值约1500万英镑的钢铁,而德国则从英国进口了价值1300多万英镑的钢铁,[7] 有些时候英国造船厂购买德国的钢铁反而比买国产钢铁便宜,因为在保护性关税之下,德国的钢铁制造商们可以在国内高价出售产品,这使他们在把钢铁销往国外时能够削价销售。有时外国对德国钢铁的需求过旺,德国的钢铁制造商们难以满足外国客户和他们自己政府的需求:德国海军部与克虏伯公司之间进行了长期而又复杂的谈判,同时德国政府企图通过谈判迫使钢铁制造商降低钢铁价格,作为回报,政府承诺将在长时期内持续不断地从钢铁厂订货。[8] 由于制造商们认为随着政策或者战略的改变,政府订单数量会波动不定,所以他们经常不情愿为了国内收益而牺牲国外的利润,这些国内收益可能最终被证明只是短期收益,而且他们认识到稳定的利润取决于他们市场的广阔和多样化。其他一些制造商如新兴的飞机制造业的工厂主们呼吁政府把他们视为军事工业的延伸：在1911年，一个包括维克斯公司和汉德利·佩奇飞机公司代表的代表团与英国陆军部副大臣会面，对后者反复强调了他们最为迫切的需要是政府给予实质性支持，持续地交给这些公司军事订单，并且对他们进行一定程度的工业保护，因为飞机制造工业将是战争的一个新的重要组成部分，不应该让它任凭国际贸易力量的自由摆布。[9] 资本主义企业家们事实上当然想从两个世界得到最大的好处：在维持他们的出口市场的同时，从国内市场，比如海军建设，获取巨额利润。但是他们中间的大多数人未能看清，从政治角度来说，长此以往这两者会彼此抵牾。

当然，那些大武器制造公司（德国的克虏伯公司，法国的施耐德-勒克勒佐公司，奥匈帝国的斯柯达公司，英国的维克斯-阿姆斯特朗公司等）在第一次世界大战后被人们看成"死亡贩子"，因为它们为了获取更大的利润蓄意挑起了一场又一场战争。然而，它们仅仅是一个复杂体制的一部分，而这个体制的其他部分却不太吸引公众舆论的关注。随着武器装备和军舰技术复杂程度的增加，越来越多的工业部门参与了军火制造业：比如，AEG和西门子这样的德国电气巨头，在德国海军战列舰舰队的建造中发挥了与那些钢铁大亨们同样关键的作用，虽然它们在量的贡献上并未超过后者。再者，像斯柯达和克虏伯等公司除了出口武器装备外还外销许多其他产品。比如斯柯达公司在初创时期是生产机床的厂家，尽管1904年以后武器生产成了该公司利润最高的部门，它同时也向美国的尼亚加拉电站提供了涡轮发电机，为埃及的苏伊士运河提供了船闸门。[10]而且，大卫·史蒂文森得出结论认为，与那些把重点放在生产民用消费品的竞争对手相比，克虏伯公司的利润率反而更低一些，而且它与政府当局的"特殊关系"实际上阻碍了它把自己的利润最大化。[11]

不过，军火公司必然与政府非常紧密地打交道，既因为他们对国内的防务合同感兴趣——而且甚至那些主要靠国营军火工厂生产武器弹药的国家在武器装备迅速扩张的时期都需要私营企业——又因为向盟国或者潜在盟国提供武器装备在政治上变得相当重要。然而，在这一点上，形势再次变得复杂了。那些自身没有直接被主要大国纳入权力计算之中的国家提供了许多有利可图的军火市场——比如西班牙在西属摩洛哥的军事行动中需要武器弹药，或者拉丁美洲国家需要武器弹药互相交战，或者中国，1911年辛亥革命之后，为了使其武装力量现代化，中国向斯柯达公司下了一个巨大的武器订单。在这些领域，军火公司在与它们的对手的竞争中经常要求政府支持，并且争辩说国家的声誉要求政府为军火公司撑腰。比如施耐德公司向法国政府施加了强大的压力，后者比较成功地影响了智利人，使后者把订单给了法国这家公司。此类压力未必与政府的外交利益吻合：施耐德公司要求政府给予外交上的支持，其针对的经常既是该公司的德国竞争对手，也是英国对手。[12] 1911年，意大利在与奥斯曼帝国交战时，它面对的敌舰队的大多数舰只是在意大利建造或者进行现代化升级的；1913年英国维克斯公司击败法国竞争对手，赢得了价值700万英镑的为俄国建造军舰的订单，而且为土耳其人建造了一艘超级无畏舰，而英军的总参谋部正在为攻打土耳其人制订作战计划；1914年在德国建造的23艘舰艇正是俄国海军舰队的一部分；德国克虏伯公司研制"大贝莎"超重型榴弹炮就是为了摧毁该公司曾帮助比利时升级的多座要塞。[13]

然而，为了支持其政策，一些国家的政府确实经常竭力促进或者禁止武器销售。霍尔格·霍尔维格（Holger Herwig）认为，从德国政府大力促进克虏伯公司在南美洲的武器销售中可以看出德国经济帝国主义的基础。[14] 在两次巴尔干战争期间，法国政府敦促军火生产商开拓新的武器市场，比如罗马尼亚或者土耳其，希望加强本国军火公司在这些国家的影响。克虏伯公司与施耐德公司在巴尔干地区的竞争反映了德法两国政府之间的争斗。在某些情况下，法国人比德国人处于更加强有力的地位，因为他们有更多的资本用于给外国放贷，因而能够迫使外国政府接受获得贷款的条件：给法国公司销售军火的垄断权。法国人对希腊、保加利亚和土耳其反复使用这种策略，均很成功。德国人则在使用其他形式的说服工作方面下了功夫，比如利用德皇与罗马尼亚和希腊王室的家族关系施加影响。但是事实证明法国的金融力量更加强大。

武器制造商们有些时候为他们政府的外交政策服务，因而他们就指望即使在一些政府没有直接利益的领域里后者也能提供支持。与各国的其他商人们一样，军火商们总是不停地抱怨本国的外交官们为他们所做的工作要比其他国家的外交官为他们的竞争对手所做的少，法国、德国和英国的武器出口商们对本国外交官的微辞惊人地相似。与此同时，认为贸易与自己毫不相干的守旧派外交官们则抱怨商人（尤其是军火商们）指望外交官们对他们给予关注。比如法国驻贝尔格莱德的公使1910年就曾发牢骚："法国在全世界每一个地方的力量都由勒克勒佐*支配着。"[15]

---

* 勒克勒佐（Le Creusot），法国工业重镇，位于法国中部的勃艮第-弗朗什-孔泰大区。1836年施耐德家族买下此地的两家大型工厂，组建了施耐德钢铁厂。

不过一般说来，政府需要军火公司更甚于军火公司需要政府。军火制造商们明显地从政府的订单中获利，而且维持连续不断的长期军备计划对于他们的利益至关重要，正如尤其是海军建设计划所明显展示的那样。可是他们的利润中相当大一部分来自非常庞大的销售网络，如果可能的话，他们的销售渠道将遍及全世界。他们的主要竞争对手是其他军火公司，而不是外国政府。他们准备花钱展开舆论攻势，贬低抹黑竞争对手的产品。在他们自己政府的支持之下，或者在没有政府支持的情况下，军火公司通过刺激欧洲以外地区的军备竞赛也能带来丰厚利润。1911年洪都拉斯军方任命了一位法国军事顾问。在法国驻洪都拉斯领事的配合之下，这位军事顾问成功地帮助法国军火公司击败竞争对手，赢得了价值24万法郎的3万件武器的订单。与洪都拉斯敌对的危地马拉政府立即作出反应，订购了10万件武器。[16] 军火工业的业内人士当然明白此类竞争符合他们的利益，军官、领事和外交官们可以给他们提供最大的帮助。谁都不怀疑，在欧洲和世界上其他地方，政治、外交、战略和商业总是紧密地互相交织在一起。

在某些情况下，军火制造商们在官方正式场合和社交场合都可以直接接触那些负责制定政府政策的官员们。毫无疑问，他们既利用这种便利获取政府合同，又利用这种关系为他们寻找军火出口市场的努力赢得政府的支持。在德国的克虏伯家族、法国的施耐德家族和奥地利控制斯柯达公司的一些银行家中间，可以发现此类重要关系的最著名的一些例证。这种压力也许会在技术层面对政府国防政策发挥一些作用，但是对政府外交政策的更加总体的方面似乎没有什么影响。再者，军火制造商们看起来没有企图寻求比其他工业家、金融家或者投资者们更大的影响。另一方面,对于政府来说,在施行外交政策时,军火制造商们是至关重要的因素,在为其外交政策提供海陆军支持和影响它与潜在盟国和中立国的关系方面均是如此。

军火的直接出口仅仅是更加大得多的国际经济关系网络的一部分。这个国际经济关系网络的一个重要方面是那些大银行所起的作用。马克思主义理论往往强调银行的重要性,以及在1914年之前的岁月里它们对其他形式经济活动的主宰。"金融资本",即可以用于在任何能产生最大回报的地方进行投资的资本,它的增长意味着银行掌控着资本的储备。它们可以用这些资本储备建立起对国内经济生活的许多其他部门的控制,同时又可以用来到国外不停地寻找新的投资领域。银行在国内的影响在每个国家情况各异,已经有人令人信服地论证了马克思主义的分析完全基于德国和奥地利所发生的情况,尤其是奥地利的社会主义经济学家鲁道夫·希法亭在1910年出版的《金融资本》一书,在其中他特别强调了银行的作用。[17] 然而,对银行的国际作用的重要性不可能有任何疑问,对西欧国家投资者们寻求有利可图的新投资领域的欲望也没有任何疑问。1902年,俄国的财政大臣谢尔盖·维特在讨论俄国与法国的关系时,用以表达自己观点的辞藻与马克思主义理论家们的说法并没有什么不同:

> 在每一个工商业高度发展,政坛平静晴朗的国家,剩余资本就会积累起来……而且,如果小资本家们非常爱好积攒——很多年来法兰西民族一直有这种与生俱来的嗜好——

那么输出资本的需要就变成绝对和不可避免的必需了。[18]

尽管维特通常被人们看作一个"主张西化的人"——正如这个言论暗示的那样——而且尽管他企图在俄国刺激私营企业的发展，他也为了整个国家的利益努力监督和控制私营部门，国家利益是"伟大的俄罗斯帝国"的核心所在。维特坚决反对任何把俄国铁路网私有化的企图。[19]

在资本的输出中，银行的作用至关重要。它们直接把自己的资本投资在外国的企业中——俄国的煤矿，南非的金矿，南美洲的铁路，或者其他任何企业——但是它们也充当代理人，为寻求从国外筹集贷款的外国政府和工业企业服务。寻求外国贷款的中央和地方政府需要银行，以从世界上的金融中心如伦敦、巴黎、柏林、法兰克福和（到了1914年）纽约筹集贷款。那些银行会先垫付该贷款，然后将贷款的股份向公众销售，自己从中获取一笔利润。贷款的成功在很大程度上取决于银行自己的信誉和它吸引大小资本持有者们的想象的能力。还要补充的是，银行自己会经常向外国政府提供短期贷款，当贷款利率因国而异时，这种投放短期贷款的生意也可以赚钱：比如1906年柏林的银行贷款利率为5%，而巴黎的银行贷款利率为3%，因此，法国银行在国内借钱放贷给德国就能赚钱。[20] 然而，反过来看，过分依赖短期外国贷款会使负债的政府变得脆弱，因为在政治和经济动荡的时候外国的贷款可能被撤回。

银行的这些活动必定与政府的政策紧密地联系在一起。在一些国家里，尤其是法国和德国（但是英国不是这样），政府控制着哪些外国的证券或者政府债券可以在证券交易所公开挂牌上市。在法国,一个外国的证券在法国证券交易所挂牌之前需要获得财政部部长和外交部部长的批准。这实际上是对法国银行(它们仍然可以在证券交易所之外私下销售股票)的活动的政治否决票,因为他们发现除非外国的股票和债券在法国证券交易所挂牌上市了,否则他们几乎无法销售它们。对金融事务进行政治干预的著名例子是1887年俾斯麦禁止向俄国贷款。此类政府禁令常常有政治动机,并且带来种种政治后果。事实上也有相反的情况:1901年法国财政部部长约瑟夫·卡约(Joseph Caillaux)出于财政原因反对向俄国贷款的时候,外交部部长德尔卡塞出于政治考虑否决了他的意见。[21]

　　正如军火制造商们的情况,银行家们与各国政府发现他们自己处于共生和互相依存的关系之中:互相需要对方。在双方都可以找到很多例子。比如英国的罗斯柴尔德家族在19世纪80年代曾经支持首相索尔兹伯里孤立法国并且将其挤出埃及的政策,因而为迪斯累里筹划的购买苏伊士运河公司股份的活动提供资金,并且为埃及政府筹集了大量贷款。与阴谋论者的怀疑恰恰相反,在欧洲诸国的罗斯柴尔德家族分支与他们各自国家政府的合作比他们家族内部之间的合作更加紧密,而且奉行了大相径庭的投资策略:英国的罗斯柴尔德家族比法国的罗氏家族保守得多,前者继续依靠债券和贷款赢利,而后者则不断加大对采矿业、重工业和运输业的投资。[22]在英法两种情形中,罗斯柴尔德家族与其他投资银行家们一样都需要政府的协助和善意,就像政府需要银行的帮助一样。与此同时,政府的利益并不总是与银行的利益完全相同。尽管作为个人,银行家们与其他任何公民一样,容易被爱国主义诉求所感染或者不为所动,但他们的第一要务是做生意赚钱。比如,在1912—1913年间，法国的银行家们出于金融原因不顾法国政府施加的压力拒绝贷款给罗马尼亚人，而法国政府指望拆散罗马尼亚与德国的联盟。但是在同一年巴黎银行不顾政府的劝阻坚持借贷款给保加利亚。在后面这个情况中，法国政府和银行都不断地改变他们的立场：在1914年6月，法国政府在俄国盟友的敦促之下已经认定，通过提供某些及时的金融帮助，就有可能把保加利亚拉拢到自己一边来。可是到了这个时候，自身面临国内金融行业不景气的巴黎银行家们在盘算后认定，再给保加利亚贷款就无钱可赚了，因而他们执拗地拒绝支持政府的政策。[23]

金融和投资的实际运作要复杂得多，很难与任何简洁的理论模型相吻合。人们可能以为"发展中"小国会欢迎外国投资商对他们的经济进行投资。其实他们也有国内的政治关切，这些顾虑也许与他们的国际利益相冲突。当国内的伊兹沃夫那银行表示反对从外国贷款时，塞尔维亚政府拒绝了法国-塞尔维亚银行向贝尔格莱德市出借3000万法郎贷款的最初投标（该银行由巴黎奥斯曼银行作为后盾）。只是当塞尔维亚国内的银行未能筹措到用于贷款的资金时，法国银行的贷款才获得批准（并且那时，尽管法国政府提供了一笔补贴，法国-塞尔维亚银行以塞尔维亚的政治形势不稳定为由，要求塞方额外支付3%—4%的利息）。投资者们担心债务人可能赖账，也怕债务人的政府不迫使他们还债。德国和匈牙利的领事官员们建议他们的国人停止在保加利亚做生意，尽管保加利亚依附于三国同盟。事实上有一位经济历史学家认为，1914年之前，巴尔干地区大多数国家的排外民族主义严重地阻碍了他们使自己经济现代化的努力，因为他们让外国的投资者和企业家们觉得在那里做生意常常很危险，而且通常没有利润可赚。当塞尔维亚在1889—1890年间把铁路和烟草工业国有化的时候，一直在塞尔维亚进行大量投资的奥地利国家银行开始把资金注入波斯尼亚。具有讽刺意味的是，鉴于塞尔维亚民族主义者的控诉，在一战之前，巴尔干半岛各国中最大的成功故事属于波斯尼亚和黑塞哥维那。该国1881—1914年的工业年平均增长率高达12.4%，而且人均收入远远超过巴尔干地区其他独立的国家。几乎所有这些发展都可以归功于奥地利的投资。[24]

在法国的外交政策中，政府与银行之间千丝万缕的联系显示得最清楚，这主要是由于法国在其他欧洲国家投资的规模很大。尽管英国仍然是海外投资总量最大的国家，但是其中仅有6%在欧洲，而法国对外投资的约62%在欧洲。[25] 这种对外投资分布的状况并没有妨碍那些在法国海外殖民地或者摩洛哥有切身利益的法国商人们拥有比他们实际上的金融重要性大得多的、不成比例的影响，但是由于大量的法国资金投在其他欧洲国家，这种状况确实意味着那些法国银行的投资政策与政府的外交政策之间的关系必然很紧密。不管德国政府多么想用金融压力来支持其外交，但是在经过19世纪下半叶的多年的工业快速扩张之后，德国一直饱受资金短缺之苦，相比之下，法国的公众仍有大量的储蓄积累可供支配（尽管有时候民族主义分子批评他们投资到国外而不是国内）。到了1914年法国对外投资的总量达到500亿法郎，是德国对外投资的两倍。法国的对外投资仅次于英国，但是英国对外投资的模式不同，英国在联合王国以外投资的最大部分流向了英帝国、南美洲和北美洲，因而它能不受金融方面考虑的掣肘，推行其在欧洲的外交政策。可是金融方面的考虑对于法国的欧洲政策却很重要。

有时候资本的流动跟随政治方向,有时候资本依凭其自身的力量流动。导致投资的储蓄,以及通过跨越国界的限制来寻求扩大资产、为未来建立众多立足点的赢利公司,引发了混乱和种种矛盾,这些混乱和矛盾使人们难以支持关于投资对外交的影响的简单化结论。关于第一次世界大战的传奇叙事(和宣传)中提到的"可怜的小比利时"包含好几个工业巨头,它们的经营方式与德国、英国和法国的大公司并没有什么不同。比利时的普罗维登斯公司俄国分公司和俄罗斯-比利时冶金公司把俄国视为未来发展的沃土。普罗维登斯公司在乌克兰的巴赫穆特地区有煤矿,在克里沃罗格有铁矿,在亚速海边的马里乌波尔有钢铁厂和炼钢高炉。投资更加广泛的俄罗斯-比利时公司把俄国和比利时的资本、管理和劳动力混合起来,这种做法实际上已经具备了未来"跨国公司"的雏形。[26]

在1914年之前的国家间联盟中联接得最紧密的莫过于法国与俄国的联盟了,因为它是由金融、政治和战略关系联系在一起的。尽管双方在1893年结为联盟本是他们所承受的战略和政治压力的结果,但是双方的磋商过程恰逢俄国的借款首次在法国金融市场上批量发行。法国在1888年、1889年和1890年借给俄国最初几笔贷款后紧接着就在俄国经济的其他部门进行投资——市政贷款、采矿业和各种工业企业——所以,到了1914年,法国的对俄投资占其对外投资总额约四分之一。[27] 如此规模的金融联系必然有政治影响,更不必说那些附带在某些贷款上的具体条件,比如帮助修筑俄国的战略铁路,或者承诺从法国公司订货。法国银行鼓励客户把他们的钱用于购买俄国债券,或者投资俄国的矿山或者铁路。通过竭力把俄国描绘成一个强大、政治稳定、经济快速扩张的国家,简而言之,一个值得信赖的盟国,这些银行大发横财。尽管法国的左派不断攻击俄国的专制制度和对人民的压迫,尽管罗斯柴尔德家族和其他犹太银行家们由于俄国虐待犹太人而反复拒绝参与向俄国贷款,直至第一次世界大战爆发,甚至到了 1917 年,法国人对俄国都一直保持惊人的高度信任。

俄国人可以用法国的金钱去推行其外交政策并提升其在国外的经济利益,而这些政策与利益与法国或者法俄联盟可能没有多少关系或者毫不相干。一位俄国外交大臣,米哈伊尔·穆拉维耶夫伯爵,鼓励发展俄国的商业和航运,旨在把俄国的影响扩展到波斯湾。他看到了一种可能性:把借给波斯的贷款"用作我们手中一件加强我们的经济地位、巩固俄国对波斯的控制、削弱英国的武器"[28]。1900 年俄国与波斯达成的一项协议承诺向波斯提供一笔约 225 万英镑的贷款,以 5% 的利率在 75 年内偿还,其中一部分用于偿还先前大英帝国银行借给波斯的贷款。俄国这笔贷款的一个重要前提条件规定,现行的为期 10 年的阻止波斯授予其他国家铁路建筑特许权的禁令再继续延长 10 年,这就预先阻止了英国和德国的野心。讽刺的是,相对于更强大的英国人,俄国竟然能够利用他们提供资金的能力占据优势:英国的印度事务大臣对驻印度总督抱怨道,波斯人仅求助于俄国人,因为他们不可能从英国获得他们所寻求的金融援助。他还抱怨英国财政大臣在与东方国家打交道的时候"缺乏想象力"。[29] 从 1906 年俄国为获取贷款的谈判中可以找到最清晰的例证,证明法国外交与俄国金融需求和为俄国在海外树立某种形象的必要性之间的不可分割的联系,当时的俄国首相维特把这笔钱描绘成"挽救了俄国的伟大贷款"。[30] 俄国与日本之间的战争在1904年1月爆发,尽管俄国的形势充满了变数,但是当年5月俄国通过表示愿意承担高利率成功地从法国筹集到一笔贷款。法国政府先前也坚持德国人不应该参与提供这笔贷款。然而,到了1905年,俄国明显被打败了。对外战败加上国内风起云涌的动荡使俄国争取外国贷款变得非常困难。至1905年年底,由于俄国的革命运动不断加剧,外国资本以惊人的速度从俄国撤走。对于试图从战争失败和国内革命的政治和经济后果中恢复过来的俄国政府来说,一大笔贷款至关重要。对于外国投资者来说,似乎只有两个选择:要么向俄国投入更多的资金,指望挽救他们先前的赌注(战争期间俄国债券的价值一落千丈),要么静待事态发展,如果俄国发生革命,陷入无政府状态和破产,他们将失去一切。外交后果也很复杂,并且重要。

在1905年春天,摩洛哥危机在法国和德国之间制造了严重的紧张局势,而且确实有可能爆发战争的议论。在后续的关于就摩洛哥问题召开一次国际会议的谈判中,以及在阿尔赫西拉斯会议本身之中,法国和德国政府都竭力利用俄国急需资金的处境,拉拢后者在摩洛哥问题上给予外交支持。德国政府希望,能够获得德国贷款的前景会说服俄国使用其在巴黎的影响,促使法国人对德国在摩洛哥未来地位问题上的某些要求作出让步。法国人也同样明确地表示,俄国能否得到贷款将取决于俄国在阿尔赫西拉斯会议上是否全心全意地支持法国的立场。法国的银行家们由于金融原因对未来向俄国提供长期贷款犹豫不决,如果俄国想获得贷款,那么法国政府的批准至关重要。因此,尽管俄国首相维特最希望德国和法国的银行共同参与提供国际贷款,但是最终他被迫只选择了法国的贷款。由此,德国政府禁止了与俄国的任何进一步金融商谈,在阿尔赫西拉斯会议上俄国全心全意地支持了法国。当俄国的代表到达巴黎完成最后一轮贷款谈判的时候,当时任法国财政部部长的普安卡雷写道:"他来这里是要法国还债的。他谈到俄国在阿尔赫西拉斯提供的服务时的口吻对我来说几乎让人尴尬。他对法国银行的诸多要求抱怨不止,那些要求确实相当贪婪。"[31] 他的说法并不令人惊讶。

1906 年 4 月成功借到的这笔贷款对俄国从前两年的灾难中恢复过来帮助很大,并且看上去确认了法国对其盟国的信任。在左派们的眼中确实是这样:玛克西姆·高尔基(Maxim Gorki)抱怨说,法国再也不是自由之母了,而是银行家们包养的女人。[32] 而且在 1907 年当英国政府与俄国达成协议时,包括萧伯纳和约翰·高尔斯华绥在内的一批著名知识分子联名致信《泰晤士报》:

> 拟议中的协议将会有加强俄国信用的效果,而且使得俄国政府能够成功地呼吁欧洲借给其另外一笔贷款,俄国人民的代表们对这笔贷款毫无控制权,这笔贷款将会被用来巩固压制人民的专制政权。我们也担心,依据这一改善了的信用和两国政府之间更为密切的关系,英国人民可能受到诱惑,大量投资于俄国政府的股票,正如我们已经从法国的案例中看

到的那样,这种投资可能影响我们对待俄国和其他大国的政治态度。[33]

他们关于英国投资俄国的不祥预感也许有点夸大(尽管到了1914年英国资本对俄国的投资超过对任何其他欧洲国家的投资),但是他们正确地认识到,国际信用与特定国家在公众心目中的形象之间的密切关系。

正如勒内·吉罗所指出的,法国对俄国的投资是对沙皇政府的投资,而且尽管1906年沙皇政府的地位岌岌可危,但是从经济角度看,把金钱投入俄国的决策获得了回报。[34] 此后的8年间俄国工业的扩张似乎证明法国的政策是精明的。随着1909年以后俄国重新武装速度的加快,对更多贷款的需求也在增长。与此同时,法国的金融家们加紧了他们对俄国经济其他部门的控制,如煤矿开采业。这种密切的经济关系并非总是一帆风顺。俄国的民族主义者们抱怨外国的影响和在俄国的外国投机商。1914年7月普安卡雷访问圣彼得堡时,访问日程上的要点之一就是应对一起庭审案件,一家法国控制的煤炭辛迪加因违反俄国的反垄断法律而遭到诉讼。不过,如果1914年没有爆发战争,不管俄国的这种民族主义反应有何种长期影响,两国金融与战略之间的联系暂且还是会变得更加密切。法国在1913年11月借给俄国的一笔贷款旨在增加俄国的铁路网络,包括拟在1918年之前建成几条新铁路线,俄国要提高在西部地区动员的速度需要这些新铁路。

1914年初,在提供进一步贷款的谈判期间,法国代表再次提出这个问题,敦促俄方立即开始修筑前面提到的西部铁路。而俄国人则竭力避免过分紧密地被具体的铁路线路的修筑束缚住，进而强调加强整个铁路网络建设对经济的重要性。此时，法国的银行也急于借给俄国一笔新贷款，鉴于国内政治原因，法国政府刚刚放弃筹集一大笔贷款，因而银行手里有大笔可用资金。因此，到了1914年初，双方的金融、战略和政治利益恰好重合在一起，这使法国与俄国的联盟变得比以往任何时候都更加密切。在共同巩固法俄联盟的政治和经济的互动中，很难明确指出其中一个因素比另外一个因素更加重要。毋宁说，政治和经济互相促进。联盟的政治框架一旦建立，政府和商人们都发现自己越来越致力于在那个框架内工作，并且这样一种经济上的愿望，使德国人无法向俄国贷款或使他们无法染指俄国的军火市场，进一步强化了如下趋向：从存在两个互相竞争的大国集团的角度出发进行思考。金融家们并没有使法俄结盟，但是他们很快就看到联盟所提供的实际上和心理上的诸多好处。政客和将军们起初缔结联盟的时候并没有考虑到金融家们的利益，但是他们很快就看出金融联系可以如何为他们的外交和战略目的服务。在俄国，国家直接控制着非常重要的工业资产，使得国家能够抵制资本家们的影响，不管这些资本家是俄国人还是外国人。在俄国，不是投资者、银行家和企业家们对国家下指示，他们被小心翼翼地敬而远之；国家利用他们，而不是相反。[35]

　　法国人的金融力量使他们成为理想的经济合作伙伴。在某些地区和企业里，尤其是摩洛哥和巴格达铁路项目，法国的财力致使德国和法国之间进行了一些短暂的合作。在1905—1906年的摩洛哥危机之后，德国政府逐渐意识到，眼下直接挑战法国在摩洛哥的地位将得不到什么益处。此后的数年从总体而言是两国关系的缓和阶段，在此期间两国政府都急于就他们的各种经济利益达成某种协议：比如，通过鼓励成立一个法德联合企业来共同开发摩洛哥的（多少有点夸大的）矿产资源。德国的克虏伯公司和蒂森公司与法国的摩洛哥矿业联盟进行国际合作的尝试未能如愿，不是由于政府政策的立即改变，而是因为德国的一个与之竞争的集团公司——曼尼斯曼兄弟公司——试图赢得对摩洛哥采矿权的独家控制。1910年该公司发动了一场宣传攻势，旨在说服德国外交部支持他们的宏愿；[36] 他们获得了一家重要的民族主义施压团体"泛德意志协会"的支持，因而能够把他们自己塑造成致力于德国福祉的公司，同时声称德国政府在与法国人的讨价还价中牺牲了本国的利益。德国政府鼓励银行家兼工业家瓦尔特·拉特瑙在两个互相竞争的集团公司之间进行斡旋，但是曼尼斯曼兄弟公司拒绝了他的建议，德国政府只好决定放弃对法德联合企业的支持。[37]

1911年夏天的阿加迪尔危机对法德两国之间的经济关系有着深刻的影响。[38] 法国人的民族情绪与德国人的民族情绪一样被强有力地煽动起来了，由于害怕两国之间再次爆发战争，很多法国的短期资本从德国撤了回来，这是法国政府鼓励的一项政策。与此同时，法国人惴惴不安地意识到在过去几年里德国对法国的经济渗透所达到的程度。德国的工业家们担心本国的铁矿资源日渐枯竭，因而蒂森公司和其他德国公司拓展了他们在仍属法国的那部分洛林地区的利益，并且获取了对诺曼底地区铁矿的控制权。法国政府对向外国人发放采矿特许权的管控变得更加严格了，同时对从德国进口的货物严格实施新的海关规定引起了相当程度的恼怒。尽管许多金融、工业和商业的联系在战争爆发时仍然保持着——其中有些联系甚至在战争期间通过瑞士悄悄地保持了下来——在莱茵河两岸民族主义情绪高涨之际，这些联系要受到两国政府和公众比以往任何时候更加仔细的审视。比起经济来，政治处于优先位置，有利可图的经济联系不再必然在两国之间维持和平关系了。

法国政府对投资政策与外交政策之间关联的认识有时候带来一些问题。比如，如果法国政府拒绝意大利借的贷款进入巴黎证券交易所，这项措施会不会使意大利人更加信赖德国呢？或者如果他们确实允许意大利人在法国筹集一笔贷款，这笔贷款能否用来作为影响意大利的外交政策、削弱德奥意同盟的手段呢？在1904—1906年间，当意大利政府需要一笔贷款作为兑换早前政府公债的基础时，法国驻罗马的大使不断提醒意大利财政大臣和他自己的政府重视这张牌的价值："意大利必须显示出终极的、决定性的信任，以回应我们将在帮助促成一项重大金融行动方面所显示的信任，那就是在政治领域支持法国。"[39] 两年以后，当德国人非常怀疑意大利对同盟的忠诚度的时候，德国驻罗马的大使抱怨说："与法国强大的金融力量相比，我们处于弱势，这肯定是意大利许多有影响的圈子亲法的诸多原因之一。"[40] 然而法国并不是总能轻易地有效利用他们的金融影响。德国人直接控制着意大利的两个主要的银行：意大利商业银行和意大利信贷银行。而这两家银行自身又控制着主要的钢铁厂、造船厂和电力公司。[41] 外交政策上的结盟在其他领域建立起了某种关系模式：法国人在1908年竭力把借给意大利一笔贷款与要求意大利承诺订购法国公司的火炮联系在一起,这导致了谈判的破裂。意大利陆军此时仍未确定应采用克虏伯公司生产的哪一种型号的火炮,他们不可能,也不愿意把法国的新式武器与德国造的原有武器混杂在一起。[42] 到头来,在1914—1915年间干涉主义者与中立主义者之间的斗争以意大利站到法国和英国一边参加战争而结束,在这两派的斗争中,这些经济上的考虑似乎没有起什么作用,把意大利拖入战争的是一场情绪化运动(这确实得到了法国暗中对意大利报纸提供资金的帮助),这场运动与意大利的经济利益或者说其经济实力没有多大关系。

　　法国的金融力量、德国的资本短缺和两国各自的外交结盟之间的相互影响可以从奥匈帝国的案例中清楚地看出来。德国在欧洲投资的约25%投在奥匈帝国,在战前几年里,奥地利需要资金购买武器装备,并支付这个君主国在两次巴尔干战争期间所采取的军事措施的花销,此时它对德国的依赖增加了。从心理上说,很多奥地利人对该国在德奥同盟中作为弱势伙伴的地位感到不满。他们也担心德国正在侵占奥匈帝国在巴尔干地区的市场。奥地利发动了一场打击塞尔维亚的商业行动,以此回应后者与日俱增地支持奥匈内部由塞族和克罗地亚族制造的骚动。这场商业打击行动包括对从塞尔维亚进口的猪肉实施严格的检疫规定,这就引发了1906—1910年的"猪肉战争",结果使塞尔维亚蒙受短期的损失,却给奥匈帝国带来了长期的后果。塞尔维亚最终找到了其他的猪肉出口渠道,尤其是在德国。结果奥地利不但失去了对塞尔维亚经济命脉的掌控,而且增加了塞尔维亚对这个君主国的仇恨。很多奥地利人对德国从这场贸易战中获利,并且事实上取代奥地利成为塞尔维亚的主要贸易伙伴感到恼火。[43]尤其值得一提的是,自从1905年的重大宪法危机以来,很多匈牙利人欢迎有机会用法国的金融支持取代在他们看来对柏林和维也纳的过度依赖。这个前景使德国人感到震惊,匈牙利政府和市政当局多次企图与法国银行谈判贷款事宜,但是在德国的压力之下,维也纳的外交部都未予批准。

在第一次世界大战爆发前夕,这种无可奈何地依赖他国的心情变得更加强烈。奥地利的金融家们担心德国能否提供他们需要的资金。而德国人确实能够提供的时候,他们却感到厌恶。奥地利一家主要银行的经理在1912曾经说过:"奥地利真倒霉,在金融领域盟国对她没有任何用处。"他告诉德国大使,他自己是"一位热心而又坚定的奥德联盟支持者,但是不容否认的是,眼下奥地利至少在金融方面正在深受联盟之害"。[44]在实践中奥地利人别无选择。尽管奥地利与法国的多家银行就几笔可能的贷款进行了商谈,但是在俄国人的坚定赞同下,法国政府拒绝奥匈帝国政府和其他公共机构在巴黎的证券交易市场上筹款,因为奥匈帝国政府打算把其中一些贷款用于发展陆、海军武器装备。在德国国内资金极其短缺之际,德国的金融家们并不热心借贷款给奥地利。然而,德国外交部坚持向奥地利提供贷款一事必须谈妥,哪怕这意味着推迟借给土耳其和希腊的贷款。可是德国的银行家们却认为,从为德国产品赢得订单的角度来看,借给土耳其和希腊的贷款更加有利可图。德国外交国务秘书雅戈强调了这笔贷款的政治重要性,因为拒绝借贷将会"给近期出现的由我们国外的敌人所蛊惑的反对三国同盟的骚动提供一件强有力的宣传武器,将会产生不幸的后果"。[45]

尽管奥地利与德国进行了金融合作,但是甚至在1914年7月,一些奥地利的银行家们都没有放弃与法国合作的希望:7月20日维也纳银行的一位代表报告称,维维亚尼赞同在秋天为奥地利筹集贷款的主意。除了在德国人敦促的时候,奥地利外交部一直令人惊讶地对银行不感兴趣,而相较于在外交政策方面采取主动行动,银行家们却更加急于听到外交部对可能发生国际危机的提前警告,以便他们预测这些危机将会对证券交易所造成的影响。他们获取的信息并不总是准确:1914年3月奥匈帝国银行的秘书长能够宣称:"我并不希望扮演先知,然而我必须指出,最近半官方的宣言接踵而来,而且我们也有来自消息灵通的私下来源的新闻,这些新闻使我们得出如下结论,即至少在最近的将来,我们不必担心和平会受到破坏。"[46] 或者说,一些奥地利政府人士的圈子会不会像那些银行家们一样对七月危机感到震惊?

在法俄联盟和德奥同盟的日常运转之中,这些国家的银行的投资策略是为它们各自政府的外交政策服务的。在法国对俄国的金融帮助案例中,这种服务总的来说是赚钱的生意。然而,德国在奥地利的投资需要作出一定的金融牺牲。在各国外交部希望利用金融策略来支持他们的外交政策的其他区域,比如土耳其、巴尔干地区,或者摩洛哥,金融盈亏更加难以确定,这不但取决于贷款的利息,而且取决于货物的订单,购买贷方的货物常常是提供贷款的主要条件。由于在很多情况下银行持有生产出口货物的工厂的很大股份,所以借方的订单也给银行带来利润。银行家们做生意的首要目的是为自己和客户们赚钱,但是在随着欧洲工业资本主义的成长而发展起来的国际金融业的复杂体系中,银行与政府之间的关系很可能比政府与其他任何利益集团的关系更加密切。有些时候银行家们促使政府采取行动——比如从埃及讨还欠债,或者迫使中国"门户开放"。有些时候政府出于政治原因逼迫银行在一些金融益处并不能很快显现的领域投资。

在欧洲大多数主要国家里,银行家们比其他大多数商人在社交上更接近手握政治权力的人,这种情况会使得上述这些关系变得容易一些,尽管他们处于可以对政客们施加影响这样一个优越位置并不必然意味着他们事实上这样做。再者,他们常常是同一个社会阶层的一部分:摩洛哥危机之际担任法国总理的鲁维埃自己就是一名数一数二的银行家,1905年德国政府就利用他在德国金融界的熟人加强自身对法国政府的多次警告。1894—1895年担任英国自由党政府首相的罗斯伯里勋爵与罗斯柴尔德家族的女继承人结了婚。基德伦-瓦希特和贝特曼·霍尔维格都出身于银行世家。居住在伦敦的德国出生的金融家欧内斯特·卡塞尔爵士(Sir Ernest Cassel)是英国国王爱德华七世的朋友圈子里的一个显赫成员。在1906年之前的10年里,德国外交部中最有影响的人物弗里德里希·冯·荷尔施泰因(Friedrich von Holstein)是布雷施劳德银行行长保罗·冯·施瓦巴赫的密友,而该银行的创始人格森·布雷施劳德一直担任俾斯麦的私人金融顾问,是社会地位提升至普鲁士贵族的少数犹太人之一。1914年担任匈牙利首相的蒂斯扎与布达佩斯一位重要银行行长是莫逆之交,尽管在社会等级分明的奥地利,除了罗斯柴尔德家族成员外,维也纳的银行家们也会被归类到"第二等级"。汉堡的瓦尔伯格银行家族跟德国外交部关系密切,1914年6月该银行行长马克斯·瓦尔伯格应邀作为德皇的客人出席在基尔举行的赛船大会上,当他在汉堡的晚宴上遇到德皇并且听到他谈论对法国发动一场预防性战争的可能性的时候,他大吃一惊。[47]

国际银行家们处于一种自相矛盾的境地,也许象征着1914年之前欧洲的整个资本主义制度的处境。一方面,通过与政府的密切合作,他们用投资政策鼓励联盟的巩固,加剧殖民竞争。另一方面,他们从国际贸易的流动中获益,所以他们有兴趣维持国际贸易正常开展,以免国际紧张局势使它中断。他们与外国银行有密切的家族和个人联系:罗斯柴尔德家族就是最著名的国际家族,但是例如汉堡的瓦尔伯格家族则通过联姻与纽约银行的两个高级合伙人库恩、洛埃布以及俄国金茨堡公司的经理之一建立了关系。在七月危机期间,伦敦罗斯柴尔德家族的首领施展其所有的影响(尽管未能成功)企图说服《泰晤士报》停止鼓动英国支持法国和俄国。反对英国参战的最强大因素之一是7月31日格雷所表达的信念:"商业和金融形势极其严峻",而且"有彻底崩溃的危险,会使大家一起毁灭"。[48]

银行家和商人们的国际联系有些时候被利用来进行秘密外交谈判。为了与德国举行海军裁军谈判,1912年霍尔丹勋爵出访柏林。在此之前,汉堡美洲航运公司的总裁艾伯特·巴林就此次访问先赴伦敦,与金融家欧内斯特·卡塞尔进行了接触。1914年7月24日,巴林再一次来到了伦敦。他应卡塞尔邀请赴宴,会见了丘吉尔和霍尔丹,觥筹交错之际得以从两位英国大臣口中试探一旦战争爆发使英国保持中立的可能条件。不过,尽管他们跟政府的关系密切,在七月危机期间,巴林和瓦尔伯格还是感到无力影响正在做出的决策。[49] 很多人认为,整个欧洲这种个人和生意关系网络的存在事实上会使战争不可能爆发,因为没有任何人能够通过战争获益。1911年,当被问及战争危险的时候,比利时工党领导人埃米尔·王德威尔德说:"目前在欧洲有太多和平主义的势力,首先是犹太资本家,他们给许多政府金融支持。"[50] 英国国际法学家诺尔曼·安吉尔(Norman Angell)在他的畅销书《大幻想》(1909)中认为,战争会给胜利者和被征服者的经济都带来灾难,并且"资本家没有祖国,而且如果他是现代类型的资本家,他知道军火、征服和改变边境的版图非但丝毫不符合他的诸多目的,而且很可能挫败它们"。[51] 安吉尔视金融家们为和平的守卫者,并且认为资本主义赞成世界主义与和平的贸易。

20世纪初经济生活的这种性质决定了国际贸易和各种金融联系常常具有矛盾的政治影响。当时仍然有许多商人信奉国际贸易的发展必然使战争不可能爆发的经典自由主义理论。而其他面临利润下降和激烈竞争的一些商人在思想观念上民族主义倾向日益加强,越来越盼望政府对进口货物征收保护性关税,或者给他们提供更加强大的外交支持,而且在某些情况下,至少在有争议的殖民地里,提供军事支持,保护他们的利益。到了19世纪末,除了英国以外的所有欧洲主要国家都实施了保护性关税,这些关税的规模和性质在这些国家内成了引发激烈政治争吵的话题。德国政府赖以获得议会支持的保守派集团,其稳定取决于农场主与工业家们之间艰巨和反复的讨价还价过程。在俄国,保护主义关税的鼓吹者E.I.罗戈津谴责那些满足于俄国的"欧洲粮仓"角色的农场主,在他看来,那意味着"对于欧洲来说,俄国将注定作为某种殖民地继续存在下去,就像印度或者加拿大是英国的殖民地一样"[52]。保护主义的政策也必然对国际关系产生影响。尽管各种商业条约和"最惠国待遇"条款(与某国单独协商的优惠待遇将依据此条款被自动给予其他贸易伙伴)常常减轻关税的影响,关税成了一件重要的外交武器。比如,1891年意大利续签三国同盟的要价在很大程度上取决于同时签订一项意大利能够接受的商业条约。[53]

一个大国能够利用歧视性关税试图把自己的意志强加于一个小国,正如奥地利人在"猪肉战争"期间对付塞尔维亚所做的,旨在反对塞尔维亚拟与保加利亚建立密切的经济联盟的提议,同时迫使塞尔维亚人继续从斯柯达公司而不是法国的施耐德-勒克勒佐公司购买军火。事实上,对于奥地利来说,这一手段彻底失败了,它企图通过禁止塞尔维亚的出口来把自己的意志强加于该国,却导致塞尔维亚到其他地方寻求市场,因而减少了它对奥地利的依赖,增强了塞尔维亚对哈布斯堡王朝的敌对情绪。在每一个国家都有一些特殊利益集团抱怨其他国家关税中的某些条款尤其伤害了他们,但是只有当国家之间的关系由于其他原因紧张起来,这些担心往往才会变得具有国际政治重要性。1906—1910年期间法国和德国关系比较好,法国并没有太在意1906年德国实施的新关税法。仅仅当两国关系恶化的时候,法国才开始认真地抱怨。与此同时在阿加迪尔危机之后的敌对气氛中,德国对法国海关官员对德国出口商们的不友好和官僚态度的抱怨急剧增加,所以经济方面的摩擦帮助增强了两国之间日益增长的恶感。

关于续签德国于1904—1905年签订并且将于1917年到期的若干商业条约的讨论,不仅显示了一战爆发前夕德国面临的诸多严重的经济和政治问题,而且加剧了德国与俄国之间急剧增长的敌对气氛。1914年初德国开始感到了不景气,这种形势也增加了德国国内制造商们与另一些人之间的紧张关系。工业品制造商希望尽可能地扩大海外市场的准入,并且为了增加贸易,随时准备考虑降低关税壁垒。而主要来自农业部门(该部门中占主导地位的是普鲁士的地主们)的另一些人则坚持如果不增加现行的保护性关税,至少要维持它。

1914年春天,德国政府的官方政策是现行的关税政策足够保护工农业利益,他们应该尽力根据现行条款续签与外国的商业条约。事实上俄国人并不准备这样做。[54] 在此前的几年里他们的工业进步已经增强了他们对自己经济力量的信心,同时俄国的民族主义者们也愈发憎恨外国人控制着他们的经济。他们记得与德国的经济条约是在日俄战争期间谈判签订的,当时是俄国最脆弱的时候,因此出于情感上的和实际上的原因,他们厌恶这个条约。尤其是德国人增加了对俄国和斯堪的纳维亚的燕麦出口,部分原因是德国政府暗中的补贴使出口商们可以低价销售。俄国人希望减少德国粮食的进口,使他们自己的出口更有竞争力,因此,1914年6月他们对从外国进口的粮食实施新的高额关税。甚至在1914年7月的外交危机之前,在边境两边就有关于"俄德之间即将来临的经济大决斗"[55] 的议论。

在战前的20多年里,在英国也反复出现过对与德国的经济决斗的担心。[56] 在两个国家里一直有对于不公平竞争的抱怨和对歧视性对待的恐惧。对于英国人来说,担心是有实际原因的,但基于笼统的原因,而不是由于来自德国的某一特定的威胁。英国在世界贸易中的所占份额在下降：美国和德国的钢铁产量正在赶上英国的产量，与此同时英国在较旧的工业领域方面的实力意味着英国在发展较新的工业和技术方面行动比较迟缓。（从纯粹的经济角度来看，美国至少是一个与德国同样危险的竞争对手，可是偏偏没有关于英美两国之间滋生敌对情绪的议论。）在一些领域英国与德国之间的贸易关系正在改善，而且事实上正如扎拉·斯坦纳所指出的那样，在1904—1914年间，英国成了德国最好的客户，德国是英国第二好的市场。[57] 英国的某些工业因德国1902年批准、1906正式实施的关税而受到伤害，尤其是机器制造业和纺织工业。然而，正如对经济、帝国和国际竞争的最近和最全面的研究所得出的结论，英国经济利益的最根本需要是和平："伦敦是金融和商业利益的整个复杂网络的中心。这个网络依赖坚持一种将受到严峻考验的经济正统观念，一场持久的战争或者持续的高水平防务支出甚至可能推翻这种正统观念。"P. J. 凯恩和 A. G. 霍普金斯认为，尽管英国有19世纪工业扩张的经验，工业利益与金融和商业利益相比已经变得不太重要了，后者强调合作而不是竞争。[58]

不过，在19世纪90年代的经济衰退期间，英国公众一片哗然，部分地由于1896年 E. E. 威廉斯（E. E. Williams）出版了《德国制造》一书。该书认为："在各个方面英国的工业强国地位正岌岌可危，而且这种结果主要是德国造成的。"[59] 这个观点与其说是对英国工业和商业相对衰弱的客观评估，倒不如说是对德国推销人员成功渗入以前被英国垄断的市场的恐惧，比如中东地区。不仅仅是英国人抱怨德国人的高压推销手段，法国人对来自德国的竞争同样敏感，他们抱怨道，法国公司在莫斯科的4、5位代表要与

550位德国人竞争,[60] 1896年M.施瓦布(M. Schwab)出版了《德国的危险》一书,其中的论点与威廉斯同年出版的那本书如出一辙。德国极其快速的工业进步和日益增强的经济力量必定会影响外国的态度,尤其是英国对德国的态度;但是这种态度大多从属于其他不信任德国的原因。正如爱德华·格雷爵士在1906年12月所指出的那样:

> 经济上的竞争(以及所有这些竞争)并不让我们英国人太生气,而且他们钦佩德国持续发展的工业和组织天才。但是他们确实讨厌德国人制造的麻烦。他们怀疑德皇奉行源于"世界政策"的侵略计划,而且他们看到德国为了主宰欧洲正在加快军备发展速度,因而给所有其他大国施加了一个浪费性财政支出带来的可怕负担。[61]

对于德国人来说,对英国国内要求结束自由贸易和征收保护性关税的宣传鼓动的担心必须从更加宽广的语境中来理解,即德国人认为贪得无厌的英国人正在阻止他们获得"阳光下的土地"。正如帝国议会里一位民族主义保守派议员所说:"我从英国人的整个商业立场可以看出……把德国排除出英国殖民地的明显意图。"[62] 根据任何功利性的或者统计性的盈亏平衡,每一个国家有多少得益于相互贸易的商人,可能就有多少受到直接竞争或者关税政策威胁的商人。第一类受益的商人倾向于希望英国与德国的关系得到改善;第二类感到威胁的商人则从经济上的担心走向政治上的憎恨。正如保罗·肯尼迪所指出的:"确实值得注意的是,普鲁士的地主们和伯明翰的机器制造商们都没有加入各种英德友好协会,而兰开夏的纺织厂主们和汉堡的银行家们都加入了。"[63]在第一次摩洛哥危机结束之后,德国首相比洛挑选了一位银行家,任命他为外交部殖民司的新司长。伯恩哈德·德恩伯格曾经担任德意志银行的一个子公司"德意志信托公司"的经理,在此任上他成功地改组了大煤铁康采恩"德意志-卢森堡矿山和冶金公司"。[64]在1907年的议会竞选活动期间,德恩伯格承诺要将殖民地变得能够赚钱,对于德国的纳税人来说是一笔好的投资;"殖民主义"是这次议会选举的主要议题,德国政府取得了重大进展,社会民主党失去了38个议席。

我们如何将这个金融和贸易关系的复杂网络与主张战争的主要原因是经济因素的理论联系起来呢?1914年7月,那些政客们在做出决策的时候,经济方面的考虑在他们的心目中并不太处于重要的位置;当这些考虑处于重要位置时——正如当英国政府面临由外汇市场的彻底崩溃,以及外国无法接受或者偿还债务可能给伦敦金融城带来的可怕后果时——它们恰恰强调了战争的灾难性影响。确实,全欧洲每一个肩负重任的人都理所当然地认为,经济崩溃的威胁将足够促使战争在几个月内,甚至几个星期之内就结束。匈牙利的财政大臣觉得战争撑不过三个星期——而且奥匈帝国的军工生产甚至证明自身连三个星期都支撑不了——因而他们对德国人的依赖也就增加了。1914年俄国用于陆军的支出计划基于这样的估计:"目前俄国的主要邻国的政治和经济形势排除了一场长期战争的可能性。"[65]

在1914年之前,欧洲强国的政府担心的是支付庞大军备计划带来的金融和财政问题,但是他们几乎没有考虑过一旦战争爆发需要采取什么经济措施。大多数国家有黄金储备,可用于支付动员军队的所需费用,但是他们为战争所做的其他准备很少。至少自从1906年以来,德国政府一直担心,如果从国外的粮食进口中断了,如何保证民众有饭吃。然而,内务大臣向政府保证将有足够的国产燕麦和土豆的供应,可是并没有任何实际行动。1912年11月,在德国政府认定战争很可能爆发时,成立了一个跨部门委员会专门负责粮食储备,但是成效甚微,主要由于关税的原因,进口粮食储备的成本极高,而且贵族大地主们不同意适当降低关税。[66]也是在1912年,德国军队总参谋部和普鲁士陆军部专门为弹药生产设立了的新计划,这部分上是因为日俄战争期间弹药消耗的惊人速度给德国军方留下了深刻印象。然而,在这个问题上所采取的措施也不够,战争打响后约两个月就耗尽了所有的弹药库存。[67]这些战争准备工作有些时候被用来支持德国人蓄意准备发动战争的观点。然而,这些备战活动真正显示的不过是自1912年以来,德国人一直预计会爆发一场战争,并且在为这场战争做准备。这并不必然等同于说他们将亲自挑起这场战争,尽管也不排除这种情况。[68]不过,关于粮食和弹药供应的随意的讨论便清楚地显示出德国人对未来这场战争将会是什么样子,可能持续多长时间几乎不甚了了。

其他任何参战国也没有考虑过战争的经济后果和各种需要。英国人几乎没有为战争在经济上做任何准备,部分上是因为即便是军事领导人们对战争将会在供给和人力政策方面涉及些什么也几乎没有概念,部分上是因为自由党的大多数人强烈地、本能地拒绝思考战争爆发的可能性。除了海军建设之外，为战争做准备的物资计划的许多方面索性被忽视了，尤其因为需要节约，鉴于海军建设与社会福利之间的资源竞争关系。在1905/1906财政年度和1912/1913财政年度之间英国陆军部削减了1/3的弹药经费。[69]当时有一些关于在战争中如何维持粮食进口的讨论，并且一度有担心英国黄金储备可能会枯竭的恐慌，以致"德国与日俱增的商业和银行业实力"引起了不安，唯恐"在两国爆发冲突之前或者冲突之初，伦敦的黄金储备就被抢兑一空"。[70]这些惊恐后来过去了，关于粮食或者弹药库存的调查，或者关于宣战的经济和社会后果的调查并没有真正提供采取行动的基础。在1914年8月4日，劳合·乔治宣称，政府的政策是"保证本国的贸易商们能够一如既往地做生意"。[71]直至事实证明这不可能的时候，政府才开始逐步为组织全面战争临时采取措施。

俄国人有可供动员时发放的步枪，但是他们卖掉了先前的库存枪支，所以没有剩余备用的了。在1914年9月俄国陆军司令部就开始抱怨弹药短缺，因为他们发现战场上的弹药消耗速度比预计的快三倍，这预示了供给和分配的全面危机，这危机将是1917年革命的主要原因之一。[72]在法国，第一次世界大战之前的两年里，政府一直关心的是通过实施三年兵役法增加陆军规模，并且为如何支付额外的军费忧虑，可是似乎几乎没有思考过为增加的兵员提供武器弹药。陆军也缺乏好几种武器装备，尤其是重炮。迟至1914年7月13日，参议员夏尔·于姆伯提请参议院注意部队装备的匮乏；经过两天的辩论，参议院一致同意议会的军队委员会在夏季休会期之后针对装备短缺形势作出报告。[73]国营军械工厂一直满足不了军队的需求,但是私营公司往往要价太高,而且甚至连施耐德-勒克勒佐公司都不真正具备进行大规模武器生产的设备。[74] 法国最具开拓进取精神和最成功的工业家,汽车制造商路易·雷诺为我们提供了关于战争爆发时情形的生动描绘:大约在8月8日或者9日,他应召去见陆军部部长,发现这位部长焦躁不安,来回走动,嘴里反复说:"我们必须有炮弹,我们必须有炮弹。"当一位高级将领问他能否制造炮弹时,他回答说他不知道,因为他从来没有见过炮弹。但是在他被任命负责组织巴黎地区的炮弹生产任务之前,国营军火工厂、施耐德-勒克勒佐和圣沙蒙不得不放弃对炮弹生产的垄断,因而直到那年秋天为了战争而进行的军火工业重组才真正开始。[75]

所有交战国的政府都在它们的战争计划中忽视了经济因素,部分地由于它们确信战争不会持久,部分地由于它们没有把握一旦完成动员,开局的战略行动结束后会出现什么情况。也许它们从来不相信真的会爆发战争。它们参战的直接动机不是出于经济原因,而是出于政治、心理或者战略原因。一旦民族主义鼓动分子们把人们的注意力吸引到贸易竞争方面来,有些时候贸易竞争会帮助增强民众情绪或者国家间的猜疑,提供一个界定敌人的因素(尽管只凭这一点是不够的)。军火制造商们从与政府签订的军火合同中赚钱,也从对其他政府销售军火的合同中赢利,而在战争期间他们可能失去国外的军火市场。再者,在很多情况下,军火制造商们已经尽其最大的生产能力制造武器了,而且只是当政府在战争已经打响数月以后对军工生产进行了改组,军火商们才得以满足对他们的额外要求。他们肯定从战争中赚钱了(例如,法国主要的钢铁企业之一"法国钢铁公司"在1913—1915年之间利润翻了四倍),[76] 但是许多"看上去似乎在没有战争时干得很出色的麻木不仁者"[77]也确实在战争中发财了,他们赢利是靠提供靴子,或者煤炭,或者牲畜饲料,或者对于战争经济至关重要的任何其他物资。他们中的大多数人似乎并没有预见到战争将会提供的诸多机会,尽管战争一旦打响他们充分利用了这些机会。此外,国营部门(而不是私营制造商)经常生产了大部分武器装备;在俄国无疑是这种情况,而在英国,各皇家兵工厂在1909—1914年为陆军和海军生产了五分之四的火炮及其弹药。[78]

没有证据显示他们促使政府发动一场欧洲大战,而且他们发了战争财的事实也不足以证明他们是战争爆发的罪魁祸首。当然,有些工业家们和军事将领希望战争一旦开始,其结束带来的和平将扩大他们的市场,或者捍卫他们的战略地位(兴登堡元帅为了替他从俄国吞并大片土地的要求辩护,讲了这样的话:"在下一场战争中我需要这些土地调遣我军的左翼")。[79]在大战之前的几年里,在德国工业和金融圈子中,尤其在银行家和那些从事某些新兴工业部门的企业家中间,一直有人议论需要通过形成一个新的"中欧"来增加德国经济的势力范围,即建立一个庞大的统一贸易区,不仅为德国提供市场,而且使德国摆脱对进口粮食的依赖。正如我们已看到的那样,比较老的工业部门的工业家们,如钢铁生产商们,已经努力在法国和其他地方通过获得对矿山的控股来确保原料来源。在1914年9月,德国人看似将取得对法国的彻底胜利,好像真有把上述某些设想付诸实践的可能性了。贝特曼·霍尔维格批准了一项计划,首先在西欧进行大范围吞并,然后把德国与俄国的边境一路向东推进，结束俄国对东欧非俄罗斯民族人民的统治。这项计划将大力促进这一梦想的实现，即建立一个由德国主宰的"中欧"，同时能使德国的重工业直接控制比利时和法国的矿山。有人提出了这样的观点，正是为了获取这些利益，德国蓄意发动了战争，而且似乎只有战争才能提供出路，摆脱在1914年春天随处可见的经济困难和矛盾。

然而，一项在战争已经开始以后才制订的计划在多大程度上必然证实了两个月之前做出开战决定的直接原因，这尚存一些疑问；我们永远无法知道在1914年7月贝特曼及其同僚们内心的想法，也永远不可能知道他们认为在必须权衡的无数考虑中的优先事项是什么。有些历史学家如沃尔夫冈·蒙森几乎没有什么怀疑：他认为，德国的政权是由帝国主义的资本主义掌控的，是资产阶级的工具，其首要目标就是保护本国资本家们的利益，使与德国资本家竞争的外国资本家处于不利地位。[80] 他们实际上宣战是为了实现这些经济和地缘政治的目标，还是由于多个更加直接的原因呢？这永远不可能确定。可以肯定的是一旦战争爆发，大多数交战国都开始盘算如果获胜他们将会赢得哪些收获。英国人考虑消除在未来很长时间里德国在工商业上与自身的竞争，同时结束来自德国海军的威胁。法国"冶金行业联合会"的钢铁巨头们像他们的德国同行们一样开始想到侵占外国领土，那将保证他们对原料的控制。俄国人立即想象向君士坦丁堡进军，赢得对黑海出海口的永久性控制。也许需要把战争目标与和平目标区别开来，前者是一个国家为之走向战争的目标，后者是在一旦战争打响、胜利似乎在望的情况下该国希望以此媾和的条件。[81]

再者，正如战争爆发暂时缓解了好几个交战国政府的一些急迫的政治问题一样，战争也使这些政府暂时部分解决了支付他们的军备计划这个持续性问题所造成的财政拮据。政府可以用爱国的理由使提高税收变得容易被民众所接受，就像在英国那样，所得税不断增加，而且还新实施了一个税种，超高利润税。政府还可以筹集特殊战争贷款，并且在精心组织的宣传鼓动活动中强调认购战争贷款的爱国义务，丝毫不担心从民众手里借来的钱最终将如何偿还（因而为法国和德国政府制造了战争结束后的一个重大问题）。然而，这里再一次产生了问题，需要比我们业已掌握的多得多的证据才能使人相信所有交战国的政府蓄意发动战争，以便解决他们的财政预算问题。

很难找到证据证明在这个特定的历史时刻爆发的这场特定战争是经济压力或者紧迫经济需求的直接后果。如果我们坚持认为战争的起源是经济原因，那么我们就必须审视一战之前的几十年时间里欧洲社会发展的较为长期的趋势。法国社会党领导人中最能言善辩的让·饶勒斯在1895年声称："你们的社会混乱而又充满暴力，即使它希望和平，即使它处于表面上平静的时候，其内部都蕴藏着战争，就像安睡的乌云携带着雷暴一样。"饶勒斯坚持认为，毫无节制的资本主义竞争的伦理价值观必然鼓励人与人残忍相待。"这个社会饱受折磨，为了保护自己免受持续从其底层升起的种种焦虑的威胁，它总是不得不加厚其铠甲。在这个无限制竞争和生产过剩的时代，军队和军事生产过剩之间也有竞争。"他接着说："最终只有一个办法消灭人之间的战争，这就是消灭个人之间的战争，这就是消灭经济战争以及当今社会的混乱，这就是用社会和平和团结的机制取代为了生存的普遍斗争,而这普遍的生存斗争到头来导致战场上的普遍斗争。"[82] 然而,尽管现存的社会和经济制度有许多不公正,直至 1914 年 7 月 31 日他被暗杀,饶勒斯一直希望通过若干裁军和仲裁措施,通过国防机构的改革使发动侵略战争变得不可能,通过教育人并且说服他们互相合作等途径使战争得以避免。饶勒斯从来没有详细地弄明白现行的经济制度与战争之间确切的联系究竟是什么,但是仅仅把自己局限于谴责军国主义和帝国主义,而不仔细地分析它们。尽管他认为资本主义制度是所有战争的根源,饶勒斯认为可以通过上述措施使战争的狂风暴雨不致必然迸发倾泻,他这种信念意味着战争爆发可能终究是由于诸多政治原因,而不是经济原因,避免战争可能要靠政治手段,而不是经济手段。

马克思主义理论家们坚持认为战争根植于资本主义本质,资本主义危机的加深将导致战争。他们想象,资本家们需要通过不断寻找新的投资场所,新的原料来源,廉价劳动力和新的市场来维持他们的利润。这些需求会引起帝国之间的争夺,争夺的结果就是战争。如果战争是根植于帝国主义的,那么我们就必须审视 20 世纪初欧洲帝国主义的本质,尝试确定在多大程度上帝国主义竞争是 1914 年爆发的这场世界大战的原因。

参考书目

1 欲了解斯图加特代表大会以及关于军国主义和国际冲突的决议,参见,比如,James Joll, *The Second International 1889—1914*, London: 1974 年,新版,第 135—152 页。
2 参见 Eckart Kehr, *Schlachtflottenbau und Parteipolitik*, Berlin: 1930 年。

3 Nancy Mitchell, *The Danger of Dreams: German and American Imperialism in Latin America*, Chapel Hill, NC: 1999 年, 第 114 页。

4 Niall Ferguson, *Paper and Iron : Hamburg Business and German Politics in the Era of Inflation, 1897—1927*, Cambridge: 1995 年, 第 83—84 页。

5 欲了解英国海军协会, 参见 W. Mark Hamilton, "The Nation and the Navy: Methods and Organization of British Navalist Propaganda, *1889—1914*", 未公开发表的博士论文, 伦敦大学, 1978 年。

6 Andrew Marrison, *British Business and Protection 1903—1932*, Oxford: 1996 年, 第 143 页。

7 Paul Kennedy, *The Rise of the Anglo-German Antagonism 1860—1914*, London: 1980 年, 第 299 页。

8 Volker Berghahn, *Rüstung und Machtpolitik*, Düsseldorf: 1973 年, 第 55 及以下诸页。

9 Hugh Driver, *The Birth of Military Aviation: Britain, 1903—1914*, Woodbridge: 1997 年, 第 143—144 页。

10 Bernard Michel, *Banques et Banquiers en Autriche au début du 20e siècle*, Paris: 1976 年, 第 179 页。

11 David Stevenson, *Armaments and the Coming of War: Europe 1904—1914*, Oxford: 1996 年, 第 23 页。

12 Raymond Poidevin, "Fabricants d'armes et relations internationales au début du XXe siècle", *Relations Internationales*, 第 1 期 (1974 年)。后续很多内容基于这篇重要文章。

13 Clive Trebilcock, *The Vickers Brothers: Armaments and Enterprise 1854—1931*, London: 1977 年, 第 120—121 页。David Stevenson, *Armaments and the Coming of War : Europe 1904—1914*, Oxford: 1996 年, 第 38 页。

14 Holger Herwig, *Germany's Vision of Empire in Venezuela, 1871—1914*, Princeton, NJ: 1986 年, 尤其是第 110—140 页。

15 Raymond Poidevin, "Fabricants d'armes et relations internationales au début du XXe siècle", *Relations Internationales*, 第 1 期 (1974 年), 第 42 页。

16 Thomas D. Schoonover, *The French in Central America: Culture and Commerce, 1820—1930*, Wilmington, NC: 2000 年, 第 121 页。

17 尤其要参见 Bernard Michel, *Banques et Banquiers en Autriche au début du 20e siècle*, Paris:1976 年, 第 179 页。
18 René Girault, *Emprunts russes et investissements français en Russie 1887—1914*, Paris:1973 年, 第 345 页, 脚注 2。吉罗(Girault)教授的著作对理解这整个问题至关重要。
19 Steven G. Marks, *Road to Power: The Trans-Siberian Railroad and the Colonization of Asian Russia 1850—1917*, Ithaca, NC:1991 年, 第 123 页。
20 Raymond Poidevin, *Les Relations Economiques et Financières entre la France et l'Allemagne de 1898 à 1914*, Paris:1969 年, 第 178 页。与上文提到的吉罗的著作一道, 这本书出色、权威地解释了经济因素在法国和德国外交政策中所起的作用。
21 Charles E. Freedeman, *The Triumph of Corporate Capitalism in France, 1867—1914*, Rochester, NY:1993 年, 第 59 页。
22 Daniel Gutwein, *The Divided Elite: Economics, Politics and Anglo-Jewry, 1882—1917*, New York:1992 年, 第 115 页。
23 Girault, *Emprunts russes et investissements français en Russie 1887—1914*, 第 568 页。Poidevin, *Les Relations Economiques et Financières entre la France et l'Allemagne de 1898 à 1914*, 第 678 页。
24 Michael Palairet, *The Balkan Economies c. 1800—1914: Evolution without Development*, Cambridge:1997 年, 第 332—333, 369 页。
25 Herbert Feis, *Europe, the World's Banker 1870—1914*, New York:1965 年, 第 23, 51 页。
26 Susan P. McCaffray, *The Politics of Industrialization in Tsarist Russia: The Association of Southern Coal and Steel Producers, 1874—1914*, De Kalb, Ill.:1996 年, 第 68 页。
27 Girault, *Emprunts russes et investissements français en Russie 1887—1914*, 第 580 页。Feis, *Europe, the World's Banker 1870—1914*, 第 51 页。
28 John A. White, *Transition to Global Rivalry: Alliance Diplomacy and the Quadruple Entente, 1895—1907*, Cambridge:1995 年, 第 53 页。
29 White, *Transition to Global Rivalry, 1895—1907*, 第 54 页。
30 Girault, *Emprunts russes*, 第 430 页。
31 Girault, *Emprunts russes*, 第 443 页。

32 Girault, *Emprunts russes*, 第 446 页, 注 77。
33 *The Times*, 1907 年 6 月 11 日。
34 "法国第三共和国的政治和经济领袖们对俄国的政治制度不是采取中立的立场,而是选择站到了沙皇制度的一边。如此一来,他们就丧失了对俄国一切内部事务未来进程的现实影响。"Girault, *Emprunts russes*, 第 447 页。
35 Peter Gatrell, *Government, Industry and Rearmament in Russia, 1900—1914: The Last Argument of Tsarism*, Cambridge: 1994 年, 第 4—5 页。
36 Arden Bucholz, *Moltke, Schlieffen, and Prussian War Planning*, New York and Oxford: 1991 年, 第 259 页。
37 参见 Hartmut Pogge von Strandmann, "Rathenau, die Gebruder Mannesmann und die Vorgeschichte der Zweiten Marokkokrise", 载于 Imanuel Geiss 和 Bernd Jürgen Wendt 主编, *Deutschland in der Weltpolitik des 19. und 20. Jahrhunderts*, Düsseldorf: 1973 年, 第 251—270 页, 和 Poidevin, *Les Relations Economiques*, 第 475—480 页。
38 Poidevin, *Les Relations Economiques*, 第 654—819 页。
39 *Documents diplomatiques français 1871—1914*, Paris: 1932 年, 第 2 系列, 第 4 卷, 第 174 号文档, 第 245 页。也参见 Raymond Poidevin, *Finances et Relations Internationales 1887—1914*, Paris: 1970 年, 第 91 页。
40 Raymond Poidevin, *Finances et Relations Internationales 1887—1914*, 第 92 页。
41 C. Seton-Watson, *Italy from Liberalism to Fascism*, London: 1967 年, 第 284 及以下诸页。
42 Raymond Poidevin, *Les Relations Economiques et Financières entre la France et l'Allemagne de 1898 à 1914*, 第 553—554 页。John Whittam, *The Politics of the Italian Army 1861—1918*, London: 1977 年, 第 156 页。
43 Steven Beller, *Francis Joseph*, London: 1996 年, 第 194 页。
44 Fritz Fischer, *Krieg der Illusionen*, Düsseldorf: 1969 年, 第 422 页。
45 Fischer, *Krieg der Illusionen*, 第 423 页。
46 Michel, *Banques et Banquiers*, 第 366 页。
47 E. Rosenbaum 和 A. J. Sherman, *Das Bankhaus M. M. Warburg & Co.*

第六章 国际经济

1798—1938,Hamburg:1976 年,第 140 页。
48 G. P. Gooch 和 Harold Temperley 主编,*British Documents on the Origin of War 1898—1914*,London:1926 年,第 11 卷,第 367 号文档,第 226—227 页。
49 Niall Ferguson,*Paper and Iron: Hamburg Business and German Politics in the Era of Inflation*,*1897—1927*,Cambridge:1995 年,第 94 页。
50 引自 Georges Haupt,*Socialism and the Great War: the Collapse of the Second International*,Oxford:1972 年,第 73—74 页。
51 Norman Angell,*The Great Illusion*,London:1911 年,第 3 版,第 269 页。
52 McCaffray,*The Politics of Industrialization in Tsarist Russia*,第 59 页。
53 参见 Rolf Weitowitz,*Deutsche Politik und Handelspolitik unter Reichskanzler Leo von Caprivi 1890—1894*,Düsseldorf:1978 年,第 7 章。
54 参见 Egmont Zechlin,"Deutschland zwischen Kabinetts-und Wirtschaftskrieg",*Historische Zeitschrift*,第 199 期(1964 年)和 Fritz Fischer 所作的回答,见于 *Krieg der Illusionen*,第 529—530 页。
55 Fischer 所引用的俄国杜马中农业委员会主席的话,见于 *Krieg der Illusionen*,第 540 页。
56 参见 Zara S. Steiner 和 Keith Neilson 的精彩讨论,见于 *Britain and the Origins of the First World War*,London:2003 年,第 2 版,第 63—72 页和 Paul Kennedy,*The Rise of the Anglo-German Antagonism 1860—1914*,London:1980 年,第 15 章。也参见 Michael Balfour,*The Kaiser and His Times*,London:1964 年,附录一中的统计数字。
57 Steiner 和 Neilson,*Britain and the Origins of the First World War*,London:2003 年,第 2 版,第 64—65 页。
58 P. J. Cain 和 A. G. Hopkins,*British Imperialism: Innovation and Expansion*,*1688—1914*,London:1993 年,第 450 页。
59 引自 W. L. Langer,*The Diplomacy of Imperialism*,New York:1951 年,第 2 版,第 245 页。
60 Raymond Poidevin,*Les Relations Economiques et Financières entre la France et l'Allemagne de 1898 à 1914*,Paris:1969 年,第 143 页。
61 G. M. Trevelyan,*Grey of Fallodon*,London:1937 年,第 115 页。
62 Kennedy,*The Rise of the Anglo-German Antagonism*,第 298 页。
63 Kennedy,*The Rise of the Anglo-German Antagonism*,第 305 页。

64　W. O. Henderson, *The German Colonial Empire 1884—1919*, London: 1993 年,第 89—90 页。

65　Norman Stone, *The Eastern Front 1914—1917*, London:1975 年,第 145 页。

66　Fischer, *Krieg der Illusionen*, 第 286—287 页。

67　Gerald D. Feldman, *Army, Industry and Labor in Germany, 1914—1918*, Princeton, NJ:1966 年,第 52 页。

68　Fischer, *Krieg der Illusionen*, 第 284—288 页。

69　David French, *British Economic and Strategic Planning 1905—1915*, London:1982 年,第 45 页。

70　1914 年 1 月或者 2 月, G. 佩什(G. Paish)爵士递交财政大臣的关于英国黄金储备的备忘录:Marcello de Cecco, *Money and Empire: the International Gold Standard 1890—1914*, Oxford:1974 年,第 207 页。

71　French, *British Economic and Strategic Planning 1905—1915*, 第 92 页。

72　Stone, *The Eastern Front 1914—1917*, 第 146 页。

73　Georges Bonnefous, *Histoire Politique de la Troisième République*, 第 2 卷 *La Grande Guerre, 1914—1918*, Paris:1957 年,第 17—18 页。Douglas Porch, *The March to the Marne: The French Army 1871—1914*, Cambridge:1981 年,第 238—239 页。

74　Porch, *The March to the Marne*, 第 242—243 页。

75　Patrick Fridenson, *Histoire des Usines Renault*, 第 1 卷 *Naissance de la grande Entreprise 1898—1939*, Paris:1972 年,第 89—90 页。

76　Theodore Zeldin, *France 1848—1945*, 第 2 卷 *Intellect, Taste and Anxiety*, Oxford:1977 年,第 1047 页。

77　据约翰·梅纳德·凯恩斯(J. M. Keynes)称,保守党政客斯坦利·鲍德温(Stanley Baldwin)在谈论 1918 年 11 月当选的英国国会议员们的时候使用过这句话:Roy Harrod, *The Life of John Maynard Keynes*, London:1951 年,第 266 页。

78　Stevenson, *Armaments and the Coming of War*, 第 26 页。

79　John Wheeler-Bennett, *Hindenburg, The Wooden Titan*, London:1967 年,新版,第 127 页。

80　参见 Wolfgang Mommsen, *Die Autoritäre Nationalstaat*, London:1995 年,尤其是第 318 页。

81 欲了解关于这一点的讨论,参见 Erwin Hölzle, *Die Selbstentmachtung Europas*, Göttingen: 1975 年,第 38—41 页。就算不接受 Hölzle 批评 Fisher 这个前提,这个区分也似乎是有用的。

82 Max Bonnefous 主编, *Oeuvres de Jean Jaurès: Pour la Paix*, 第 1 卷, *Les Alliances Européennes 1887—1903*, Paris: 1931 年,第 75—77 页。

第七章　帝国主义竞争

第一次世界大战的直接原因存在于欧洲,并且整个19世纪和20世纪初的帝国主义竞争有些时候跨越了大国在欧洲的种种联盟关系。然而,近一个世纪的帝国主义扩张给人们审视国际关系的方法以及他们讨论外交政策所使用的语言都打上了烙印。对于每一个一战的参战国来说,帝国具有不同的含义。但是,尤其是在19世纪的最后20年里,几乎所有的政府都以不同程度的热情深信,用一位法国政治家的话来说,"要保持为一个大国或变为一个大国,你就必须殖民"。[1] 或者用1914年一战爆发时担任英国首相的赫伯特·阿斯奎斯的话来说,殖民扩张是"一个国家活力的正常、必要、不可避免和明白无误的象征,就像人体成长的对应过程一样"。[2]

攫取新殖民地的每一项行动都有复杂而又各不相同的原因;历史学家们关于各种类型帝国主义的著作汗牛充栋,而且他们向读者们显示,尽管在很多情况下获取经济利益的希望在对外殖民的初始动因中是一个重要因素,但是对殖民地的占有产生了其自身的推动力,因而保卫殖民地的边界或者把竞争者排除在尚未被殖民的土地之外逐渐被视为与攫取殖民地同样重要的事情。[3] 那些殖民地自身很快就形成了当地的既得利益集团,这些既得利益集团开始了被称为"次级帝国主义"(sub-imperialism)的行径:法国在阿尔及利亚的军官和总督们竭力要求攫取摩洛哥，旨在通过阻止那些部落反叛分子越过边境躲避，以更加容易地控制他们；曾经担任开普殖民地总理的南非商人塞西尔·罗兹（Cecil Rhodes）决心把英国的影响扩大到整个南部非洲，并且赢得后来用他的名字命名的一大片土地；到了第一次世界大战时期，澳大利亚人急于夺占德国在太平洋地区的殖民地，即便只是为了阻止日本人夺走这些地区。再者，自由贸易时代的结束意味着，尤其对于英国人来说，成为法国这样的贸易保护主义国家的殖民地的地区将不再会自动对英国的贸易开放了，这就为攫取尚未被殖民或者尚有争议的土地提供了额外的论据。

法国和英国之间的帝国主义竞争似乎是 19 世纪晚期国际政治中最稳定，而且最可以预测的因素之一。俾斯麦曾经鼓励法国为了其未来把目光投向欧洲以外，而不是企图推翻《法兰克福条约》的条款。1881 年以后英国继续占领埃及引起的敌对情绪导致索尔兹伯里和罗斯伯里与德国、奥匈帝国和意大利合作，尤其是在地中海进行合作，他们就这一地区达成的一系列秘密协议使英国成了德、奥、意三国同盟的某种事实上的成员。[4] 法国政府相信殖民扩张带来的财富和人口的增长能够产生更加强大的国力，因而把注意力集中于北非和印度支那。在这个复兴的殖民梦想之中，法国政府受到一个强大的游说团体的鼓动，这个名为"法国非洲委员会"的团体除了有贸易商和投资商外，还包括军官和官僚。[5] 19 世纪最后 20 年见证了法国海外领土的显著扩张和对外投资的更加引人注目的增加。日益增长的殖民活动也导致了它与英国的一系列危机。这些危机几乎使战争一触即发，先是在暹罗对峙，然后在苏丹剑拔弩张。在法绍达与英国的对抗促使法国人不得不考虑与英国进行针锋相对的竞争的政治代价,到了1904年,两国解决了争端,缔结了英法协约。这并不意味法国放弃了殖民梦想,重新聚焦于欧洲,而是把这个梦想改头换面了。法国对欧洲以外的投资继续增长,不仅仅在法兰西帝国本身,不仅仅在俄国,而且是在全世界。尽管法国在全世界出口总量中的份额在下降,但是当人们寻求外国投资的时候,他们总是首先找法国:1907年,急切盼望获得法国投资的危地马拉政府安排法国的哈瓦斯广告公司和其他新闻媒体重刊危地马拉报纸上吹捧曼努埃尔·埃斯特拉达·卡布莱拉总统的文章,显示这位总统多么受人尊敬和爱戴,试图营造出一种该国政府稳定和负责任的形象,旨在让法国的企业家和投资商们放心。[6] 在法国,政府与投资、政策与实践的相互结合,并非没有被注意到。

很多英国商人愈发抱怨不公平竞争,并且开始质疑维多利亚时代中期贸易和财政方面的种种做法。这些做法显然曾创造了不可比拟的财富和繁荣。有些历史学家所称的"自由贸易帝国主义"并不依赖直接的政治控制,而是靠对商品和投资的"自由流动"开放疆界。[7] 当然,有些时候有些国家是被迫对英国商人开放口岸的,例如,1839—1842年和1856—1860年间侵略中国的两次鸦片战争。然而,在整个19世纪英国和法国都一直在扩张他们的殖民帝国:法国征服了阿尔及利亚,占领了突尼斯,在印度支那赢得了广袤而又富饶的土地;英国在亚洲获得了新加坡、中国香港和马来亚等地区,占领了非洲的埃及,巩固并且扩张了其对印度的统治,攫取了缅甸。但是在19世纪最后的20年里,帝国主义竞争的速度加快了，尤其是在非洲和远东，而且那些没有海外殖民地的欧洲列强，特别是意大利和德国，开始觉得他们也应该拥有一些殖民地，总体而言，既是为了国家声望，也是为国内的民族主义情绪提供一个凝聚因素。

对外殖民的经济动机多种多样：保护欧洲债券持有人在埃及或者突尼斯的利益，希望在南非靠开采黄金和钻石获取大量财富，开发利用当地的农作物——可可、咖啡、橡胶，或者棕榈油，为欧洲商品开拓市场的欲望（1893年塞西尔·罗兹的弟弟在描写乌干达的时候满怀希望："乌干达人正在叫嚷着要买鞋子、长筒袜和观剧镜，而且每天都提出新的需求"），[8] 还有在对铁路或者电报系统的投资中获利的可能性。这些动机中的许多都可以在不实行直接统治的情况下得到满足；然而，正如在东非和西非部分地区的欧洲商人们经常发现的那样，他们需要政府的帮助来对付当地居民的敌对行为，或者保卫他们的居住地，以防奴隶贩子或者其他欧洲强国的代表们的侵犯；而且他们的政府觉得有责任接管这些事务，尽管有些时候不太情愿。那些能够对政府施加影响的游说施压团体未必在经济上具有最大的重要性。比如，英国与中国的贸易仅占英国海外贸易总量的很小比例，但是专做中国生意的巨商，怡和洋行或者太古洋行对英国外交的影响之大与其商业上的重要性不成比例。

大规模的投资未必导致直接的帝国主义的控制：尽管英国对南非的投资额从1870年的几乎为零增至1900年的两亿英镑，但甚至在这里，真正使英国决定攫取控制权的，是它可能面临的战略威胁，[9] 这种潜在威胁来自得到德国支持的富裕而又强大的德兰士瓦共和国，这个南部非洲的国家也许会挑战英国在整个非洲，尤其是在开普的霸权。尽管如此，P. J. 凯恩和 A. G. 霍普金斯在一部研究相当深入的著作中认为，为对于帝国的兴趣提供最强大推动力的是英国的金融和服务部门。到了 19 世纪晚期，伦敦金融城的"绅士资本主义"已经变得更具活力，比更早的工业制成品贸易的利润更高。再者，伦敦金融城的那些绅士们比英格兰中部工业心脏地带的工厂主们发挥了大得多的政治影响。[10] 在法国，帝国主义从来没有成为一项达到英国那种程度的大众事业，一个较小的殖民团体的人们对法兰西殖民帝国有直接的经济、战略，或者情感上的兴趣，他们能够在总体上左右一届又一届政府的政策。法国的"新帝国主义"的区别性特征是法国政府接受了这个殖民团体的信念，即殖民扩张活动不能任凭社会力量摆布，要求当局进行干预。因此，这个关于国家在殖民事务中所扮演角色的新理念，是从个别贸易商人、企业家和投资商的非正式帝国主义向由国家及其行政管理者和军事力量主导的正式帝国主义转变的核心。[11] 法国首位常驻摩洛哥的将军，后来晋升为法军元帅并且成为最著名的军人行政官员的路易-于贝尔·利奥泰（Louis Hubert-Lyautey）就把那些殖民地看成法国未来的出路，一个把法国人民从衰落颓废和"腐烂毁灭"中拯救出来的机会。德雷福斯案件产生的分裂倾向给他提供了关于进行殖民扩张的必要性的进一步证据：

> 在这种内部腐朽中我越来越清晰地看出我们国家所有的活力都凝聚在殖民生活之中。只有在那里才能发现公正、健康，因而富有成效的努力。我就像一位因翻船落水不想淹死的人那样紧紧地抓住它。这是法国现存的唯一的活力来源。[12]

德国在非洲攫取殖民地的行动是汉堡少数希望开拓市场的商人所为,他们得到了一些探险家和冒险分子的帮助。1884年俾斯麦接手了殖民活动,将它作为在帝国议会选举中赢得民族主义分子选票的一个手段。事实上,俾斯麦对德国在欧洲以外进行的扩张并没有长期的兴趣,他是纯粹从殖民活动对欧洲外交结盟或者对德国国内舆论的影响这一角度来看待该行为的,因而他很快就放弃了殖民主义事业;然而,一个有影响的游说施压团体成立了,1890年俾斯麦倒台后,该游说团体得以加入日益壮大的民族主义组织的大合唱,敦促出台德国的"世界政策"。德国实力地位日益改变的现实支持着他们的野心:至1914年德国的商船队规模仅次于英国,约占全世界商船总吨位的13%。

来自德国的挑战是新出现的,而来自俄国的挑战却不是。在整个19世纪,英国在印度的地位面对俄国在中亚的蚕食变得易受攻击。而帝国主义时代的俄国人则把他们对其帝国周边领土的扩张和控制看成天经地义和必要的行为。1856—1882年一直担任俄国外交大臣的戈尔恰科夫亲王(Prince Gorchakov)在描述俄国在中亚的形势时相当清楚地表达了这个意思,他认为俄国的处境"与任何文明国家接触一个半野蛮部落时的情形一样……在此类情况下,边境安全利益和贸易关系利益永远要求更加文明的国家获得对其邻国的一定的控制权。"[13] 如果坚持这个原则的话,那么俄罗斯帝国和不列颠帝国在亚洲的边界必然有一天相遇,提出"新路线"(Neue Kurs)政策的德国战略家们依赖的正是这种必然性。在19世纪90年代,主要的帝国主义竞争是英法在非洲的竞争和英俄在亚洲的竞争。在1898年英国和法国为了争夺尼罗河上游地区险些兵戎相见;至少自从19世纪30年代以来,英国与俄国之间的敌对一直是国际关系中的一个持续性因素,而且到了19世纪末,这种敌对有增无减,此时中国显然成了欧洲列强为了扩大自己的影响竞相争夺的对象。在某种程度上,帝国主义的利益并不总是与欧洲不同的联盟关系密切吻合。法国人未能说服他们的俄国盟友积极支持他们在非洲与英国人抗衡,而且在1895年他们准备在中国与德国人合作,旨在削弱英国在中国占支配地位的影响。1901年,当中国的义和团起义看似威胁到了为了各自利益一直在利用中国的虚弱的所有外国列强的时候,包括新近跻身于帝国主义国家行列的日本在内的所有帝国主义列强,随时准备联起手来共同行动。然而,在十年之内,这种对于殖民野心和竞争的迷恋已经不再是国际形势的主要特征了。在1904年英国在殖民地问题上与法国达成了一项解决方案,在1907年英国又与俄国就好几个突出的帝国争端达成了一项协议。历史学家基斯·威尔逊认为,俄国对英属印度的帝国主义挑战让英国惴惴不安,这就促使英俄达成协约,而且最终联合起来共同对付德国。这里的论点是,在亚洲英国缺乏应对俄国挑战的资源,因而希望通过谈判与俄国达成解决两国之间分歧的协议——但是通向该协议的道路却穿过了巴黎,法国人坚决反对德国,一心想把英国拉进对付德国人的联盟里。所以,把英国拖进欧洲大陆事务,并且最终在1914年使英国卷入战争的不是英德的帝国主义竞争,而是英俄的帝国主义竞争。[14] 在欧洲的联盟关系的重新组合,其潜在原因仍然是帝国主义,但是这种帝国主义与19世纪90年代直接的殖民竞争有很大不同。在一战爆发之前的十年里产生的种种争端,并非简单地起源于各方争相攫取领土。尽管德国人已经矢志成为世界强国（Weltmacht），但是这种抱负既要体现在所占有殖民地的数量上，又要体现在政治影响上。在1905年的摩洛哥危机期间，德国外交部的主管官员弗里德里希·冯·荷尔施泰因说服了首相比洛，如果德国允许自己在摩洛哥的利益任人践踏，它将很快在世界上其他地方面临更加危险的挑战。荷尔施泰因想利用这个"殖民"危机来减弱它国将德国包围的威胁，而且达成这一企图的办法是向法国显示欲在摩洛哥获取利益最好是与柏林沟通，而不是伦敦。[15]

英国政府现在已经认识到英国是一个处于防守态势的帝国，其资源未必足够保护其幅员辽阔的殖民地。对于英国来说，维多利亚女王登基60周年之际在伦敦举行的盛大帝国庆典产生的乐观豪情已经让位于疑惑情绪——倒不是对英国统治其他民族的权利的疑惑（大多数英国人在越来越多的大众报纸的怂恿下仍然深信，用约瑟夫·张伯伦[Joseph Chamberlain]的话来说，"不列颠民族是世界上有史以来最伟大的统治民族"[16]），而是担心英国在面临其他各种挑战的情况下是否有能力维持其最强大帝国的地位。这个变化部分地是在南非的战争的结果，两次布尔战争使很多英国人深刻地体会了帝国的代价，此前的任何殖民运动都没有使英国人认识到如此高昂的代价。两次布尔战争也显示了英国军事力量的局限性。在南非的战争也使英国统治帝国的方法成为疑虑的焦点，不但引起激进分子的批评，而且引发了一种新的理想（尤其是在负责实施南非战后解决方案的部分人士中间），主张把大英帝国转变为自由民族（就白人殖民地而言）的联合，同时承认可能最终给予其他殖民地某种形式的自治。

最宏大的帝国重组计划是由在维多利亚女王登基六十周年庆典时担任殖民大臣的约瑟夫·张伯伦提出的。张伯伦想把那些白人居住的殖民地联合成一个帝国邦联,同时也形成一个经济联盟——类似于德意志邦联的关税同盟——这个经济联盟将把整个不列颠帝国变成一个依靠关税将其与外部世界隔离开来的自由贸易区。他的这个宏愿得到了兰开夏郡棉花纺织商们的支持,迄今为止,这些棉花纺织商们一直是英帝国贸易和殖民扩张的中坚力量:巨大的中国市场正在丢失给美国、日本,甚至印度;中东的市场日益受到德国和意大利的威胁;他们的竞争力正在下降,他们把自己面临的重重困难归咎于竞争者们享受不公平的贸易优势。[17] 然而,虽然英国国内经济的重要部门相信帝国经济有必要进行改革,张伯伦的改革建议对于那些自治领和坚持自由贸易的人士来说却无法接受。已经获得完整自治权的澳大利亚和加拿大不愿意放弃他们的任何主权,而且对任何可能将使他们为英帝国的防务承担更大责任的建议总是倍加提防。况且英国国内自由贸易的既得利益集团的势力仍然太强大,他们会竭力阻止保护主义政策在政治上取得胜利。然而,张伯伦的建议清楚地揭示了在战略上和经济上面临诸多新挑战的不列颠帝国的一些担忧。他在1897年的殖民大会上发言说:

> 如果邦联得以建立,无论邦联的代表机构是什么,所有这些问题都会通过这机构得到解决……在这些问题中间,摆在最重要位置的必须是帝国的防务问题。先生们,你们已经看到了帝国军事力量的某些侧面;星期六你们将在朴次茅斯的

海军阅兵式上看到帝国海军力量令人惊叹的展示。仅仅靠这种力量一个殖民帝国才能凝聚在一起……现在维持这些舰队和这种军事装备并不是专门或者是主要为了联合王国的利益,或者是为了保护本土的利益。维持它们更是帝国的必要,是为了维持和保护帝国在全世界的贸易。[18]

五年之后,当殖民地的总理们再次齐聚伦敦出席国王爱德华七世加冕典礼的时候,张伯伦对英帝国的经济前景表达了自己的信念。

如果我们选择如此……我们帝国也许能够自给自足;它的幅员如此辽阔,它的产品如此多种多样,它的气候差别如此之大,在我们帝国本身的疆界之内,我们生存所必需的全部物品、想拥有的几乎所有奢侈品我们都能生产……(但是)在当前……我们帝国的绝大部分必需品是从外国进口的,而且也向外国……出口我们最大部分的可售产品。[19]

关于英帝国的理想与现实之间存在着反差,觉得帝国必须得到维护和加强的这种情感与对英国繁荣依靠世界贸易和经济开放的这种认识之间也存在着反差。这些反差足以解释1914年之前的若干年里英国政策中许多进退两难的状况。毫无疑问,帝国内的商业联系很重要——在1902年这些商业联系达到了最高点,英国出口商品的38%销往英国的殖民地——但是这些帝国联系仅仅是英国贸易整体状况的一部分,有些英国人把保留许多殖民地的必要性视作理所当然,事实上这些殖民地对于英国来说是经济负担而不是资产。在1914年什么因素使英国人确信为了维持他们的帝国地位就值得冒战争风险呢?不是现实,而是大英帝国将会在经济上得到好处的观念起了更加重要的作用。

张伯伦和那些在20世纪初宣扬新帝国概念的人士感到,英国工业的霸主地位既受到德国的,也受到美国的与日俱增的挑战。在这个时候他们把大英帝国视为确保英国经济繁荣的一种手段。他们强调英国施行统治的权利和不列颠民族比世界上所有别的民族"优越"。英国的学童从小耳濡目染的英勇战斗故事中的内容都是英国人如何打败"劣等"野蛮部落——要么是"狡诈的土著人",要么就是"深受严酷举止影响的""低等民族"[20]的成员。在对勇敢士兵或者是在偏远地区对广大居民公正执法的无偏见殖民官员的一片赞扬声中,殖民战争的残酷和血腥屠杀被遗忘了。用最确切地反映了帝国力量的神话和现实的作家鲁德亚德·吉卜林的著名诗句来说,这些殖民士兵和官员承担着"白人的重负"。* 正如在其他欧洲强国里呼喊"祖国危急"或者"共和国危急"就能把左右两派力量团结起来那样,在英国,"帝国危急"的呼喊也可能使左右两派联起手来。尽管与南非的布尔人共和国的战争激起了英国左派

---

* 《白人的重负》,("The White Man's Burden"),七节长诗,最初是为维多利亚女王登基六十周年而作的,但随后被吉卜林的另一诗作替换。1898年美西战争后,吉卜林对该诗作了修改,加了副标题"美国与菲利宾群岛",寄给了时任纽约州州长、后来当选美国总统的西奥多·罗斯福,并且在《纽约太阳报》上发表。诗中流露出西方中心主义者的种族主义态度,怂恿美国人从事殖民事业,认为这契合了美国的"天定命运"(Manifest Destiny),同时也警告了代价和风险。西方对该诗褒贬不一,殖民主义者吹捧它的同时,反殖民主义人士无情地批判了它。英、美两国有多人作诗戏仿,讽刺和鞭挞殖民主义罪行。

一定程度的反对,但很多社会主义者和"和平爱好者"——正如《号角》周报那位人气很高并且直言不讳的编辑罗伯特·布拉奇福德自我标榜的那样——都支持英国的士兵:

> 我也是英国人。我爱所有民族的人……但是我爱英国甚于任何其他国家……英国的敌人就是我的敌人……我不是主张侵略的沙文主义者,我反对战争。我不赞成当前这场战争。但是我不能与那帮社会主义者同流合污,他们与敌人沆瀣一气。我衷心支持英国军队的士兵……我主张和平,四海之内皆兄弟。但是当英国打仗的时候,我是英国人。我没有政治倾向,不属于任何政党。我是英国人。[21]

大英帝国的存在在几代人的时间里帮助形成了英国人的优越感,到了20世纪初这种优越感伴随着一种忧虑,担心英国人正在丢失赢得帝国的尚武传统和治理天赋。无论对错,英国人认为不列颠的繁荣取决于这个帝国。约瑟夫·张伯伦宣扬大英帝国可能在经济上自给自足,而与此同时其他帝国主义分子则呼吁提高政府效率,有些时候将效率的提高与需要施行种族政策联系起来,后者将被用于鼓励发展不列颠种族的帝国品质。在卡尔·培尔森看来,英国必须是"一个有机的整体……通过较量保持高度的对外效率,对劣等民族时主要通过战争进行较量,对同等的民族时,则通过夺贸易路线、原料来源和粮食供应等途径"。[22] 卡尔·培尔森曾经是伦敦大学学院的数学系主任,后来转到了专门为他新建立的优生学系当主任。并不是每一位参与优生学运动的学者都鼓吹战争和帝国对文明和进步必不可少。其中一些人发现可能把人道帝国主义与和平主义结合起来。他们认为,尽管斗争确实是人类继续进化的重要先决条件,战争却常常极度浪费、不人道、不可预测和不可控制。因而他们建议把优生学作为一种用人类的自我克制掌控生理过程的办法。[23] 一方面英国各种各样的团体要求增加效率,使帝国内部联系更加紧密,改善对战争的准备工作,包括采取征兵制,而且这些叫嚷可以看作英国人忧虑的症候,担心英国正在面临前所未有的只有通过深刻国内社会改革才能对付的挑战。另一方面绝大多数民众则不加怀疑地把帝国看作理所当然。正如最新的大众日报《每日快报》在1900年4月创刊号社论中断言的那样:"我们的宗旨就是爱国;我们的宗旨就是大英帝国。"[24] 这种报纸的成功建立在加强他们读者群的种种偏见之上。

在很多层次上(既包括大众层次,又包括复杂高级层次),英帝国已潜移默化地进入到英国人的意识和民间传统之中,而且他们心目中形成的各种帝国形象往往互相矛盾。一方面,这个帝国是一个自由国家的共同体,在它们的宗主国在布尔战争中需要帮助的时候,来自帝国的白人殖民地的年轻人志愿奔赴前线,人数超过三万人;[25] 在另一方面,英国却取得了对其他许多非欧洲民族的统治权,尤其是在印度。如果有人想重构英国普通民众心目中的英帝国,他就不得不想象出一整系列互相交叉重叠的意象。有些人用伪达尔文主义的语言为帝国正名,将其说成是为了生存而进行的不懈斗争中的重要因素,也有人以人道主义的理由为其辩护。本杰明·基德在《对热带地区的控制》(1898)一书中鼓吹盎格鲁-撒克逊式帝国主义,认为后者应作为整个人类文明的受托者,代管世界上热带地区的资源。所有的帝国主义列强都会以程度或多或少的真心实意,接受一位比利时天主教哲学家和大主教宣扬的论调:"在上帝的计划中,殖民活动似乎是在特定时刻一个优等民族对那些被剥夺了天生权利的众多民族所应该做的集体善举,如同从文化优越性中必然产生的义务。"[26] 尤其对于英国人来说,这种关于欧洲文化使命的图景没有混入或覆盖上多少矫饰做作的形象和多愁善感:在殖民地的军旅生涯故事,或者某个曾经在殖民地当兵或者任行政官员的亲戚从印度带回家的一张铜盘和从非洲捎回来的一张木头圆凳子。就英国人而言,常备军中许多士兵在海外服役,尤其在印度服役,这意味着这些联系和纪念品并不仅仅局限于中上层人士。在法国,对帝国主义事业的热情几乎肯定与普通工人阶级不沾边,而这种热情对英国工人阶级的影响究竟有多深,至今仍然是一个颇有争议的问题。在布尔战争期间所做的一项舆论研究[27]显示,城市工人阶级中至少某些人对英帝国或者对在南非的战争的态度是冷漠的,正如一位观察家所指出的那样,稍微提及英帝国就会"引起哈哈大笑,在人们看来一位正派诚实的人连做梦都不会触及这个话题"。[28] 然而,1891年在伦敦举办的皇家海军展览会吸引了近250万观众,此后海军招募水兵的数量大幅度增长,[29] 而在1924年1800万人参观了在伦敦温布利举办的大英帝国博览会。[30] 早在1913年就有人提议举办这个博览会,但是由于第一次世界大战推迟了多年,结果这次展览成了展示历经战争磨难之后这个帝国的力量和资源的盛会。对以往的舆论进行评估是一个极其困难的历史问题;但在布尔战争期间爆发的公众热情和1914年对战争的抵制非常有限这个事实显示,尽管是英国政府和报纸在大肆宣扬帝国,但帝国的观念和对保卫帝国的必要性的认识在英国社会各阶级中普遍存在。即使有什么批评,那也是批评某些做法,而不是批评殖民统治这个事实。

作为英国生活和英国繁荣的一个关键因素,以及英国爱国主义中的一个核心点,英帝国这个概念,以及维护英帝国事关生死存亡的信念是1914年之前英国人对德国觊觎世界强权普遍感到恐惧的原因所在。在1914年,对于英国来说,德国对帝国看上去构成的威胁并不是对任何特定殖民地的威胁——而且确实正如我们将要看到的那样,直至一战爆发,英德两国在具体殖民地问题上一直有达成协议的余地——而是德国海军看上去正在对英国的海洋交通线以及它的全球贸易构成总体挑战。长期以来英国执着于保护其通往印度的海上航线,这种担心在19世纪支配了相当一部分的英国外交政策,一战之前这种心态在英国的盘算中仍然是一个强大的因素,唯一不同之处在于现在的威胁来自德国,而不是俄国。为了英国的贸易和食品进口而维护"世界海洋自由"和保卫与帝国其他部分的海上联系是英帝国主义的一个重要部分,而且这些考虑比起攫取更多的殖民地甚或保卫现存的殖民地,在1914年时在英国政治家的心目中是更为强有力的动机。(仅仅是在一战爆发之后随着对德国在非洲的殖民地的征服,尤其是瓜分奥斯曼帝国计划的制订,英帝国的扩张才再次变成可能;在这些讨论中,英国的主要竞争对手是法国,而不是德国。)正是由于德国对英国帝国地位的挑战是总体的挑战,而不是对具体某些领土的要求,因而这挑战就显得如此危险。

德国的殖民扩张的第一阶段没有预先计划,而且断断续续。

俾斯麦曾经语出惊人地宣称,他的非洲地图在欧洲,也就是说他对殖民地或者殖民活动本身没有什么兴趣。但是他准备利用非洲作为他的欧洲战略的一部分:如果英国在欧洲行为不规矩,德国就威胁对它挥舞"埃及大棒"(bâton Egyptien),鼓励法国人把注意力从欧洲转移到北非,而且鼓励俄国人把他们的掠夺嗜好集中在东亚,而不是在南欧。但是俾斯麦的政治地图包括德国,而且到了19世纪80年代,他准备鼓励,或者是至少协助德国商人们实现他们在非洲的一些规划。比如在1884年,俾斯麦会见了来自汉堡一家大公司的阿道夫·沃尔曼(Adolph Woerman)。该公司在19世纪50年代和60年代一直沿西非海岸进行贸易活动,并且在后来成为喀麦隆的地区确立了主要商贸公司地位。由于这次会见,俾斯麦授权派遣一个使团到多哥兰和西南非洲,与当地的部落酋长们签订了保护条约。对于一个殖民帝国而言,这一举措并不是什么宏伟的规划,仅仅是他在德国政治中的一个小动作;只有在相关的公司拒绝参与管理这些殖民地的时候,德国政府才任命了一位总督。[31] 德皇对于德国殖民前景的展望与他的秉性一样,比俾斯麦更加野心勃勃,但是更加混乱不清。当他和谋士们着手推行"世界政策"的时候,没有哪个人心目中有准确清晰的追求目标。正如我们先前已经看到的那样,提尔皮茨的想法是要使德国海军的舰队强大到英国不敢冒险与德国交战,而且不得不向德国的要求让步。但是德国的这些要求究竟是什么从来都不清楚。有不少关于德国需要获得在国际事务中的"有利地位"的议论,同时很多人认为德国海军是德国实力的一个重要象征。即使创建规模庞大的德国海军的动机之一是德国某些统治者希望营造民族团结统一的认同

230

感,同时提供加强他们对社会控制的一种手段,但许多知识分子和时事评论者从德国的帝国主义野心中看到一种将超越强权政治的真正的理想主义任务。德国志在把世界从英国海洋霸权的重压之下解放出来,那些弱小民族将心甘情愿地聚集到德国一边,把德国视为新的更加自由的国际秩序的倡导者。[32]"世界政策"或者正是在这一总体意义上的帝国主义——而且这是它能够成为凝聚性力量,团结德国社会中形形色色群体的原因之———似乎给德国带来了一个新的追求目标和一项新使命。马克斯·韦伯的两段话精辟地总结了这一点。在1893年他说道:

> 这是子孙后代所背负的沉重诅咒,国家从上到下都被它拖累。我们不能再次复活鼓舞上一辈人的那种天真热烈的精神,因为我们面临着其他各种任务。我们不能用这些任务来唤起当年整个国家常见的崇高情怀,那时的任务是实现国家统一和创设自由宪法。[33]

两年后在弗赖堡大学讲坛上的著名的第一课中,他提出了摆脱困境的出路:

> 我们必须懂得德国统一是这个国家晚年所做出的年轻人的恶作剧这个事实,而且由于其代价,倒不如不去完成这一事业,如果这是德国世界强权政治的结局,而不是其起点。[34]

梦寐以求地要成为世界强国并且想挑战英国的世界霸权的野

心所带来的麻烦在于这些目标太笼统模糊,并不清楚将如何和在哪里实现它们。许多德国人也拒绝面对这样的挑战将带来的各种后果,显然他们以为在世界上扮演一个新的角色没有危险。德国公众中间一些比较天真的人们类似波恩一位天主教神学教授那样看待德国海军。那位教授称:"和平确实是上帝的正面和直接的意旨,战争只不过是神圣的折磨和惩罚;……但是,上帝的和平将在某一天到来……直至那一天之前,祝愿德国舰队航行在真理、公正与自由的波涛之上,为爱国的美德和勤劳护航。"[35] 这些情怀不仅使德国与英国展开竞争,而且也与美国进行竞争——这种"世界政策"正在全世界逐渐制造更多的冲突地区,在那里德国可能发现自己将与那些捷足先登的既得利益者对抗。为了替自己在拉丁美洲找到一个角色,德国企图把美国的"门户开放"政策用来对付美国人;德国利益集团应该在那里有相同的贸易准入和投资机会。美国拒绝承认存在任何这样的权利,强调"门罗主义"和"洛奇推论",后者于1911年出台,拒绝任何外国在西半球获取威胁美国安全的土地。[36] 巴拿马运河的开凿创造了新的机会和新冲突的根源:一些中美洲国家把德国日益意识到该地区的各种可能性看成他们的机会,使他们找到了抗衡美国主宰的砝码,因而他们欢迎或者甚至鼓励德国参与他们的事务。然而,此类参与引起了美国的担心;在1911年,美国人强调德国必须正式否认对获取加拉帕戈斯群岛有任何兴趣,同时开始制订应对日益增长的德国威胁的海军计划。[37] 在美洲行动的德国人的态度与在非洲或者亚洲的其他欧洲帝国主义者的态度没有明显的区别;德国驻哥斯达黎加的公使宣扬德国军舰应该经常来访,旨在"驯化态度傲慢、三心二意的拉丁-印第安民族"。他认为此类军舰访问将"再次把我们帝国的实力展示在这些中美洲共和国的眼前。"[38]

在如何实现新型的德国帝国主义的问题上,德国领导者中间有意见分歧:有些人认为德国的目标有可能通过和平手段实现——"德国的世界政策和不诉诸战争"("Deutsche Weltpolitik und kein Krieg"),正如德国驻伦敦大使馆参赞里夏德·冯·屈尔曼(Richard von Kühlmann)1913年在以笔名发表的一本小册子中所阐发的那样[39]——通过与英国签订一项协议和适当放慢德国海军的建设速度来实现。一些工业家们认为德国的经济力量将足够确保德国的主导地位,至少在欧洲占优势(工业家胡戈·施蒂内斯在1911年说过:"让我们再和平发展3—4年,德国将成为欧洲无可争辩的主人")。[40] 但是其他许多人却认为德国企图成为世界强国的努力势必最终意味着与英国交战,因而他们准备面对战争,而且在某些情况下,他们甚至欢迎战争。德国的殖民主义有时也是"一致对外政策"中取得成功的部分,将各派政治力量团结在推动德国式的文明开化的共同事业中。西南非洲的本地居民赫雷罗人举行了一系列反抗,德国作出的反应几乎导致了这个种族灭绝,在此期间社会党人与自由派商人和保守派军国主义分子一道支持德国在非洲的行动:6万名赫雷罗人遭到屠杀,而德国仅死亡659人。事实上,正是施里芬将军说服了首相比洛,如果德国指望在这个殖民地站稳脚跟,必须将赫雷罗人彻底消灭,或者把他们强制驱赶出这个国家。[41] 尽管社会民主党内的一些人抨击德国殖民者所使用的方法,但是大多数人像党主席奥古斯特·倍倍尔一样并没有质疑殖民主义的基本原则:"我没有发表过一次赞成赫雷罗人的演讲；我一直反复强调他们是野蛮人，文化非常低下。"[42]

由于德国想成为世界强国的野心是以很多不同的方式表述的，因而当时和后来外国人对德国目标的分析评论也多种多样，这并不令人惊讶。1912年，德国的一个帝国主义作家清楚地概括了这个问题："为什么从德国以外观察的时候，我们的立场有时给人一种不确定，甚至令人讨厌的印象呢？主要原因在于很难为德国人的观念所要求的政策赋予任何简明易懂、确凿的目标。"[43] 比如，民粹主义的泛德意志协会的追求和参与殖民活动的德国工业大亨们的野心分道扬镳，尽管这两种势力都认为德意志帝国必须是世界级帝国主义强国。为了推行他们关于新德国的主张，那些泛德意志主义者把目光投向像巴西这样的地方：气候宜人，土地肥沃，当地土著人友善，而且成千上万的德国人已经移居在那里了。正如有人在1906所指出的那样："巴西是一个遥远、混乱的国家，人口1600万，但是它控制着一个富饶的帝国……它可能[44]变得像美国那样重要，要是德国人的后裔而不是拉丁人的后裔来统治它多好啊。"在那些泛德意志主义者的眼中，西南非洲是另外一个德国移民应该殖民的地方，而不是一个让生活奢华的资本家们可以攫取巨额利润的地方。德国政府支持在那里的采矿公司，而且仅仅因为公众对政府施加压力，政府才在那里推行殖民活动。1903年德国政府为这个殖民地确立了正式的殖民政策，但是殖民部对定居殖民活动从来都不同情，只大力支持赚钱的采矿活动。[45]

在德国迈向"世界政策"的总运动之内，有些团体和个人以传统思维看待增加德国殖民地的问题，并且向往建立一个德国主宰的中部非洲，以补充其他人希望建立的德国控制的中欧。其他一些人，尤其是那些从事金融业和资本输出的银行家们则支持德国的商业活动向全世界扩张，并不一定支持占领海外殖民地和这种占领必然导致的国际对抗。比如，汉堡的银行家马克斯·瓦尔伯格通过输出资本来支持"世界政策"：1904年他在帮助日本政府筹集用于支撑日俄战争的贷款方面起了关键作用，而且他还促进在摩洛哥、葡属安哥拉和中国的投资，这使他得以声称："在德国，其他任何一家银行都没有像我们银行这样毅然地关注德国在殖民地的活动"，尽管这种投资"赢利微薄"。[46] 在七月危机中，在德国看起来真要走向战争之际，他感到恐惧，拼命地努力确保不与英国交战。支持这个主张的人包括那些在现存德国殖民地中有直接利益的人，这要么是因为他们认为在非洲有利可图，要么是由于他们自己参与了那些殖民地的实际管理，或是由于他们认为在非洲问题上做交易也许能开始与英国的缓和进程。德国外交部里有一群人，尤其是在1902—1912年间担任驻伦敦大使的保罗·冯·沃尔夫-梅特涅和里夏德·冯·屈尔曼坚持认为只有得到英国的支持，德国才能获得世界强国的地位。[47] 获得这种支持的代价将是德国不得不在海军军备竞赛中作出某些让步，但是希望这代价的回报是与英国达成一项后者将在欧洲战争中保持中立的政治协议，同时也达成一项英国以殖民地换取海军军备竞赛结束的交易。这些确实是1912年2月霍尔丹访问柏林期间讨论的主题。霍尔丹访问的失败显示英德两国达成协议的可能性是多么有限。形势立刻就变得很明确了，英国政府对保持中立的政治协议并不真的有兴趣，而且德国海军部决心加紧实施最新的扩建海军的计划。

德国人扩大他们非洲帝国的主要希望在于要么获取比利时占领的刚果的一部分,或者执行1898年与英国私下达成的秘密协议,该协议允许在葡萄牙的金融形势变得非常糟糕,以至于不得不变卖其殖民帝国换取一笔贷款时,对葡萄牙的殖民地进行瓜分。在霍尔丹访问德国期间和之后的讨论中,英国政府表示不反对德国在刚果获取土地,而且准备修改1898年与德国签订的关于葡萄牙殖民地的条约,德国的份额将会增加。对霍尔丹与贝特曼·霍尔维格在谈判中实际上达成的一致,存在着误解。它的特征是德国人似乎认为霍尔丹也爽快地承诺给他们一些英国的殖民地,如非洲东海岸以外的桑给巴尔岛和奔巴岛,但是格雷很快就让德国人打消了这个主意,他声称若要换取英国这一让步,德国需要做出相当可观的补偿。(霍尔丹也曾经说过,德国人可以获得葡萄牙占领的印度尼西亚帝汶岛的一半,作为他们想要的葡萄牙殖民地的一部分,后来英国外交部不得不提醒格雷,葡萄牙已经承诺把该岛的那部分土地让予荷兰人了。)

对于英国来说,就比利时和葡萄牙殖民地土地问题对德国做出让步并不困难。英国公众,尤其是自由党的支持者们对最近被揭露的比属刚果和葡属殖民地的苛政和残酷行径感到震惊,而且无论如何,就刚果而言,似乎没有任何证据表明比利时人正在考虑放弃它。尽管英国外交部和殖民事务部鄙视葡萄牙人(迟至1938年,《关于世界大战起源的英国文件》的编者们引用了格雷的言论["只要这些殖民地在葡萄牙手里,它们就破败不堪"]之后觉得不得不"出于国际礼貌原因"而省略后面的几个词),[48] 但是他们在与德国人谈判时多少有些拘谨。这是因为,刚刚与德国签订了1898

年的协议之后,他们就正式地重申了早在17世纪与葡萄牙签订的一系列联盟条约,那些条约规定英国君主必须"在现在和将来保卫并保护属于葡萄牙的所有被征服的土地和殖民地免受敌人的侵犯",[49]而且在1912年英国人仍然给葡萄牙人这样一种印象,即他们要葡萄牙保留其帝国。英国驻柏林大使表达了英国外交部普遍有同感的保留意见,他写道:"当我们与德国人谈到我们葡萄牙盟友的缺点的时候,我简直不寒而栗。这样做合适吗?当然我们对葡萄牙的评价恰如其分,但是对德国人讲这些话合适吗?明智吗?"[50]尽管最终达成了协议,把1898年的分割方案修改得有利于德国,但是协议的地位悬而未决,因为英国人坚持英德签订的条约和英葡之间的协议都应该公开,但直至第一次世界大战爆发,德国人都没有同意英国的这个建议。尽管英德两国的殖民部都积极寻求达成瓜分葡萄牙殖民地的协议,可是只有当英国政府承诺在欧洲保持中立时,瓜分协议问题对于德国的政策而言才是重要的。[51]英国人偏偏不准备给德国人这个承诺,尤其是法国政府,在英国驻巴黎大使的鼓动之下,对英国与德国之间的任何缓和都明确地表示怀疑和不信任。德皇在总结霍尔丹访问结果的时候写道,英国人"在欧洲没有做出任何让步……另外一方面,他们又把我们的目光引向属于其他列强的非洲殖民地,而且他们自然不知道这些列强是否会自愿放弃它们,但是他们肯定不愿意为了我们而冒破坏他们与这些列强的良好关系的风险"。[52]

英德之间就殖民地问题达成一项协议也许能够像英法和英俄协议一样导致他们相互关系总体改善的想法并没有结果,因为英德两国之间的帝国主义争夺更加广泛,更加难以捉摸,无法通过就具体的殖民地和领土问题进行讨价还价来解决争端。双方的谈判能持续如此之久,是因为两国的殖民部有兴趣达成协议,英国殖民部的官员们真正尊重作为殖民地管理者的德国人,必定宁愿在非洲与德国人为邻,也不愿与法国人共处。英国政府的某些成员,尤其是霍尔丹和殖民大臣路易斯·哈考特(Lewis["LuLu"]Harcourt),仍然认为与德国达成一项协议既可能,又可取。而在德国这边,包括贝特曼本人在内的有影响力的一些政客和官员们认为,他能否继续在首相位置上干下去取决于他与英国达成某种政治协议,但是他并不准备在放弃德国的帝国追求的情况下做到这一点。贝特曼是"世界政策"的真正信奉者:他认为,德国要在20世纪生存下去就必须扩张,尤其是在非洲和小亚细亚扩张——但是他拒绝提尔皮茨的论点,即只有当德国海军的舰队强大到足以威慑英国人的时候,德国才可能生存下去。更加确切地说,贝特曼认为,与英国结盟将使德国能够通过获取葡萄牙、比利时和荷兰的殖民地来建立一个伟大的殖民帝国,而就"巴格达铁路"(从柏林延伸到波斯湾的铁路)达成一项协议将会带来在奥斯曼帝国内部的对势力范围的划分。[53]

英德之间关于瓜分葡萄牙殖民地的谈判与关于英国参加巴格达铁路修筑的会谈同时进行。在这些会谈中,英国在美索不达米亚地区建立经济控制和政治影响的局部目标到了1914年已经越来越从属于其更加广阔的外交和战略需要。[54] 修筑连接君士坦丁堡和波斯湾的铁路的工程,其历史具有复杂性,它暴露了20世纪初帝国主义的许多侧面:经济和战略利益与外交的互相作用;土耳其这样的弱国挑唆更加强大的国家相互争斗的方式;帝国主义的利益超越欧洲各联盟的程度。1889年,以德意志银行为首的一个德国财团赢得了修筑跨安纳托利亚铁路第一路段的特许权,1899年,他们又从奥斯曼帝国政府获得了修筑该铁路下一路段的批准。自从1898年德皇访问君士坦丁堡以来,威廉二世就以土耳其和整个伊斯兰世界的朋友和保护者自居。1903年赞助修建安纳托利亚铁路的德国财团得到了德国政府和皇帝的支持,但是他们还是缺乏足够资本来支撑如此巨大而又昂贵的工程项目,所以他们就设法在伦敦和巴黎筹集资金。A.J.P.泰勒精辟地总结了其结果:"在法国,金融势力赞成参与,而政治动机却反对它;最终政客们赢得了胜利。在英国,政客们持赞成态度,而金融家们却持敌视态度;结果金融家们取胜了。"[55] 也就是说,法国政府对与德国人的合作疑虑重重,一部分原因是俄国人坚决反对这个主意,另一部分原因是他们认为巴格达铁路可能损害法国在叙利亚现有的铁路利益,还有一部分原因是他们十分清楚德国克虏伯公司与法国军火公司为了获得土耳其的武器订单而激烈竞争,因此坚决反对德国经济影响的任何扩展。结果法国政府竭力阻止认为参与巴格达铁路修筑有利可图的法国银行家们涉足该工程项目。

而在另一方面,在英国,保守党政府,尤其是外交大臣兰斯道恩勋爵认为参与巴格达铁路的延伸工程将会改善与印度的交通,并且加强英国在波斯湾的地位。然而,在英国,那些希望与俄国改善关系的人和那些希望与德国的合作将有助于遏制俄国在中东地区野心的人之间存在着根本的分裂。1899年当德皇向英国首相贝尔福简述巴格达铁路延伸计划的时候,贝尔福热情地作出了回应,因为他认为德国在中东的存在将建立制约俄国的抗衡力;作为同样策略的一部分，他也鼓励与意大利在非洲的合作和与德国在委内瑞拉的合作。[56] 最恐惧俄国的那些人和把德国当作更大危险的那些人都意识到力量的均衡正在发生变化，但是当时他们对英国应该如何反应并没有定见。英国那些已经在担心德国的"世界政策"的重要政论家们在政府内阁中得到约瑟夫·张伯伦的支持——部分原因也许是他个人的赌气，他对在自己离开英国到南非期间内阁做出的决策感到愤恨——同时也得到很多公众的支持，因为这些公众对布尔战争期间德国报纸上的反英宣传深感不安。兰斯道恩勋爵写道："现在我们仍然对德国怀有非理性的仇恨，对任何可以描述为源自德国的东西充满怀疑，我们深受这两种心理之害，而且这些心情是不会很快消失的——这是荒唐的，而且在我看来令人羞耻。"[57] 由于英国保守派报纸反对德国的宣传受到有影响政治人物的支持，英国的金融家们在这个时候退出了巴格达铁路工程项目，而英国政府的行动则局限于发表一项正式声明，表示了将波斯湾保持在英国势力范围内的决心。

在1907年达成的协议中，英国和俄国政府划定了它们各自在波斯的势力范围，因而俄国看似不再对海湾地区具有任何直接威胁。然而，由于青年土耳其党发动了1908年革命，土耳其国内的形势变化了。新成立的受到民众支持的"统一进步协会"控制的"民主"政府，决心在海湾地区重建土耳其权威，挑战那里的酋长们的准自治现状和居住在巴格达的英国人的特权地位，这些抱负可能会打乱英国在中东的战略。[58] 出乎意料的是，土耳其革命反而把英国和德国拉近了，因为这两个国家都担心丧失它们在君士坦丁堡的影响。巴格达铁路的最后一段，即从巴格达到波斯湾路段的修筑计划正在制订当中,资金也在筹措之中。现在有了英德两国进行讨价还价的基础:德国那些支持该铁路修建的人需要更多资金,他们在控制土耳其关税的国际理事会上也需要英国的赞同。对于建成的每一千米铁路,土耳其人需保证向巴格达铁路公司支付款项。为支付这些钱,土耳其人将不得不通过提高关税来增加岁入。

再者,英国、法国和俄国原先签订的联合抵制巴格达铁路计划的协议似乎作废了。1910年当沙皇访问波茨坦,德国与俄国的关系出现短暂改善的时候,俄国人撤销了对建成巴格达铁路的抵制,而且制订了他们自己的计划,准备把巴格达铁路与德黑兰连接起来,再在伊朗北部建设一条新铁路。俄国人关注的是经济利益,而且与石油相关:连接波斯湾的铁路将使俄国能以低得多的运费把石油从巴库运出去,因而能够更加有效地与他们的对手在亚洲竞争(荷兰皇家石油公司,壳牌公司,伯麦公司,特别是美国标准石油公司,这些公司主导了世界上80%的石油市场)。然而,一条横贯高加索地区直至波斯湾的输油管线被认为更加经济,避开经过黑海和苏伊士运河的昂贵运输线可以把俄国的运输成本降至现有水平的1/3。因此,在1902年,俄国财政大臣谢尔盖·维特规定波斯要获得俄国贷款的前提是给俄国建设一条输油管线的特许权。[59]出乎人们意料的是,敦促波斯授予俄国特许权的那群人并不是俄国的战略家们或者帝国主义分子,而是不属于俄国的金融家们:投资了俄国石油开发事业的罗斯柴尔德家族和诺贝尔家族。

英国人并非一直反对德国的帝国主义扩张;在19世纪90年代,作为抗衡俄国向南扩张的一种手段,他们积极鼓励德国在中东地区最早的铁路修筑计划。[60] 然而，在石油与日俱增的重要性改变着世界经济利益格局的同时，德国海军的扩建和它与俄国关系的缓和也改变了英国对战略态势的认知。石油尚未被视为重要的战略商品；事实上是投资商和企业家们在想方设法使战略家们认识石油的价值，而不是战略家们竭力说服企业和政府确保这些对于未来至关重要的利益。1908年在美索不达米亚地区偶然发现石油之后，英国-波斯石油公司立即得以成立，进行开采，但是石油的主要市场仅仅局限于煤油和油灯，而在两河流域发现的石油质量不佳，使之不适宜这些用途。所以，该公司试图说服皇家海军，使它相信这种油将是未来的燃料，结果失败了，该公司濒临破产的边缘。幸亏英国政府及时出手救助，收购了其股份，使其免于破产。私营投资者不愿意冒险把钱投入这样的企业。在这个案例中，英国政府的干预决策并非基于与德国人甚或俄国人在中东地区进行帝国主义或战略竞争的长远考虑，而是旨在保护根基更加扎实、更加重要的英国伯麦石油公司，防止不友好的外国竞争使其利益受损：如果伯麦石油公司的前景被损害，势必危及英属印度最安全的石油供应。因此，无论德国利益向哪里扩张，英国的"帝国"利益都可能迫使英国政府与其竞争，而"商业"利益的考虑却倾向于促使英国人与德国人合作，以便保护他们的投资。英国和德国的投资商们联手建立了旨在促进美索不达米亚的石油开发和修筑巴格达铁路补充性工程的"土耳其国家银行"。

实质上，英国政府已经判定，通过参与完成巴格达铁路的国际计划，他们将能在土耳其保住自己的利益，防止德国人或者俄国人在土耳其有太大的影响，即使这意味着放弃英国在美索不达米亚对专属经济地位的要求。德国人接受了以下事实：自己独立建设铁路缺乏足够资金，他们无论如何都没有实力在美索不达米亚压倒基础稳固的英国利益。德国首相和外交部——尽管并不总是包括德皇或者德国的商人们，因为他们认为能够根除在土耳其的外国竞争——意识到了自身在中东地区行动自由的局限性，准备与英国人做一笔交易。英国人明确表示，他们在中东地区的主要目的就是牢牢控制住波斯湾，保持英国在波斯南部的影响。在这个基础之上可以就英国参与巴格达铁路的建设进行持久而又复杂的谈判，而且这个问题可以就事论事地处理，不必牵涉到两国之间在更广阔范围内的竞争。

尽管在第一次世界大战之前石油作为一种战略资源是无足轻重的，但是其作用正在急剧变化，而且几乎是日新月异地变化着。开采、提炼和将石油运至市场所需技术的研发已进行了几十年时间。但是在1912年，英国海军部终于被英国石油工业大亨们说服，决定开始把部分舰艇从烧煤改为烧油，并且建造新式的燃油无畏舰。到了1914年，每个月从波斯南部进口的石油约为2.5万吨。[61] 石油不仅仅是一种商业产品，而且即将成为一种战略物资，尽管其重要意义刚刚才开始被人们所认识。在土耳其政府与拥有石油开采特许权的各种国际团体举行一系列谈判之后，英国人成功控股了在美索不达米亚和波斯从事开采的石油公司。尽管参与谈判的德国财团在土耳其油田的开采上最终所获份额未能超过25%，但是德土两国政府之间未能达成一致是次要原因，主要原因还是长期困扰德国的资本短缺。土耳其政府还能利用如下事实：当时美国标准石油公司提出，只要向他们转让开采土耳其石油的特许权，他们就支付现金，这些特许权的合法地位即使并非可疑，也必定是难以厘清的，因此在这新的威胁面前，英德两国的政府和金融家们迅速地解决了他们之间的诸多分歧。

尽管在更加广阔的范围内进行帝国竞争，英国人和德国人就他们在土耳其的经济和战略利益成功地达成了协议，可是究竟是谁在协议中占了便宜仍然难以肯定，因为无论在和平时期这些协议本应如何执行，巴格达铁路协议启动不到两个月战争就爆发了（而且铁路本身距离巴格达还有数百英里之遥）。在的黎波里和两次巴尔干战争中遭到失败并失去了在欧洲的几乎所有领土之后，土耳其政府愈发深切地感到本国的虚弱使其易受被瓜分的威胁，该政府深信俄国比德国更加可怕。在8月2日，即德国对俄国宣战的第二天，土耳其人与德国签订了一项匆忙谈判达成的秘密结盟条约，作为回报德国保证土耳其的领土完整，免受俄国的侵犯。在当年11月他们站到德国一边参加了第一次世界大战。

正如关于瓜分葡萄牙殖民地的讨价还价一样，英国与德国关于巴格达铁路的谈判表明，即使大背景是两国在更广大的范围内进行着竞争，仍然可以为达成具体的协议找到基础。无论如何，两国之间通常的外交和经济关系一直持续到战争爆发，仅仅是在最后一分钟（而且即使到了最后一分钟也未必一定如此），这些关系才服从于战争准备。不过就像十几年之前的中国一样，土耳其的情况和英德两国在那里的合作与竞争表明，欧洲列强们在这个地区进行的帝国主义竞争增加了这里的不稳定，而正是这种不稳定使战争爆发成为可能。一个庞大而又脆弱国家的存在会诱使列强们争相瓜分势力范围和要求经济控制，可是奥斯曼帝国不仅是欧洲列强侵占的对象,也是其非土耳其人臣民的民族独立抱负竭力挣脱的对象。其结果是从1908年开始帝国内危机持续不断。希望使奥斯曼帝国政体现代化并且阻止帝国瓦解的土耳其军官们领导了1908年的"青年土耳其党"革命,他们无意中开启了导致这个帝国在1918年最终崩溃的进程。其直接后果是1908年在土耳其新政府还未能对1878年以来被奥地利占领的波斯尼亚和黑塞哥维那重申正式的宗主权之前,奥匈帝国就吞并了这两省。同样,保加利亚与土耳其之间最后的正式联系亦不复存在,而且克里特岛终于与希腊合并了。这些发展变化增加了土耳其人对于他们仍然控制着的臣服民族的怀疑,例如阿拉伯人、亚美尼亚人,以及巴尔干的基督教徒;人们希望这场革命可能将奥斯曼帝国转变成一个非穆斯林和非土耳其民族将享受平等权利的真正多民族国家,但希望破灭了,因为经过一系列军事政变和反政变之后,土耳其的新政权变成了越来越具有压迫性的军事独裁政权。与此同时,1908—1913年间政治上的动荡不仅鼓励了巴尔干国家联起手来把土耳其赶出欧洲,也使欧洲列强,尤其是俄国(尽管奥匈帝国政府好像嫌自身的烦恼不够多似的,竟然也盘算着在小亚细亚攫取一块殖民地),考虑将土耳其瓜分。[62]

导致巴尔干地区总体危机的第一步就是意大利攻打奥斯曼帝国在北非的两个省:的黎波里和昔兰尼加,这一侵略也许是一战即将爆发之前几年里最直接和公然的帝国主义扩张行径。自从意大利统一以来,意大利的一些民族主义分子一直梦想在北非建立一个帝国,企图以此来显示新的意大利王国才是昔日罗马帝国真正的后裔。在1881年,当法国赢得对突尼斯的保护国地位的时候,意大利民族主义者感到失望；在1896年，当意大利军队在阿杜瓦战役*中被埃塞俄比亚人打败之后，他们感到极度羞耻。在这次战役中2万意军对阵10万埃军，力量对比悬殊，寡不敌众，埃军中有7万名士兵使用主要由法国提供的连发枪。[63] 随着法国在摩洛哥的野心逐步昭然若揭，连续几届意大利政府认为意大利不妨声索北非仅剩的尚未被欧洲国家控制的土地——奥斯曼帝国的的黎波里和昔兰尼加两省，而意大利人喜欢用古罗马时代的名称"利比亚"来指称它们，仿佛是在强调这个地方自古以来就是他们的，其实这是一个虚假的历史声索。

作为其试图削弱意大利与三国同盟联系的政策的一部分，法国政府在1900年表示，并且在1902年重申，它对意大利获取土耳其在北非的领土不持任何反对意见。与此同时，意大利对的黎波里的经济兴趣不断增加：从1907年开始，罗马银行对那里的各种企业进行了大规模投资，而且通过与政客和罗马天主教会的联系，该银行得以施加相当大的政治压力。再者，一种极端民族主义思潮的主要鼓吹者们现在有效地组织成一个个游说施压团体，如"意大利民族主义协会"和"但丁·阿里盖利协会"，他们加强了许多意大利人的观点，即意大利很久以来一直被看成一座靠过去活着、对旅游者开放的博物馆，现在它必须以现代强国的形象出现在世人面

---

* 1896年3月2日埃塞俄比亚军队在埃北部的阿杜瓦附近以优势兵力和1万多人伤亡的代价打败了意大利侵略军，击毙约7000名意军官兵，打伤约1500人，迫使意军撤退至厄立特里亚。这是非洲国家反抗欧洲殖民强国的一次重大胜利，也是埃塞俄比亚历史的重要转折点。此后，意大利不得不与埃塞俄比亚签订了《亚的斯亚贝巴条约》，承认埃塞俄比亚独立。现在每年3月1日埃塞俄比亚全国放假一天庆祝这个胜利日。

前。那群民族主义分子和"殖民学会"的成员们也夸大了利比亚作为一个殖民地的诱人之处:"的黎波里正在张开双臂等待,那片土地如果不比突尼斯更加肥沃,至少也与它一样:气候条件同样宜人;那里的矿产想必……所需要的是一个有作为或者愿意支持作为的政府。"[64] 民族主义分子中最能言善辩的发言人之一恩里哥·高拉迪尼(Enrico Corradini)声称意大利是"无产阶级国家",一个与富裕而又强大的帝国主义国家抗衡的无特权国家,而且意大利紧迫的社会问题和南部经济的落后只能通过攫取殖民地来解决。

在这种气氛之中,阿加迪尔危机和法国对摩洛哥的声索给意大利民族主义者和在的黎波里有经济利益的那些人提供了一个逼迫政府采取行动的机会。特别是在这样一个时刻,此前几星期在罗马举行的国王维托里奥·埃马努埃莱二世庞大气派的纪念碑的落成典礼看上去象征着意大利新的国际雄心。不到一年前,意大利外交部部长声称"尽管有件事情非常明白,土耳其人却至今尚未理解,即意大利并不希望占领的黎波里,而且希望它仍然属于奥斯曼"[65],但到了7月,意大利政府在议会、民族主义分子和罗马银行的压力之下有些不情愿地开始谈论采取军事行动。首相乔利蒂是一位勉为其难的帝国主义者,更加勉为其难的军国主义者。他认为在国外进行扩张将挥霍掉意大利有限的资源,而且还会在国内产生一个违背他的"自由主义意大利"理想的威权、压制性政府。他的这个观点得到了意大利工业家和商人中大多数的支持,都灵工业协会秘书长基诺·奥利维蒂(Gino Olivetti)在谴责战争的时候也概括了他的立场,即战争是一种"极其荒谬的现象","残暴地摧毁人的生命和财富"。[66] 不过,需要民族主义分子在议会里支持其建立男性普选权和将医疗保险国有化动议的乔利蒂后来彻底改变了立场,接受了意大利在利比亚的殖民主义行径,并称之为"历史的命运"。[67]他已经预见到这种殖民扩张活动的后果将超越为意大利获得一块殖民地,正如他在1911年4月所宣称的那样:

> 的黎波里塔尼亚是奥斯曼帝国的一个省,奥斯曼帝国是一个欧洲大国。奥斯曼帝国所剩部分的完整是欧洲力量均势与和平赖以立基的原则之一……打碎旧大厦的一个基石符合意大利的利益吗?如果我们攻打土耳其,巴尔干人开始骚动之后会发生什么情况?如果一场巴尔干战争触发两个强国集团之间的冲突和一场欧洲大战,后果会是什么样子?我们能够承担点燃火药桶的责任吗?[68]

乔利蒂的赌博也将在国内产生适得其反的结果:在利比亚的军事冒险不但没有安抚意大利的民族主义者,反而刺激了他们希望攫取更多殖民地的胃口。

在9月底,意大利将一份最后通牒送给了土耳其,并且匆忙制订了向的黎波里派遣一支意大利军队的计划。这支部队于10月上旬抵达,并且很快占领了的黎波里和海岸线上的其他城镇,首次在战争中使用了飞机,使之遂行侦察和向敌人投掷榴弹的任务。[69]然而,一场霍乱的流行很快使那些意大利士兵们明白了殖民战争的现实,同时内陆的阿拉伯人一直进行抵抗,并且坚持了十几年时间。但是这场战争不仅仅是一场殖民战争:这是一场反对奥斯曼帝国的战争,不管这个帝国多么衰弱,它并没有准备立即承认失败。使其他欧洲列强感到震惊的是,海战扩散到了地中海东部。意大利海军舰队轰炸了达达尼尔海峡入口处的要塞,夺取了多德卡尼斯群岛。1912年7月,意大利和土耳其的代表们在瑞士开始了谈判。然而,趁土耳其正处于困境之中,巴尔干联盟的成员国在9月进行了动员,这最终迫使土耳其人在调头面对第一次巴尔干战争所带来的更大压力之前,签订了接受意大利侵占领土的条约。直接受到意大利军事行动影响的不仅仅是土耳其和巴尔干国家。在与意大利交战期间,土耳其人封锁了达达尼尔海峡和博斯普鲁斯海峡;结果在1911年下半年俄国的对外贸易大幅度下降,因而认为控制这两条海峡必须是俄国外交政策主要目的那些俄国人得到了支持其观点的新证据。

一位历史学家所称的联接一战爆发与其在巴尔干地区的遥远起源的"漫长导火索"由诸多事件点燃,意大利从事的帝国主义战争必定是其中的一件。[70] 也许事与愿违的是,也正是意大利引人注目的这一步给欧洲社会主义者反对帝国主义和军国主义提供了新的动力:社会党国际局号召各国社会党组织游行示威,既谴责意大利侵略土耳其,又谴责所有帝国主义的政策。11月,在意大利宣布吞并的黎波里的当天,所有欧洲国家的首都城市都举行了游行示威,此后有组织的社会主义政党给"和平攻势"注入了新的活力,在工人阶级中间宣传推广反战运动。[71] 但是在意大利的社会主义者圈子之外,正如乔利蒂所担心的那样,这场为了帝国主义扩张的侵略战争确实把以前互相敌对的团体聚集到一起了,此时他们为了扩张热情高涨,团结一致。结果在利比亚的冒险行径暴露并且加强了意大利社会中的帝国主义扩张倾向,在此后的几年时间里这些倾向的势头不断增强,持续地削弱乔利蒂的地位。[72]

大战在1914年爆发并不是直接由帝国主义的争夺引起的,而且如果德国准备放缓它对海上霸权和世界强国地位的谋求,其攫取殖民地的梦想很可能通过与英国达成协议来实现。不过,对于那些帝国主义列强或者想要跻身帝国主义列强行列的国家来说,虚弱的独立国家如摩洛哥和奥斯曼帝国本身始终是一个诱惑,因而法国和德国在摩洛哥的竞争以及意大利在的黎波里的殖民野心能够在1911年产生增加国际体系不稳定的一系列危机。然而至1914年,在北非和中东的具体殖民主义冲突从属于更加广泛的国际野心和疑惧。法国与德国之间达成的双方都不完全满意的妥协性殖民协议化解了摩洛哥危机,但是这场危机的重要性并不在于非洲土地的具体重新分配,而在于总体上加深了法国与德国之间的互相疑虑,加剧了他们彼此间的军备竞赛。边界两边一股新的民族主义宣传浪潮对此也起到了推波助澜的作用。到了1914年,帝国主义对一代人所产生的心理后果要比土地的实际得失重要得多。

先前的帝国主义竞争并没有消失,但是德国志在跻身世界大国行列的野心引起的新结盟已经把先前这些竞争推到次要位置。尽管英国与法国签订了《英法协约》,但是大量细节分歧仍然困扰着两国之间的关系——比如就丹吉尔的国际地位或者在叙利亚的经济利益的争吵——而且一旦战争爆发,瓜分奥斯曼帝国的可能性将重新唤醒原先的疑虑,刺激起新的野心,这些分歧将会变得更加糟糕。可是伦敦和巴黎在反对德国的共同斗争中一再需要互相支持,虽然这种需要没有导致这些分歧的化解,至少带来了暂时忽视分歧的协议。英国与俄国的关系更加困难。尽管1907年签订的《英俄协议》似乎解决了两个帝国在边界上互相冲突的要求——在阿富汗,中国西藏地区和波斯——历经几代人的局部竞争和根深蒂固的互不信任仍然引起一些麻烦。该条约在两个国家都遭到了批评,尤其因为在认定英俄在波斯的势力范围时,该国恰好爆发了一场革命,革命中的双方都竭力试图赢得英国或者俄国的支持。[73] 俄国和英国的军方领导人们都认为,为了达成一项外交协议,各自做出了太多的让步,而当英国政府默许了俄国支持的反革命行动的时候,英国国内许多格雷的自由党支持者——英国驻德黑兰的公使也是如此——感到极其愤慨,因为在他们看来这是对波斯自由主义运动的背叛。然而,尽管英俄关系不时紧张(正如波斯国王的哥萨克旅的俄国指挥官在1908年下令其部队包围英国驻德黑兰公使馆),为了维护与俄国的协约这个更大的事业,格雷和外交部持续不断地牺牲英国在波斯和中东的局部利益。可是英国对待俄国的态度一直含糊不清:俄国是对付德国的一个重要盟国,但是英国外交部的一些高级官员们也担心,一旦俄国从1905年的惨败灾难中彻底恢复元气,它会再次成为英国的主要帝国竞争对手。外交部常务副大臣亚瑟·尼科尔森在1913年4月写道:"俄国人在中东和远东可能极难对付,在印度可能严重动摇英国的地位。这对于我来说是一个太可怕的梦魇,我宁愿几乎不惜任何代价保持与俄国的友谊。"[74] 在尼科尔森的心目中永远萦绕着一个担心,即除非英国准备在他认为的一些次要问题上满足俄国,否则俄国可能与德国做交易,并直接威胁英帝国,后者太过虚弱以致无法应对这威胁。尽管英国政府的其他谋士们承认恢复元气的俄国的潜在威胁,但是他们认为应该与俄国重新谈判一项协议,旨在捍卫英国的利益,尤其是在波斯的利益。英国有些人在1914年春天认为现在是强硬抵抗俄国要求的时候了,还有些人像尼科尔森那样认为必须不惜一切代价维护与俄国的友谊,以便使英国能够抗衡德国。这两派观点的争论从来没有什么结果,因为1914年7月的一系列事件取代了这种争论。然而,也许这表明英帝国的领导人们在1914年仍然没有判定对过度扩张的英帝国(他们自己认为它将会如此)的威胁最终将来自何处。

英国与印度的关系对于帝国的观念至关重要,而且一个多世纪以来一直是英国外交政策的关键。英国统治着这个幅员辽阔的帝国。人们常常把这现实看成理所当然的事,并不经常计算由此带来的得失,但是印度依然是英国的主要市场之一,是资本投资利润丰厚的地方,也是英国政府税收的一个直接来源。人们正在谈论这样一个话题:英帝国,至少就其中那些建立较早的白人殖民地而言,最终将转变成有自己政府的各自治领的联邦。此时,在印度的政府体制就显得越来越怪异,自由党政府不得不直面这现实。而且印度的民族主义运动也在兴起之中,尽管当时这个运动还不像10年之后那样构成威胁。不过,在新德里建设一个规模宏大的新首都和英王乔治五世1911年举行的盛大"杜尔巴"(Durbar)*表明英国对印度统治的基础一如既往地稳固。正如寇松勋爵1901年所写道的:"如果我们失去(印度),我们将立即降格为一个

---

* 即1911年12月12日英国国王乔治五世和玛丽王后在印度德里举行的印度皇帝加冕典礼暨接见典礼,乔治五世兼任印度皇帝,接见了英属印度的100多个土邦的王公贵族和土司,举行了阅兵式,同时宣布将印度首都从加尔各答迁往德里。典礼场地今为加冕公园。

三流强国。"[75] 人们仍然普遍把他的话当作至理名言。

1907年与俄国签订的协议似乎消除了对印度外部安全的主要威胁之一，尽管印度政府和军人们相当不情愿承认这个现实。德国永远不可能像俄国那样威胁印度，但是还是有些人担心，如果英国不能对巴格达铁路实施一些控制，它也许会成为德国扩张其影响的工具。在1911年，俄国人不再反对这条铁路的建设计划，以换取在该铁路主线与德黑兰之间修筑一条联接支线。此后，英国人原先的焦虑又以新形式重现了——格雷写道："如果德国获得对这条支线的控制，那将是非常严重的情况。因为在泛伊斯兰主义情绪高涨的时期，该铁路可能被用于动员德国人训练的穆斯林军队。德国没有任何穆斯林臣民，不会因泛伊斯兰主义感到难堪，但是这种形势对于俄国和英国来说可能非常严重。"[76] 作为自封的伊斯兰教的保护者，德皇确实已经多次暗示过，与德国交战可能导致丢失印度。1914年7月30日，这位德皇在对英国发泄了一通异常冲动的仇恨之后写道："我们在土耳其和印度的领事和特工人员必须煽动整个穆斯林世界起来对这个令人痛恨、满口谎言、不择手段的小店主之国大肆造反；即使我们必定要流尽最后一滴血，英国也至少要失去印度。"[77] 尽管英国人不是没有觉察到这个危险，他们从来没有把德国对于印度的直接威胁当真，而且在一战开始之后，德国煽动伊斯兰世界反对英国的计划并没有取得多少成功。在另外一方面，俄国对印度的威胁可能复活的危险始终萦绕在英国官员们的心头，他们中间的许多人认为，正是由于这个原因，必须不惜任何代价保持与俄国的友谊；确实，1914年6月和7月，俄国人在要加强俄英两国之间的关系，尤其在要签订一份海军协议的建议中，暗示一个更加正式的盟约不妨包含一条俄国对于印度安全的保证。此时七月危机和一战的爆发再一次使英俄两国的讨论被搁置，因此我们不知道如果没有这次大战两国之间的关系将会如何发展。确实有人提出这样的看法，即对印度安全的担心将英国拉到俄国一边加入一战，这是防止俄国对印度构成新威胁的唯一办法，因为在英国人看来，如果俄国打赢了英国在其中保持中立的战争，它就会再次威胁印度。[78] 这种看法把意见分裂的英国政府和外交部说得太有连贯一致性和先见之明了，其实英国政府和外交部对于英帝国的主要危险究竟在哪里丝毫没有一致同意的清晰认识，但是它倒提醒了我们英国历届政府是如何经常从帝国的视角考虑其欧洲政策的。

1914年导致各国政府决定参战的紧迫动机并不直接是帝国主义考虑，而且他们所面临的危机是欧洲的危机，但是先前的帝国主义政策对形成做出参战决策的心态起了一定的作用。对于俄国来说，君士坦丁堡和两条海峡的诱惑是制定其巴尔干政策的重要动机；其在亚洲的野心暂时被放到了次要地位。对于德国来说，谋求世界霸权的模糊梦想有助于它做出扩建海军的决策。而德国海军的壮大必然被英国看成一个挑战。正如德国驻伦敦的大使所说，英国"有最好的殖民地，而且并不需要与我们交战去攫取更多的殖民地"。但是英国却逐步地认为必须不惜任何代价维持英帝国。[79] 法国的"殖民党"反复敦促政府需要获取对摩洛哥的控制，法国政府接受了这个需要，为他们在欧洲对德国的憎恨增加了一个殖民维度。而德国人通过蓄意挑起阿加迪尔危机助长了两国的民族主义骚动并使军备竞赛加速，并由此加剧了1912—1914年间日益严重的国际紧张。在这种紧张形势的恶化过程中,在意大利帝国主义和巴尔干民族主义的影响下的奥斯曼帝国在欧洲的统治崩溃也起了重要作用。

帝国主义的思维总是接受战争的风险,并且把武装斗争视为帝国扩张的重要部分,尽管事实上帝国主义战争迄今为止大多数规模有限。到了1914年,这种思维加剧了危机,在这个危机中德国的野心,法国的怨恨,俄国的扩张主义,英国的焦虑和奥地利的恐惧导致了这样的判断:如欲维护至关重要的民族利益,战争不可避免。如果当时欧洲的主流心态不准备接受甚至欢迎战争,就不可能做出这个决策。当时帝国主义的宣传鼓噪甚至比帝国主义的现实对营造那种心态起了更大的作用。

参考书目

1. Léon Gambetta,引自 Henri Brunschwig,*Mythes et Réalités de l'Impérialisme colonial français*,Paris:1960年,第9页。也参见 James Joll,*Europe since 1870*,London:1983年,第3版,第4章。
2. 引自 H. C. G. Matthew,*The Liberal Imperialists*,Oxford:1973年,第153页。
3. 尤其参见 Wolfgang J. Mommsen,*Theories of Imperialism*,London:1980年;D. K. Fieldhouse,*Economics and Empire 1830—1914*,London:1973年;R. Robinson 和 J. Gallagher,*Africa and the Victorians: the Official Mind of Imperialism*,London:1968年;欲了解简明概要,参见 Woodruff D. Smith,"Europe's World:Power, Empire, and Colonialism",载于 Gordon Martel 主编,*A Companion to Europe, 1900—1945*,Oxford:2006年,第119—134页。
4. 参见 Cedric J. Lowe,*Salisbury and the Mediterranean*,London:1965,和 Gordon Martel,*Imperial Diplomacy:Rosebery and the Failure of Foreign Policy*,London and Toronto:1986年。
5. 参见 Christopher M. Andrew 和 A. S. Kanya-Forstner,"The French 'Colo-

nial Party': its Composition, Aims and Influence, 1885—1914", *Historical Journal*, 第 14 期(1971 年), 第 99—128 页; "The Groupe Colonial in the French Chamber of Deputies, 1892—1932", *Historical Journal*, 第 17 期(1974 年), 第 837—866 页。

6 Thomas D. Schoonover, *The French in Central America: Culture and Commerce, 1820—1930*, Wilmington: 2000 年, 第 120 页。

7 参见 D. C. M. Platt, *Finance, Trade and Politics in British Foreign Policy 1815—1914*, Oxford: 1968 年; R. Robinson 和 J. Gallagher, "The Imperialism of Free Trade", *Economic History Review*, 第 6 期(1953 年); D. C. M. Platt, "The Imperialism of Free Trade: Some Reservations", *Economic History Review*, 第 21 期(1968 年); "Further Objections to an 'Imperialism of Free Trade'", *Economic History Review*, 第 26 期(1973 年)。

8 引自 W. L. Langer, *The Diplomacy of Imperialism*, New York: 1951 年, 第 2 版, 第 123 页。

9 G. N. Sanderson, "The European Partition of Africa: Origins and Dynamics", 载于 Roland Oliver 和 G. N. Sanderson 主编, *Cambridge History of Africa*, Cambridge: 1985 年, 第 6 卷, 第 153—154 页。

10 P. J. Cain 和 A. G. Hopkins, *British Imperialism: Innovation and Expansion, 1688—1914*, London: 1993 年, 第 227—473 页。

11 引自 William A. Hoisington Jr, *Lyautey and the French Conquest of Morocco*, New York: 1995 年, 第 20 页。

12 H. L. Wesseling, *Divide and Rule: the Partition of Africa 1880—1914*, Westport, Conn.: 1996 年, 第 180 页。

13 引自 Peter Waldron, *The End of Imperial Russia, 1885—1917*, Basingstoke: 1997 年, 第 104 页。

14 尽管引人入胜, 但是其论点最终不能使人信服。参见 Sandra Wilson 的文章, 载于 *The Policy of the Entente: Essays on the Determinants of British Foreign Policy*, Cambridge: 1985 年, 和 *Empire and Continent: Studies in British Foreign Policy from the 1880s to the First World War*, London: 1987 年。Keith Neilson 关于英国对俄国和德国的政策之间关系的诸多结论更有说服力: *Britain and the Last Tsar: British Policy and Russia 1894—1917*, Oxford: 1995 年, 尤其参见第 371 页。

15 David Stevenson,*Armaments and the Coming of War: Europe 1904—1914*,Oxford:1996 年,第 67 页。
16 1895 年 11 月 11 日,引自 J. L. Garvin,*The Life of Joseph Chamberlain*,London:1934 年,第 3 卷,第 27 页。
17 Andrew Marrison,*British Business and Protection 1903—1932*,Oxford:1996 年,第 179—180 页。
18 Garvin,*Joseph Chamberlain*,第 187—188 页。
19 Julian Amery,*The Life of Joseph Chamberlain*,London:1951 年,第 4 卷,第 436 页。欲了解关税改革运动和帝国联邦,参见 Wolfgang Mock,*Imperiale Herrschaft und Nationales Interesse*,Stuttgart:1982 年。
20 引自 V. G. Kiernan,*European Empires from Conquest to Collapse, 1815—1960*,London:1982 年,第 156、158 页。
21 引自 Paul Ward,*Red Flag and Union Jack: Englishness, Patriotism and the British Left, 1881—1924*,Woodbridge:1998 年,第 60 页。
22 引自 Bernard Semmel,*Imperialism and Social Reform: English Social and Imperial Thought, 1895—1914*,London:1960 年,第 41 页。
23 Paul Crook,*Darwinism, War and History: the Debate over the Biology of War from the "Origin of Species" to the First World War*,Cambridge:1994 年,第 85 页。
24 引自 Semmel,*Imperialism and Social Reform*,第 57 页。
25 参见 Edward M. Spiers,*The Late Victorian Army, 1868—1902*,Manchester:1992 年,尤其是第 312 页。
26 引自 Paul Mus,*Le Destin de l'Union française*,Paris:1954 年,第 18 页。
27 Richard Price,*An Imperial War and the British Working Class: Working Class Attitudes and Reaction to the Boer War 1899—1902*,London and Toronto:1972 年。
28 引自 Price,*An Imperial War and the British Working Class*,第 73 页。
29 W. Mark Hamilton,"The Nation and the Navy: Methods and Organization of British Navalist Propaganda,1889—1914",未公开发表的博士论文,伦敦大学,1978 年,第 92 及以下诸页。
30 *The Times*,1924 年 11 月 1 日。
31 W. O. Henderson,*The German Colonial Empire 1884—1919*,London:

1993年,第46—49页。

32 参见 Ludwig Dehio,"Thoughts on Germany's Mission 1900—1918",载于 Dehio, *Germany and World Politics in the Twentieth Century*,London:1959年,英译版,第53页。

33 Marianne Weber,*Max Weber:ein Lebensbild*,Tübingen:1926年,第138页。参见 Wolfgang J. Mommsen,*Max Weber und die Deutsche Politik*,Tübingen:1958年,第35页。也参见 Arthur Mitzman,*The Iron Cage:An Historical Interpretation of Max Weber*,New York:1970年,第106—107页。

34 Max Weber,*Gesammelte Politische Schriften*,Munich:1921年,第29页。也参见 Mommsen,*Max Weber und die Deutsche Politik*,第78页和 Mitzman,*The Iron Cage*,第137—147页。

35 Winfried Philipp Englert,*Das Flottenproblem im Lichte der Sozialpolitik*,Paderborn:1900年,引自 Eckart Kehr,*Schlachtflottenbau und Parteipolitik*,Berlin:1930年,第369—370页。

36 Thomas Schoonover,*Germany in Central America:Comptetitive Imperialism,1821—1929*,London and Tuscaloosa:1998年,第139页。

37 Nancy Mitchell,*The Danger of Dreams:German and American Imperialism in Latin America*,Chapel Hill,NC:1999年。作者在此书中认为德国向南美洲扩张的威胁从来不是真实的,而是捏造的,尤其是美国的海军利益集团杜撰的,目的就是为了扩大门罗主义的适用范围。

38 引自 Mitchell,*The Danger of Dreams*,第143页。

39 Fritz Fischer,*Krieg der Illusionen*,Düsseldorf:1969年,第378页。也参见 Wolfgang J. Mommsen,"Nationalism,Imperialism and Official Press Policy in Wilhelmine Germany",载于 Philippe Levillain 和 Brunello Vigezzi 主编,*Opinion Publique et Politique Extérieure 1870—1915*,Rome:1981年,第380页。

40 Heinrich Class,*Wider den Strom*(1932年),第217页,引自 Egmont Zechlin,"Motive und Taktik der Reichsleitung 1914",载于 Wolfgang Schieder 主编,*Erster Weltkrieg:Ursachen,Entstehung und Kriegsziele*,Cologne:1969年,第197页。

41 Arden Bucholz,*Hans Delbrück and the German Military Establish-*

ment: *War Images in Conflict*, Iowa City: 1985 年, 第 77 页。

42 Helmut Walser Smith, "The Talk of Genocide, the Rhetoric of Miscegenation: Notes on Debates in the German Reichstag Concerning Southwest Africa, 1904—1914", 载于 Sara Friedrichsmeyer, Sara Lennox 和 Susanne Zantop 主编, *The Imperialist Imgaination: German Colonialism and Its Legacy*, Ann Arbor, Mich.: 1998 年, 第 107 页。

43 P. Rohrbach, *Der Deutsche Gedanke in der Welt* (1912 年), 第 202 页, 引自 Dehio, *Germany and World Politics in the Twentieth Century*, London: 1959 年, 英译版, 第 78 页, 注 1。

44 引自 Mitchell, *The Danger of Dreams*, 第 113 页。

45 Richard A. Voeltz, *German Colonialism and the South West Africa Company, 1894—1914*, Athens, OH: 1988 年, 第 86 页。

46 Niall Ferguson, *Paper and Iron: Hamburg Business and German Politics in the Era of Inflation, 1897—1927*, Cambridge: 1995 年, 第 85 页。

47 参见 Gregor Schollgen, "Richard von Kühlmann und das Deutsch-Englische Verhältnis 1912—1914", *Historische Zeitschrift*, 第 230 期 (1980 年)。

48 G. P. Gooch 和 Harold Temperley 主编, *British Documents on the Origins of the War 1898—1914* (此后简称 BD), 第 10 卷, London: 1936 年, 第 2 部分, 第 226 号, 第 224 页。

49 BD, 第 1 卷, 第 119 号, 第 85 页。

50 BD, 第 6 卷, 第 579 号, 第 750—751 页。

51 P. H. S. Hatton, "Harcourt and Solf: the Search for an Anglo-German Understanding through Africa 1912—1914", *European Studies Review*, 第 1 期 (1971 年), 第 123—146 页。

52 *Die grosse Politik der Europäischen Kabinette*, Berlin: 1936 年, 第 31 卷, 第 11474 号文档, 第 210 页。

53 David E. Kaiser, "Germany and the Origins of the First World War", *Journal of Modern History*, 第 55 期 (1983 年), 第 463 页。

54 参见 Stuart A. Cohen, *British Policy in Mesopotamia 1903—1914*, London: 1976。

55 A. J. P. Taylor, *The Struggle for Mastery in Europe 1848—1918*, Oxford: 1954 年, 第 410—411 页, 脚注 2。

第七章　帝国主义竞争　　　　　　　　　　　　　　　347

56　Jason Tomes, *Balfour and Foreign Policy: the International Thought of A Conservative Statesman*, Cambridge: 1997 年, 第 131 页。
57　引自 George Monger, *The End of Isolation: British Foreign Policy 1900—1907*, London: 1963 年, 第 122 页。
58　Joseph Heller, *British Policy towards the Ottoman Empire 1908—1914*, London: 1983 年, 第 48 页。
59　Firuz Kazemzadeh, *Russia and Britain in Persia 1894—1914: A Study in Imperialism*, New Haven Conn., and London: 1968 年, 第 330 页。
60　Gordon Martel, "The Near East in the Balance of Power: the Repercussions of the Kaulla Incident in 1893", *Middle Eastern Studies*, 第 16 期 (1980 年), 第 23—41 页。
61　Elizabeth Monroe, *Britain's Moment in the Middle East 1914—1956*, London: 1963 年, 第 122 页。
62　参见 F. R. Bridge, "*Tarde venientibus ossa*: Austro-Hungarian Colonial Aspirations in Asia Minor", *Middle Eastern Studies*, 1970 年, 第 319—330 页。
63　Bruce Vandervort, *Wars of Imperial Conquest in Africa, 1830—1914*, Bloomington, Ind.: 1998 年, 第 160 页。
64　引自 Richard Bosworth, *Italy, the Least of the Great Powers: Italian Foreign Policy before the First World War*, Cambridge: 1979 年, 第 138 页。
65　引自 Bosworth, *Italy, the Least of the Great Powers*, 第 134 页。
66　Franklin H. Adler, *Italian Industrialists from Liberalism to Fascism: the Political Development of the Industrial Bourgeoisie, 1906—1934*, Cambridge: 1996 年, 第 86 页。
67　引自 Bosworth, *Italy, the Least of the Great Powers*, 第 163 页。
68　F. Malgeri, *La Guerra di Libia 1911—1912*, Rome: 1970 年, 第 98—99 页, 引自 S. M. O. Jones, "Domestic Factors in Italian Intervention in the First World War", 未公开发表的博士论文, 伦敦大学, 1982 年, 第 61 页。也参见 Bosworth, *Italy, the Least of the Great Powers*, 第 148 页。
69　Kiernan, *European Empires from Conquest to Collapse*, 第 128 页。
70　Laurence Lafore, *The Long Fuse*, London: 1966 年。
71　Solomon Wank, "The Austrian Peace Movement and the Hubsburg Ruling Elite, 1906—1914", 载于 Charles Chatfield 和 Peter van den Dungen

主编, *Peace Movements and Political Cultures*, Knoxville, Tenn. : 1988 年, 第 49 页。

72　S. Jones, "Antonio Salandra and the Politics of Italian Intervention in the First World War", *European History Quarterly*, 第 15 期, 1985 年, 第 158 页。

73　参见 Firuz Kazemzadeh, *Russia and Britain in Persia 1894—1914: A Study in Imperialism*, New Haven Conn. , and London: 1968 年。

74　引自 Zara S. Steiner, *The Foreign Office and Foreign Policy 1898—1914*, Cambridge: 1969 年, 第 137 页。

75　引自 Max Beloff, *Britain's Liberal Empire 1897—1921*, London: 1969 年, 第 91 页, 脚注 4。

76　*BD*, 第 10 卷, 第 1 部分, 第 653 号, 第 623 页。

77　Karl Kautsky, Graf Max Montgelas 和 Prof. Walter Schücking 主编, *Die deutschen Dokumente zum Kriegsausbruch*, 第 2 卷, Berlin: 1919 年, 第 401 号文档, 第 133 页。

78　比如, Erwin Hölzle 在 *Die Selbstentmachtung Europas* (Göttingen: 1975 年) 一书中就提出了这样的观点, 尤其是第 85—95 页, 第 216 及以下诸页。

79　Prince Karl Max Lichnowsky, "Wahn oder Wille", (1915 年 1 月), 载于 John C. G. Röhl 主编, *Zwei deutsche Fürsten zur Kriegsschuldfrage: Lichnowsky und Eulenburg und der Ausbruch des Ersten Weltkriegs. Eine Dokumentaion*, Düsseldorf: 1971 年, 第 55 页。

第八章　1914年的社会心态

任何政府,甚至最独裁的政府,在发动战争之前都需要确保得到了公众的支持。正如我们所看到的那样,由于这个原因,1914年宣战的每个政府都想使其政策的呈现方式能赢得最大多数民众的赞成:法国是为了保卫法国的领土、抵抗德国新的侵略而战斗,德国则是为了保卫国土、抗击哥萨克部族而战斗,等等。欧洲各国人民接受并在某些情形中甚至欢迎战争主张,暂时忘却了他们之间的社会和政治分歧。但他们沉浸其中的心态并不仅仅是他们的政府为自己眼下的政治决策正名的结果。这种心态立基于民族传统和如下态度的积累,后者构成了对国家性质与权威的信念,而在过去的几十年时间里学校的课程及政客和新闻记者们在讨论国际关系时使用的语言又强化了这心态。对这些信念和态度的复杂结合,以及一个民族长期形成的精神状态进行分析是一项困难的任务。恐怕不可能明确究竟什么是1914年欧洲的心境。我们缺乏对大多数国家舆论的详细研究,甚至对拥有研究资料并且可以查阅它们的国家也未做这样的研究,尽管让-雅克·贝克尔的著作《1914年:法国人是如何走向战争的》[1]详叙了法国人在政府开展动员时的心态,而关于德国公众对危机所作的反应,以及德国政府和保守舆论在"制造"好战热情方面所下的功夫,杰弗里·维海的《1914年的精神:德国的军国主义、神话和动员》一书则告诉了我们很多。

那些导致一战爆发的决策者们强烈地意识到舆论的重要性,而且这种意识部分地决定了他们在1914年7月对危机的处理。在1912年11月"战争会议"的前后,德皇担心奥地利强加于塞尔维亚的种种要求所骤然触发的一场"歼灭战"并不能给德国提供一个足以煽动德意志民族的口号;如果在奥地利和塞尔维亚之间的任何争端中,俄国人拒绝进行斡旋的提议,这就使它自己处于无理的地位了,这一点很关键——"如果战争爆发,俄国人作为不愿让奥地利享有和平的挑衅方,他们给我们的政府进行动员提供了一个好的口号!"[2] 此外,我们已经掌握的证据和对公众及政府态度的诸多研究表明,在所有交战国里都有某些因素帮助形成了使战争成为可能的心态。尽管正如我们已经看到的那样,至少自从1905年以来,一系列国际危机导致人们已在谈论战争,尽管某些作家和大多数陆、海军的将军们相信国际冲突不可避免,当1914年7月的危机果然到来的时候,它使还没有来得及反思当时的实际形势的许多人感到震惊。其实关注国际形势的观察家们发现,1914年前几个月的形势比以往几年更加令人鼓舞:两次巴尔干战争的影响或多或少地得到了遏制,列强之间没有发生冲突;可能导致法德紧张关系加剧的"萨维尔纳"事件在法国没有引起激烈反应;尽管英德海军竞争仍然在两国激起唇枪舌剑,但是有迹象表明双方海军建设的步伐可能放慢,两国正在就瓜分葡萄牙的殖民地和修筑巴格达铁路进行友好的谈判。当然,德国和俄国的报纸在3月确实爆发了互相攻击;人们也担心年事已高的奥地利皇帝弗朗茨·约瑟夫每况愈下的身体可能产生国际影响,但是在1914年夏天看上去确实没有任何重大国际危机迫在眉睫的危险。欧洲各国的外交大臣和部长们正在埋头忙于日常事务：正如英国外交部的常务副大臣在5月给英国驻德大使的信中所写："你将会从报刊上看出，眼下在欧洲几乎没有发生什么令人感兴趣的事，而且如果不是在墨西哥有些麻烦的话，我们这里还是比较平静的。"³

事实上在英国和法国，对国内政治形势给予的关注要比对外交的关注多得多。7月3日《泰晤士报》的重头文章使用了这样一个标题"为和平而努力"，并且说"英格兰和苏格兰的公众们并没有意识到国家离灾难是多么近"，这时该报指的是围绕乌尔斯特问题而起的危机，而且一直到7月24日的那个特定时刻之前乌尔斯特一直占据着英国政治议题的首要位置，正如温斯顿·丘吉尔后来以他独特的历史戏剧感回忆道："内阁艰难地绕开北爱尔兰弗马纳郡和蒂龙郡泥泞的偏僻小道之后"，他们听到了"爱德华·格雷爵士低沉严峻的嗓音……他宣读了一份刚从外交部送给他的文件。这是奥地利对塞尔维亚的照会"。⁴ 在法国，3月16日，激进党领导人，财政部部长约瑟夫·卡约的夫人枪杀了《费加罗报》编辑加斯东·卡尔梅特。法庭于7月20日开庭审理此案。这个耸人听闻的案件一时闹得沸沸扬扬，把民众的注意力从4月和5月举行的国民议会选举和征收所得税引发的争吵上转移开来。甚至在危机达到高潮的7月29日，关于该案件审判的报道占据了《小巴黎人日报》专栏版面的30%，占了《时代日报》专栏版面的45%，相比之下对国际形势的报道却分别只占两家报纸版面的15%和19%。⁵ 直至法国下达动员令的三天前，在法国最有声望的那些报纸上，对该案件审判的报道都多于对欧洲危机的报道。⁶ 尽管德国人并没有面临像乌尔斯特那样严峻的眼前危机或者像卡约夫人案那样耸人听闻的丑闻,但是在1914年上半年,对于大多数德国人来说,他们更加关切的是经济衰退和国内社会民主党人与保守派之间日益紧张的关系,而不是国际问题。在皇家重要人物被刺杀并非鲜见的年代里,弗朗茨·斐迪南大公的遇刺并没有激起很多严重的不祥预感:当德国工会的领导人卡尔·勒吉恩(Carl Legion)警告"奥地利的战争贩子们"将不可避免地把"世界投入战火之中"[7]的时候,他属于少数派。一旦初闻刺杀噩耗的震惊过去,文官和军事领导人们就同往常一样去进行每年一度的夏季休假了;确实德国和奥地利政府鼓励一些陆军和海军的高级将领正常休夏季假期,以免给人们任何可能要发生异常情况的印象。

因此,从奥地利对塞尔维亚下达最后通牒的消息传出到大战爆发时间很短,不允许世人对这场危机的后果进行深思熟虑。8月1日,法国的商业杂志《金融周刊》评论道:"将欧洲推到历史上独一无二灾难的前夜只需一星期。"[8] 几个月以后,奥地利的一名社会党人写道:"战争的爆发使我们所有人都感到震惊和沮丧。尽管我们之前一直深信资本主义的无政府混乱状态最终将会导致欧洲列强之间你死我活的流血冲突,但是灾难降临之际我们却毫无准备。"[9]正如我们在研究政客和外交官们的所作所为的时候,我们的印象是他们一次又一次地被突如其来的事件弄得反应不及,公众们也同样几乎没有时间或者机会弄明白究竟发生了什么。这是反战运动突然销声匿迹的原因之一。而反战运动曾经是战前政治的一个显著特色,像德国和法国等国家的政府一直非常严厉地对待反战运动,因为在这两个国家里反战运动看上去最强大。

反对战争的运动呈现为两种形式。一种受人尊重的中产阶级的自由主义观点认为,正如英国的功利主义者们所主张的那样,用杰里米·边沁的话来说,"在不同国家的利益之间丝毫没有任何真正的冲突。如果它们看上去在任何地方互相抵触,其程度仅仅与它们被误解的程度相一致。"[10] 然而,与此同时在欧洲的工人阶级政党中,越来越多的人达成了共识,强调"战争是资本主义的本质所固有的;只有当资本主义经济被消灭时,战争才会消亡"。[11] 战争的威胁只能以革命的威胁来对付,而且无产阶级的国际团结将会使战争不可能发生。到了20世纪初,一类中产阶级组织愈发活跃,它们赞成国际仲裁,裁军和制定一整套即使不能消灭战争,但也将有助于限制战争并且减少其影响的国际行为规范。这个运动在英国和美国的力量最强大,但它在法国也赢得了有影响的力量的支持,而在德国只得到少数知识分子和专业人士的声援。事实上是法国人艾米尔·阿尔诺(Emile Arnaud)在1901年首创了"和平主义"(*pacifisme*)这个词,并且用它来描述强调用国际仲裁和斡旋方法解决争端的运动,这些方法的成功将会创造一种使减少军备,甚至彻底解除武装成为可能的氛围。[12]

对这些和平运动的支持来自两类人:一类人认为一个国际社会的理性组织能够限制战争的起因。而像奥地利著名的和平宣传者贝尔塔·冯·苏特纳女男爵(Baroness Bertha von Suttner)那样的另外一类人则相信如要消除战争,就需要进行道德价值观的改造。这位女男爵在1912年写道:"战争依然存在,这并不是因为世界上有邪恶,而是由于人们仍然认为战争是好东西。"[13] 除了那些把和平的希望寄托于机制、法律条款和改造道德准则的人士以外,在 1914 年之前的几年里也有越来越多的人认为,现代战争的成本正在变得非常昂贵,而且空前残酷,以至于事实上将不可能发生战争。1898 年,富有的华沙银行家伊万·布洛克(Ivan Bloch)出版了长达六卷的《战争的未来》。该书被翻译成多种语言,受到广泛的关注和讨论。作者在书中研究了武器的技术进步和战术的演变,并且得出结论认为攻势战争不再可能取得胜利。现代的枪炮能够摧毁它们射程以内的任何东西:普法战争期间使用的榴弹爆炸后只有约 30 个碎片,相比之下,到了 1890 年 1 枚榴弹爆炸后能射出 341 个碎片;大炮能够造成的伤亡是 20 年前的 5 倍。在现代火炮和大规模军队之间,战斗将会成为过去的事物——一场现代战争几乎就是消耗战和枯竭战,也许能够达到彻底毁灭的地步。布洛克认为,借由开明的自利,人们会选择和平,有些人把军国主义归罪于资本家和金融家们,而事实上正是这些资本家和金融家们最反对战争造成的混乱,因而布洛克成了和平主义者圈子里的英雄。其他一些人也认同战争不合算的观点:古斯塔夫·德·莫里纳利(Gustave de Molinari)在《战争的荣耀与颓废》(1898)一书中权衡道,即使吞并了战败国的领土,得到了战败国的赔款,战争的获益也将不再能弥补其成本。诺曼·安吉尔写了一本名为《在三种旗号下的爱国主义:呼吁政治中的理性主义》(1903)的小册子。他在此书中认为国家通过煽动违背民众真正利益的情绪把他们投入战争。安吉尔在《大幻想》(1910)一书中进一步阐发了这个观点,他争辩说,战争的经济成本太大,谁都不能指望通过发动一场将具有灾难性后果的战争来获取任何益处。该书受到普遍欢迎,获得巨大成功:销售了 200 多万册,在一战之前翻译成 25 种语言出版发行。

甚至像奥地利的维克托·阿德勒这样的社会党领导人都被这种观点说服，认为资本家们的利益使帝国主义国家的行为极难超越施加军事威胁或者进行有限的军事行动，因为打仗将会威胁令他们如此受益的国际经济的存在本身。[14]

对于这些和平运动来说，最大的成功是1899年和1907年在海牙召开了两次国际会议，尽管实际上两次会议都很空洞。第一次会议是沙皇尼古拉二世建议的结果（部分原因是伊万·布洛克说服他这样做，他与布洛克关系友好，但是欧洲的外交官们对此建议既怀疑，又惊讶），这位沙皇认为应该召开一次会议讨论削减军备及和平解决国际争端的办法。这个倡议看上去出自俄国的外交大臣，并且也出自沙皇本人——部分上毫无疑问源自真正的，虽然目的不明确的理想主义，这种理想主义与他的先祖亚历山大一世的理想主义并无不同之处——有证据表明布洛克的思想给他留下了深刻的印象。然而，大多数观察家们对沙皇的建议采取了更加怀疑其动机的看法，并且指出俄国政府在面临财政困难之际是多么迫不及待地寻找在武器装备方面节省开支的种种办法。有些人，如沙皇自己任命的驻外大使伊兹伏尔斯基把关于这会议的整个想法贬斥为受到了"社会党人，犹太人和歇斯底里的老姑娘们"的启发，而且他到了1907年召开第二次会议的时候都没有改变自己的看法，那时他已经是俄国的外交大臣了。[15] 不管怎么说，尽管一些国家接受了邀请，同意出席会议，为的是不得罪沙皇，但是没有几个代表是以乐观或者建设性心态赴海牙与会的。德皇宣称："对这台会议喜剧我将表面上敷衍一下，但是在跳华尔兹的时候我身上将佩带着短剑。"[16] 后来他讲得更加直白："我同意了召开国际会议的愚蠢想法,免得(沙皇)在欧洲人面前看起来像个傻瓜!但是将来实际上我只依靠和信赖上帝还有我手中锋利的宝剑!所有的会议决议都是粪土!"[17] 他对沙皇本人也没有更加有分寸一些;在一封致沙皇的"贺"信中,讽刺挖苦溢于言表,他问道,是否他们可以指望"一位君主停止亲自统帅其军队,解散具有百年神圣历史的各团,把他们光荣的旗帜悬挂到军械库和博物馆的墙壁上(并且把他的城廓拱手奉送给无政府主义分子和民主政治)"。[18]

英国陆军部以更为外交的语言论述了同一件事:"同意对利用毁灭性力量的进一步发展的任何限制是不可取的……赞成关于战争法则和战争惯例的国际规范是不可取的。"[19] 在这些情况下,如果这种国际会议能有所成就是令人意外的,但是那些有自由主义思想倾向、鼓吹改良国际关系处理方式的人士至少可以从自愿仲裁机制和交战新规范的建立中获得些许安慰。这次会议之后不到三个月就爆发了英国人与南部非洲的布尔人共和国之间的战争,可见这次会议对维持和平这一迫切问题的解决,帮助微乎其微。

1889年,作为纪念法国大革命一百周年的庆祝活动的一部分,在巴黎成立了一个名叫"各国议会联盟"的组织。在该联盟1904年在圣路易斯举行的年会上建议召开第二次海牙国际会议。创立各国议会联盟的想法源自弗雷德里克·帕西*,他召集了9个不同国家议会的96名议员,旨在建立解决国际争端的仲裁机制。召开第二次海牙会议的主意得到了美国总统西奥多·罗斯福

---

* 弗雷德里克·帕西(Frédéric Passy,1822—1912),法国经济学家,国际和平协会和各国议会联盟创始人,1901年与红十字会创始者瑞士人亨利·杜南共同荣获首届诺贝尔和平奖。

的热烈响应,这标志着20世纪美国历届政府为重组国际秩序所作出的许多努力中的第一次。事实上主要由于俄国政府理由充分地认为,既然他们正在与日本交战,这并非讨论仲裁和裁军之类论题的时机,因而第二次海牙会议一直推迟到1907年夏天才召开。到了这个时候,英国的自由党人执政掌权了,他们中间一些人对削减军备方面的开支相当执着,坚持主张英国的代表们应该在海牙会议上提出裁军的建议,这种立场是违背多位政府成员的意志的,也与反对党、海军部和爱德华七世国王的意志背道而驰。然而,正如1899年的海牙会议一样,出席1907年第二次海牙会议的大多数代表们彻底地持怀疑各国动机的态度:英国代表团的团长是一位心高气傲的贵格会教徒法学家,他抱怨称,"可以明显看出有些列强希望会议的成果应该尽可能地小"。[20] 然而,代表团中的英国外交部的代表则埋怨自己在"不停地忙碌,工作枯燥而且必定毫无用处"。[21] 当德国代表发表冗长的讲话,反对成立国际仲裁法庭的主张的时候,古巴代表向他表示祝贺:"你讲得很对。这完全是美国人的谬论。"[22] 正如1899年那样,这次会议的结果事实上仅仅修改了交战规则,旨在限制战争对国际商务的影响,而不是在防止战争爆发方面做很多工作;如同很多后续的裁军会议,每个国家都明确表示,任何军备的削减仅适用于其他国家,但是不适用于他们自己国家,因而限制军备的问题很快就被排除在讨论之外。可是没有任何一个国家的政府准备第一个出面中断会议,每个政府都指责其他政府阻挠会议取得进展。这也许至少证明各类争取和平、仲裁和裁军的运动的力量是足够强大的,有些政府觉得不得不注意这些运动。

除欧洲国家政府的冷漠或者反对,和平运动还不得不克服更多阻力,因为社会达尔文主义思想已经渗透进很多关于国际关系的思维之中。然而,和平运动中的一些人也散布了对进化论原则的另外一种解释。他们认为,随着文明的进步,战争注定将消失。他们中的一些人指出了自然界里共处与合作的生物学证据。俄国著名的无政府主义者克鲁泡特金亲王在其《互助论》(1902)一书中引用了达尔文所列举的鹈鹕利他行为的例子。健康的鹈鹕为了让失明的同伴活下去,耐心地给它喂鱼。法国的生理学家兼优生学研究者夏尔·里歇(Charles Richet)在其著作《和平与战争》(1906)中全盘抨击了那种居然认为存在"战争本能"的观点。科学界最著名的反对战争运动的宣传者是美国的和平主义者,斯坦福大学校长大卫·斯达尔·乔丹(David Starr Jordan),其著作《人类的收获》(1907)在国际上大获成功。在该书中他论述道,人类社会依次经历了部落战争、王朝战争、神圣战争,现在能够在民族国家的边界之内享受相对的和平;下一个阶段的使命就是在国家之间确保和平。正是为了和平的宗旨,他被任命为1910年成立的"世界和平基金会"的初创董事。像许多出身中产阶级的开明和平主义者一样,他认为资本家们主体上是崇尚和平的,而且战争是对资本主义最大的威胁。乔丹在斯坦福大学的同事,动物学家维农·凯洛格(Vernon Kellogg)在其著作《超越战争》(1912)中谴责战争为生物学上的愚蠢行为,呼吁通过理性的优生学来实现世界和平,认为优生学将会培养人类的合作倾向。在俄国出生,在法国接受教育的社会学者雅克·诺维科(Jacques Novikow)在其著作《社会达尔文主义批判》(1910)中抨击了那些把他所称的"集体屠杀"看作进步的主要动因的达尔文主义者:战争实质上是把强健勇敢的人送去打仗丧命;而让那些怯懦,病弱和有残疾的人留下来繁衍后代。[23]

1913年春天,当法国和德国的议员们在伯尔尼开会讨论裁军与和平解决两国之间争端的时候,和平运动的乐观主义和局限性都显露出来了。主要负责组织这次会议的两个机构"德国国际互相理解协会"和法国的"国际和解"组织都认为会议是成功的:法国的121名议员与会,德国出席会议的议员则有34名;德国议员中除6人之外其余都是社会党人,而法国的代表中有83名来自社会党以外的党派。尽管双方与会的议员们都严肃认真,值得尊敬,而且不是没有一定程度的影响力,但是实际上他们这些团组仅仅代表政治世界中的一个比较小的部分。和平运动的大多数成员急于强调他们致力于改良国际关系体系和削减军备并不意味着他们缺乏爱国主义精神,而且他们欢迎各国政府的官方承认,正如1906年出席在伦敦召开的各国议会联盟会议的代表们受到了英国国王的接见,后来又被带到朴次茅斯的海军造船厂参观。因而1914年几乎所有和平运动分子都支持战争,而不是反对战争,这就不令人惊讶了:1914年8月德国和平协会宣称,"在战争期间对和平主义者应尽的各种义务不容置疑。我们这些德国的和平主义者一直承认民族自卫的权利与义务。每一个和平主义者必须像任何其他德国人一样履行他对祖国的若干共同责任。"[24] 英国有几位和平主义者在整个战争期间恪守了他们表白的信仰,相比之下,他们仅仅是和平运动中的少数派,大多数成员认为,正如他们中的一员所说,"我们不能像在南非的战事中那样继续批评导致这场世界大战的政策了,因为我们的安全处于危险之中。我们中间没有任何人能不考虑安全而顾及其他任何东西。"[25] 俄国的一些和平主义者认为一场战争也许有助于国内的政治改良事业。马克西姆·科沃列夫斯基(Maksim Kovalevski)是一位忠诚的和平主义者,但又是在过去十多年的经历中感到幻灭的改良者。在七月危机期间他认为一场战争"也许会将我们带向一个更加彻底和更加理性的宪制,正如1905年10月17日沙皇颁布的十月宣言中承诺的那样。"[26]

欧洲社会党人中的反战运动似乎比中产阶级中的反战运动更加强劲,因而各国政府对它及其影响感到更加惊恐,尽管最终它并不更加成功,而且由于某些同样的原因最终失败了。1848年出版的《共产党宣言》曾经宣称:"工人没有祖国";"随着资产阶级的发展,随着贸易自由的实现和世界市场的建立,随着工业生产方式*以及与之相适应的生活条件的趋于一致,各国人民之间的民族隔绝和对立日益消失。"因而民族之间的斗争将最终让位于国际阶级斗争;同时,正如马克思在第一国际成立会议上的讲话中所说:无产阶级必须建立自己的国际联系,旨在"取得目标和行动的一致性"。马克思和恩格斯并不反对一切战争,而且他们对19世纪中期的自由主义和平主义者充满了蔑视:马克思称他们为"虚伪的夸夸其谈分子,一帮斜眼的曼彻斯特骗子",这伙人在国外侈谈和平,而在国内使用警察控制他们的工人。[27] 马克思认为,必须按照它是促进还是推迟了必然导致革命的历史发展来衡量每场战争。根据

---

* 与此处英文原文不同,中文版译文中没有"方式"二字,参见〔德〕马克斯、恩格斯,《共产党宣言》,北京:人民出版社,1997年,第46页。

这个标准，对欧洲革命的主要障碍是沙皇俄国的反动力量，因此任何针对俄国的战争都值得支持。反对俄国的国家的内部政权无关紧要：比如在克里米亚战争期间土耳其站在历史这一边，因为正如几年之后恩格斯所说，"在外交政策中一股主观上反动的力量能够履行一项客观上革命的使命。"[28]

因而在1889年成立的旨在联系全世界日益壮大的社会党的第二国际在其首次代表大会上就宣称，战争是"现有经济条件的可悲产物"，只有在"劳动者得到解放和社会主义的国际胜利取代了资本主义生产制度"的时候，战争才将消亡。显然，第二国际相当清楚地表明了自己对待战争的立场。在1889年，战争与和平问题的理论意义似乎多于实际意义，但是在1914年之前的十年里，随着国际紧张局势的加剧，这个问题变得日益困难。看起来西欧工业化发达国家里的大众社会主义运动的领导人们可能不得不决定是否应该支持某一场战争，因为并非所有战争都肯定是反动的。确实，标榜国际主义与支持战争之间会产生矛盾的可能性早在1870年就显示出来了。马克思在普法战争爆发之初就写到，法国人需要被重击，"如果普鲁士人赢得了胜利，国家政权的集中将有助于德国工人阶级的集中"。而且他也具有个人特色地补充道："此外德国的压倒性优势将会把欧洲工人阶级的重心从法国转移到德国。德国无产阶级的压倒性优势将在同时意味着我们的理论会比蒲鲁东的理论占有压倒性优势。"[29] 德国的一些社会民主党人支持战争的原因并不太深刻微妙，他们与其他阶级的成员一样容易受德国民族主义思潮的影响。但是其他的一些人自始至终一贯反对战争；在马克思把普鲁士人称为，可以这样说，历史的工具以后的第二天,北德意志邦联议会的两名社会党议员威廉·李卜克内西和奥古斯特·倍倍尔在议会就战争公债议案投票时发表了著名的弃权宣言:"作为原则上反对任何战争的人,作为社会共和主义者,并且作为反对一切压迫者,旨在联合一切被压迫者组成情同手足之伟大联盟的第一国际的成员,我们不能宣布自己直接或者间接地拥护眼前这场战争,因而我们放弃投票。"[30] 在1914年8月人们又回忆起了这个先例,当时德国社会民主党人因同样互相矛盾的考虑左右为难,既要坚持意识形态上的正确,对战争抱有人道主义的厌恶,同时爱国主义情怀的召唤又使他们内心不安。

马克思逝世之后,恩格斯阐发了关于现代战争性质及其给社会主义者构成种种问题的新思想,而且他认识到下一场战争将会比以往任何一场战争都更加具有破坏性,带来更加灾难性的后果。在1887年,他在一篇著名的预见性文章中写道:

> 800万到1000万的士兵彼此残杀,同时把整个欧洲吃得干干净净,比任何时候的蝗虫群还要吃得厉害。三十年战争所造成的大破坏集中在三四年里重演出来并遍及整个大陆;到处是饥荒、瘟疫,军队和人民群众因极端困苦而普遍野蛮化;我们在商业、工业和信贷方面的人造机构陷于无法收拾的混乱状态,其结局是普遍的破产;旧的国家及其世代相因的治国才略一齐崩溃,以致王冠成打地滚在街上而无人收拾;绝对无法预料,这一切将怎样了结,谁会成为斗争中的胜利者。只有一个结果是绝对没有疑问的:那就是普遍的衰竭和为工人阶级的最后胜利创造条件。[31]

这一对战争影响的分析揭示了国际社会主义运动从未能够逃避的新困境。一方面,似乎战争必然削弱资本主义社会的结构,为革命铺平道路,但是在另外一方面,劳动阶级,工人和农民,为欧洲大陆各国的征兵制军队提供了士兵,而在现代战争骇人听闻的血腥屠杀中首当其冲的正是这些士兵。因而一个严峻的问题摆在人们面前:是将战争作为革命的加速器予以欢迎,还是因为战争将会造成灾难和破坏而设法阻止?这个问题从未得到解决。这就是为什么在1914年之前的岁月里社会主义者对待战争威胁的态度有些模棱两可和自相矛盾。

国际社会主义运动似乎确信它可以阻止战争,而且各国有组织的社会主义政党的力量将有足够威慑力,使那些政府忌惮贸然发动战争。在1912的第一次巴尔干战争期间,国际社会党代表大会在瑞士巴塞尔召开会议,大会通过的宣言称:"让各国政府记住,鉴于目前欧洲的现状和工人阶级的情绪,他们不可能在发动战争的同时不给自己带来危险。"[32] 不过在一战爆发之前的几年里,无论某些社会主义者多么自信地认为资本主义当时正在进入其最后阶段,紧接着便是战争与革命,仍然存在着他们在国防事务上的短期态度问题。社会主义者们尤其关切的是要确保军队不会被用来对付工人们自己。这在德国显然是一个危险,通常动辄信口开河的德皇威廉二世在1891年对刚入伍的新兵们训话时说:"在当前社会混乱之际,有可能出现我命令你们开枪击毙自己的亲戚,兄弟或者父母的情况,但是即使在那种情况下,你们都必须一声不吭地执行我的命令。"[33] 但是即使在实行民主制度的法国,政府也是通过动员令使铁路工人返回军队,由此平息了1910年的铁路大罢工；瑞士的民兵制度提供了其他国家的社会主义者羡慕的榜样，但是瑞士政府使用了军队对付罢工者。最容易的解决办法似乎是仿效德国社会民主党人那样的做法。他们在帝国议会里每次都投票反对军事预算法案：他们的口号是"不给这个制度一个人，也不给一分钱"；他们抗议虐待士兵，同时抗议军官餐厅里的奢华生活，赌博和"其他形式的纵欲狂欢"。可是他们真正希望的是，社会主义者的人数压力将最终像解决所有其他问题一样解决这个问题。正如恩格斯在1891年所指出的那样："今天我们指望五个士兵中间有一个社会主义者，再过几年时间在三个中间就将有一个，而且到了1900年陆军……中的大多数士兵将是社会主义者。"[34] 但是形势并没有按他预想的那样发展。

在法国，马克思主义对工人阶级运动的影响远不如在德国那样强大。而正是在法国，对军事部门的批评和对战争的直接反对最强有力地表达了出来。一方面，社会党领导人让·饶勒斯在其专著《新式军队》一书中推出了一套彻底改良国防制度的方案，这是一名社会主义者尝试设计的最完整的军队改良方案。另一方面，一些革命的工团主义者和在社会党内处于左派的社会主义者呼吁举行反对动员的总罢工，并且在战争爆发之际举行暴动。法国政府更加认真对付的是后一威胁，而不是饶勒斯改良军队的建议，尽管他在议会中有相当数量的追随者。直至1914年7月，法国各省的省长们都在忙着修改臭名昭著的"另册"(*Carnet B*)——战争动员一旦进行就要逮捕的激进左翼人士的黑名单，防止他们破坏战争准备工作。列入这个黑名单中的名字涵盖范围广泛，尽管有时很武断，其中有被认为积极参与了反军国主义宣传活动的工团主义者和有名的工会领导人。[35] 事实上,甚至在1914年7月的经历显示这些官方的担心毫无根据之前,这些嫌疑者们所从事的活动看上去也几乎只是口头言论而已,而且无论这些革命的工团主义者和某些社会主义者如何反复强调他们举行反战总罢工的打算,他们没有做任何实质性准备。

法国的例子展示了各国社会主义者在不仅对待战争而且对待他们身处其间的社会采取前后一贯的态度时经历的两大困难。激进的反军国主义者们没有任何实现他们的威胁的可行计划或者组织机构。与此同时,那些像饶勒斯之类的社会主义者关注的是改良国防体制,他们想使它的效率更高,更加民主;他们根本没想彻底废除它。《新式军队》这本书与其说是对现行国防体制的抨击,倒不如说是在雄辩地煽动法国人的爱国主义情怀。它呼唤保卫一个理想的和改良了的共和国的手段,可是它却暗示现存的第三共和国也许仍然值得保卫。在同一个社会党内既可以找到对待战争和国防问题持革命态度的代表人物,也可以找到持改良态度的代表人物。由于该党的领导人们需要对他们党内的左翼做出姿态,这两种态度之间的对立变得难以厘清。比如,对让·饶勒斯在1914年7月的态度就有很多争论。[36] 在7月15—16日举行的法国社会党会议上(在国际危机恶化之前召开,旨在为拟议的将于9月在维也纳举行的第二国际代表大会做准备),饶勒斯支持了一项动议,该动议声称,在所有阻止战争的办法中唯有总罢工显然是最有效的手段。事实上法国政府并没有特别认真对待这一表达。这是不是饶勒斯为了与左派保持联系的一种策略呢?很难使人相信他真正认为一场反对战争的总罢工切实可行,反而肯定的是,此后不到10天时间,当战争迫在眉睫之际,他向法国政府承诺提供支持。饶勒斯对罢工的支持是在向德国社会民主党人表示法国人说话算数,旨在暗示他们如果德国攻打法国,他们就应发动一场声讨德国政府的总罢工吗?鉴于饶勒斯在7月31日被暗杀,关于他在战争期间将会采取什么行动的推测从来没有停息,我们将永远无法肯定。我们所确知的是,正如汇报法国社会党大会举行情况的那位警方密探所指出的:"人们忍不住要评说饶勒斯的动议完全虚无缥缈,不着边际,无异于连篇空话。"[37]

人们觉得德国社会民主党的领导层更加现实一些。他们反复拒绝关于举行反对战争,或者实际上是为了任何其他意图的总罢工的想法,并且宣称"总罢工就是总胡扯"。如果该党强大到足以发动一场总罢工的程度,它将强大到足以做得更多,或者正如威廉·李卜克内西在1891年所指出的那样:"如果军队罢工和经济罢工不仅仅是虔诚的一厢情愿,如果欧洲各国的社会民主党拥有把这些罢工进行到底的权力,那么就会出现使任何战争都不可能发生的形势。"[38] 德国社会党的领导人们也深信(在这一点上他们是马克思的忠实追随者)他们必然支持的战争就是与俄国的战争,因为他们不厌其烦地反复重申这一点。奥古斯特·倍倍尔就曾宣称:

> 德国的土地,德意志祖国不但属于其他人,同样也属于,而且更加属于我们广大群众。如果实行恐怖和野蛮行径的俄国企图攻打德国,妄图破坏和摧毁它……我们与德国的领导人们一样感到关切,我们将抵抗俄国,因为俄国的胜利意味着社会民主的失败。[39]

第八章 1914年的社会心态

流行的看法认为19世纪德国的社会主义致力于某种奉行和平主义的国际主义，然后在1914年转变为爱国的军国主义。其实这是一个幻觉。德国社会民主党一直致力于民族自卫的原则（尤其是反对俄国的独裁统治和斯拉夫"野蛮行径"），在1914年德国领导人们对应如何利用该党的这种态度心知肚明。[40]

但是虽然倍倍尔和德国社会民主党的其他领导人们害怕俄国，他们更加害怕德国政府的权力。他们永远不会忘记俾斯麦实施反社会主义运动法的12年。那项法律曾经使一个政党的许多经常性活动不可能开展，而且他们心有余悸，生怕政府可能再次实施类似的限制。确实，很多保守反动分子正在呼吁政府实施这种限制。因而社民党的领导人们对卡尔·李卜克内西（著名的威廉·李卜克内西的儿子，倍倍尔曾经希望他成为该党下一代领导人之一）的反军国主义活动中的暴力性感到难堪，因为此类煽动性行为必然引起普鲁士当局凶多吉少的注意。事实上倍倍尔在1910年和1912年与英国驻苏黎士总领事的交谈中承认了在德国政府和普鲁士军事集团面前德国社会主义者无能为力的状况。倍倍尔坦承——而且经倍倍尔本人允许，该信息报告给了英国外交大臣格雷——即使他的党在帝国议会里占有多数席位，他们仍然不可能阻止战争的爆发，打败普鲁士军国主义的唯一希望在于英国坚决维持其海军优势，以便能够在战时使德国遭受决定性的失败。[41]即使考虑到倍倍尔年事已高的事实（他在1913年去世）而且因连续失去亲人而心情抑郁，他也许比他那些更加乐观的同事们更加清楚地懂得普鲁士-德意志国家的性质。在这些情况下，一听到战争动员的报道，德国社会民主党的领导层就决定把党的资金转移到瑞士,以防该党将像俾斯麦时代那样被宣布为非法。这样做并不令人惊讶。最终形势证明此举没有必要。当形势变得显而易见,贝特曼·霍尔维格急于得到社会民主党人的支持,而且当战争到来的时候,社民党人也心甘情愿地支持战争,很快该党撤销了转移资金的决定。

奥地利社会党人的处境与他们的德国兄弟们的处境惊人地相似,尽管他们面临着"民族"问题造成的额外麻烦。他们支持保存一个日耳曼人领导的更加将权力集中到中央的奥地利国家,那意味着他们既不赞成帝国内部的民族自决,也不赞成外国的民族自决,他们最多不过是支持某些在奥匈帝国各民族中实现"文化"自治的措施。他们与德国的社会民主党人在以下问题上的看法是完全一致的,即沙皇的独裁统治和俄国的"野蛮残暴"既是对社会主义的威胁,又是对日耳曼精神的威胁,这种威胁的焦点则是塞尔维亚。他们宣扬"三国同盟"是抵御斯拉夫民族和落后状态的堡垒。[42]

斐迪南大公在萨拉勒窝遇刺以后,工人阶级的国际团结互助在几天之内就显示出它像自由派的和平运动一样不起什么作用。第二国际执行局7月29日在布鲁塞尔的会议充其量不过是凸显其无能为力,尽管这次会议也暴露出其成员对危机的严重性的认识是多么的迟钝,因为会议上的大部分讨论集中在将临近召开的国际大会从维也纳改至巴黎举行,把召开时间从9月提前到8月9日,他们都以为到了那时会议还可能如期开始。此前人们普遍认为反对党有效的抵制运动将使战争不可能发生,但是这次却没有起任何作用,为何会如此?原因就在于即便是最激进的社会党人融入他们各自民族社会的程度,尽管他们满口都是革命的辞藻。

在短期内，欧洲各国政府非常成功地使其公民相信他们就是外国侵略的受害者，而且也成功地煽动了直接的爱国主义和自保的情感，这些情感事实上要比任何国际主义的信念更加强大。德国政府的行动效果尤其显著；正如我们所看到的那样，自1912年以来，贝特曼的外交努力一直致力于确保如果战争到来就能理直气壮地谴责俄国发动了战争。每个国家都顺利地开展了战争动员这个事实也显示出各国军队征召的士兵在服役期间养成了多么强的纪律观念和爱国主义精神。尽管在让-雅克·贝克尔研究过的法国的一些地区，人们听到宣布动员令以后号啕大哭，一片惊恐，但是只有少数人想到不服从征召入伍的命令。[43] 可是在法国与在其他国家一样，对拒绝响应入伍号召的法律惩罚是严厉的。国家强迫公民服从的权力巨大，很难衡量民众对扛起枪杆究竟踊跃到什么程度。

在德国，从斐迪南大公遇刺到奥匈帝国对塞尔维亚的最后通牒被公诸于众，在这段时间内公众对这场危机几乎没有什么兴趣。仅仅当塞尔维亚拒绝接受奥地利诸多要求的消息不胫而走的时候，支持德国盟国的游行示威才开始。在柏林，一批批学生在菩提树下大街反复游行，高唱爱国歌曲，鼓励其他人加入他们的游行队伍。到了那天晚上整个柏林发生了几十起游行，人数从100人到2000人不等。然而正如杰弗里·维海所显示的那样，保守派的报纸立即把这些规模相当小的游行炒作成一个神话："德国"已经向其盟国表示了支持，人民大众也异口同声地进行声援。与此同时，有些人（主要是社会民主党人）立即组织了很多规模更大的反对支持奥匈帝国的游行示威。整个德国超过75万人参加了这些反战的抗议活动,但是这些抗议游行被警察驱散,报纸上要么只字不提,要么轻描淡写地贬低。[44] 德国政府成功地使一些左翼社会党人相信了其和平的意图,而且在整个最终危机期间,贝特曼·霍尔维格与一些社会党领导人一直保持着联系。更为重要的是,到了8月2日,德国政府得到了工会领导人的合作,后者将支持政府为克服战争动员可能造成的离乡背井和失业所必需采取的措施,并且工会决定在整场战争期间暂停一切罢工,不提工资待遇方面的要求。在对俄国的仇恨和恐惧迅速扩散的气氛中,民族团结的感染力是强大的。帝国议会中的社会民主党议员们经过长时间痛苦的讨论后决定对8月4日政府要求发行战争公债的议案投赞成票。一旦宣布了战争动员令,男人们都离家上了前线,任何反对战争的宣传鼓动很容易被人们看作背叛行为,不是背叛抽象的祖国,而是背叛自己党内的同志。帝国议会的一位社会党议员还记得,在他离家赴柏林参加对战争公债议案的投票之前,一位预备役人员对他说:"你马上要到柏林去了,到帝国议会去。要想到在前线的我们。务必让我们得到一切需要的东西。为钱投票的时候千万不要抠门。"[45]

奥地利社会党的政客们也有非常相同的经历。他们面对的正是这样一种民众情绪,正如英国驻奥地利大使所描写的那样,在获悉奥地利与塞尔维亚断绝外交关系时,整个维也纳"欣喜若狂,浩大的人群在大街小巷游行,高唱爱国歌曲,一直持续到凌晨"。[46] 在国际上广受尊敬的奥地利社会民主党领导人维克托·阿德勒在第二国际执行局的会议上声称:"我们的党束手无策⋯⋯街道上正在举行声援战争的游行示威⋯⋯我们的整个组织和我们的报纸处于危险之中。我们面临着三十年工作毁于一旦,毫无任何政治结果的风险。"[47]这些话使他的同事们非常震惊。在这些情况下,奥地利社会民主党已经放弃所有抵制战争的希望。在匈牙利,尽管社会党的报纸批评政府向塞尔维亚发出最后通牒,但是该党太小,影响不了任何重大事件。在布达佩斯的议会里所有其他党派都同意不计前嫌,搁置分歧,一致热情支持战争。

欧洲其他国家首都的情况也类似。在俄国,杜马里的五位布尔什维克议员确实投了反对战争公债的票(后来均被捕),其他社会党人投了弃权票。当时,与俄国社会中至少那些能言善辩的成员们所表达出来的对战争的热情相比,这些投票行动看起来不过是很小的姿态而已,而且左派中有些人已准备支持战争。流亡在伦敦的年迈的无政府主义派领导人彼得·克鲁泡特金亲王一直指望,俄国站在英国和法国一边参战将会对俄国产生自由开明的影响,他很快就敦促俄国人在与德国人作战时要"像野兽一样保卫他们自己",在他看来,德国人"像魔鬼般地战斗,肆意践踏人类的一切规则"。[48]

在欧洲主要的社会主义运动中,唯独意大利社会党可以声称他们恪守了自己的国际主义原则,尽管他们对意大利的中立宣言的欢迎热情未能持续多长时间,此后在1914年7月至1915年5月之间的几个月里,该党内部发生了新的分裂和分歧。意大利的左派早在利比亚战争期间就已经开展了关于战争、和平和爱国主义问题的初步辩论。结果是社会党里一些持改良主义观点的右派成员分裂出去,他们支持战争,因为在危急情况下他们坚信民族团结,同时他们也认为拥有一个非洲殖民地将会提高意大利工人阶级的生活水准。另一些人反对侵略利比亚,最致力于此的党员中的一位是党报编辑贝尼托·墨索里尼。他在意大利对土耳其宣战之前几个星期写的一篇文章已经清楚地表明了自己的立场:"如果祖国——早已过时的骗人虚构——将要求人民付出金钱和鲜血的新的牺牲,无产阶级……将用总罢工来回应。民族之间的战争将会变成阶级之间的战争。"[49] 不过,在1914年的危机期间,左派有效地动员组织了反战运动;革命社会党人在7月底通过的立场文件指出:"意大利的无产阶级决不能被迫为了她的盟国而拿起武器去镇压别国自由的人民。"[50] 然而,第二国际没有能力影响1914年的重大事件,并且德国和奥地利的社会民主党人对战争的支持在意大利坚持左派立场的人士中引起了很大的幻灭感。正如墨索里尼在1914年8月4日指出的那样:"社会主义国际已经死亡……但是它曾有过生气吗?这是一个追求的梦想,不是现实。它在布鲁塞尔有个办公室,一年用三种语言出版一两期使人麻木迟钝的机关刊物。如此而已。"[51] 这是墨索里尼从激进的社会主义向激进民族主义转变的开始。在几个月之内他就变成了最声嘶力竭的支持者之一,要求意大利站在英法一边参加一战。不过,精辟地概括了大多数意大利社会党领导人的消极态度的口号"既不支持,也不阻挠"很可能比那些干涉主义者喧嚣的叫嚷更加贴切地反映了很多意大利人的情绪。

与欧陆国家相比,在没有征兵制度的英国,战争动员的直接影响就不太广泛和引人注目,我们仍然缺乏对不同地方和不同阶级对宣战的不同反应的详细研究。但是反对战争的声音很快就变小了,贝尔福用这样的话驳斥8月3日在议会里批评政府的战争决策的少数激进分子:"今天晚上我们所听到的不过是这次辩论的渣滓糟粕而已。"[52] 对英国人情绪的报道五花八门：8月5日费边社成员贝阿特丽丝·韦布（Beatrice Webb）在伦敦写道："每个人的脸上都显出不自然的严肃神情。"[53] 在七月危机的最后几天里，英国的劳工运动企图显示自身致力于和平。独立工党的书记给该党在全国最大的50个支部发去电报，指示他们组织游行示威，实际上43场反战游行示威在各地举行。第二国际执行局的英国分局号召8月2日在伦敦特拉法尔加广场举行代表全国的反战抗议，约2万人参加了这次抗议游行，还通过了一项决议：

> 我们抗议我国政府采取的任何支持俄国的措施，不管是直接的，还是由于对法国的义务，这样的措施不仅完全违背我国的政治传统，而且会给欧洲带来灾难性后果。塞尔维亚的行动可能引发带有威胁的争斗，我们声明，对于这争斗我们没有任何直接的或者间接的兴趣，大不列颠政府应该严厉拒绝参战，但是应该把自己的努力局限于尽快地缔造和平。[54]

英国的其他人要么自己对战争热情向往，要么观察到别人对战争充满热情——一位激进的改良主义者志愿加入陆军参战后不久写道："也许我能活下去，思想发生变化；但是在目前我认为这场战争非打不可，我内心没有任何别的感想，只对诸神在我血气方刚之年送来战争感激不已。不管战争本身是什么状况，准备在战争期间战斗是世界上最伟大的竞技，最优秀的作品。"[55] 将因在战争期间始终致力于和平主义事业而著名的伯特兰·罗素后来回顾了1914年8月——也许是由于认识到在战争时期敢于反潮流需要

多大的勇气 —— 并且回忆道:"我整晚(8月3日)在街上徘徊,尤其是在特拉法尔加广场附近的街区,关注欢呼的人群,特别留心注意形形色色路人的情感。在这个晚上以及之后的几天时间里,我很惊讶地发现普通的男女们竟然对战争的前景感到兴奋。"[56] 但并不是每个人都使用那些诗人们的浮夸辞藻,后者声称"荣耀像一位国王一样回归人间",或写下这样的诗行:

> 生命是颜色、温暖和阳光
> 是永不停歇地追求这些;
> 拒绝打仗的懦夫等于死亡,
> 阵亡者的荣耀流芳百世。[57]

然而志愿参加陆军的人数非常多,而且并不局限于中产阶级和上层阶级,因为新兵中间包括很多煤矿工人和产业工人,数量大到足以引起对工厂和矿山人手短缺的担心。劳工组织和社会主义的和平运动面临着一场艰巨的战斗,他们要与根深蒂固的融合了社会达尔文主义观念、忠诚、英雄主义和自我牺牲观念的爱国主义和帝国主义思想作斗争。和平运动也缺乏他们的对手们所拥有的资源,后者借助这些资源得以宣扬其价值观,途径是

> 在儿童文学中推崇帝国主义的'历险'类故事,新创办的专供男孩和女孩们阅读的各种周刊,学校的教科书,突出军事性的青年运动,大量具有未来主义色彩的以'入侵恐慌'为题的小说和戏剧,新的耸人听闻的大众报刊,各类军事和帝国主

义的游说团体和联盟,军事庆典和街道展示,还有日常广告和公共纪念场所中无处不在的军事和帝国主义主题。[58]

尽管在所有欧洲国家里很多人肯定对战争感到疑虑和担心,但是有足够的普遍对战争抱有热情的证据(尤其是在各个社会内的能言善辩的成员中间)表明民众看待战争时的情绪经常是兴奋与宽慰。更加详细的研究也许会表明,对德国皇太子所称的"新鲜而快乐的战争"(frischfröhliche Krieg)的热情需要加以修正。(保守派的圈子里至少从19世纪50年代就开始使用这个说法了,也许是呼应了一首当时流行的狩猎歌:"冲出去,冲出去,参加快乐的追逐,身心焕然一新地冲向那新鲜的狩猎场。"[59]这个提法还表明了许多欧洲人仍然把战争当作一种体育竞技的程度)但是肯定的是,在1914年8月(此后有些人总是回顾这段时间,把它看成他们一生中最伟大的时刻)一个短暂的阶段里,战争在每一个国家使人们忘却了他们之间的相异之处,创造了一种民族团结的意识。因而在法国的村庄里天主教神甫破天荒地与小学教师互相交谈了,在柏林的帝国议会大厦里社会民主党的议员们出席了德皇举行的招待会。在英国,尽管乌尔斯特统一派成员不会与爱尔兰自治运动支持者同台出席爱国集会,但是看上去曾将导致内战的问题至少暂时被搁置起来了。

这种朴素的爱国主义和民族团结情感显示出社会党人和其他反战人士把国际主义情感的力量过高地估计到什么程度,同时又把欧洲各国政府能够煽动的民族主义本能情感低估到什么程度。这不仅仅是由于社会党人经常错把言语当成现实,或者号召举行总罢工的激进分子们并没有做任何实际的准备工作。当战争到来之际人们之所以普遍接受它，正是由于几十年来在全欧洲爱国主义已被灌输至国家生活的各个层次之中。这也是多年来使用新达尔文主义的为生存而斗争和适者生存的语言讨论国际关系的结果。而且这些年来通过暴力革命获得解放的思想已经广为传播，无论是个人解放，还是民族解放都需要暴力。这一现象并不局限于大人物和有权势者。没有这种思想，促成七月危机的年轻的塞尔维亚民族主义者就不会受到激励去暗杀那位奥地利的大公。许多理论家把达尔文主义的思想应用于民族性原则。罗马尼亚作家奥雷尔·波波维奇（Aurel Popovici）把民族主义看成"自然法"的胜利：每个民族按照自己的独特特性发展下去，这种斗争构成了 18 世纪下半叶兴起的自由平等思想的一个"更加高级的阶段"。他认为民族性取决于自我意识，即一种民族意识，这种意识———旦一个民族拥有了它———承现出一种有机生命体的特征，自然赋予了该生命体与生俱来的生存权利和发展自由。但是，如果它要成长和兴旺，它必须像任何其他生物一样具备成长繁荣的适当环境，即它需要生存空间。[60]

在 19 世纪的相当长的时间里，很多人认为自由主义和平价值观和所有问题都会有理性解决办法是理所当然的。1914 年的社会心态必须部分地被看作是对这种情况的普遍反叛的产物。深受鲁道夫·施泰纳（Rudolf Steiner）神智学影响的德国军队总参谋长小毛奇笃信，耶稣基督很快将在日耳曼人与斯拉夫人之间的决定性战争中第二次降临人间，这场战争的结局将决定世界历史的第二个阶段。[61]

正如赫伯特·斯宾塞所指出的那样，在 19 世纪中叶的自由主义者预见到的未来世界里，"进步……并不是偶然，而是必需……我们称之为邪恶和不道德的东西必然消亡；因而人类必然变得完善"。[62] 这种进步包括通过自由贸易消除民族障碍,通过理性谈判来解决国际争端,因为按照这种观点没有解决不了的问题。在国内政治方面,各种不同形式的自我管理将会扩大,因而每一个民族集团将最终实现自治,与此同时某种形式的民主政府将会成为全世界通常的宪制制度。但是甚至在第一次世界大战的严酷现实彻底粉碎19世纪自由主义的许多空想之前,那些空想就受到了来自很多方向的抨击。尤其在19世纪的最后20年里,一种新型的极端民族主义(经常但是并非总是与帝国主义扩张的新的广受欢迎相联系)在许多欧洲国家的政论家的著作和民族主义游说团体中表现了出来。这些团体中的某些,其成立的宗旨就是为了宣扬准备战争的具体措施,比如英国和德国的海军协会。它们中的一部分,但不是全部,具有反对民主的口吻,不管是由于总体的意识形态原因,还是由于它们深信议会制度造成的耽搁和妥协使国家效率低下。

更加泛泛地讲,这种新型民族主义被认为是个本能问题,而不是理性问题,基于人们与他们国家的土地之间的根本联系,以及,用法国有影响的民族主义作家莫里斯·巴雷斯(Maurice Barrès)的辞藻来说,与"土地和逝者"的联系。此类思想与关于必须保持民族血统纯洁的种族主义理论紧密相联,因而在许多作家看来,培养健康民族精神的思想与防止那些被认为是腐蚀性国际力量(当然尤其是犹太人)的污染的思想密不可分地交织在一起。多种思潮共同营造了使新型民族主义盛行的学理氛围,其中影响最大的思潮产生于对达尔文理论的误解。正如我们所看到的那样,这种思潮对帝国主义的意识形态有着深刻的影响。如果由不同国家组成的人类世界像自然界那样，万事万物都服从于生存斗争，那么为这种斗争做准备就是各国政府的首要义务。英国"帝国海洋协会"的创始人之一哈罗德·怀亚特（Harold Wyatt）巧妙地把海军主义、帝国主义和达尔文主义结合了起来：他争辩说战争是"上帝对一个民族的灵魂的考验"；历史上"更加优越和高贵的"民族在战争中总是赢得胜利，并且在"上帝的旨意的安排"中取代那些低劣的民族；如果各国停止利用别国的弱点，"生物学上的战争过程和人类的进化也将终结"。[63]

不仅仅是右派相信战争的必要性和可取性，认为战争是为了生存的国际斗争的存在形式。社会中大相径庭的圈子里的人都把战争看成理所当然的事。因而坚持理性和科学世界观、致力于激进政治的伟大的法国小说家爱弥尔·左拉（Emile Zola），德国知识分子、进步的"全国社会协会"（1903年与"自由思想者协会"合并）的创立者弗里德里希·瑙曼（Friedrich Naumann）和保守的奥地利军队总参谋长康拉德·冯·赫岑多夫将军得以发现彼此的观点在根本上一致。1891年左拉质疑和平对于文明的益处：

> 战争的终结会是人类的终结吗？战争就是生活本身。不经过战斗自然界中就一无所有，没有任何事物出生、成长或者繁衍。我们必须吃掉别的生物，被别的生物吃掉，这样世界才能生存下去。只有好战的民族得以兴旺发达：一个民族解除武装之日，就是它死亡之时。战争是灌输纪律性、牺牲精神和勇气的学校。[64]

瑙曼也对形形色色的和平主义的日益流行感到担忧，他在

1899年2月10日所做的题为"沙皇与世界和平"的演讲中认为，诚然国际仲裁、各种代表大会以及其他外交手段都是积极的步骤，但是它们不应该决定生死攸关的重大问题："在人类历史上……民族之间为了生存而进行斗争，在斗争中一些民族崛起了，而另外一些民族灭亡了。这个斗争可以通过理性、外交和节制得到缓和，但是它本身存在于自然界之中，因而它必然穿透阻碍直达表面。"[65]第一次世界大战的巨大灾难之后，康拉德毫无愧疚地写道：

> 博爱的宗教、道德劝诫和哲学教义肯定有些时候会弱化人类为了生存而斗争的最残暴的形式，但是这种斗争是世界上的一种推动力量，它们将永远不能把它消除掉……正是依据这个伟大的原则，由于蕴藏在各国和各民族生活中的推动力量，这场世界大战的巨大灾难不可避免地、不可抗拒地发生了，恰似蓄势待发的雷霆，就其本性而言它必须释放自身。[66]

确实人们普遍认为，战争不仅不可避免，而且是件好事：第一次世界大战之后法西斯分子在强调战争经历重要性的时候特别强调的纪律性和服从意识这些美德早在战争爆发之前就已经被大肆宣扬了。意大利的民族主义分子尤其不断地宣扬这样的情绪："尽管心胸狭窄的民主派人士呼喊反对战争，把战争说成是过时的野蛮行为，但是我们把它看成对日益虚弱者最强有力的激励，是获取权力和财富的快速和英勇的手段。一个民族不仅需要深厚的感情，而且需要另外一种美德，一种正在日益受到鄙视、不太被人理解的美德——服从。"[67]战争被视为将给个人和民族带来福祉的活动，意大利未来主义文学家和艺术家的领军人物菲利浦·托马索·马利奈蒂(F. T. Marinetti)用他那句臭名昭著的话总结了这种思想："战争是这世界保持清洁卫生的唯一道路。"在第一次海牙和平大会上著名的英国政论家锡德尼·劳(Sidney Low)发表了几乎同样的观点："一场正义而又必要的战争并不比一次外科手术更加残忍。给病人一些疼痛，使你自己的手指沾满鲜血，红得难看，总比让疾病在他身上蔓延直到他成了自己和世界都反感厌恶的累赘，在令人奄奄一息的剧痛中死亡要好。"[68] 甚至支持"和平"主张的那些人都没有放弃自卫的原则或者关于民族之间斗争的伪达尔文主义思想。在1899年海牙和平大会上提交的支持请愿书上约100万德国人签了名，在宣称支持国际仲裁和斡旋的同时，该请愿书也强调：

> 只要我们周围的世界刺刀林立，我们就不想让德国解除武装。我们不想弱化我们在世界上的地位，或者不去争取我们能够通过民族之间的和平竞争获取的任何好处。如果德国在任何时候在一场强加于我们的战争中被迫捍卫自己的民族独立，我们不想让德国的力量与其他国家相比受到哪怕一丝一毫的削弱。[69]

在法国，民族主义右派说出了同样的话。1912年，作家阿贝尔·博纳尔(Abel Bonnard)对于战争曾写道："我们必须拥抱战争的所有美好品质。当一个人全身心地投入战争的时候，他发现的不仅仅是他自己的本能，而是他的各种美德……正是在战争中万象更新。"[70]

当一战爆发的时候，英国的报纸、宣传鼓动者和宗教领袖们鼓励英国人把战争具体地归咎于两位德国作家的影响，一位是哲学家弗里德里希·尼采，另外一位是历史学家海因里希·冯·特赖奇克(有一本宣传小册子还特别热心地，其实有点误导地告诉其读者们，这两个名字的发音分别为"Neets-shay"和"Tritsh-kay")。[71] 尽管这主要是战争最初几个月里英国人歇斯底里的恐德症的结果，但是专门挑出特赖奇克和尼采这两个人来不无道理。包括小毛奇和提尔皮茨在内的德国统治阶级的成员们一再赞颂在他们年轻时特赖奇克在柏林大学的讲座对他们的深刻影响，尤其是这样的教训，即战争是"众多国家人民的裁决，通过这个裁决现存的力量均势将会得到普遍公认"。[72] 在特赖奇克的全部历史著作和晚年在1874—1895年在柏林对热情听众所作的关于政治的若干讲座中，他反复强调国家与个人不一样，要受其他标准的约束。其实特赖奇克著作中的很多主张类似于整个欧洲普遍接受的思想，而且不仅仅是德国人信仰"如果一个国家的国旗受到侮辱，国家有义务要求惩罚侮辱者，而且如果惩罚的要求没有得到满足，就立即宣布战争，不管起因看起来是多么微不足道，因为国家必须竭尽全力为自身维持它在国家体系中应该享受的尊重"。[73] 在这个国家制度中，对民族（物质和精神）价值观的捍卫至关重要，国家的首要义务就是组织起这防护："国家一宣布'你们的国家和你们国家的生存面临危机'，自私自利之心便消失了，政党之间的仇恨便沉寂泯灭了……这构成了战争的光辉，在国家的伟大理想之中微不足道的小事就完全忽略不计了。"[74]

特赖奇克心目中的普鲁士和德国因其军队而变得伟大，尽管法国人,或者英国人,或者犹太人,或者罗马天主教徒们都竭力阻止它强盛起来,但是它还是成功了。而且他反映了德国民族主义的某种多疑偏执的生性,这种秉性在1914年可以再次看出来,因为德国人越来越担心被邻国包围。这种观点的流传不局限于德国的众多大学,知识分子和社会精英,它也被作为教育制度的一部分传递给学校里读书的儿童。德国中小学的教科书和课程与军事训练中的"政治教育"都把德国描绘成一个自豪、有德行的国家,被嫉妒它成就的敌人包围着,一旦德国放松警惕,那些敌人就会攻打它。更加笼统地说,国际生活天生就充满敌对和暴力,所有争端将最终靠武力来解决。[75]

如果说,特赖奇克正在使用被普遍接受的民族国家概念和用来确保民族国家生存的战争的必要性,只是给这些观念提供了一个源自他的德国历史进程观念的具体参照系,那么尼采的思想要宽泛得多。包括《泰晤士报》编辑在内的英国人在1914年认为爆发这场战争尼采是有些责任的。这种看法或许典型地反映了英国这个民族不愿费心读他的著作。不过尼采确实是他那个时代影响最大的思想家,而且他的著作,尤其是《查拉图斯特拉如是说》,在除了英国以外的欧洲其他大多数国家里是畅销书。后来人们试图认定尼采不仅对第一次世界大战负有责任,而且对民族社会主义(纳粹)的肆虐也负有责任。即使这种做法基于对他传达出的复杂而又自相矛盾的信息的片面解读,但他的著作中确有很多思想在1914年这辈人中引起共鸣,而且对形成第一次世界大战在其中爆发的智识氛围起了推动作用。使尼采广受欢迎的不仅仅是对行动和暴力的呼唤,或者对强硬、无情和"权力意志"的必要性的呼唤,或者他那臭名昭著的"超人"和"金发野兽"的概念,甚或"战争和勇气比对你邻居的爱做出了更多伟大业绩"之类的信念,这种信念对那些费心阅读其著作的军国主义分子具有感召力,而且更加重要的是他对资产阶级社会如此之多的价值观的抨击,它的虚伪的道德观念、保守刻板、粗野庸俗。他把对当代生活的虚弱性的攻击与对征服权利(the right to conquer)的辩护结合了起来:

> 一个民族理应认为其对征服的需要,对权力的渴望不仅是正当的,而且是一种权利,无论是通过武器,贸易,商业,还是通过殖民——可以说是一种扩张的权利。一个在任何时候和本能地拒绝战争和征服的社会已经走向衰亡:它已经为民主和小店主政权准备了成熟条件。[76]

在一战爆发之前的20年里,尼采对整个欧洲的年轻人宣扬个人和政治解放的信条;对于他们中间的一些人来说,这意味着通过暴力获得解放,如暗杀弗朗茨·斐迪南大公的杀手们在萨格勒布的咖啡馆里互相引用尼采的话。在1914年,成千上万士兵的背囊里可以看到装着《查拉图斯特拉如是说》的流行版本,而且不仅仅在德国是这样,在俄国也是这样,正如《泰晤士报》的记者所报道的那样:"在现代俄国,几乎所有的贵族都深深地畅饮了尼采的井中之水。"[77] 虽然尼采关于个人解放的信条("成为你自己")并不必然意味着战争,但是他不断提到为了医治当代欧洲社会的疾病,必须使用残暴的猛药,在战争到来之际,他的这一信条在接受和欢迎战争的那些人心目中引起许多共鸣。

人们可以争辩说,鉴于我们一直在讨论的这些作家们的读者仅局限于受过教育的人,他们并没有庞大的大众读者群。这些思想中的某些,至少在教育程度较高的那些国家里,通过日益发展的大众报纸向普通民众渗透到何种程度? 即使把这个问题搁置一旁,对新的激进民族主义做出反应的人都是在1914年能够影响欧洲各国统治者决策的那些人。甚至在爱德华时代"自由主义"的英国,对战争和战略问题也有了新的关注。英军在布尔战争中的失败和欧洲不断加剧的紧张局势,使牛津大学在1909年设立了齐切里战争史教授职位。首位齐切里教授斯宾塞·威尔金森是德国著名军事理论家克劳塞维茨的由衷崇拜者,他的首次讲座主要是提炼这位德国思想家的思想精华;他把《战争论》规定为牛津大学主修军事历史的专业研究者的必读书。[78]

满怀豪情参加一战中那些最初战役的青年们,头脑中充斥着这样的观念:作为一种使人获得解放的经历,以及实现新的民族团结的手段,战争是可取的。比如,在法国有两个作家在1912年使用化名"阿加东"(Agathon)为巴黎一家报纸在该城的学生中间进行民意调查。尽管这绝不是一次公正无偏向的调查,鉴于这两位作家一心想抨击实证主义的拥护共和政体的学术机构,但是该调查中包含了揭示学生们心态的有趣证据,这些学生属于传统上与法国政治精英关系密切的院系。至少这几百位年轻男性(没有任何关于年轻女性观点的描述)比之前一代人更加好战,而且准备赞同这样的情感:"正是在军营里、在枪林弹雨之中,我们将经历法国力量至高无上的扩张,这力量一直潜藏在我们心中。"[79]这肯定是莫里斯·巴雷斯的思想对法律专业和巴黎自由政治学堂的学生影响程度的证据,尽管也有证据表明其他专业的学生并不认同这些观点,比如反对把服兵役的时间延长至三年的法律。不管怎么说,法国精英中这一特别的部分并没有获得什么发挥他们影响的机会,因为在"阿加东"调查之后不到两年时间,许多受访学生参军后已经在战场上阵亡。

在1914年之前,欧洲的新式民族主义的理论家和演说家们影响的人数肯定相对较少,尽管这些受影响者在政治和社会上是重要人物。这个情况表明我们必须从其他方面寻找1914年欧洲各国民众爱国本能的起源,正是这种爱国精神促使青年们经常热忱响应参军的号召。无论人们如何评价新型激进民族主义、种族主义和伪达尔文主义的作家和政论家们的影响,七月危机期间普通民众的反应源于他们在学校所学习的历史、孩提时代听大人所讲的本民族的各种往昔故事,以及对邻居和工友们的出于本能的忠诚和团结意识。每个国家都向儿童灌输爱国主义义务,以及本民族过去成就的辉煌,即使每届政府应该强调民族传统的哪个方面这个问题有时候会引起困难,尤其像在法国这样的国家里是这样,因为近现代法国已经经历多次政体更迭,至今人们记忆犹新。可是,从一本1912年修订的、被广为使用的法国中小学历史手册中摘录的一段话,与德国或者英国学校使用的类似教科书在情感上确实没有非常大的不同:"发生战争的可能性不大,但是可能发生。正是由于这个原因,法国要保持武装,并且随时准备进行自卫……保卫法国就是保卫我们出生的土地,世界上最美丽富饶的国家。"这种朴素的爱国自豪感伴随着这样一种意识,即每个国家都有值得为之战斗和保存的具体优点。同一个章节中继续说:"自从大革命以来法国一直向全世界传播公正和博爱思想。法国是最公正、最自由和最人道的祖国。"[80] 在这里,广为流传的关于爱国责任的理想与外交政策精英的理想结合了起来。法国在普法战争中失败之后,为了使其外交部现代化和专业化,采取了一系列改革措施,使外交部的人才选拔通过竞争性考试进行,而非社会关系,针对想进入外交职业的学生,它把法国历史和外交史的教学提高到前所未有的重要位置。到一战爆发之前的十年里,绝大多数巴黎的官员和常驻外国的外交官们经过了在专门的巴黎自由政治学堂的"政治科学"培训。这所学校在历史教学中向他们灌输了一种高度民族主义的解读。其结果是,一群官员敦促政客们"采取更加咄咄逼人的民族主义立场,尤其是在与德国打交道的时候"。[81]

在欧洲的每个国家里,儿童都被教育要对他们的历史传统感到自豪,要尊重被视为典型民族长处的特质。1901年普鲁士教育部强调了学习德语的重要性,这样"我们年轻一代人的心灵就会随着崇尚日耳曼民族特性和日耳曼思想的伟大而升华"。[82] 比如在1881年,法国第三共和国政府强调,教师们"最重要的一点是必须被告诫……他们的首要义务是要使(他们看管教育的孩子们)热爱和了解祖国"。[83] 在西欧和中欧描述某一独特的民族特征比较容易,人们可以争辩说语言和文化结合起来共同塑造国家。然而,像俄国,或者甚至英帝国这样的"多民族"帝国该怎么办呢?它们没有放弃关于民族的概念以及可用来实现爱国理想的"新的"现代国家,俄国人和英国人为"俄国性"和"英国性"想出了不同的含义。从19世纪80年代开始,沙皇政府着手实施了一项雄心勃勃的"俄罗斯化"政策,尤其在其西部边疆地区。罗曼诺夫王朝不是按照

"现代的"自由化的方式界定民族主义，而是强调该帝国独特的民族特征植根于其东正教、农业文化之中。因而为了保存其至关重要的特征，国家可以名正言顺地以威权方式行事：在波兰、芬兰和波罗的海地区的公办学校里只用俄语进行教学；宗教教育只能使用东正教的教义。俄国当局蓄意企图把贵族和天主教精英与信奉东正教的农民分裂开来；俄国在波兰负责行政管理的穆拉维耶夫认为，早先争取波兰精英的企图失败了：波兰的贵族和天主教教士过去是"而且将永远是我们的敌人"。[84] 尽管沙皇当局有些时候对泛斯拉夫主义者和其他极端民族主义分子的狂热精神感到惊恐，但是它被迫，作为教育和政治领域里现代化现象的一部分，给予旧专制体制的实质一种理想化的外表——而且这种做法几乎不可避免地导致沿西部边境地区推行东正教和斯拉夫"生活方式"。在1914年从这一创新倒退回去将会是极其危险的步骤，将会使他们丧失在巴尔干地区和国家杜马中不太可靠的支持。事实上泛斯拉夫主义思想是把俄国政体和社会凝聚在一起的关键因素之一。1914年掌权的这辈俄国人是在1877—1878年的俄土战争期间成年的一代人。他们中间的代表人物之一特鲁贝茨库伊亲王（Prince Trubetskoi）后来回忆道，当宣读《最高宣言》对奥斯曼帝国宣战的时候，"我经历了一生中最有意义的时刻之一，那时我13岁。但是此后，我一生中只有一次与那时一样浑身都感觉到俄国巨大的力量，那就是1914年欧洲大战开始的时候"。[85]

尽管在每个国家教育改良者或者社会党政治家试图反复灌输不同的价值观，但是1914年对战争的各种反应显示他们几乎没有取得多大成效，而且各国民众欢迎战争时所使用的爱国主义语言反映了对多年来耳濡目染的民族传统的情感。法国工会联盟总书记,与反军国主义运动联系密切的莱昂·儒奥(Léon Jouhaux)在发表于饶勒斯葬礼上的演说中不情愿地接受了"反击侵略者,捍卫历史遗留给我们的文明和高洁思想遗产"[86]的战争。也不应该低估反战人士所面临的种种实际困难。在奥地利,警察的骚扰渗透和对结社、集会和言论自由权利的严格限制对和平主义者的活动构成持续的阻挠,这些权利本是包含在1867年宪法之中的,该宪法被以一种极为严苛的方式对和平主义和反军国主义组织强制实施。公民不服从是危险的:拒服兵役将会锒铛入狱,甚至连批评兵役法都会招致麻烦。[87]

然而,在一战爆发之前的20年里,民族情绪和帝国主义情绪的加剧在很多情况下得到了若干游说施压团体或思想运动的帮助。这些团体和运动的宗旨就是促进具体的目标和广泛地鼓励爱国主义情绪。英国和德国在19世纪90年代成立的海军协会都旨在为海军培植政治支持和公众支持。1912年德国成立了"陆军协会",其宗旨是"敦促扩大陆军的规模"——这不仅说明了两个军种之间的竞争,而且提示了德国所面临的困境,它似乎正在准备两场战争,在欧洲大陆上与法国和俄国交战,同时在海洋上与英国交战。在法国有组织的游说施压团体就不太重要,部分地因为,正如我们所看到的那样,延长服兵役时间之类的问题在议会里是政治讨论的中心,而且政客们及其追随者直接关注它们。声称是纯正民族主义传统渊薮的右翼组织如"爱国者联盟"和保皇派组织"法国在行动"发现自己被别人占了上风了,因为越来越多的共和主义机构的成员们变成了爱国事业的政治发言人。一个激进的政客反对法国陆军更换栗色军装（在英国和德国陆军换成了卡其色和原野灰色军装之后），因为在他看来红色的军裤"具有某种民族特征"；[88] 前社会党人米勒兰担任陆军部部长的时候在外省省会城市推行了"回营礼"——傍晚时分军乐队举行分列式表演。"法国在行动"组织及其青年运动"兜售保王党报纸的报贩"（Camelots du Roi）能够在短时间内至少在巴黎动员起几百名年轻人进行爱国游行，但是促使军队改革和提高军事效率的主要压力来自军队内部和共和主义政党，而不是来自任何外部的游说施压团体。

此类游说施压团体的目的和手段必然随着每个国家政治机构的互异而不同。比如英国的海军协会主要关注维持海军的力量及其技术装备。因而其成员往往都是一些退役军官，新闻记者和对海军事务有些专门兴趣的专业人员，而且把协会本身看成一个积极活动者的团体，帮助海军部尽量把工作做好，而不是海军部政策的一个直接工具。它通过演讲和举办展览激发公众对海军的兴趣，但它是在一种延续了几个世纪的传统内行事，数百年来海军建设一直是受到公众追捧的事业；而在另外一方面，"德国海军协会"是支持一个总体上全新创建的军种，该军种不仅旨在为德国的外交政策服务，而且要为团结一个分裂的国家提供一种象征性号召力量。然而，这两个组织显示了，同更加传统的与崇拜陆军相关联的"军国主义"相比（在大众的心目中"军国主义"与保守主义和旧秩序联接在一起），一个新的"海军至上主义"如何能够对社会中更加广泛的阶层产生感召力。

在爱德华时代的英国，上述这些组织表达了新的民族情绪，结合了对英帝国成就的自豪感和对未来的忧虑。对布尔战争的报道在英国历史上是强度最大的,派到那里的战地记者的人数也是史无前例的:《每日电讯报》的贝内特·勃赖、《插图伦敦新闻报》的迈尔顿·普锐尔、《每日邮报》的 G. W. 史蒂文斯和《泰晤士报》的安格斯·汉密尔顿的报道不但记录了英国士兵在战斗中的英勇事迹,而且也记录了指挥官们所犯的错误和必要供给的种种不足。亚瑟·柯南·道尔 * 也承担了战地记者的工作,写了一部颇受欢迎的战争实录。温斯顿·丘吉尔受雇于《晨邮报》,除了每月 250 英镑薪酬之外,其他所有费用全由邮报支付(他认为这是英国有史以来给战地记者提供的最好的条件)。[89] 战争引起的公众注意导致了日益响亮的要求提高"国家效率"的集体呼声,而且要求对年轻人进行更好的训练,使他们能够胜任保卫帝国的任务。表达对英国战备状况感到担忧的形式之一是要求实行强制兵役的运动,尤其是罗伯茨勋爵领导的"全国兵役协会",英国的民众普遍认为正是这位勋爵指挥英国军队在南非的布尔战争中取得了最终胜利。这个大力宣扬的事业之所以失败,是因为执政的自由党人拒绝考虑强制征兵,但是在第一次世界大战打了差不多两年之后,他们终于在 1916 年很不情愿地接受了这种做法。其他通过为男孩们提供军事类训练来宣传强健体魄和鼓励爱国主义热情的运动,或者鼓励庆祝一年一度的"帝国日"的运动都是类似的自豪与忧虑交融的结果。取得最大实际成功的组织是"童子军",该组织由南非战争期间英军的英雄之一罗伯特·拜登-鲍威尔创办。

早些时候与某些教会有联系的运动如"童子旅"或者"教会童

---

* 即著名的福尔摩斯侦探小说的作者。

子旅"曾经试图解决为工业城市的男孩们提供体育和德育训练,以及有益休闲活动的问题。"童子军"活动之所以受到普遍欢迎,是因为其组织活动的方式独特,他们把民族和帝国的感召力与社会目的结合了起来,与此同时使儿童接触到户外活动的诱人之处和对大自然的研究,而且不强调其他某些青年运动所拥有的明显的军事纪律。不过最重要的是,拜登-鲍威尔把"童子军"运动看成使英帝国能够在达尔文式的斗争中生存下去的一种办法:"我们大家都必须是那个伟大事业——大英帝国——之墙中的砖头,而且我们必须小心,不能让我们在政治和其他问题上的分歧不断扩大到分裂我们的程度。如果我们要保持我们在世界民族之林的现有地位,我们就必须肩并肩地作为英国人团结在一起。"[90]虽然也许他的古代历史知识不太扎实,但是他借助爱国主义情怀和爱好体育竞技的天性发出呼吁:"不能像年轻的罗马人那样颜面扫地。他们懒懒散散,有气无力,没有爱国精神,丢掉了祖先打下的帝国江山。加油！加油！各就各位,恪尽职守！"[91]

由于英国没有征兵制度,这就使英国的青年运动带有欧洲大陆各国所没有的独特风貌,欧陆国家的强制兵役制度使几乎每个男性青年都有当兵的经历。德国的形势确实是互相抵触的两种倾向并存。一方面,很多学生渴望遵循旧统治阶级的军事价值观:他们加入了各种反动的学生联谊会,强调一种野蛮的民族主义和冷酷的坚强,具体体现在练习决斗,他们中间许多人选择了专门向大学生开放的12个月志愿兵役,而不需要服完整兵役,这样就增加了他们获得令人向往的预备役军官资格的机会。而在另外一方面,在第一次世界大战之前的10年里,新式的青年运动在中产阶级家庭的子女中日益盛行。他们的信条主要基于可最终追溯到尼采那里的种种思想,并且代表了一种对威廉时代资产阶级古板保守行为准则的反叛。他们强调自己扎根在祖国的土地里,扎根在德国的森林和高山里。他们宣扬一种新型的集体观念,本能、自发,不受当代德国社会的矫饰和习俗以及无趣的德国政治的约束。他们与德意志帝国那种盛气凌人而又正式的爱国主义划清界限。他们认为自己正在帮助形成一种新型的、民族的人民共同体意识:1913年他们邀请志同道合者参加青年节活动的邀请函声称:"那些如有必要随时准备为了他们的人民牺牲生命的志士仁人也想在日常生活的斗争与和平中把自己纯洁的鲜血奉献给祖国。"[92]对于德国人来说,1913年充满了互相矛盾的记忆,因为"青年节"是纪念德国人迸发反拿破仑爱国主义自由化情感的活动的一部分,而对于保守派来说,1913年则是德国武装力量胜利的一百周年*,因而这个百年纪念可以同时弘扬保守派和自由派的民族主义价值观。

"漫游鸟"**运动和其他青年运动强调他们反对传统的爱国主义。部分地由于这个原因,并且社会民主党也已经发起了自己的青年运动,德国当局越来越感到有必要向即将离开学校的男孩们

---

* 1813年普鲁士加入了俄国、奥地利等国组成的第六次反法同盟,在当年8月的德累斯顿战役和10月的莱比锡战役中大败拿破仑的军队,次年联军攻入法国并且占领巴黎,迫使拿破仑退位,将其流放到厄尔巴岛。

** "漫游鸟",译自德语 Wandervogel,该运动强调条顿民族的根源,提倡远足、漫游、历险、体育比赛、露营、回归自然、摆脱社会习俗束缚、争取自由,因此所用名称有意区别于根据季节变化而迁徙的候鸟(Zugvogel)。该运动发轫于1896年,第一个组织正式成立于1901年,1933年被纳粹政府取缔,第二次世界大战结束后恢复。

灌输这样一种价值观,它将防止他们受社会民主思想感染,并且鼓励积极的爱国主义情感和对军队的热情,因为几年之内他们将应征入伍。尽管政府部门之间存在竞争,宪法中强烈的联邦因素通常为创建一个全国性组织带来诸多困难,再加上现有的青年组织的反对,但是在20世纪初的几年里还是成立了很多志愿性质的青少年协会,其信念正如慕尼黑的此类团体之一所指出的那样:"对民族好战精神悄然而又谨慎的呼唤能够抵消日益成功的对'持久和平'的幻想。"[93] 在1910年,德皇发布诏书,拟成立"一种类似英国童子军的少年军(*Jugendwehr*)"[94]。俄国沙皇尼古拉二世也仿效这项政策,试图在俄国的学校里组建军事化的少年军团(*poteshnie*)。[95] 在德国,经过长时间的讨论在1911年成立了"德意志青年联盟"(*Jungdeutschlandbund*),旨在为众多民族主义青年协会提供某种中央组织机构。支持者似乎对此举的结果有些失望,而且社会民主党在1912年帝国议会选举中取得的胜利似乎强调了需要采取力度更大的行动来抵销社会主义的影响,以及培养爱国主义精神。与此同时,法国延长服兵役时间的立法使普鲁士的陆军部部长感到担心,并且使他深信只有"在年轻人中学毕业至参军这段时间内让他们做好服兵役的思想准备,尤其要在非常宽广的程度上影响他们",才能"增强军队的内在价值"。[96] 于是,就在战争爆发之前不久,政府正在准备一些措施以使某种训练变成强制性的——"体操、运动、比赛、远足和其他体能训练",同时还有提倡"敬畏上帝、故乡意识和热爱祖国"的教育。[97] 内部的敌人——社会民主党人——已经不可分割地与外部的敌人联系在一起了,并且"德意志青年联盟"这个组织将与内外敌人作战。

"德意志青年联盟"把对身体健康和爱国主义价值观的坚持(与英国童子军相同)与更加情绪化的情感结合了起来:"战争是多么壮美……我们必须以男子汉气概等待战争的到来,当它降临之际,与英烈们在教堂的战争纪念碑上永生要比在床上空洞而又默默无闻地死去更加壮美,更加神奇。"[98]尽管德国诸多青年运动彼此之间存在着种种分歧,但是他们典型的尼采式辞藻、对发泄和对新形式的行动的渴望使他们情绪偏激冲动,这与他们所批评的民族主义分子的态度并无非常大的不同。与那些同他们竞争的军国主义和爱国主义青年运动成员们一样,在"漫游鸟"们看来,1914年德国青年激动的心情,新的国家团结感的短暂高涨似乎是他们一直为之奋斗和等待的目标的充分体现。

在意大利,最终与其他各种要求意大利参加世界大战的观点合流的诸多民族主义运动,显示出与其他国家民族主义运动类似的特征,但是他们情绪化的辞藻更加刺耳,对战争使人高尚这一特质的信仰更加痴迷狂热。但是民族主义运动内部也有各种矛盾和紧张。"意大利民族主义协会"内部在突出要务问题上争吵激烈:比如,与意大利获取殖民地(有人认为这需要意大利的盟国德国和奥地利的支持)相比,只有以奥匈帝国的损失为代价才能赢得特伦托和的里雅斯特是否更加重要?再者,该协会原先的一些忠实成员很快发现自己无法接受日益占据主导地位的反民主、反议会的论调。因而该协会发生了分裂,一些成员希望随着普选权的实施,那些旧的政党可焕发青春活力,能够为民族利益效力。而另外一些成员则认为自由主义色彩的制度应该全部彻底废除,其他的一切都应该服从于彰显意大利民族的伟大。在某些人看来,意大利的民族主义与反民主的右翼相联系,而在其他一些人心目中,它代表了马志尼和意大利统一运动真正的自由传统。马志尼曾经说过,只有在世界上完成了一项伟大使命的民族才是真正伟大的民族。到了1914年,意大利人普遍觉得该国应该履行一项伟大的使命,尽管事实上对这项使命究竟应该是什么众说纷纭,观点大相径庭。在需要使意大利更加现代化、效率更高的看法上有些一致,可是在其他方面意见分歧很深。比如未来主义领导人菲利浦·托马索·马利奈蒂(F. T. Marinetti)这类人认为,"意大利"这个词的地位应该超越"自由"。另外一些人则把站到以法国和英国为代表的自由民主一边参加世界大战看成意大利统一复兴事业所形成的传统的必然结果。[99] 这些(主要是中产阶级的)运动的共同之处是在表达自己信仰的时候随时使用极端的语言,至少与欧洲其他国家同人们的语言一样极端、一样暴力。这种毫无节制、无所顾忌的辞藻在一定程度上帮助制造了意大利政府在其中做出参战决策的气氛,而且确实促使法西斯主义在战后崛起,并且很多意大利人觉得他们被不公正地阻止实现自己的民族主义梦想。

谈论战争的人士中间很少人心目中对战争将会是什么样子有幅非常清晰的图像。而且几乎没有人确实预见到任何像战争实况那样的可怕情景。赞扬战争有益影响的那些人中间的一部分人,包括马利奈蒂,在第一次巴尔干战争中赶到亚得里亚堡围城战的战场去领略了现代战争枪林弹雨和炸弹爆炸的滋味,一些专家们则在那里观察了火炮的威力,尽管并不是所有的人都从自己的所见所闻中吸取了正确的教训。但就最近发生的几场相互差别很大的战争——在南非的战争,日俄战争和两次巴尔干战争而论,大多数公众心目中的战争情形并非一致。人们对英国的殖民战争和1870年的普法战争还记忆犹新,但是在广为阅读的阿尔弗雷德·马汉论述海洋霸权的著作的激励之下,这些记忆在英国和德国都被两国海军庞大舰队之间展开决战的情景修改了。在英国反复出现对"晴天霹雳"的恐慌,生怕德国舰队作为侵犯英国的前奏对英国海岸发动突然袭击。英国第一海务大臣海军上将约翰·费舍尔爵士气势汹汹而又轻率鲁莽的语言在德国帮助加剧了对英国可能突然袭击德国海军基地的恐惧——这种恐惧在1907年足以使基尔的家长们两天不送孩子们上学,因为"费舍尔来了"。[100]

正如在军备竞赛日益加剧,国际形势持续紧张的时代总是如此,这些恐惧引发了关于战争的一系列虚构和猜想式作品的创作。许多历史学家沿着伊格奈修斯·弗雷德里克·克拉克学术研究的方向强调了关于侵略和战争的小说的流行,并且提醒读者注意一个全新的描写未来战争奇特情景的科幻小说流派。[101] 但是至少从19世纪90年代开始,描写在貌似真实的政治背景中爆发的战争的小说反映了当时公众的某些忧虑和期待。1904年英国翻译出版了奥古斯特·尼曼的小说《世界大战:德国的梦想》,并且把书名改换成《即将对英国的征服》。小说描写了欧洲大陆组成反英联盟的可怕情景,德国军队在苏格兰登陆,俄国军队在英格兰登陆。英国读者对小说的描写感到震惊。在此后的几年时间里英国和法国的小说家们专门集中描写德国的威胁，放弃了19世纪80年代和90年代里吸引英吉利海峡两岸作家的英法战争的主题。法国作家"丹瑞特上尉"*（他在早期小说中不加区分地描写法国与英德交战的故事）到了1905年开始吸引读者对远东和"黄祸"（这也是威廉二世不能释怀的强迫性臆想之一）的注意，然后专门描写即将来临的与德国的战争。在英国，拙劣但受大众欢迎的小说家威廉·勒·奎**在1894年发表了描写法俄联合入侵英国的《1897年在英格兰的伟大战争》，从此开始了他兜售战争恐慌的成功生涯。后来在1899年他出版了描写法国在伦敦的间谍活动的《英格兰之危》。在1906年他最著名的描写德国侵略英国的小说《1910年入侵》（陆军元帅罗伯茨伯爵还为该书写了一封推荐信）出版发行。这本小说反映了英国民众对德国日益加剧的恐惧。它以翔实的具体地点描述了德国成功入侵英国的经过。英军未能抵抗德军的根本原因在于忽视长期军事训练。故事的叙述吓坏了读者。上述这些国家的小说不仅为英国、法国和德国的读者提供了反映他们忧虑的一面镜子，而且也让读者们确信自己一方将取得最终胜利。用伊·弗·克拉克的话来说："在19世纪最后的20年时间里，史诗已经脱离了传奇式的过去；它变成了一种流行而又可以预期的神话，这种神话被投射到最近看似可变为现实的未来。"[102]

---

* "丹瑞特上尉"（Capitaine Danrit），埃米尔·德里昂（Émile Driant，1855—1916）的笔名，曾任法军军官，退役后从政，当选为议员，发表过20多本战争小说。第一次世界大战爆发后应召回到军队，晋升为中校，指挥预备役部队的一个营，在凡尔登战役中阵亡，被视为民族英雄。

** 威廉·勒·奎（William Le Queux，1864—1927），法裔英国通俗小说家，一生写了150多部描写国际博弈、间谍活动和欧洲列强侵略英国的小说。

侵略题材小说的传播伴随着间谍故事的扩散。这两种题材的小说都反映和助长了现实生活中对间谍的偏执恐惧。1907年5月,《环球报》刊登的一封读者来信充分说明了这种现象:来信作者坚持认为,居住在伦敦的德国人"已经通过在英国某家报纸上刊登的看上去无害的一段话或者一则广告中的隐藏通知接到秘密指令,至固定的地点碰头……然后(他们将)执行德军总参谋部制订的占领计划"。在同一个星期里,"志愿炮兵部队"的一位中尉解释道:"在宣战的时候,或者早在宣战之前,每条铁路干线将被切断;每条重要的电报线路也将被切断;我们要塞里的每门大炮将被破坏,每座炸药工厂将被炸得火光冲天。"[103] 在《1910年入侵》中,德国的行动是由一支间谍大军准备的。在《德国皇帝的间谍》(1910)中,勒·奎宣扬了几乎每个外国人都是间谍的观点,这种看法甚至被英国军事当局接受了。[104] 在法国,"法国在行动"组织的莱昂·都德(Léon Daudet)在1913年出版的一本书中竭力谴责在法国活动的一个神秘的德国犹太人间谍网。这本书在第一次世界大战爆发之际已经销售了11500册。这也许大力促成了1914年8月初间谍疑心症的急剧爆发,当时很多法国人认定那些著名的脱水浓缩汤料块的广告牌上都藏有为德国人提供的秘密指示暗号。[105] 英国人也是疑心重重。战争爆发后的日子里,在英国人的眼中每个德国人都是间谍;很多无辜的服务员和理发师都遭到警惕的公民的告发,而且舆论敦促推行把德国人统统关押起来的政策,英国政府承受着巨大的压力。

到了1914年,战争的概念,虽然不是战争现实,已经为人们熟悉。自1905年以来的每一次国际危机似乎都使人们进一步靠近战争,尽管每一次都避免了战争,因而总是有一些认为战争永远会避免的乐观主义者。比如,让·饶勒斯甚至在1914年7月30日还说:"这将会像阿加迪尔一样。形势将会有波折起伏,但事情并非不可收拾。"[106] 可是许多人并不认为战争是完全不可取的经历:一些人把它看成解决社会和政治问题的一条途径,使国家健全的一次必要外科手术;其他一些人则把战争视为一个逃避日常生活周而复始的常规和枯燥乏味的机会,一次伟大的历险,或者一种体育挑战。少数人把战争看成发动革命的机会,用列宁后来的话说,一个"伟大的加速器"。根据关于维克托·阿德勒1914年7月29日在第二国际执行局布鲁塞尔会议上讲话的一份报道,这位奥地利社会党的领导人遗憾地说道:"在民族主义的斗争中战争似乎是一种解脱,一个不同事物将要出现的希望。"[107] 确实奥匈帝国的领导人们抱有这种模棱两可的希望,因为在他们看来,如果奥匈帝国要生存下去,与塞尔维亚的战争必不可少;而塞尔维亚的民族主义者也抱有这种希望,因为他们认为,正如一个美国外交观察家所指出的那样,"冒险打一场孤注一掷的战争总比被不幸的处境扼杀,使他们慢慢死亡要更加令人宽慰一些"。[108]

对于许多南部斯拉夫人(包括暗杀弗朗茨·斐迪南大公的小团体)来说,民族事业超越一切关于谨慎的考虑和功利方面的盘算,但是这种要求苛刻、不择手段的民族主义并不局限于追求独立和统一的弱小民族。到了19世纪末,这些思想已经与以下这种信念联系了起来,即国家是一个有生命的有机体,它远非其公民的总和——其公民只能在其内部彻底实现自我,因而国家有至高无上的权利要求其公民的忠诚与服从。尽管自由主义思想者继续坚持在某些情况下个人有权抵制国家,而且在战时的英国因良知而拒服兵役的权利成了一个重要问题,而且尽管社会主义者宣扬工人阶级的国际团结将取代民族忠诚,但是各国民众在1914年对世界大战爆发的态度显示民族国家的要求和它灌输的价值观对于大多数人来说要比其他忠诚强大得多。

决定参战的那些政治领导人心目中最重要的事就是维护被认为至关重要的民族利益。这些民族利益部分地是从传统的领土或者战略角度来界定的——法国要收复阿尔萨斯和洛林,俄国要确保君士坦丁堡和两条海峡的安全,英国关切的是比利时的海岸不能被敌对强国占领——但是也从更为总体的角度来界定,这意味着一整套世界观(Weltanschauung),对事物的性质和对世界历史进程的看法。这包括关于维持或者改变力量均势的必要性的思想,关于国际生存斗争和战争不可避免的思想,以及关于作为取得胜利的必要条件的帝国应发挥何种作用的思想。一旦做出参战的决策,所有的政府要能够打赢战争,因为它们的臣民接受了战争的必要性。对于大多数人来说,如果大敌来犯,他们要保住自己的国家和家园,战争似乎是,或者被说成了不可避免的头等大事。他们并不质疑世代被灌输的自己民族的荣耀和优良品质。

1914年的社会心态只能大概地和印象式地加以估量。我们越详细地研究它,就越会发现每个国家的情况各不相同,或者说同一国家里各阶级之间也大相径庭。然而,在每一个阶层中,都有冒战争风险的意愿,或者愿意接受战争作为解决一系列政治、社会和国际问题的出路,更不用说将战争显然当作抵御直接有形威胁的唯一办法。正是这些态度使战争成为可能,并且对第一次世界大战起因的解释最终将仍然存在于对欧洲统治者及其臣民心态的考察之中。

参考书目

1 Jean-Jacques Becker, *1914: Comment les Français sont entrés dans la guerre*, Paris: 1977 年。英译版 *The Great War and the French People*, Leamington Spa: 1985 年。
2 引自 John C. G. Röhl, *The Kaiser and His Court: Wilhelm II and the Government of Germany*, Cambridge: 1994 年,第 169 页。
3 G. P. Gooch 和 Harold Temperley 主编, *British Documents on the Origins of the War 1898—1914*, 第 10 卷, 伦敦: 1932 年, 第 2 部分, 第 510 号, 第 746 页。(本书此后简称 *BD*。)
4 Winston Churchill, *The World Crisis*, London: 1964 年, 平装单卷本, 第 113—114 页。
5 Jean-Jacques Becker, *1914* 第 133 页。
6 John F. V. Keiger, *Raymond Poincaré*, Cambridge: 1997 年, 第 163—164 页。
7 Dieter Groh, *Negative Integration und revolutionärer Attentismus: die deutsche Sozialdemokratie am Vorabend des Ersten Weltkrieges*, Frankfurt am Main: 1973 年, 第 611 页。
8 引自 Jean-Jacques Becker, *1914*, 第 127 页。
9 J. Deutsch, *Der Kampf*, 1914 年 12 月, 引自 N. Leser, *Zwischen Reformismus und Bolschewismus*, Vienna: 1968 年, 第 265 页。也参见 S. Müller, *Burgfrieden und Klassenkampf*, Düsseldorf: 1974 年, 第 36 页。
10 Jeremy Bentham, *Plan for a Universal and Perpetual Peace* (1786—1789, 其过世后于 1843 年出版), 引自 F. H. Hinsley, *Power and the Pursuit of Peace*, 平装本, Cambridge: 1967 年, 第 302 页。
11 1907 年在第二国际斯图加特代表大会上通过的决议, 引自 J. Joll, *The Second International 1889—1914*, 第 2 版, London: 1974 年, 第 206—208 页。
12 Sandi E. Cooper, "Pacifism in France, 1889—1914: International Peace as a Human Right", *French Historical Studies*, 第 17 期(1991 年), 第 364 页。

13 引自 Roger Chickering, *Imperial Germany and a World without War: the Peace Movement and German Society 1892—1914*, Princeton, NJ: 1975 年, 第 91 页。

14 Solomon Wank, "The Austrian Peace Movement and the Hubsburg Ruling Elite, 1906—1914", 载于 Charles Chatfield 和 Peter van den Dungen 主编, *Peace Movements and Political Cultures*, Knoxville, Tenn.: 1988 年, 第 53 页。

15 引自 Robert D. Warth, *Nicholas II: the Life and Reign of Russia's Last Monarch*, Westport, Conn.: 1997 年, 第 179 页。

16 *Die Grosse Politik der Europäischen Kabinette*, 第 15 卷, Berlin: 1924 年, 第 4257 号, 第 306 页。(本书此后简写为 GP) 关于海牙会议, 参见 Jost Dülffer, *Regeln gegen den Krieg? Die Haager Friedenskonferenzen von 1899 und 1907 in der internationalen Politik*, Frankfurt am Main: 1981 年。

17 *GP*, 第 15 卷, 第 4320 号, 第 306 页。

18 Jost Dülffer, "Citizens and Diplomats: the Debate on the First Hague Conference(1899)in Germany", 载于 Charles Chatfield 和 Peter van den Dungen 主编, *Peace Movements and Political Cultures*, 第 23 页。

19 *BD*, 第 1 卷, 第 276 号, 第 226 页。

20 *BD*, 第 8 卷, 第 256 号, 第 295 页。

21 *BD*, 第 8 卷, 第 254 号, 第 287 页。

22 *GP*, 第 23 卷, 第 7963 号, 第 275 页。

23 Paul Crook, *Darwinism, War and History: the Debate over the Biology of War from the "Origin of Species" to the First World War*, Cambridge: 1994 年, 第 106—124 页。

24 *Nach Ausbruch des Europäischen Krieges*, 1914 年 8 月, 引自 Roger Chickering, *Imperial Germany and a World without War*, 第 322 页。

25 L. T. Hobhouse 致 John Burns 的信, 1914 年 8 月 6 日, 引自 Keith Robbins, *The Abolition of War: The "Peace Movement" in Britain 1914—1919*, Cardiff: 1976 年, 第 39 页。

26 David Wartenweiler, *Civil Society and Academic Debate in Russia, 1905—1914*, Oxford: 1999 年, 第 216 页。

27 Karl Marx, "The War", *New York Daily Tribune*, 1853 年 11 月 15 日,

载于 Eleanor Marx 主编,*The Eastern Question*,London:1897 年,第 151 页。
28 引自 E. Molnar,*La Politique d'Alliances du Marxisme 1848—1889*,Budapest:1967 年,第 152 页。
29 引自 Gustav Maier,*Friedrich Engels*,The Hague:1934 年,第 2 卷,第 186 页。
30 引自 Gustav Maier,*Friedrich Engels*,第 2 卷,第 187 页。
31 弗·恩格斯,为 S. Borkheim 的 *Zur Erinnerung für die deutschen Mordspatrioten 1806—1812*(1887)撰写的序言,引自 Karl Kautsky,*Sozialisten und Krieg*,Prague:1937 年,第 250—251 页。
32 引自 V. I. Lenin,*The War and the Second International*,London:1936 年,第 57 页。欲了解对这些问题的进一步讨论,参见 James Joll,"Socialism between Peace, War and Revolution",载于 S. Bertelli 主编,*Per Federico Chabod* (*1901—1960*),第 2 卷,*Equilibrio ed Espansione Coloniale 1870—1914*,Perugia:1982 年。
33 引自 Erich Eyck,*Das persönliche Regiment Wilhelms II*,Zurich:1948 年,第 62 页。
34 引自 Karl Kautsky,*Sozialisten und Krieg*,第 274 页。
35 参见 Jean-Jacques Becker,*Le Carnet B*,London:1973 年。
36 参见,比如,Jean-Jacques Becker,*1914*,第 106—117 页;Jean-Jacques Becker and Annie Kriegel,*1914: la guerre et le mouvement ouvrier français*,Paris:1964 年;Georges Haupt,*Socialism and the Great War: the Collapse of the Second International*,Oxford:1972 年,第 171—180 页;Annie Kriegel,*Le Pain et les Roses*,Paris:1968 年,第 107—124 页。
37 引自 Annie Kriegel,"Jaurès en 1914",载于 *Le Pain et les Roses*,第 115 页。
38 引自 Gustav Maier,*Friedrich Engels*,第 2 卷,第 519 页。
39 倍倍尔在 1891 年德国社会民主党代表大会上的讲话,*Protokoll über die Verhandlungen des Parteitages der Sozialdemokratischen Partei Deutschlands*,Berlin:1891 年,第 285 页。
40 Nicholas Stargardt,*The German Idea of Militarism: Radical and Socialist Critics, 1866—1914*,Cambridge:1994 年,第 155 页。
41 参见 R. J. Crampton,"August Bebel and the British Foreign Office",载于 *History*,第 58 期,1973 年 6 月,及 Helmut Bley,*Bebel und die*

Strategie der Kriegsverhütung 1904—1913, Göttingen:1975 年。

42　Solomon Wank,"The Austrian Peace Movement and the Habsburg Ruling Elite,1906—1904",载于 Charles Chatfield 和 Peter van den Dungen 主编,*Peace Movements and Political Cultures*,第 45 页。

43　参见 Jean-Jacques Becker,*1914*,第 286—291 页的图表。

44　Jeffrey Verhey,*The Spirit of 1914:Militarism,Myth,and Mobilization in Germany*,Cambridge:2000 年,尤其是第 28—31,52—57,136—142 页。

45　*Vossische Zeitung*,1916 年 5 月 5 日,引自 Edwyn Bevan,*German Social Democracy during the War*,London:1918 年,第 15 页。也参见 J. Joll,*The Second International 1889—1914*,第 2 版,London:1974 年,第 179 页。

46　BD,第 11 卷,第 676 号,第 356 页。

47　引自 Georges Haupt,*Socialism and the Great War:the Collapse of the Second International*,Oxford:1972 年,第 251—252 页;

48　引自 George Woodcock 和 Ivan Avakumovic,*The Anarchist Prince*,London:1950 年,第 379 页。

49　R. de Felice,*Mussolini il Rivoluzionario*,Turin:1965 年,第 104 页。

50　William Renzi, *In the Shadow of the Sword:Italy's Neutrality and Entrance into the Great War*,1914—1915,New York:1987 年,第 74 页。

51　G. Bozzetti,*Mussolini direttore dell' Avanti!*,Milan:1979 年,第 189 页。

52　Hansard,第 5 系列,第 65 卷,第 1881 集。

53　Margaret I. Cole 主编,*Beatrice Webb's Diaries 1912—1924*,London:1952 年,第 26 页。

54　Paul Ward,*Red Flag and Union Jack:Englishness,Patriotism and the British Left,1881—1924*,Woodbridge:1998 年,第 120 页。

55　"In Kitchener's Army",载于 *New Statesman*,1914 年 12 月 5 日;F. H. Keeling,*Keeling Letters and Reminiscences*,London:1918 年,第 209 页,参见 Arthur Marwick,*The Deluge*,London:1965 年,第 35—36 页。

56　*The Autobiography of Bertrand Russell 1914—1944*,London:1968 年,第 16 页。

57　Rupert Brooke,"The Dead",载于 *1914 and other Poems*,London:1915 年,第 13 页;Julian Grenfell,"Into Battle",载于 Nicholas Mosley,*Julian Grenfell:His Life and the Times of his Death*,London:1976 年,第 256 页。

58 Douglas J. Newton, *British Labour, European Socialism and the Struggle for Peace 1889—1914*, Oxford:1985 年,第 340 页。
59 保守派历史学家海因里希·莱奥于 1853 年使用了"新鲜而快乐的战争"这个说法,所以该词很可能已经为人们所熟知几十年时间了。参见 Christoph Freiherr von Maltzan, *Heinrich Leo*, Göttingen:1979 年,第 213 页。詹姆斯·乔尔对达克尔勋爵(Lord Dacre)和丹尼尔·约翰逊(Daniel Johnson)先生提供这个参考表示感谢。呼应了民间歌曲的想法是 Maurice Pearton 提出的, *The Knowledgeable State : Diplomacy, War and Technology since 1830*, London:1982 年,第 32 页。
60 Keith Hitchins, *A Nation Affirmed : the Romanian National Movement in Transylvania, 1860—1914*, Bucharest:1999 年,第 348—349 页。
61 Arden Bucholz, *Moltke, Schlieffen, and Prussian War Planning*, New York and Oxford:1991 年,第 220 页。
62 Herbert Spencer, *Social Statics*, London:1868 年,第 80 页。
63 Paul Crook, *Darwinism, War and History : the Debate over the Biology of War from the "Origin of Species" to the First World War*, Cambridge:1994 年,第 80 页。
64 Le Figaro,1891 年 9 月 1 日,由 Claude Digeon 所引用,见于 *La Crise allemande de la Pensée française*, Paris:1959 年,第 278 页。
65 引自 Jost Dülffer, "Citizens and Diplomats: the Debate on the First Hague Conference(1899) in Germany",载于 Charles Chatfield 和 Peter van den Dungen 主编, *Peace Movements and Political Cultures*,第 26 页。
66 Franz Baron Conrad von Hötzendorf, *Aus meiner Dienstzeit*,第 4 卷, Vienna:1923 年,第 128—129 页。
67 G. Papini 和 G. Prezzolini, *Vecchio e nuovo Nazionalismo*,引自 Mario Isnenghi, *Il Mito della Grande Guerra da Marinetti a Malaparte*, Bari:1970 年,第 77 页。
68 引自 W. L. Langer, *The Diplomacy of Imperialism*, New York:1951 年,第 90 页。
69 引自 Jost Dülffer, "Citizens and Diplomats: the Debate on the First Hague Conference(1899) in Germany",载于 Charles Chatfield 和 Peter van den Dungen 主编, *Peace Movements and Political Cultures*,第 31 页。

70 *La Figaro*,1912 年 10 月 29 日,引自 Jean-Jacques Becker,*1914*,第 40 页。
71 Canon E. McLure,*Germany's War-Inspirers Nietzsche and Treitschke*, London:1914 年,第 5 页。欲了解对这个话题的进一步讨论,参见 James Joll, "The English, Friedrich Nietzsche and the First World War",载于 Imanuel Geiss 和 Bernd Jürgen Wendt 主编,*Deutschland in der Weltpolitik des 19. und 20. Jahrhunderts*,Düsseldorf:1973 年。
72 引自 Peter Winzen, "Treitschke's Influence on the Rise of Anti-British and Imperialist Nationalism in Germany",载于 Paul Kennedy 和 Anthony Nicholls 主编,*Nationalist and Racialist Movements in Britain and Germany before 1914*,London:1981 年,第 164 页。
73 Heinrich von Treitschke,*Politik : Vorlesungen von Heinrich von Treitschke*,Max Cornicelius 主编,Leipzig:1899—1900 年,第 2 卷,第 550 页。英语译文载于 H. W. C. Davis,*The Political Thought of Heinrich von Treitschke*,London:1914 年,第 177 页。
74 Heinrich von Treitschke,*Politik*,第 1 卷,第 74 页。Davis,*The Political Thought of Heinrich von Treitschke*,第 152 页。
75 Roger Chickering, "War, Peace, and Social Mobilization in Imperial Germany:Patriotic Societies, the Peace Movement, and Socialist Labor",载于 Charles Chatfield 和 Peter van den Dungen 主编,*Peace Movements and Political Cultures*,第 5—6 页。
76 引自 Robert C. Holub, "Nietzsche's Colonialist Imagination: Nueva Germania, Good Europeanism, and Great Politics",载于 Sara Friedrichsmeyer, Sara Lennox 和 Susanne Zantop 主编,*The Imperialist Imagination : German Colonialism and its Legacy*,Ann Arbor,Mich. :1998 年,第 43 页。
77 *The Times*,1914 年 10 月 31 日。
78 Christopher Bassford,*Clausewitz in English : the Reception of Clausewitz in Britain and America 1815—1945*,Oxford:1994 年,第 85 页。
79 "Agathon"(Henri Massis 和 Alfred de Tarde),*Les Jeunes Gens d'Aujourd'hui*,Paris:1913 年,第 32—33 页。参见 Robert Wohl,*The Generation of 1914*,Cambridge,Mass. :1979 年,第 1 章。
80 E. Lavisse,*Manuel d'Histoire de France*(1912 年的小学中级班适用),引自 Pierre Nora, "Ernest Lavisse:son rôle dans la formation du senti-

ment national", *Revue Historique*,第 228 期(1962 年),第 104 页。

81　John Keiger,"Patriotism, Politics and Policy in the Foreign Ministry 1880—1914",载于 Robert Tombs 主编,*Nationhood and Nationalism in France: from Boulangism to the Great War 1889—1918*, London: 1991 年,第 255 页。

82　R. H. Samuel 和 R. Hinton Thomas,*Education and Society in Modern Germany*,London:1949 年,第 71 页。

83　引自 Eugen Weber *Peasants into Frenchmen: the Modernization of Rural France 1870—1914*,London:1977 年,第 334—335 页。

84　Theodore R. Weeks, *Nation and State in Late Imperial Russia: Nationalism and Russification on the Western Frontier, 1863—1914*, De Kalb, Ill.:1996 年,第 98 页。

85　引自 D. M. McDonald, *United Government and Foreign Policy in Russia 1900—1914*, Cambridge, Mass.:1922 年,第 122 页。

86　引自 Jean-Jacques Becker 和 Annie Kriegel, *1914*,第 138,141 页。

87　Solomon Wank,"The Austrian Peace Movement and Habsburg Ruling Elite, 1906—1914",载于 Charles Chatfield 和 Peter van den Dungen 主编, *Peace Movements and Political Cultures*,第 42 页。

88　Douglas Porch, *The March to the Marne: The French Army 1871—1914*, Cambridge:1981 年,第 184 页。也参见 David B. Ralston, *The Army of the Republic*, Cambridge, Mass:1967 年,第 324 页。

89　Edward M. Spiers, *The Late Victorian Army, 1868—1902*, Manchester: 1992 年,第 307 页。

90　Robert Baden-Powell, *Scouting for Boys*, London:1908 年,第 282 页。参见 John Springhall, *Youth, Empire and Society: British Youth Movements 1883—1940*, London:1977 年,第 15—16 页。

91　Robert Baden-Powell, *Scouting for Boys*,第 267 页。

92　Freideutsche Jugend, *Festschrift zur Jahrhundertfeier auf dem Hohen Meissner*, Jena:1913 年,第 4—5 页,引自 Gerhard A. Ritter 主编, *Historisches Lesebuch 2*, 1871—1914, Frankfurt am Main:1967 年,第 363 页。

关于德国的青年运动，参见 Walter Laqueur, *Young Germany : A History of the German Youth Movements*, London：1962 年。

93　Klaus Saul, "Der Kampf um die Jugend zwischen Volksschule und Kaserne: ein Beitrag zur 'Jugendpflege' im Wilhelminischen Reich 1890—1914", *Militärgeschichtliche Mitteilungen*, 第 1 期（1971 年），第 116—117 页。

94　Klaus Saul, "Der Kampf um die Jugend zwischen Volksschule und Kaserne: ein Beitrag zur 'Jugendpflege' im Wilhelminischen Reich 1890—1914", 第 118 页。

95　Dominic Lieven, *Nicholas II : Twilight of the Empire*, New York：1993 年，第 174 页。

96　Klaus Saul, "Der Kampf um die Jugend zwischen Volksschule und Kaserne: ein Beitrag zur 'Jugendpflege' im Wilhelminischen Reich 1890—1914", 第 137 页。

97　同上，第 125 页。

98　引自 Martin Kitchen, *The German Officer Corps 1890—1914*, Oxford：1968 年，第 141 页。

99　欲了解菲利浦·托马索·马利奈蒂与意大利民族主义运动之间的关系，参见 James Joll, "F. T. Marinetti: Futurism and Fascism", 载于 *Three Intellectuals in Politics*, New York：1960 年，第 133—178 页。欲了解意大利民族主义中的各种倾向，参见 Rudolf Lill 和 Franco Valsecchi 主编，*Il nazionalismo in Italia e in Germania fino alle Prima Guerra Mondiale*, Bologna：1983 年。

100　A. J. Marder, *From the Dreadnought to Scapa Flow*, 第 1 卷, *The Road to War 1904—1914*, London：1961 年，第 114 页。

101　I. F. Clarke, *Voices Prophesying War 1763—1914*, London：1966 年。

102　I. F. Clarke, *Voices Prophesying War 1763—1914*, 第 126 页。

103　Nicholas Hiley, "The Failure of British Counter-espionage against Germany, 1907—1914", *Historical Journal* 第 28 期（1985 年），第 836 页。

104　参见 David French, "Spy Fever in Britain 1900—1915", *Historical Journal* 第 21 期（1978 年），第 355—370 页。

105　Jean-Jacques Becker,*1914*,第510页。
106　Emile Vandervelde,*Jaurès*,Paris:1919年,第6页。
107　Georges Haupt,*Socialism and the Great War：the Collapse of the Second International*,第252页。
108　Norman Hutchinson,美国驻布加勒斯特和贝尔格莱德的临时代办致美国国务院的报告,1909年2月27日,引自Vladimir Dedijer,*The Road to Sarajevo*,London:1967年,第320页。

第九章 结论

我们一直在考虑的可能导致第一次世界大战的每个因素似乎对1914年7月最终危机期间各国政府做出的种种决策都有所贡献。做出那些决策的人们在选择中所受到的限制常常超过他们意识到的程度。他们不仅仅受到自身秉性的限制,而且也受到自己先前的和前任们在位时做出的一系列决策的限制。[1] 决策者们在此前不久的1908年、1911年和1913年的几场危机期间避免了战争,可是在1914年的危机中战争却未能避免;然而,先前的每一场危机都为1914年的开战决策做了添砖加瓦的铺垫。1913年塞尔维亚在争取获得亚得里亚海港口的努力中需要俄国的支持,可是俄国人未能给予支持;在1914年的危机中后者的选择就受到了限制,因为他们觉得再不支持塞尔维亚就会使俄国在巴尔干地区的信誉和影响丧失殆尽。奥匈帝国政府认为尽管塞尔维亚没有获得其想要得到的港口,但是他们未能阻止塞尔维亚赢得面积相当大的领土。如果他们要经受住南部斯拉夫人对这个君主国构成的内部威胁,那么这一次他们必须彻底击败塞尔维亚。

德国人认为奥匈帝国是他们唯一可靠的盟国,如果不想使它崩溃,或者到别处寻求支持,德国就应该不惜任何代价支持它;在之前1913年的危机期间德国人似乎只给奥匈帝国半心半意的支持，他们也觉得在 1914 年他们必须与奥地利人站在一起了。爱德华·格雷爵士一直认为在 1912—1913 年危机期间自己的斡旋防止了战争，这种看法影响了他在 1914 年危机早期阶段的外交努力，他从一开始就希望重复此前调停的成功。有些人批评格雷未能明确表示支持俄国和法国；他们争辩说，这样明确的表态也许会威慑奥地利和德国，使两国忌惮把危机推得太远。但是格雷和他的主要顾问们长期以来一直担心如果三国协约转变成一个同盟，它可能会鼓励法国人和俄国人变得过于大胆。所以三国协约是一个刻意平衡的手法，旨在威慑德国的同时也约束法国和俄国。²

其他人则批评普安卡雷在 1912—1914 年间推行复仇主义政策。约翰·凯格尔所说的"普安卡雷-战争神话"（Poincaré-la-guerre myth）强调了他在洛林的故乡之根和他想进一步巩固法俄联盟的决心，因而使俄国壮了胆子，坚决支持塞尔维亚，进行战争动员，并且把危机从局部扩展至整个欧洲。然而，凯格尔已经表明，尽管普安卡雷确实把法俄联盟看成法国政策的一个关键，但是他也把该联盟看作约束俄国在巴尔干地区行为的一种途径，而且他确实在第一次世界大战爆发之前的两年里致力于与德国重新修好。³

国际形势的持续紧张在德国和奥匈帝国产生了一种感觉，既然战争或迟或早地不可避免，重要的事情是选择一个恰当的时机发动一场先发制人的战争——比如在俄国军队重新装备计划完成之前，或者在法国人实施了军队重组之前，或者在英国人与俄国人达成了有效的海军协议之前。正如安妮卡·蒙巴厄（Annika Mombauer）对新发现文献的研究所显示的那样："德国的决策者们在 1914 年蓄意进行战争冒险，旨在改善与其欧洲邻国相比德国日益恶化的处境。"⁴ 一旦德国领导人们认为战争不可避免，就像他们在1912年12月所认为的那样，无论是因为他们认为发动一场（用现在的话来说）先发制人的打击是反击敌对强国，保卫自己的唯一办法，还是因为他们认为战争是实现他们中间一些人企求世界霸权的梦想的唯一途径，那么，正如七月危机的进展所显示的那样，他们的战略计划变得至关重要，而且这些计划比其他任何一个欧洲强国的计划都具有更加直接的军事后果。奥地利认为德国的支持对于使危机局部化至关重要，因为前者认为德国人会有效地吓阻俄国人进行干涉。当人们意识到这一点时，他们发现德国对奥匈帝国开出一张"空头支票"的决策恰恰是灾难性的，正是这个决策把一个可能局部化的危机扩大成了一场全面战争——一个讽刺性的（虽然是悲剧性的）结果。首先是维也纳做出了诉诸武力的决议；然后发生的是"德国的具有侵略性的'世界政策'与更富侵略性、更加不负责任的哈布斯堡王朝的'巴尔干政策'的灾难性融合"。⁵

所有主要强国均被卷入其中的军备竞赛也促使人们感到战争必定到来，而且只会早来，而不是迟来。⁶军备竞赛给每个参与国造成了严重的财政困难，可是这些政府深信无法停止它。尽管所有政府都公开声称军备竞赛具有促进和平而不是战争的威慑效果，听起来似乎名正言顺，但是没有任何政府被他们竞争对手的军备计划所威慑而停止扩充军备，恰恰相反，他们加快了自己的武器装备生产速度。到了1914年，指望德国海军舰队强大到使英国任何一届政府都不敢冒险与德国开战的提尔皮茨不得不面对这样一个现实：英国人拒绝扮演别国分配给自己的角色，而且决心不惜一切财政和政治代价维持他们在海洋上的优势。国际形势的持续紧张和军备竞赛造成的巨大压力共同起作用形成了一种心态，人们反而认为战争是一种解脱。正如一位法国观察家在1912年所指出的那样："在过去的两年时间里我们多少次听到人们反复说'宁愿早点开战，也不要这样没完没了地等待'，在这个愿望中没有怨恨，只有隐藏在内心的期盼。"[7] 1939年曾经在法国流行的一句口号"该结束了"（Il faut en finir）也同样表达了很多人在1914年的心声。

大卫·史蒂文森就军备竞赛在一战爆发中所起的作用撰写了一部雄心勃勃、内容详尽的专著。他在该书中认为，尽管欧洲列强的国内压力和技术变革促进了大战的爆发，但它们不是决定性因素。史蒂文森认为，"大战爆发之前十年里发生的一系列国际危机是关键的不稳定因素，从外交视角对一战起源进行的诸解释长久以来一直在强调这些危机的作用"。[8] 战前刚刚发生的接二连三的国际危机，伴随着这些危机的陆、海军的持续扩充，以及危机和军备竞赛形成的心态共同帮助使这场特定的战争就在那个特定的时刻爆发。这些危机本身就是必须追溯之前至少几十年的形势长期发展的结果。特别值得注意的是，先前的几场战争（尤其是1870年的普法战争在欧洲建立了德国在军事上的优势地位，使法国人因失去阿尔萨斯和洛林而一直怀恨在心），已经为20世纪初年里国际关系的运作设置了框架。除此之外，尤其是在英国和德国，19世纪80年代和90年代的帝国主义产生了一种新的讨论国际关系的语言和一种新型民族主义，后者不同于在19世纪早期曾经激励了追求民族团结和民族自决的诸多运动的那种民族主义。然而，与此同时，那些仍然全部或者部分生活在外族统治之下的民族的民族主义——

坚持主张民族独立事业比任何其他事情更加重要的信念——是威胁哈布斯堡帝国和奥斯曼帝国存在的持续性因素,所以也增加了国际体系的不稳定。

在战争期间和战后,人们把战争的爆发归罪于外交官们——以及外交本身——指责的罪名是他们在从事"旧式"外交。所谓的"旧式"外交有时是指美国总统威尔逊所谴责的"秘密达成的秘密协议",有时是指对从事外交的实践者们的神秘、贵族性质的更为广泛的抨击。第一种指责意味着,外交的更加公开透明,公众对各种外交安排更加详尽的审视,将会约束政府不致随意将国家置于战争之中;第二种指责意味着,外交官队伍(以及那些占据着外交部各种岗位的官员)的社会排外性使他们更加倾向于支持诸如"国家荣誉"和"军事声誉"等传统价值观,而正是这些价值观鼓励人们情愿为了不应该引发参战意愿的问题去打仗。迈克尔·休斯对英国和俄国外交官的研究得出结论认为,上述这些指责受到了误导。"事实上英国和俄国外交部门的成员们在1914年之前的二十年时间里花费了巨大的精力避免战争,寻求处理和解决国际冲突的替代办法";而且事实上"英国和俄国的外交官们和外交部的官员们经常对他们在各自国内频繁听到的更加具有侵略性的声音感到惊恐"。[9]

甚至就短期因素而言,我们也有大量涵盖广泛的关于一战爆发的可能"原因",从中人们会选择自己的解释,即使这个选择不武断,它也受制于我们自己的政治和心理兴趣及先入之见。有些政治科学家们无法容忍对如此多样化的个人解释的接受,并且企图对1914年之前形势中的各种因素进行量化分析,以便能够衡量它们的相对重要性,而且通过客观地评估力量均势来准确地显示是什么情况导致了这场大战。尽管这种新实证主义的途径能够帮助历史学家们关注一些他们可能低估的重要因素,但是它必然有其局限性,当需要评估那些本质上无法进行量化的变量的重要性的时候,新实证主义的方法就捉襟见肘了,比如人们的心态和涉及可以被泛泛地称为"士气"的种种问题便是无法量化的,即使政治科学家们或可做出(尽管绝非是确定无疑的)对引起国际形势不稳定的经济和战略因素的准确估量。[10]

然而,1914年的那些主要人物还经常觉得自己是本身无法控制的客观力量的受害者,或者觉得他们是某种不可避免的历史进程的一部分。比如,正如我们所看到的那样,在七月危机达到高潮时发现自己"迷失方向"[11]的贝特曼·霍尔维格,早在十天之前就看到"一个比人类力量强大得多的厄运正高悬在欧洲和我们自己人民的上空",[12]而且劳合·乔治稍后也写道,一个个国家"从边缘滑落进战争的沸锅",[13]他这样写毫无疑问部分地旨在模糊他的立场转变的显著性,他此前一直扮演英国内阁里主和派的发言人,后来却意识到他的政治前途存在于成为将赢得战争之人。这种人类在不可避免的历史进程面前束手无策的无助感觉给某些肯定感觉到强烈的个人责任感的政客们提供了宽慰,使他们松了一口气。但是历史作为一条大河或者一阵强风的画面也能使人们意识到在适当时机采取行动极其重要,正如俗话所说,如果他们不想"错失良机"。俾斯麦生动地表达了这个观点:

> 充满伟大事件的世界历史不会像一列火车那样匀速前进。它在前进的道路上时而疾驰,时而缓行,但是其力量不可

阻挡。我们必须始终确保我们看到了上帝在世界历史中阔步穿行,然后跳将起来,紧紧抓住他衣服的褶边,这样我们就能被一路带至我们必须要到达的地方。"[14]

列宁再次使用火车的比喻强调了适时采取决定性行动的重要性,而且他鄙视所有持有如下想法的人:"当历史引入革命的方式好似德国的快速火车平稳、安静、顺利并准时地进站那样,他们便将乐于接受革命"[15],当历史的速度可被加快的时候他们却没有能力抓住这机遇。在1914年的危机之中,我们常常有这样的感觉,即主要的欧洲国家领导人中没有一人具备俾斯麦或者列宁那样对时机的敏感,这种敏感也许本可使他们能够控制住事件的发展,他们被快速驱向这样一个目标,沿着一条没有路线图的道路他们看不见它。尽管爱德华·格雷爵士稍后忧虑于"整个欧洲的灯光行将熄灭",他也没有预见到即将来临的大灾难的性质。他在8月3日对英国议会的讲话中警告英国不得不做出的经济上的牺牲——不是在弗兰德斯和法国即将来临的血腥屠杀——而且即使英国保持中立这些牺牲还是无法避免:"如果我们参加战争,我们将会承受损失,但是并不比我们袖手旁观将要遭受的损失多多少。"[16]

即使不必接受人们熟悉的把历史形容为大河,或者强风,或者火车,或者脱缰之马(共产主义者卡尔·拉狄克[Karl Radek]就曾说过"历史就像一匹受惊的马在奔驰")的比喻,我们还是觉得需要把我们对大战在1914年爆发的解释放置于更加广阔的背景之下。每一项关键的决策都是在具体的制度框架和社会框架之内做出的。制约这些决策的是关于个人和政府行为的一系列假定的看法,还有产生于漫长文化和政治传统、每个国家社会和经济结构的

第九章 结论

价值观。这些一直扩大的因果循环带来的问题是：为第一次世界大战爆发找到一个总体解释的企图往往会在好多个可能的起因中迷失方向，因而难以知道在何处停止，如果人们不想只剩下不着边际而又笼统的解释，依然对这场特定的战争偏偏在那个特定的时刻爆发没有足够的理解。

马克思主义历史理论的吸引力在于它似乎用数量比较少的基本因素来为数量非常多的现象提供解释。对于非马克思主义的历史学家们来说马克思主义的重要性是不言而喻的，并且它已经从根本上而且不可逆转地改变了历史学家们所提出问题的种类。而它并非永远能够做到的是提供答案。比如，当我们审视哪些经济集团可能从战争中获利，哪些集团可能蒙受损失的时候，阻碍我们的不仅是很难确切地弄清楚这些集团实际上在哪些点上影响了政府，还有资本主义世界内部利益的复杂性和差异性，这种差异与民族国家的划分并不完全吻合。即使承认战争是资本主义本质所固有的，因为资本主义培育了竞争精神，为少数金融家和其他资本家为了维持利润而进行武装斗争创造了种种条件，但是在这种解释与依据特定个人做出的具体决策对1914年7月形势进行的分析之间仍然存在鸿沟。尽管罗莎·罗森堡的观点——她认为帝国主义影响一个社会的整个道德和经济价值观——使人们注意到帝国主义、保护主义与军国主义之间的种种联系，但是在人们判定威廉二世时代的德国和爱德华时代的英国以哪种精确的方式作为帝国主义社会而存在，并且确定如何以此解释1914年的实际决策之前，她的论点仍然留下了有待填补的许多空白阶段。

解决这一特定史学难题的办法之一就是拒绝用总体的社会、

经济，或者智识因素来寻求任何长期而又范围广泛的解释。有些历史学家（尤其是在英国）认为他们能够指望发现的不过是政客们的直接短期行为和直接的短期原因。任何其他搜寻就是企图强加一种没有证据佐证的事件模式。但是我们中间的大多数人如果不是马克思主义者的话，却受到黑格尔思想足够的影响，总是试图把一个社会的道德价值观，即"时代精神"，以及既是个体又是一个阶级中的成员的诸多参与者的经济利益纳入我们的解释之中。也许这意味着安于默认一种双重历史。一方面，存在由社会和经济发展、人口变化，或者气候差异和在其他环境方面甚至更加长期的影响组成的粗线条。这些因素中的某些可以用科学规律进行分析，并且由此形成预测未来的基础。在这一类的变化之中，甚至像第一次世界大战这样的剧变性重大事件都不过是一段小插曲，图表上的一个微小异常而已。另一方面，在这个世界里个别领导人（无论他们的出身如何）的决策能够影响千百万人的生命和福祉，而且能够改变几十年的历史进程。

由于这个原因，战争是否不可避免，或者至少在那个特定日子爆发的那场特定的战争是否不可避免的问题，除了从个体责任角度来解释，否则是回答不了的。尽管有导致战争的所有力量，尽管我们现在掌握着关于欧洲，尤其是德国，统治阶级中某些群体愿意走向战争的证据和他们所承受的国内压力的证据，我们仍然感到一场战争在稍后几年可能采取不同的形式爆发，并会产生不同结果。再者，对1914年间各项决策和对决策过程中的制约条件的研究表明，其后果并不是决策者们所期待的。虽然某些交战国实现了他们参战时的目标——法国人收复了阿尔萨斯和洛林，英国人终结了德国在海洋上的挑战，意大利人赢得了特伦蒂诺和的里雅斯特——其代价到头来却几乎比1914年任何人所想象的都要高得多。那些怀有更加野心勃勃目标的国家——德国追逐国际霸权，俄国企图攫取君士坦丁堡，奥地利-匈牙利孤注一掷地力保这个摇摇欲坠的帝国的完整——发现自己的野心变成了失败和毁灭，而那些以为战争会巩固自己的政权，使他们不再担心革命的统治阶级的成员们不得不面对这样一个事实，即战争偏偏产生了其竭力避免的结果。

曾经有一句给英国外交系统的年轻人留下很深印象的格言："所有的行动都有后果，后果是不可预测的，因此不要采取任何行动。"政治决策的悲剧来自于这样一个事实：政客们一而再，再而三地发现自己被迫在不知后果的情况下采取行动，并且无法冷静地权衡可能的结果和其行动会带来的得失。（当这些计算权衡中的一部分由电脑完成的时候，人们也不会更加乐观地认为战争的后果会更加可以预测一些。）人们并不是由对自己利益的清醒认识来驱动的；他们的头脑里充满了陈旧观念的浑浊残渣，他们甚至不总是清楚自己的动机。

这就使历史学家的任务变得困难。每一代人往往不仅仅依据自己的政治关切，而且也根据对人性和人类行动源泉的不断变化的观点来审视第一次世界大战的责任问题。在20世纪后期和21世纪初期，我们也许发现把外交政策理解成受国内关切和经济利益驱动，要比将它理解成受抽象的力量均势概念，或者"世界强国"的恰当地位驱动容易一些，更不必说对国家声誉和荣耀的考虑。这并不必然意味着1914年的人们与我们的思维方式是一样的。

正如埃利·阿莱维(Elie Halévy)许多年之前所指出的那样:"我们的政治家们的明智或者愚蠢不过是我们自己的明智或者愚蠢的反映。"诚然果真如此,但是一代人的明智或者愚蠢也未必是下一代人的明智或者愚蠢。[17] 要理解1914年的那些人,我们就必须理解1914年的价值观;他们的行动必须用这些价值观来衡量。

参考书目

1. 下文中的一些思想基于 James Joll, "Politicians and the Freedom to Choose: the Case of July 1914", 载于 Alan Ryan 主编, *The Idea of Freedom : Essays in Honour of Isaiah Berlin*, Oxford: 1979 年。
2. 参见 Keith Hamilton, *Bertie of Thame : Edwardian Ambassador*, Woodbridge: 1990 年,尤其是第 311—313 页。
3. John F. V. Keiger, *Raymond Poincaré*, Cambridge: 1997 年,特别是第 156—162 页。
4. Annika Mombauer, *Helmuth von Moltke and the Origins of the First World War*, Cambridge: 2001 年,第 1 页;她关于新发现的文献的论述见于第 6—13 页。
5. Samuel R. Williamson Jr, "Vienna and July 1914: The Origins of the Great War Once More", 载于 Williamson and Peter Pastor 主编, *Essays on World War I : Origins and Prisoners of War*, New York: 1983 年,第 24 页。
6. David G. Herrmann, *The Arming of Europe and the Making of the First World War*, Princeton, NJ: 1996 年,第 227—229 页。
7. "Agathon"(Henri Massis 和 Alfred de Tarde), *Les Jeunes Gens d'Aujourd'hui*, Paris: 1913 年,第 31 页。
8. David Stevenson, *Armaments and the Coming of War : Europe 1904—1914*, Oxford: 1996 年,第 13 页。
9. Michael Hughes, *Diplomacy before the Russian Revolution : Britain, Russia and the Old Diplomacy, 1894—1917*, London: 2000 年,第 204 页。
10. 参见比如特刊"Quantitative International History: An Exchange", *Journal of Conflict Resolution* 第 21 期(1977 年);也参见 George H.

Questor,"Six Causes of War",*Jerusalem Journal of International Relations* 第 6 期(1982 年),以及 Richard F. Hamilton,"On the Origins of the Catastrophe",载于 Richard F. Hamilton 和 Holger H. Herwig 主编,*The Origins of World War I*,Cambridge:2003 年,第 469—506 页。

11 参见 Hamilton 和 Herwig 主编,*The Origins of World War I*,第 28 页。
12 参见 Hamilton 和 Herwig 主编,*The Origins of World War I*,第 43 页。
13 David Lloyd George,*War Memoirs*,新版,London:1938 年,第 1 卷,第 32 页。
14 引自 Lothar Gall,*Bismarck, der weisse Revolutionär*,Frankfurt am Main:1980 年,第 56 页。
15 V. I. Lenin,"Can the Bolsheviki hold State Power?",1917 年 10 月,引自 William Henry Chamberlain,*The Russian Revolution 1917—1921*,New York:1935 年,第 1 卷,第 290 页。
16 引自 Avner Offer,"The Working Classes, British Naval Plans and the Coming of the Great War",载于 *Past and Present* 第 107 期(1985 年),第 222 页。
17 Elie Halévy,*The World Crisis of 1914—1918:A Reinterpretation*,罗兹纪念演讲,牛津大学 1929 年,重刊于 E. Halévy,*The Era of Tyrannies*,由 R. K. Webb 翻译成英文,Fritz Stern 作序,Garden City,NY:1965 年,第 245 页。

延伸阅读

这部分不是"参考文献",而是给那些想要就本书的重要主题了解更多细节的读者的一些建议阅读。该"延伸阅读"当然不是无所不包的,因为它几乎只涵盖了英语作品,而且更强调新近的学术成果。为了使它更加有用和易于使用,所选书目按主题进行了分类。但相关主题的研究者会发现,其中很多分类是人为设计的,并且勤奋的研究者将仔细研读这书目,而不是假设他们要找的图书会在他们想当然的分类中出现。

1. 解读与争论

Niall Ferguson, 'Public Finance and National Security: the Domestic Origins of the First World War Revisited', *Past and Present* 142 (1994), pp. 141–68.

Fritz Fischer, *World Power or Decline: the Controversy over Germany's Aims in the First World War* (Eng. tr., New York 1974).

David French, 'The Edwardian Crisis and the Origins of the First World War', *International History Review* 4 (1982), pp. 207–21.

Michael R. Gordon, 'Domestic Conflict and the Origins of the First World War: the British and German Cases', *Journal of Modern History* 46 (1974), pp. 191–226.

James Joll, 'The 1914 Debate Continues. Fritz Fischer and His Critics', *Past and Present* 34 (1966), pp. 100–13.

Donald Lammers, 'Arno Mayer and the British Decision for War', *Journal of British Studies* 12 (1973), pp. 137–65.

John W. Langdon in *July 1914: The Long Debate, 1918–1990* (Oxford 1991).

Arno J. Mayer, 'Domestic Causes of the First World War', in L. Krieger and F. Stern (eds), *The Responsibility of Power: Historical Essays in Honor of Hajo Holborn* (New York 1967).

Arno J. Mayer, 'Internal Crises and War since 1870', in Charles L. Bertrand (ed.), *Revolutionary Situations in Europe* (Montreal 1977).

Annika Mombauer, *The Origins of the First World War: Controversies and Consensus* (London 2002).

John A. Moses, *The Politics of Illusion: The Fischer Controversy in German Historiography* (London 1975).

Fritz Stern, 'German Historians and the War: Fischer and his Critics', in F. Stern (ed.), *The Failure of Illiberalism: Essays on the Political Culture of Modern Germany* (New York 1972), pp. 147–58.

Matthew Stibbe, 'The Fischer Controversy over German War Aims in the First World War and its Reception by East German Historians, 1961–1989', *Historical Journal* 40 (2003), pp. 649–68.

2. 总论

Luigi Albertini, *The Origins of the War of 1914*, 3 vols (Eng. tr., London 1952–7).

Geoffrey Barraclough, *From Agadir to Armageddon: Anatomy of a Crisis* (London 1982).

F.R. Bridge and Roger Bullen, *The Great Powers and the European States System, 1815–1914* (London 1980).

R.J.W. Evans and Hartmut Pogge von Strandmann (eds), *The Coming of the First World War* (Oxford 1988).

Niall Ferguson, *The Pity of War* (Oxford 1998).

Richard F. Hamilton and Holger H. Herwig (eds), *The Origins of World War I* (Cambridge 2003).

H.W. Koch (ed.), *The Origins of the First World War: Great Power Rivalry and War Aims* (2nd edn, London 1984).

Laurence Lafore, *The Long Fuse: an Interpretation of the Origins of World War I* (London 1966).

R.J.B. Langhorne, *The Collapse of the Concert of Europe: International Politics 1890–1914* (London 1981).

G. Lowes Dickinson, *The International Anarchy 1904–1914* (2nd edn, London 1937).

Gordon Martel, *The Origins of the First World War* (3rd edn, London 2003).

Annika Mombauer, 'The Coming of War, 1914', in Gordon Martel (ed.), *A Companion to Europe, 1900–1945* (Oxford 2006), pp. 180–94.

Joachim Remak, *The Origins of World War I* (New York 1967).

Norman Rich, *Great Power Diplomacy, 1814–1914* (New York 1992).

David Stevenson, *Armaments and the Coming of War: Europe 1904–1914* (Oxford 1996).

Hew Strachan, *The First World War*, Vol. 1, *To Arms* (Oxford 2001).

A.J.P. Taylor, *The Struggle for Mastery in Europe 1848–1918* (Oxford 1954).

L.C.F. Turner, *Origins of the First World War* (New York 1967).

3. 七月危机

Stephen J. Cimbala, 'Steering Through Rapids: Russian Mobilization and World War I', *Journal of Slavic Military History* 9 (1996), pp. 376–98.

Imanuel Geiss, *July 1914: Selected Documents* (London 1972).

W. Jannen Jr, 'The Austro-Hungarian Decision for War in July 1914', in Samuel R. Williamson Jr and Peter Pastor (eds), *Essays on World War I: Origins and Prisoners of War* (New York 1983), pp. 55–81.

Joachim Remak, *Sarajevo* (London 1959).

Pierre Renouvin, *The Immediate Origins of the War (28 June–4 August 1914)* (New Haven, Conn. 1928).

W.A. Renzi, 'Who Composed "Sazonov's Thirteen Points"? A Reexamination of Russia's War Aims of 1914', *American Historical Review* 88 (1983), pp. 347–57.

John C.G. Röhl, *1914: Delusion or Design* (London 1973).

Norman Stone, 'Hungary and the Crisis of July 1914', *Journal of Contemporary History* 1 (1966), pp. 153–70.

Marc Trachtenberg, 'The Coming of the First World War: A Reassessment', in Trachtenberg, *History and Strategy* (Princeton, NJ 1991), pp. 47–99.

S.J. Valone, ' "There Must Be Some Misunderstanding": Sir Edward Grey's Diplomacy of August 1, 1914', *Journal of British Studies* 27 (1988), pp. 405-24.

Keith Wilson (ed.), *Decisions for War, 1914* (New York 1995).

4. 大国外交

联盟外交

F.R. Bridge, *Great Britain and Austria-Hungary 1906-1914* (London 1972).

R.J. Crampton, *The Hollow Detente: Anglo-German Relations in the Balkans 1911-1914* (London 1979).

George Kennan, *The Fateful Alliance: France, Russia, and the Coming of the First World War* (New York 1984).

Paul Kennedy, *The Rise of the Anglo-German Antagonism 1860-1914* (London 1980).

Hans W. Koch, 'The Anglo-German Alliance Negotiations, Missed Opportunity or Myth', *History* 54 (1969), pp. 378-98.

Peter Lowe, *Great Britain and Japan, 1911-1915: a Study of British Far Eastern Policy* (New York 1969).

Ian Nish, *The Anglo-Japanese Alliance: the Diplomacy of Two Island Empires, 1894-1907* (London 1977).

D.W. Spring, 'The Trans-Persian Railway Project and Anglo-Russian Relations, 1909-14', *Slavonic and East European Review* 54 (1976), pp. 60-82.

D.W. Spring, 'Russia and the Franco-Russian Alliance, 1905-14: Dependence or Interdependence', *Slavonic and East European Review* 66 (1988), pp. 564-92.

Ulrich Trumpener, 'Liman von Sanders and the German–Ottoman Alliance', *Journal of Contemporary History* 1 (1966), pp. 179-92.

John A. White, *Transition to Global Rivalry: Alliance Diplomacy and the Quadruple Entente, 1895-1907* (Cambridge 1995).

Samuel R. Williamson Jr, 'Vienna and July 1914: the Origins of the Great War Once More', in Williamson and Peter Pastor (eds), *Essays on World War I: Origins and Prisoners of War* (New York 1983), pp. 9-36.

Keith M. Wilson, 'The Anglo-Japanese Alliance of August 1905 and the Defending of India: a Case of the Worst Scenario', *Journal of Imperial and Commonwealth History* 21 (1993), pp. 334–56.

大国政策
奥匈帝国

John W. Boyer, 'The End of the Old Regime: Visions of Political Reform in late Imperial Austria', *Journal of Modern History* 43 (1986), pp. 159–93.

F.R. Bridge, *From Sadowa to Sarajevo: the Foreign Policy of Austria-Hungary 1866–1914* (London 1972).

F.R. Bridge, *The Habsburg Monarchy among the Great Powers* (New York and Oxford 1990).

István Diószegi, *Hungarians in the Ballhausplatz: Studies on the Austro-Hungarian Common Foreign Policy* (Budapest 1983).

Keith Hitchins, 'The Nationality Problem in Hungary: István Tisza and the Rumanian National Party, 1906–1914', *Journal of Modern History* 53 (1981), pp. 619–51.

John Leslie, 'The Antecedents of Austria-Hungary's War Aims', *Wiener Beiträge zur Geschichte der Neuzeit* 20 (1993), pp. 307–94.

John W. Mason, *The Dissolution of the Austro-Hungarian Empire, 1867–1918* (New York 1985).

Nicholas Miller, 'Two Strategies in Serbian Politics in Croatia and Hungary before the First World War', *Nationalities Papers* 23 (1995), pp. 327–51.

Gabor Vermes, *István Tisza: The Liberal Vision and Conservative Statecraft of a Magyar Nationalist* (New York 1985).

Samuel R. Williamson Jr, *Austria-Hungary and the Origins of the First World War* (London 1994).

英国

Briton C. Busch, *Hardinge of Penshurst: a Study in the Old Diplomacy* (Hamden, Conn. 1980).

John Charmley, *Splendid Isolation? Britain, the Balance of Power and the Origins of the First World War* (London 1999).

Sibyl Crowe and Edward Corp, *Our Ablest Public Servant: Sir Eyre Crowe 1864–1925* (Braunton 1993).

Bentley B. Gilbert, 'Pacifist to Interventionist: David Lloyd George in 1911 and 1914: Was Belgium an Issue?' *Historical Journal* 28 (1985), pp. 863–84.

Keith Hamilton, *Bertie of Thame: Edwardian Ambassador* (Woodbridge 1990).

F.H. Hinsley (ed.), *The Foreign Policy of Sir Edward Grey* (Cambridge 1977).

C.J. Lowe and M.L. Dockrill, *The Mirage of Power: British Foreign Policy 1902–22*, 3 vols (London 1972).

Gordon Martel, 'The Limits of Commitment: Rosebery and the Definition of the Anglo-German Understanding', *Historical Journal* 26 (1983), pp. 387–404.

Gordon Martel, *Imperial Diplomacy: Rosebery and the Failure of Foreign Policy* (London and Toronto 1986).

Gordon Martel, 'The Meaning of Power: Rethinking the Decline and Fall of Great Britain', *International History Review* 13 (1991), pp. 662–94.

B.J.C. McKercher, 'Diplomatic Equipoise: The Lansdowne Foreign Office, the Russo-Japanese War of 1904–5, and the Global Balance of Power', *Canadian Journal of History* 24 (1989), pp. 299–339.

George Monger, *The End of Isolation: British Foreign Policy 1900–1907* (London 1963).

Keith Neilson, ' "My Beloved Russians": Sir Arthur Nicolson and Russia, 1906–1916', *International History Review* 9 (1987), pp. 521–54.

Keith Neilson, ' "A Dangerous Game of American Poker": Britain and the Russo-Japanese War', *Journal of Strategic Studies* 12 (1989), pp. 63–87.

Keith Neilson, ' "Greatly Exaggerated": The Myth of the Decline of Great Britain before 1914', *International History Review* 13 (1991), pp. 695–725.

Keith Neilson, *Britain and the Last Tsar: British Policy and Russia 1894–1917* (Oxford 1995).

Avner Offer, 'The Working Classes, British Naval Plans and the Coming of the Great War', *Past and Present* 107 (1985), pp. 204–26.

Keith Robbins, *Sir Edward Grey* (London 1971).

Zara S. Steiner, *The Foreign Office and Foreign Policy 1895–1914* (Cambridge 1969).

Zara S. Steiner and Keith Neilson, *Britain and the Origins of the First World War* (2nd edn, London 2003).

Keith M. Wilson, *The Policy of the Entente: Essays on the Determinants of British Foreign Policy* (Cambridge 1985).

Keith M. Wilson, *Empire and Continent: Studies in British Foreign Policy from the 1880s to the First World War* (London 1987).

法国

Christopher Andrew, *Theophile Delcassé and the Making of the Entente Cordiale: A Reappraisal of French Foreign Policy 1898–1905* (London 1968).

M.B. Hayne, 'The Quai d'Orsay and Influences on the Formulation of French Foreign Policy, 1898–1914', *French History* 2 (1988), pp. 427–52.

M.B. Hayne, *The French Foreign Office and the Origins of the First World War 1898–1914* (Oxford 1993).

John F.V. Keiger, *France and the Origin of the First World War* (London 1983).

John F.V. Keiger, 'Jules Cambon and Franco-German Détente, 1907–14', *Historical Journal* 26 (1983), pp. 641–59.

John F.V. Keiger, 'Patriotism, Politics and Policy in the Foreign Ministry 1880–1914', in Robert Tombs (ed.), *Nationhood and Nationalism in France: from Boulangism to the Great War 1889–1918* (London 1991), pp. 255–66.

John F.V. Keiger, *Raymond Poincaré* (Cambridge 1997).

Allan Mitchell, *Victors and Vanquished: the German Influence on Army and Church in France after 1870* (Chapel Hill, NC 1984).

Eugene Weber, *The Nationalist Revival in France 1905–1914* (Berkeley, Calif. 1959).

德国

Michael Balfour, *The Kaiser and his Times* (London 1964).

Volker R. Berghahn, *Germany and the Approach of War in 1914* (2nd edn, London 1993).

Lamar Cecil, *The German Diplomatic Service 1871–1914* (Princeton, NJ 1976).

Lamar Cecil, 'William II and his Russian "Colleagues"', in Carole Fink, Isabel Hull and MacGregor Knox (eds), *German Nationalism and European Response, 1890–1945* (Norman, Okla. 1985), pp. 95–134.

Lamar Cecil, *Wilhelm II*, 2 vols (Chapel Hill, NC 1989 and 1996).

Christopher Clark, *Kaiser Wilhelm II* (London 2000).

Ludwig Dehio, *Germany and World Politics in the Twentieth Century* (Eng. tr., London 1959).

Geoff Eley, *Reshaping the Right: Radical Nationalism and Political Change after Bismarck* (London 1980).

Geoff Eley, 'Sammlungspolitik, Social Imperialism and the Navy Law of 1898', in Eley, *From Unification to Nazism* (London 1986), pp. 110–53.

Lancelot L. Farrar Jr, *Arrogance and Anxiety: the Ambivalence of German Power 1848–1914* (Iowa City 1981).

Fritz Fischer, *Germany's Aims in the First World War* (Eng. tr., London 1967).

Fritz Fischer, *War of Illusions* (Eng. tr., London 1975).

Fritz Fischer, *From Kaiserreich to Third Reich: Elements of Continuity in German History, 1871–1945* (London 1979).

Imanuel Geiss, *German Foreign Policy 1871–1914* (London 1976).

Holger H. Herwig, 'Industry, Empire and the First World War', in Gordon Martel (ed.), *Modern Germany Reconsidered* (London 1991), pp. 54–73.

Mark Hewitson, *National Identity and Political Thought in Germany: Wilhelmine Depictions of the French Third Republic, 1890–1914* (Oxford 2000).

Mark Hewitson, *Germany and the Causes of the First World War* (Oxford 2004).

Konrad H. Jarausch, *The Enigmatic Chancellor: Bethmann Hollweg and the Hubris of Imperial Germany* (New Haven, Conn., and London 1973).

David E. Kaiser, 'Germany and the Origins of the First World War', *Journal of Modern History* 55 (1983), pp. 442–74.

Katharine A. Lerman, *The Chancellor as Courtier: Bernhard von Bülow and the Governance of Germany 1900–9* (Cambridge 1990).

Wolfgang J. Mommsen, 'Domestic Factors in German Foreign Policy before 1914', *Central European History* 6 (1973), pp. 3–43.

John C.G. Röhl, *The Kaiser and his Court: Wilhelm II and the Government of Germany* (Cambridge 1994).

John C.G. Röhl, *Young Wilhelm: the Kaiser's Early Life 1859–1888* (Eng. tr., Cambridge 1998).

John C.G. Röhl, *Wilhelm II: the Kaiser's Personal Monarchy 1888–1900* (Eng. tr., Cambridge 2004).

David Schoenbaum, *Zabern 1913: Consensus Politics in Imperial Germany* (London 1982).

Gregor Schöllingen (ed.), *Escape into War? The Foreign Policy of Imperial Germany* (New York 1990).

Fritz Stern, 'Bethmann Hollweg and the War: the Limits of Responsibility', in L. Krieger and F. Stern (eds), *The Responsibility of Power: Historical Essays in Honor of Hans Holborn* (New York 1967), pp. 271–307.

John Van der Kiste, *Kaiser Wilhelm II: Germany's Last Emperor* (Stroud 1999).

意大利

Richard Bosworth, *Italy, the Least of the Great Powers: Italian Foreign Policy before the First World War* (Cambridge 1979).

Richard Bosworth, *Italy and the Approach of the First World War* (London 1983).

John Gooch, 'Italy before 1915: the Quandary of the Vulnerable', in Ernest R. May (ed.), *Knowing One's Enemies: Intelligence Assessment Before the Two World Wars* (Princeton, NJ 1984), pp. 205–33.

S. Jones, 'Antonio Salandra and the Politics of Italian Intervention in the First World War', *European History Quarterly* 15 (1985), pp. 157–74.

William A. Renzi, *In the Shadow of the Sword: Italy's Neutrality and Entrance into the Great War, 1914–1915* (New York 1987).

R.A. Webster, *Industrial Imperialism in Italy, 1908–1915* (Berkeley, Calif. 1975).

俄国

Abraham Ascher, *The Revolution of 1905*, 2 vols (Stanford 1988–92).

G.H. Bolsover, 'Izvol'sky and the Reform of the Russian Ministry of Foreign Affairs', *Slavonic and East European Review* 63 (1985), pp. 21–40.

Hélène Carrère d'Encausse, *Nicholas II: The Interrupted Transition* (London 2000).

Marc Ferro, *Nicholas II: the Last of the Tsars* (London 1991).

Dietrich Geyer, *Russian Imperialism: the Interaction of Domestic and Foreign Policy 1860–1914* (Leamington Spa 1987).

G.A. Hosking, *The Russian Constitutional Experiment: Government and Duma 1906–1914* (Oxford 1973).

John F. Hutchinson, *Late Imperial Russia* (London 1999).

Dominic C.B. Lieven, *Russia and the Origins of the First World War* (London 1983).

Dominic C.B. Lieven, *Russia's Rulers under the Old Régime* (New Haven 1989).

Dominic C.B. Lieven, *Nicholas II: Twilight of the Empire* (London 1993).

D.M. McDonald, *United Government and Foreign Policy in Russia 1900–1914* (Cambridge, Mass. 1992).

Don C. Rawson, *Russian Rightists and the Revolution of 1905* (Cambridge 1995).

Andrew Rossos, *Russia and the Balkans: Inter-Balkan Rivalries and Russian Foreign Policy, 1908–1914* (Toronto 1981).

Hans Rogger, *Russia in the Age of Modernization and Revolution, 1881–1917* (London 1983).

Andrew M. Verner, *The Crisis of Russian Autocracy: Nicholas II and the 1905 Revolution* (Princeton, NJ 1990).

Peter Waldron, *The End of Imperial Russia, 1855–1917* (Basingstoke 1997).

Theodore R. Weeks, *Nation and State in Late Imperial Russia: Nationalism and Russification on the Western Frontier, 1863–1914* (De Kalb, Ill. 1996).

塞尔维亚与巴尔干各国

Vladimir Dedijer, *The Road to Sarajevo* (London 1967).

Alexander N. Dragnich, *Serbia, Nikola Pašić and Yugoslavia* (New Brunswick, NJ 1971).

Barbara Jelavich, 'Romania in the First World War: the Pre-War Crisis, 1912–1914', *International History Review* 14 (1992), pp. 441–51.

Charles Jelavich, *South Slav Nationalism – Textbooks and Yugoslav Union before 1914* (Columbus, OH 1990).

David MacKenzie, 'Serbian Nationalist and Military Organizations and the Piedmont Idea, 1844–1914', *East European Quarterly* 16 (1982), pp. 323–44.

David MacKenzie, *Apis, the Congenial Conspirator: the Life of Colonel Dragutin T. Dimitrijevic* (Boulder, Col. 1989).

5. 陆军、海军和战略
总论

J.W. Coogan and Peter F. Coogan, 'The British Cabinet and the Anglo-French Staff Talks, 1905–1914: Who Knew What and When Did He Know It?', *Journal of British Studies* 24 (1985), pp. 110–131.

Lancelot L. Farrar, *The Short-War Illusion* (Santa Barbara, Calif. 1973).

Paul Halpern, *The Mediterranean Naval Situation, 1908–14* (Cambridge, Mass. 1971).

David G. Herrmann, *The Arming of Europe and the Making of the First World War* (Princeton, NJ 1996).

Paul M. Kennedy (ed.), *The War Plans of the Great Powers 1880–1914* (London 1979).

S.P. Mackenzie, 'Willpower or Firepower? The Unlearned Military Lessons of the Russo-Japanese War', in David Wells and Sandra Wilson (eds), *The Russo-Japanese War in Cultural Perspective* (Basingstoke 1999), pp. 30–40.

John H. Maurer, *The Outbreak of the First World War: Strategic Planning, Crisis Decision Making, and Deterrence Failure* (Westport, Conn. 1995).

Steven E. Miller (ed.), *Military Strategy and the Origins of the First World War* (Princeton, NJ 1985).

Jack Snyder, *The Ideology of the Offensive: Military Decision Making and the Disasters of 1914* (Ithaca, NY 1984).

A.J.P. Taylor, *War by Timetable: How the First World War Began* (London 1969).

Stephen van Evera, 'The Cult of the Offensive and the Origins of the First World War', in Steven Miller (ed.), *Military Strategy and the Origins of the First World War* (Princeton, NJ 1985), pp. 58–107.

Keith M. Wilson, 'To the Western Front: British War Plans and the "Military Entente" with France before the First World War', *British Journal of International Studies* 3 (1977), pp. 151–68.

奥匈帝国

István Deak, *Beyond Nationalism: A Social and Political History of the Habsburg Officer Corps, 1848–1918* (New York 1990).

Günther Kronenbitter, *'Krieg im Frieden': die Führung der k.u.k. Armee und die Grossmachtpolitik Österreich-Ungarns 1906–1914* (Munich 2003).

Günther E. Rothenberg, *The Army of Francis Joseph* (West Lafayette, Ind. 1976).

Norman Stone, 'Army and Society in the Habsburg Monarchy 1900–1914', *Past and Present* 33 (1966), pp. 95–111.

Norman Stone, 'Moltke–Conrad: Relations between the Austro-Hungarian and German General Staffs, 1909–14', *Historical Journal* 9 (1966), pp. 201–28.

Norman Stone, *The Eastern Front 1914–1917* (London 1975).

Graydon A. Tunstall Jr, *Planning for War against Russia and Serbia: Austro-Hungarian and German Military Strategies, 1871–1914* (New York 1993).

英国

Nicholas D'Ombrain, *War Machinery and High Policy: Defence Administration in Peacetime Britain 1902–14* (Oxford 1973).

C.H. Fairbanks Jr, 'The Origins of the *Dreadnought* Revolution: A Historiographical Essay', *International History Review* 13 (1991), pp. 246–72.

David French, *British Economic and Strategic Planning 1905–1915* (London 1982).

John Gooch, *The Plans of War: the General Staff and British Military Strategy 1900–1916* (London 1974).

Paul Hayes, 'Britain, Germany, and the Admiralty's Plans for Attacking German Territory, 1905–1915', in Lawrence Freedman, Paul Hayes and Robert O'Neill (eds), *War, Strategy, and International Politics: Essays in Honour of Sir Michael Howard* (Oxford 1992), pp. 95–116.

Nicholas Hiley, 'The Failure of British Counter-espionage against Germany, 1907–1914', *Historical Journal* 28 (1985), pp. 835–62.

Nicholas Lambert, *Sir John Fisher's Naval Revolution* (Columbia, SC 1999).

Arthur J. Marder, *From the Dreadnought to Scapa Flow: the Royal Navy in the Fisher Era 1904–1919*, Vol. 1, *The Road to War 1904–1914* (London 1961).

Keith Nielson, 'Watching the "Steamroller": British Observers and the Russian Army before 1914', *Journal of Strategic Studies* 8 (1985), pp. 199–217.

Jon Sumida, *In Defence of Naval Supremacy: Finance, Technology and British Naval Policy, 1899–1914* (London 1989).

Samuel R. Williamson Jr, *The Politics of Grand Strategy: Britain and France Prepare for War 1904–1914* (Cambridge, Mass. 1969).

E.L. Woodward, *Great Britain and the German Navy* (London 1935).

法国

Richard D. Challener, *The French Theory of the Nation in Arms 1866–1914* (New York 1955).

Gerd Krumeich, *Armaments and Politics in France on the Eve of the First World War* (Eng. tr., Leamington Spa 1984).

Douglas Porch, *The March to the Marne: the French Army 1871–1914* (Cambridge 1981).

Roy A. Prete, 'French Strategic Planning and the Deployment of the B.E.F. in France in 1914', *Canadian Journal of History* 24 (1989), pp. 42–62.

Roy A. Prete, 'The Preparation of the French Army Prior to World War I: An Historiographical Reappraisal', *Canadian Journal of History* 26 (1991), pp. 241–66.

David B. Ralston, *The Army of the Republic: the Place of the Military in the Political Evolution of France 1871–1914* (Cambridge, Mass. 1967).

William Serman, *Les officiers français dans la nation, 1814–1914* (Paris 1982).

德国

Arden Bucholz, *Moltke, Schlieffen, and Prussian War Planning* (New York and Oxford 1991).

Gordon Craig, *The Politics of the Prussian Army 1640–1945* (New York 1964).

Holger H. Herwig, *'Luxury' Fleet: the Imperial German Navy 1888–1918* (London 1987).

Martin Kitchen, *The German Officer Corps 1890–1914* (Oxford 1968).

Ivo N. Lambi, *The Navy and German Power Politics, 1862–1914* (Boston, Mass. 1984).

Annika Mombauer, *Helmuth von Moltke and the Origins of the First World War* (Cambridge 2001).

Gerhard Ritter, *The Schlieffen Plan* (Eng. tr., London 1958).

Gerhard Ritter, *The Sword and the Sceptre: the Problem of Militarism in Germany*, 4 vols (Eng. tr., London 1972–3).

Gunther Rothenberg, 'Moltke and Schlieffen', in Peter Paret (ed.), *Makers of Modern Strategy from Machiavelli to the Nuclear Age* (Princeton, NJ 1986), pp. 296–325.

Dennis Showalter, 'Army and Society in Imperial Germany: the Pains of Modernization', *Journal of Contemporary History* 18 (1983), pp. 583–618.

Dennis Showalter, 'Army, State and Society in Germany, 1871–1914: An Interpretation', in Jack R. Dukes and Joachim Remak (eds), *Another Germany: a Reconsideration of the Imperial Era* (Boulder, Col. 1988), pp. 1–18.

Jonathan Steinberg, *Yesterday's Deterrent: Tirpitz and the Birth of the German Battle Fleet* (London 1965).

Ulrich Trumpener, 'Junkers and Others: the Rise of Commoners in the Prussian Army', *Canadian Journal of History* 14 (1979), pp. 29–47.

Terence Zuber, *Inventing the Schlieffen Plan: German War Planning, 1871–1914* (Oxford 2002).

意大利

John Gooch, *Army, State, and Society in Italy, 1870–1915* (New York 1989).

Michael Palumbo, 'Italian–Austro-Hungarian Military Relations before World War I', in Samuel R. Williamson and Peter Pastor (eds), *Essays on World War I: Origins and Prisoners of War* (New York 1983), pp. 37–53.

John Whittam, *The Politics of the Italian Army 1861–1918* (London 1977).

俄国

J. Bushnell, 'Peasants in Uniform: the Tsarist Army as a Peasant Society', *Journal of Social History* 13 (1980), pp. 565–76.

J. Bushnell, 'The Tsarist Officer Corps, 1881–1914: Customs, Duties, Inefficiency', *American Historical Review* 86 (1981), pp. 753–80.

W.C. Fuller Jr, *Civil–Military Conflict in Imperial Russia 1881–1914* (Cambridge 1981).

D.R. Jones, 'Nicholas II and the Supreme Command: an Investigation of Motives', *Sbornik* 11 (1985), pp. 47–83.

Perti Luntinen, *French Information on the Russian War Plans 1880–1914* (Helsinki 1984).

Bruce W. Menning, *Bayonets before Bullets: the Imperial Russian Army, 1861–1914* (Bloomington, Ind. 1992).

6. 帝国主义

L. Abrams and D.J. Miller, 'Who Were the French colonialists? A Reassessment of the *Parti Colonial*, 1890–1914', *Historical Journal* 19 (1976), pp. 685–726.

Max Beloff, *Imperial Sunset: Britain's Liberal Empire 1897–1921* (London 1969).

A. Brewer, *Marxist Theories of Imperialism* (London 1980).

Roger G. Brown, *Fashoda Reconsidered: the Impact of Domestic Politics on French Policy in Africa, 1893–1898* (Baltimore, Md 1970).

Henri Brunschwig, *French Colonialism, 1871–1914: Myths and Realities* (Eng. tr., London 1966).

P.J. Cain and A.G. Hopkins, *British Imperialism: Innovation and Expansion, 1688–1914* (London 1993).

Stuart A. Cohen, *British Policy in Mesopotamia 1903–1914* (London 1976).

J.J. Cooke, *The New French Imperialism, 1880–1910: the Third Republic and Colonial Expansion* (Hamden, Conn. 1973).

D.K. Fieldhouse, *Economics and Empire 1830–1914* (London 1973).

Roger Fletcher, *Revisionism and Empire. Socialist Imperialism in Germany 1897–1914* (London 1984).

David Gillard, *The Struggle for Asia 1828–1914: a Study in British and Russian Imperialism* (London 1977).

Joseph Heller, *British Policy towards the Ottoman Empire 1908–1914* (London 1983).

W.O. Henderson, *The German Colonial Empire 1884–1919* (London 1993).

Holger Herwig, *Germany's Vision of Empire in Venezuela, 1871–1914* (Princeton, NJ 1986).

William A. Hoisington Jr, *Lyautey and the French Conquest of Morocco* (New York 1995).

Firuz Kazemzadeh, *Russia and Britain in Persia 1864–1914: a Study in Imperialism* (New Haven, Conn., and London 1968).

Juhani Koponen, 'The Partition of Africa: a Scramble for a Mirage?', *Nordic Journal of African Studies* 2 (1993), pp. 117–39.

W.L. Langer, *The Diplomacy of Imperialism 1890–1902* (New York 1951).

Nancy Mitchell, *The Danger of Dreams: German and American Imperialism in Latin America* (Chapel Hill, NC 1999).

Wolfgang J. Mommsen, *Theories of Imperialism* (Eng. tr., London 1980).

P.K. O'Brien, 'The Costs and Benefits of British Imperialism, 1846–1914', *Past and Present* 120 (1988), pp. 163–200.

Hartmut Pogge von Strandmann, 'Domestic Origins of German Colonial Expansion under Bismarck', *Past and Present* 42 (1969), pp. 140–59.

R. Robinson and J. Gallagher, *Africa and the Victorians: the Official Mind of Imperialism* (London 1968).

G.N. Sanderson, 'The European Partition of Africa: Origins and Dynamics', in Roland Oliver and G.N. Sanderson (eds), *Cambridge History of Africa*, Vol. 6 (Cambridge 1985), pp. 96–158.

Matthew S. Seligmann, *Rivalry in Southern Africa, 1893–99: the Transformation of German Colonial Policy* (London 1998).

Woodruff D. Smith, 'Europe's World: Power, Empire, and Colonialism', in Gordon Martel (ed.), *A Companion to Europe, 1900–1945* (Oxford 2006), pp. 119–34.

Bruce Vandervort, *Wars of Imperial Conquest in Africa, 1830–1914* (Bloomington, Ind. 1998).

Richard A. Voeltz, *German Colonialism and the South West Africa Company, 1894–1914* (Athens, OH 1988).

Keith M. Wilson, 'Imperial Interests in the British Decision for War, 1914: the Defence of India in central Asia', *Review of International Studies* 10 (1984), pp. 189–203.

7. 贸易、财政与工业

J.H. Clapham, *The Economic Development of France and Germany 1815–1914* (Cambridge 1936 [1968]).

Marcello de Cecco, *Money and Empire: the International Gold Standard 1890–1914* (Oxford 1974).

F.J. Coppa, *Planning, Protectionism and Politics in Liberal Italy: Economics and Politics in the Giolittian Age* (Washington, DC 1971).

Herbert Feis, *Europe, the World's Banker 1870–1914* (London 1930 [1965]).

Peter Gatrell, 'After Tsushima: Economic and Administrative Aspects of Russian Naval Rearmament, 1905–13', *Economic History Review* 2nd ser., 43 (1990), pp. 255–70.

Peter Gatrell, *Government, Industry and Rearmament in Russia, 1900–1914: the Last Argument of Tsarism* (Cambridge 1994).

René Girault, *Emprunts russes et investissements français en Russie 1887–1914* (Paris 1973).

E.R. Goldstein, 'Vickers Ltd and the Tsarist Regime', *Slavonic and East European Review* 58 (1980), pp. 561–71.

David F. Good, *The Economic Rise of the Habsburg Empire 1750–1914* (Berkeley, Calif. 1984).

Ross J.S. Hoffman, *Great Britain and the German Trade Rivalry 1875–1914* (New York 1933 [1964]).

Steven G. Marks, *Road to Power: The Trans-Siberian Railroad and the Colonization of Asian Russia 1850–1917* (Ithaca, NY 1991).

Alan S. Milward and S.B. Saul, *The Development of the Economies of Continental Europe 1850–1914* (Cambridge, Mass. 1977).

Raymond Poidevin, *Les Relations économiques et financières entre la France et l'Allemagne de 1898 à 1914* (Paris 1969).

Clive Trebilcock, 'British Armaments and European Industrialization, 1890–1914', *Economic History Review* 2nd ser., 26 (1973), pp. 254–72.

Theodore Von Laue, *Sergei Witte and the Industrialization of Russia* (New York 1974).

8. 1914年的社会心态：和平主义、社会主义和军国主义

M.C.C. Adams, *The Great Adventure: Male Desire and the Coming of World War I* (Bloomington, Ind. 1990).

R.J.Q. Adams, 'The National Service League and Mandatory Service in Edwardian Britain', *Armed Forces and Society* 12 (1985), pp. 53–74.

Jean-Jacques Becker, *The Great War and the French People* (Eng. tr., Leamington Spa 1985).

E. Malcolm Carroll, *French Public Opinion and Foreign Affairs, 1870–1914* (New York 1931).

Roger Chickering, *Imperial Germany and a World Without War: the Peace Movement and German Society 1892–1914* (Princeton, NJ 1975).

Roger Chickering, *We Who Feel Most German: a Cultural Study of the Pan-German League 1886–1914* (London 1984).

Roger Chickering, 'War, Peace, and Social Mobilization in Imperial Germany: Patriotic Societies, the Peace Movement, and Socialist Labor', in Charles Chatfield and Peter van den Dungen (eds), *Peace Movements and Political Cultures* (Knoxville, Tenn. 1988), pp. 3–22.

I.F. Clarke, *Voices Prophesying War 1763–1914* (London 1970).

M.S. Coetzee, *The Army League: Popular Nationalism in Wilhelmine Germany* (Oxford 1990).

Sandi E. Cooper, 'Pacifism in France, 1889–1914: International Peace as a Human Right', *French Historical Studies* 17 (1991), pp. 359–86.

David P. Crook, *Benjamin Kidd: Portrait of a Social Darwinist* (Cambridge 1984).

Paul Crook, *Darwinism, War and History: the Debate over the Biology of War from the 'Origin of Species' to the First World War* (Cambridge 1994).

Jost Dülffer, 'Citizens and Diplomats: the Debate on the First Hague Conference (1899) in Germany', in Charles Chatfield and Peter van den Dungen (eds), *Peace Movements and Political Cultures* (Knoxville, Tenn. 1988), pp. 23–39.

Roger Fletcher, 'Revisionism and Militarism: War and Peace in the Pre-1914 Thought of Eduard Bernstein', *Militärgeschichtliche Mitteilungen* 31 (1982), pp. 23–36.

Oron J. Hale, *Publicity and Diplomacy with Special Reference to England and Germany 1890–1914* (New York 1940).

Georges Haupt, *Socialism and the Great War* (Oxford 1972).

J. Howorth, 'The Left in France and Germany, Internationalism and War: a Dialogue of the Deaf (1900–1914)', in E. Cahm and V. Fisera (eds), *Socialism and Nationalism in Contemporary Europe (1848–1945)*, Vol. 2 (Nottingham 1979), pp. 81–100.

Alfred Kelly, *The Descent of Darwin: the Popularization of Darwinism in Germany, 1860–1914* (Chapel Hill, NC 1981).

Paul M. Kennedy and Anthony J. Nicholls (eds), *Nationalist and Racialist Movements in Britain and Germany before 1914* (London 1981).

Arno J. Mayer, *The Persistence of the Old Regime: Europe to the Great War* (New York 1981).

J.D.B. Miller, *Norman Angell and the Futility of War* (London 1986).

A.J.A. Morris, 'The English Radicals' Campaign for Disarmament and the Hague Conference of 1907', *Journal of Modern History* 43 (1971), pp. 367–93.

A.J.A. Morris, *Radicalism Against War 1906–1914* (London 1972).

Douglas J. Newton, *British Labour, European Socialism and the Struggle for Peace 1889–1914* (Oxford 1985).

Bernard Semmel, *Imperialism and Social Reform: English Social and Imperial Thought 1895–1914* (London 1960).

Werner Simon, 'The International Peace Bureau, 1892–1917: Clerk, Mediator, or Guide?', in Charles Chatfield and Peter van den Dungen (eds), *Peace Movements and Political Cultures* (Knoxville, Tenn. 1988), pp. 67–80.

John Springhall, *Youth, Empire and Society: British Youth Movements 1883–1940* (London 1977).

Nicholas Stargardt, *The German Idea of Militarism: Radical and Socialist Critics, 1866–1914* (Cambridge 1994).

Roland Stromberg, *Redemption by War: the Intellectuals and 1914* (Kansas City, Mo. 1982).

Anne Summers, 'Militarism in Britain before the Great War', *History Workshop* 2 (1976), pp. 104–23.

Jeffrey Verhey, *The Spirit of 1914: Militarism, Myth, and Mobilization in Germany* (Cambridge 2000).

Solomon Wank, 'The Austrian Peace Movement and the Habsburg Ruling Elite, 1906–1914', in Charles Chatfield and Peter van den Dungen (eds), *Peace Movements and Political Cultures* (Knoxville, Tenn. 1988), pp. 40–64.

David Welch, 'August 1914: Public Opinion and the Crisis', in Gordon Martel (ed.), *A Companion to Europe, 1900–1945* (Oxford 2006), pp. 197–212.

索　引

（索引页码为原文页码，即本书边码）

1914—Comment les Français sont entrés dans la Guerre　《1914年法国是如何走向战争的》,254

Accumulation of Capital, The　《资本积累论》,186

Aciéresde France　法国钢铁公司,211

Action Française　"法国在行动",283,289

Adler, Victor　维克托·阿德勒,258,270,290

Adrianople　亚德里亚堡,288

Adriatic Sea　亚得里亚海,73,75—77,108,110—111

Adua, Italian defeat at　意大利在阿杜瓦的战败,242

AEG（Allgemeine Elektrizitätsgesellschaft）AEG公司,188

Aegean Sea　爱琴海,73

Aehrenthal, Alois Graf Lexa von　阿洛伊斯伯爵雷克沙·冯·埃伦塔尔,56,63

Afghanistan　阿富汗,66,97,245

Africa　非洲
　德国在～的雄心,71,145,222,229—230,232—236
　在～的帝国竞争,58—59,61—63,71—76,78,102,220—223,229,236,242,245

另见　南非（South Africa）　及帝国主义（imperialism）

Agadir crisis　阿加迪尔危机,75,290
　英国与～,72,78,127,171
　法国与～,73,78—79,103,122,165—166,199,206
　德国与～,70—73,94,145,148,199,206,248
　意大利与～,73,243

"Agathon"（Henri Massis 和 Alfredde Tarde）"阿加东",280

Agence Havas　哈瓦斯广告公司,220

Albania　阿尔巴尼亚,37,75,77

Albertini, Luigi　路易吉·阿尔贝蒂尼,4,8,41

Alexander, Prince Regent of Serbia　塞尔维亚摄政王亚历山大,18,113

Alexander I, Tsar　沙皇亚历山大一世,258

AlexanderⅢ, Tsar　沙皇亚历山大三世,58

Algeciras conference　阿尔赫西拉斯会议,64—65,68,70,196—197

Algeria　阿尔及利亚,219,221

Alldeutscher Verband　泛德意志协会,199

Alliances　同盟
　英日～,54,60

英葡~,235
英国与联盟体系,59—60,62—64,71,78
法俄~,23,29—30,32,34,54,56—59,62,70,79—80,92,103—104,106,121,166,169,195,198—199,300
德国-奥匈帝国~,16,49—50,67—71,78—79,116
三皇~,80,163
三国同盟,15,37—40,50—51,54—55,69,72—76,111—112,153,176,200—202,205
Alsace 《阿尔萨斯》,165
Alsace-Lorraine 阿尔萨斯-洛林
　法国与~的沦陷,58,66,101—102,165,291,301
　德国在~的统治,90,140,147
　卡尔·马克思论~,56
　普安卡雷与收复~,70,80,168
Anatolia 安纳托利亚,236
Ancona 安科纳,176
Angell, Norman 诺曼·安吉尔,204—205,258
Anglo-Persian Oil Co. 英国-波斯石油公司,239
anti-militarism 反军国主义,71,87—89,109,149,165,168—169,214,265—266,282
Apis(Col. Dragutin Dimitrević) 阿皮斯 德拉古廷·迪米特里耶维奇,113—114
Armaments 军备,8—9,72,87,105—106,122,198,201—202
　~竞赛,94—95,99,108,115,128—129,143,209,213,300—301
　~限制,78,100,170—171,204,214,257—258,260—261
　~制造商,100,106,185,188—191,211,237
Armenians 亚美尼亚人,67,241

Armstrong and Vickers 维克斯-阿姆斯特朗公司,188
Arnaud, Emile 艾米尔·阿尔诺,257
Asia 亚洲
　英俄在亚洲的对抗,66—67,97,223—224
　俄国在~的扩张,58,62,105—106,230
　另见远东(Far East)
Asia Minor 小亚细亚,236,242
Asquith, Herbert Henry 赫伯特·亨利·阿斯奎斯,16,32,126—7,170,172,174,219
Associazione Nazionalista Italiana,意大利民族协会 110,242
Ausgleich(1867) 奥-匈妥协方案,107
Australia,澳大利亚 219,225
Austria-Hungary 奥匈帝国
　~与德国的同盟,54—56,79
　~吞并波黑,68—69,75—76,107,241
　~对塞尔维亚的态度,290,299
　~与在小亚建立殖民地,241
　对俄国宣战,29,41
　对塞尔维亚宣战,24
　经济与经济政策,191,194,201—203,205,209
　七月危机之中的~,12—16,19—21,25,29,51
　军事与军事政策,107—109,116—118,129
　与1911年摩洛哥危机,70
　海军与海军政策,75—76,108
　~内的和平运动,257—258,268,270—271,282,290
　政治与政治体制,151—155
　~外交文献的出版,4
　对塞尔维亚的最后通牒,15—16,18—19
Austria-Hungary and the Origins of the First World War 《奥匈帝国与第一次

世界大战的起源》,6
Austrian Naval League 奥地利海军协会,74,115
Austro-Prussian war, 1866 普奥战争,91,108,152
Avanti! 《前进》,177

Baden-Powell, Lieut-Gen. Sir Rober 罗伯特·拜登-鲍威尔爵士,284
Baghdad Railway 巴格达铁路,78,199,236—241,247,255
balance of power 权力平衡,53,55—56,66,130
Balfour, Arthur 亚瑟·贝尔福,60,62,146,237,271
Balkans 巴尔干国家,18,22,25,62,73—76,119,161—163,194,242—244
　　奥地利在～的政策,55—56,80,201
　　法国在～的政策,80,166,300
　　意大利在～的政策,69,74,110,176,242
　　俄国在～的政策,67,69—70,80—81,106,131,163,282,299
　　另见巴尔干联盟(Balkan League),巴尔干战争(Balkan Wars)
Balkan League 巴尔干联盟,73—74,76,79,163,244
Balkan Wars 巴尔干战争,13,75—76,79—80,163,244,264,288
Ballin, Albert 艾伯特·巴林,42,204
Baltic Sea 波罗的海,23,63,93,97,106,281
Banca Commerciale Italiana 意大利商业银行,200
Banco di Roma 罗马银行,242—243
Bank of Austria-Hungary 奥匈帝国银行,202
banks 银行

　　～与各政府,191,193—194,198,200—204,210
　　～与投资,58,192—193,195,198,202
　　～与帝国主义,191,197,233
Banque de Paris et des Pays-Bas 巴黎银行,193
Banque Franco-Serbe 法国-塞尔维亚银行,193
Barrès, Maurice 莫里斯·巴雷斯,275,280
Basle, International Socialist Congress at 在巴塞尔举行的社会党国际大会,264
Basserman, Ernst 恩斯特·巴瑟尔曼,148
Battenberg, Admiral Prince Louis of 巴滕贝格的路易斯亲王海军上将,127—128
Beauchamp, William Lygon, Earl 威廉·利根·博强普伯爵,35
Bebel, August 奥古斯特·倍倍尔,232,263,267
Becker, Jean-Jacques 让-雅克·贝克,254,269
Belgium 比利时
　　英国战略中的～,229
　　～的殖民地,234—236
　　法国战略中的～,122—123
　　德国战略中的～,29,124—126,129,189
　　～的中立,2,27,31—3,36—37,50,123,126,174
Belgrade 贝尔格莱德,16,18,20,24—6,73,113
Benedict XV, Pope 教皇本笃十五世,177
Bentham, Jeremy 杰里米·边沁,257
Berchtold, Leopold, Graf 利奥波德·贝希托尔德伯爵,14—16,21,25—26,43,155
Berghahn, Volker 福尔克尔·贝格哈恩,ix,6,130,143

Berlin 柏林,14,16,26,30,35,90,98,269—270,273
 柏林股票交易所,57
 柏林大学,277
 霍尔丹访问~,77,99,146,204,234
Berlin,Isaiah 以赛亚·伯林,8
Berliner Tageblatt 《柏林人日报》,50
Berne 伯尔尼,261
Bernstein,Eduard 爱德华·伯恩斯坦,101
Bertie,Sir Francis 弗朗西斯·伯蒂爵士,26,31,64
Bethlen,István 伊斯特万·贝斯伦,153
Bethmann Hollweg,Theophile von 泰奥菲·冯·贝特曼·霍尔维格,131,148,203
 ~与奥匈帝国,71
 ~与英国,77—78,99,146—147,234,236
 ~与德国政治,144—146,148—149,236,268—269
 ~与七月危机,25—28,33,43,126,149,302
 ~与1911年摩洛哥危机,145
 ~与战争目标,212
 ~与1912年的"战争会议",129
Beyond War 《超越战争》,261
Bienvenu-Martin,Jean-Baptiste 让-巴蒂斯特·比因维尼-马丁,23
Birmingham 伯明翰,208
Bismarck,Prince Otto von 奥托·冯·俾斯麦亲王
 ~与同奥匈帝国的联盟,54—55
 ~与反社会主义,267—268
 ~与殖民主义,141,186,222,229—230
 ~与三皇同盟,56
 下台,142,223
 ~与金融政策,57,192,203
 ~与法国,140,220
 ~与军国主义,87
 ~与现实政治,49—50,53
 ~与战争责任,5
 ~与三国同盟,74
Bitolj 比托利伊,112
Bizerta 比塞大,37
"Black Hand" "黑手会",113
Black Sea 黑海,66,72,112,213,238
Blatchford,Robert 罗伯特·布拉奇福德,226—227
Bloch,Ivan 伊万·布洛克,257—258
Bleichröder Bank 布雷施劳德银行,203
Blue Water School 蓝水学派,97—98
Bohemia 波西米亚,154,162
Bolsheviks 布尔什维克,3,270
Bonn,University of 波恩大学,231
Bonnard,Abel 阿贝尔·博纳尔,277
Bosnia 波斯尼亚,12—14,21,43,68—70,75,114,194
 1908年吞并~,14,75—76,78,107,112—113,154,241
Bosphorous 博斯普鲁斯海峡,见土耳其海峡(Straits)
Bosworth,Richard 理查德·博斯沃思,6
Bouillons Kub 脱水浓缩汤料块,290
Bourse(Paris Stock Exchange) 巴黎证券交易所,192,200,202
"Boxer"rising 义和团运动,59,223
Boy Scouts 童子军,284,286
Bridge,F.R. F.R.布里奇,79
Britain 英国
 ~与日本的联盟,60
 ~与联盟体系,59—60
 在~对战争爆发的态度,271,277—278,288—289,291
 ~与巴格达铁路,78,236—241
 ~与巴尔干战争,77

～与比利时的中立,31—32,35—37,50,126,174
～保守党,32
对奥匈帝国宣战,41
对德国宣战,37
帝国与帝国主义,220—229,235—240,246—248
～和法国的协约,54,61—62,64,71
～和俄国的协约,54,66—67
～与德国海军,62,71,95—97,99—101,127—128
～与海牙会议,1907,259—260,276
～与爱尔兰,170,172—173
～与意大利,72—73
～与七月危机,19—20,22,25—27,29—31,33—36
～自由党,32
～的民族主义组织,284—286
～海军协会,283
军事与军事政策,96—97,126—127
～与1905年摩洛哥危机,64,67
～与1911年摩洛哥危机,72
～国内的和平运动,262
政治与政治体制,170—174
～与葡萄牙殖民地,78,234—235
提议审判德皇,2
外交文件的出版,4
～与法国的参谋部谈判,64—65,226
British Documents on the Origins of the War 《关于世界大战起源的英国文件》,4,235
British Empire Exhibition 大英帝国博览会,1924,228
British Expeditionary Force(BEF) 英国远征军,35,37,97,127,173
Brussels,Meeting of International Socialist Bureau in 社会党国际局布鲁塞尔会议,268,271,290

Buchanan,Sir George 乔治·布坎南爵士,26
Budapest 布达佩斯,152,203,270
Bulgaria 保加利亚,40,73,76,79,106,118,163,190,193—194,205,241
Bülow,Bernhard von 伯恩哈德·冯·比洛,78,92,140,143—144,146,150,208,224,232
Burma 缅甸,61,221
Burmah Co. 伯麦石油公司,238—239
Burns,John 约翰·伯恩斯,35
Butterfield and Swire 怡和洋行与太古洋行,221

cabinet noir 暗室,51
Cadorna,Gen. Luigi 路易吉·卡多纳将军,39,111—112
Caillaux,Joseph 约瑟夫·卡约,192
Cain,P. J. P. J.凯恩,207,222
Caisse de la Dette 公债委员会,61
Cambon,Jules 儒勒·康邦,65
Cambon,Paul 保罗·康邦,26—27,33—34,64
Camelots du Roi, "兜售保王党报纸的报贩"283
Campbell-Bannerman,Sir Henry 亨利·坎贝尔-班纳曼,65
Canada 加拿大,61,205
Cape Colony 开普殖民地,219,222
"Capitaine Danrit" "丹瑞特上尉",289
Caprivi,Graf von 冯·卡普里维伯爵,50
Carnet B 另册,265
Carol,King of Romania 罗马尼亚国王卡罗尔,153
Cassel,Sir Ernest 欧内斯特·卡塞尔爵士,203—204
Chamberlain,Joseph 约瑟夫·张伯伦,59,224—226,237

索　引

Childers, Robert Erskine　罗伯特·厄斯金·查尔德斯, 173
Chile　智利, 189
China　中国, 59, 105, 221, 223, 225, 233
　义和团运动, 59, 223
　从斯柯达公司购买武器, 189
　门户开放, 203
　甲午战争, 1895, 59
Chirol, Sir Valentine　瓦伦丁·吉乐尔, 50
Church Lads' Brigade　教会儿童旅, 284
Churchill, Winston S.　温斯顿·S. 丘吉尔, 32, 98—99, 128, 204, 256, 284
Clarion, *The*　《号角》, 227
Clarke, George　乔治·克拉克, 65
Clarke, I. F.　I. F. 克拉克, 288—289
Clausewitz, Karl von　卡尔·冯·克劳塞维茨, 279
Clemenceau, Georges　乔治·克莱蒙梭, 103
Coeur de Française　《法国人之心》, 165
Colonial Society (*Kolonialverein*)　殖民协会, 63, 187
Comité d'Afrique Française　法国非洲委员会, 220
Comité des Forges　冶金行业联合会, 213
Committee of Imperial Defence　帝国防务委员会, 65, 97
Communist Manifesto　《共产党宣言》, 262
Concert of Europe　欧洲协调, 79
Conciliation Internationale　"国际和解"组织, 261
Congo　刚果, 234
　Belgian　比利时人, 234
　French　法国人, 70, 145
Congress of Berlin　柏林会议, 54
Conrad von Hötzendorf, Gen. Franz Baron　弗朗茨·康拉德·冯·赫岑多夫将军, 男爵,
　对战争的态度, 275—276
　～与和意大利的同盟, 75, 117
　～与七月危机, 13—14, 21, 25, 29, 39, 43
　～与战略规划, 69, 108—109, 116—118, 120, 129
Constantinople　君士坦丁堡
　～与巴格达铁路, 236, 238
　德国军事代表团, 79—80, 131, 166
　俄国政策中的～, 67, 70, 79—80, 106, 161, 163—4, 213, 248, 291, 305
　德皇威廉对～的访问, 236
Control of the Tropics　对热带地区的控制, 228
Copenhagen　哥本哈根, 23
Corradini, Enrico　恩里哥·高拉迪尼, 242
Cossack Brigade　哥萨克旅, 245
Course of German History, *The*　《德国历史的进程》, 5
Coventry Ordnance Works　考文垂兵工厂, 100
Creditanstalt　奥地利联合借贷银行, 108
Credito Italiano　意大利信贷银行, 200
Crete　克里特岛, 67, 241
Crimean War　克里米亚战争, 96, 262
critique du darwinisme social, *La*　《社会达尔文主义批判》, 261
Croats　克罗地亚人, 13, 69, 152, 154, 201
Crowe, Sir Eyre　艾尔·克劳爵士, 27, 32—33, 53, 78
Curragh, The officers' "mutiny" at　卡拉驻军军官的兵变, 173
Curzon, George Nathaniel, Viscount　乔治·纳撒尼尔·寇松子爵, 247
Cyrenaica　昔兰尼加, 242
Czechs　捷克人, 14, 154

Daily Express 《每日快报》,228
Dalmatia 达尔马提亚,13,37
Danger Allemand,Le 《德国的危险》,207
D'Annunzio,Gabriele 加布里埃莱·邓南遮,111
Dante Alighieri Society 但丁·阿里盖利协会,242
Danube 多瑙河,24
Dardanelles,Straits of 达达尼尔海峡,69,72,244
Darwinism 达尔文主义,261,272,275
Daudet,Léon 莱昂·都德,289
Delbrück,Hans 汉斯·德尔布吕克,71—72
Delcassé,Théophile 泰奥菲尔·德尔卡塞,51,61—64,102,192
Delhi 德里,97,246
Denmark 丹麦,23
Dernburg,Bernhard 伯恩哈德·德恩伯格,208
Deutsche Bank 德意志银行,208,236
Deutsch-Luxemburgische Bergwerksund Hüttengesellschaft 德意志-卢森堡矿山和冶金公司,208
Deutsche Treuhandgesellschaft 德意志信托公司,208
Deutsche Weltpolitik und kein Krieg 《德国的世界政策和不诉诸战争》,232
diplomacy,old 旧式外交,3—4,9,51—53,76
Disraeli,Benjamin 本杰明·迪斯累里,193
Documents Diplomatiques Français 1871—1914 《法国外交文件,1871—1914》,4
Dodecanese Islands 多德卡尼斯群岛,73,111,244
Dogger Bank incident 道杰岬事件,63

Doyle,Arthur Conan 亚瑟·柯南·道尔,284
dreadnoughts 无畏舰,76—77,90,95,98,106,110,189,240
Dreadnaught hoax "无畏舰"恶作剧,90
Dreyfus Affair 德雷福斯事件,51—52,61,102—103,167,222
Dreikaiserbund 三皇同盟,80,163
Dublin 都柏林,172—173
Dunkirk 敦刻尔克,23
Durnovo,P. N. P. N. 杜尔诺瓦,160

Ecole de Guerre 法国陆军战争学院,103,122
Ecole Libre des Sciences Politiques 巴黎自由政治学堂,52,280—281
Edward VII,King 爱德华七世,62,98,203,225,260
Egypt 埃及,61,64,193,203,220—221,229
Eiffel Tower 埃菲尔铁塔,23
Empire Day 帝国日,284
Engels,Frederick 弗里德里希·恩格斯,88,149,262—263,265
England's Peril 《英格兰之危》,289
English Channel 英吉利海峡,71
Ententes 协约、友好关系,54,79—80,170,178
  英法~(英法友好关系),27,62—65,71,78,102,170,220,245
  英俄~(协议),66—67,223,235,245
Erzberger,Matthias 马蒂亚斯·埃茨贝格尔,148
Esher,Reginald Brett,Viscount 爱舍尔子爵雷吉诺德·布雷特,65,127
Ethiopia 埃塞俄比亚,109,242

Falkenhayn,Gen. Erichvon 埃里希·法

尔肯海恩,27
Far East　远东,63,66
　　英俄在～的关系,67
　　英国在～的政策,60,246
　　法俄在～的关系,59
　　法国在～的政策 102
　　在～的帝国主义竞争,221
　　俄国在～的政策,67,70,104,155,161
Fashoda crisis　法绍达危机,61—62,102,220
Fay,Sidney B.　西德尼·B.费伊,4
Ferguson,Niall　尼尔·弗格森,151
Fermanagh　弗马纳郡,256
Fez　非斯,70
Figaro,Le　《费加罗报》,256
Finanzkapital,Das　金融资本,191
First International　第一国际,262
Fischer,Fritz　弗里茨·费舍尔,vii,ix,5—6,130
Fisher,Adml Sir John　约翰·费舍尔爵士,海军上将,97—98,288
Flagge,Die　《旗帜》,75
Flotow,Hans von　汉斯·冯·弗洛托,38
Foch,Gen. Ferdinand　费迪南·福煦将军,103,122,127
Ford,Patrick　帕特里克·福特,173
Forse che si,forse che no　《前途未卜》,111
France　法国
　　～与俄国的联盟,54,56—58,79—80,104,106,121,166
　　～与巴格达铁路,199,236—7
　　～的征兵制,102—104,166—168,280
　　对奥匈帝国宣战,41
　　经济与经济政策,193—200
　　帝国与帝国主义,220,222,242—243
　　～与英国的协约,54,61—62,64,102

～与七月危机,23—24,26,32—34,36
对俄国借贷,57,122,166,192,195—198
军事与军事政策,102—104,121—124
～与摩洛哥,61—62,64—65,70,166,199
～的民族主义,275,277,280
政治与政治体制,164—169
～外交文件的出版,4
收复阿尔萨斯-洛林,56,58,70,80,102,130,168
～的社会党人与战争,265—266
～与英国的参谋部谈判,64—65
与萨维尔纳事件,255
另见联盟(Alliances),协约(Ententes)与动员(Mobilization)
France(battleship)　"法兰西"号(战列舰),18,23
Franco-Prussian War　普法战争,31,49,56,91,109,258
Frankfurt　法兰克福,192
Franz Ferdinand,Archduke　弗朗茨·斐迪南大公,73,107—108,154
　　遇刺,12—13,18,20,33,39,113,115,129,256,279,290
Franz Josef,Emperor　弗朗茨·约瑟夫皇帝,13—14,17,56,68,73,107,152—153,255
Frederick the Great　腓特烈大王,5
Freiburg-im-Breisgau, University of　弗赖堡大学,231
Freisinnige Vereinigung　自由思想者协会,275
French,David　大卫·法兰奇,ix,171
Frisian Islands　弗里西亚群岛,97
Fundamental Law　《基本法条》,156
Future of War,The　《战争的未来》,257
Futurism　未来主义,178,276,287

Galicia　加里西亚,22,29,39,106,117—18

Galsworthy, John 约翰·高尔斯华绥, 197

George V, King 乔治五世国王, 30, 34, 42, 246

German-Brazilian Society 德国-巴西协会, 187

German Peace Association 德国和平协会, 261

Germany 德国
  与奥匈帝国的同盟, 49—50, 54—56, 68, 70—71, 79, 81, 116—117
  ～与巴格达铁路, 78
  ～与巴尔干战争, 77, 79
  ～与比利时的中立, 29, 31, 36, 124—126
  ～与英国, 63, 77—78, 146—147
  对法国宣战, 36
  对俄国宣战, 29, 33
  经济与经济政策, 186—189, 192—194, 197, 200, 204, 206—211
  帝国与帝国主义, 141, 145, 150—151, 222—224, 229—326, 240—242
  与海牙会议, 259—260, 277
  尼采在～的影响, 277—278
  特赖奇克在～的影响, 277—278
  入侵卢森堡, 35
  ～与意大利, 38
  ～与七月危机, 14—16, 20—21, 24—25, 27—30, 33—35, 38
  军事与军事政策, 88—92, 94, 124—126
  派往土耳其的军事代表团, 79
  ～与1905年摩洛哥危机, 63—64, 68
  ～与1911年摩洛哥危机, 70, 145, 199
  ～的民族主义, 269, 281, 283, 286—287
  海军与海军政策, 58—59, 77—78, 93—95, 99—101, 141—146
  ～与荷兰, 125
  ～的和平运动, 257, 261, 266—267, 276
  ～的政治与政治体制, 139—151
  ～与葡萄牙的殖民地, 234—5
  ～外交文件的出版, 3—4
  ～与俄国, 58, 206
  1912年"战争会议", 77, 129
  另见, 联盟（alliances）, 动员（mobilization）, 三国同盟（Triple Alliance）, 世界政策（Weltpolitik）, 世界强国（Weltmacht）

Giesl von Gieslingen, Wladimir, Freiherr von, 弗拉基米尔·吉尔斯·冯·吉斯林根男爵 19

Giolitti, Giovanni 乔瓦尼·乔利蒂, 110—111, 175, 178, 243—244

Girault, René 勒内·吉罗, 198

Gladstone, William Ewart 威廉·尤尔特·格莱斯顿, 170

Goremykin, I. C. I. C. 戈列梅金, 158, 163

Gorki, Maxim 玛克西姆·高尔基, 197

Grandeur et decadence de la guerre 《战争的荣耀与颓废》, 258

Grandmaison, Col. Loyseaux de 路易·罗伊佐·德·格朗梅松, 122

Great Illusion, The 《大幻觉》, 204, 258

Greece 希腊, 40, 190, 202, 241
  ～与巴尔干同盟, 73
  ～与巴尔干战争, 76
  ～与土耳其的战争, 67

Grey, Sir Edward 爱德华·格雷爵士
  ～与英法关系, 65, 67, 126, 173—174
  ～与巴尔干战争, 77, 79
  ～与限制军备, 100
  ～与德国, 2, 49, 98, 208, 234—235, 247, 267
  ～与意大利, 73
  ～与七月危机, 18, 20—27, 29—31, 33—34, 37—38, 40—41, 43, 127—128, 131—132, 204, 256, 299, 303

索　　引

～与自由党,171—172,174,245
与俄国,106,246
Griff nach der Weltmacht　《争雄世界》,5—6

Habsburg Monarchy　哈布斯堡王朝,见奥匈帝国(Austria-Hungary)
Hague conference　海牙会议
　1899 年～,258,276—277
　1907 年～,35,100,258—259
Haldane,Richard Burton,Viscount　理查德·伯顿,霍尔丹子爵,174,204,236
　1912 年出使柏林,77,99,146,204,234—235
Hamburg　汉堡,5,173,186,203—204,208,222,230,233
Hamburg-Amerika Line　汉堡美洲航运公司,42,187,204
Hamilton,Angus　安格斯·汉密尔顿,284
Handley Page　汉德利·佩奇公司,188
Harcourt,Lewis,Viscount　路易斯·哈考特子爵,236
Hardinge of Penshurst,Lord　潘雪斯特的哈丁吉勋爵,156
Hartwig,Baron　哈特维希男爵,41—42
Heeringen,Adml August von　奥古斯特·冯·黑林根海军中将,130
Heligoland　赫尔果兰,77
Heinrich,Prince of Prussia　普鲁士亲王海因里希,42
Hercegovina　黑塞哥维纳,13,68—69,112,194,241
Herwig,Holger,霍尔格·霍尔维格 189
Hilferding,Rudolf　鲁道夫·希法亭,185,191
Hindenburg,Field Marshal Paul von　保罗·冯·兴登堡元帅,212
Hintze,Otto　奥托·兴茨,150
Hitler,Adolf　阿道夫·希特勒,5
Hobson,J. A.　J. A. 霍布森,185

Holstein,Friedrich von　弗里德里希·冯·荷尔施泰因,203,224
Honved　(匈牙利)国土防卫军,107
Hopkins,A. G.　A. G. 霍普金斯,207,222
Hoyos,Alexander,Graf　约瑟夫·霍亚斯伯爵,14
Human Harvest, *The*　《人类的收获》,261
Hungary　匈牙利,68,107,152—4,162,270
Hyndman,H. M.　H. M. 海因德曼,101

Imperial Maritime League　帝国海洋协会,115,275
imperialism　帝国主义,9,50,214,236,245,248,272,275
　英国～,221,224,227—229,235,247,301
　对～的解释,185—186,219—221,304
　法国～,222
　德国～,140—141,230—236,301
　意大利～,242—244
Imperialism - The Highest Stage of Capitalism　《帝国主义是资本主义的最高阶段》,186
Independent Labour Party　独立工党,271
India　印度,225
　～与英法关系,62,67,223—227
　～与英帝国,96—97,221,224,228—229,237,239,246—247
Indo-China　印度支那地区,105
Influence of Sea Power in History The,《海权论》,75,142
International Anarchy 1904—1914, *The*　《国际无政府状态,1904—1914》,3
International Socialist Bureau　社会党国际局,18,244,271,290,306
International Socialist Congress　国际社会党代表大会
　1889 年～,263
　1907 年～,185

1912年~,264
1914年~,24
Inter-Parliamentary Union 各国议会联盟,259,261
Invasion of 1910,The 《1910年入侵》,289
Ireland 爱尔兰,170,172—173
　　Home Rule ~自治,170,172—173,273
Isolationism 孤立主义,59,65
Istituto Coloniale 殖民学会,242
Istoria romanilor 《罗马尼亚人的历史》,153
Italia Irredenta "属于的意大利领土",37,74
Italy 意大利
　　~与奥匈帝国,72—73
　　~与巴尔干战争,75
　　~与波斯尼亚危机,69
　　~与英国,72
　　宣布中立,40
　　帝国与帝国主义,242—245
　　七月危机中的~,17,37—40
　　海军与海军政策,76,110—112
　　军事与军事政策,109—110,112
　　与1911年摩洛哥危机,73
　　~的民族主义,74—75
　　政治与政治体制,176—178
　　~外交文件的出版,4
　　"红色星期",176
　　~与三国同盟,72—74
　　~与土耳其的战争,73—74,189
　　另见,联盟(alliances)
Izvolsky,A. P. A. P. 伊兹伏尔斯基,32,66,69,80,155,259
Izvovna Banka 伊兹沃夫那银行,193

Jagow,Gottlieb von 戈特利布·冯·雅戈,16,22,28,202
Japan 日本,225

~与英国的同盟,54,60
~与中国,223
日俄战争,1904—1905,59—60,62—63,66—67,77,92—93,105—106,130,155,160—161,196,206,209,233,260
Jardine Matheson 怡和洋行,221,265—266,282,290
Jaurès,Jean 让·饶勒斯,89,167,213—214
　　遇刺,169,214
Jews 犹太人,160,195,203,259,275,278
Joffre,Gen. Joseph 约瑟夫·霞飞将军,24,36,103,121—123
Johnson,President Lyndon B. 林登·B.约翰逊总统,174
Jordan,David Starr 戴维·斯塔尔·乔丹,261
Jouhaux,Léon 莱昂·儒奥,282
Jungdeutschlandbund 德意志青年联盟,286
Jutland,battle of 日德兰海战,95

Kadets 宪制民主党人,66,159
Kálnoky,Count Gustav 古斯塔夫·科尔诺基伯爵,153
Kautsky,Karl 卡尔·考茨基,3
Kazan,military district of 喀山军区,22,104,119
Keiger,John 约翰·凯格尔,vii—viii,6,300
Kellogg,Vernon 维农·凯洛格,261
Kennedy,Paul 保罗·肯尼迪,ix,208
Kidd,Benjamin 本杰明·基德,228
Kiderlen-Wächter,Alfred von 阿尔弗雷德·冯·基德尔伦-瓦希特尔,78,203
Kiel 基尔,288
　　~运河,77,99
　　~赛船大会,203

索 引

Kiev, military district of 基辅军区, 22, 119
Kipling, Rudyard 鲁德亚德·吉卜林, 226
Kitchener, Field Marshal H. H. H. H. 基钦纳元帅, 131
Klein, Fritz 弗里茨·克莱因, 5
Kokovtsev, V. N. V. N. 科科夫佐夫, 119, 158, 161, 163
Koloniaherein 殖民协会, 63, 187
Köpenick, hoax at 科帕尼克小镇闹剧, 90
Kovalevskii, Maksim 马克西姆·科沃列夫斯基, 262
Krieg der Illusionen 《幻觉之战》, 6
Kriegsgefahrzustand 战争危险迫近状态, 24, 27—28, 119, 123
Kropotkin, Prince 克鲁泡特金亲王, 260, 270
Krupp, Gustav 古斯塔夫·克虏伯, 15
Krupps 克虏伯公司, 100, 106, 108, 188—191, 199, 201, 237
Kühlmann, Richard von 里夏德·冯·屈尔曼, 232, 234
Kuhn, Loeb 洛埃布·库恩, 204

Lancashire 兰开夏郡, 208, 225
Länderbank 国家银行, 108, 194
Landwehr 奥地利战时后备军, 107
Lansdowne, Henry Charles Keith Petty-Fitzmaurice, Marquess of 亨利·查尔斯·凯斯·佩蒂-菲茨莫里斯, 兰斯道恩侯爵, 60, 62, 64, 237
L'Armée Nouvelle 《新式军队》, 265—266
Laurian, A. T. A. T. 洛里安, 153
League of Nations 国际联盟, 3
Lega Industriale di Torino 都灵工业协会, 243
Legien, Carl 卡尔·勒吉恩, 256
Lenin, Vladimir I. I. 弗拉基米尔·列

宁, 185—186, 290, 303
Le Queux, William 威廉·勒·奎, 289
Leutnant Gustl 《古斯特少尉》, 107
Libya, Italian conquest of 意大利对利比亚的征服, 39, 73, 76, 110—112, 175—176, 242—244, 270—271
Lichnowsky, Karl Max Fürst von 卡尔·马克斯·冯·利希诺夫斯基亲王, 25, 27, 30, 34
Liebknecht, Karl 卡尔·李卜克内西, 149, 267
Liebknecht, Wilhelm 威廉·李卜克内西, 263, 266
Liège 列日, 32, 125—126, 137
Lieven, Dominic 多米尼克·利汶, vii—ix, 6
Ligue des Patriotes 爱国者联合会, 115, 283
Liman von Sanders, Gen. Otto von 利曼·冯·桑德斯, 79—81, 163
Lloyd George, David 戴维·劳合·乔治, 2, 71, 171, 210, 303
～伦敦市长官邸讲话, 70—71, 85, 145
loans 贷款, 163, 178, 189, 192—193, 196—197, 200—203, 213, 233—234, 238
法俄～, 57, 122, 166, 192, 195—198
London 伦敦
大使会议, 21, 77
各国议会联盟会议, 261
爱德华七世加冕, 225
作为金融中心的～, 192, 204, 207—208, 210, 236
克鲁泡特金在～, 270
1914年～人的心态, 271
1891年皇家海军展览会, 228
～内的间谍恐慌, 289
法国总统访问～, 62
Lorraine 洛林, 122—123, 125, 166, 200,

300—301
Loubet, Emile 埃米尔·卢贝, 62
Low, Sidney 锡德尼·劳, 276
Lowes Dickinson, Goldsworthy 哥尔德华绥·洛埃斯·迪金森, 3
Lunéville 吕内维尔, 165
Luther, Martin 马丁·路德, 5
Luxemburg 卢森堡, 2, 35, 125
Luxemburg, Rosa 罗莎·卢森堡, 149, 185—186, 304
Lyautey, Louis-Hebert 路易-于贝尔·利奥泰, 222

MacDonald, James Ramsay 詹姆斯·拉姆齐·麦克唐纳, 96
Macedonia 马其顿, 13, 73, 112
Mackenzie, S. P. S. P. 麦肯齐, 92—93
Made in Germany 《德国制造》, 207
Mahan, Capt. Alfred Thayer 阿尔弗雷德·赛耶·马汉, 75, 93, 142, 288
Malaya 马来亚, 221
Manchester 曼彻斯特, 262
Manchester Guardian 《曼彻斯特卫报》, 3, 71
Mannesmann Brothers 曼尼斯曼兄弟公司, 199
Marinetti, F. T. F. T. 马利奈蒂, 276, 287—288
Marx, Karl 卡尔·马克思, 56, 149, 262—263, 267
Mayer, Arno J. 阿诺·J. 迈耶, 7, 52, 170
Mazzini, Giuseppe 朱塞佩·马志尼, 287
Mediterranean 地中海, 59, 72—76, 111—112, 220, 244
  英国~舰队, 34, 61, 72, 146
  法国~舰队, 71
Mediterranean agreements of 1887 1887年地中海协定, 59
Mensdorff-Pouilly-Dietrichstein, Albert Graf 阿尔伯特·冯·门斯多夫伯爵, 20
Merey, von Kapos-Mere, Kajetan Graf 卡赫坦·梅里伯爵, 37—38, 40
Mesopotamia 美索不达米亚, 236, 239—40
Messimy, Adolphe, 阿道夫·梅西米 24
Metternich, Clemens Fürst 克莱门斯·梅特涅亲王, 151
Metternich, Paul Graf von Wolff, 234 保罗·冯·沃尔夫-梅特涅
Meuse 默兹河, 122
Mexico 墨西哥, 255
Middle East 中东, 67, 97, 207, 225, 237—240, 245
Milan 米兰, 109
militarism 军国主义, 87, 96, 115, 258, 304
  英国对普鲁士-德国~的恐惧, 2, 101
  德国的~, 151, 232, 267, 278, 283—284, 287
  参见反军国主义(anti-militarism)
Millerand, Alexandre 亚历山大·米勒兰, 283
Miquel, Johannes 约翰内斯·米克尔, 142
Mitteleuropa 中欧, 212, 233
Mobilization 动员, 88—89, 123—124, 129, 209, 211
  奥匈帝国的~, 13, 16, 21, 24, 29, 117—118
  英国的~, 127—128, 271
  法国的~, 30, 36, 104, 123—124, 169, 254, 265, 269
  德国的~, 21, 24, 27—29, 33, 35—36, 91, 105, 120, 124—126, 129, 268—269
  意大利的~, 110
  俄国的~, 19, 22—25, 27—29, 32—33, 104, 116—117, 119—121, 124, 131
Molinari, Gustave de 古斯塔夫·德·莫

索　引

里纳利, 258
Molly Maguires　莫利·马奎尔, 173
Moltke, Gen. Helmuth Graf von　赫尔穆特·冯·毛奇将军, 69, 93, 111—112, 274, 277
　～与七月危机, 25—26, 28, 30, 35, 39
　对施里芬计划的修改, 125—126, 129
　～与1912年战争会议, 130
Moltke the Elder　老毛奇, 91
Mombauer, Annika 安妮卡·蒙巴厄, viii, 300
Mommsen, W. J.　W. J. 蒙森, ix, 179, 212
Monroe Doctrine　门罗主义, 231
Montecuccoli, Adml Rudolf　鲁道夫·蒙特库科里海军上将, 108
Moravia　摩拉维亚, 154
Morley, John Viscount　约翰·莫利子爵, 35
Morocco　摩洛哥, 24, 189, 203, 222, 244
　英法在～问题上的协议, 62, 93
　1905—1906年的危机, 51, 63—65, 67—68, 92, 97, 101, 196—197, 203, 224
　1911年危机, 见阿加迪尔危机 (Agadir crisis)
　法国在～的目标, 61, 70, 102, 194, 199, 219, 242, 248
　德国在～的利益, 63, 68, 199, 208, 224, 233
Morokkanische Gesellschaft　摩洛哥协会, 63
Moscow　莫斯科, 22, 119, 155, 157, 207
Müller, Adml Georg von　格奥尔格·冯·穆勒海军上将, 130
Munich　慕尼黑, 286
Muraviev, Count Mikhail　米哈伊尔·穆拉维耶夫伯爵, 195, 282
Mussolini, Benito　贝尼托·墨索里尼, 177, 271
Mutual Aid　《互助论》, 260

Namur　纳慕尔, 32

Napoleon I, Emperor　拿破仑一世皇帝, 2, 102
Napoleon III, Emperor　拿破仑三世皇帝, 49, 87, 285
Narodna Odbrana (National Defence) "国防"协会, 15, 113—115
Nationalsozialer Verein　全国社会协会, 275
National Bank of Turkey　土耳其国家银行, 239
National Service League　全国兵役协会, 115, 170, 284
Navy leagues　各海军协会, 274, 283
Navy League (Britain) 海军协会(英), 115, 170, 187, 274, 283
Navy League (Germany) 海军协会(德), 115, 170, 186—187, 283
Neilson, Keith　基斯·尼尔森, viii, 66, 133, 249
Neoslavs　新斯拉夫党人, 162
Netherlands, The　荷兰, 2, 125
Neue Freie Presse　《新自由报》, 76
Nicholas, Grand Duke 尼古拉大公, 17, 121
Nicholas II, Tsar　沙皇尼古拉二世, 58, 105, 155, 157, 160, 286
　～与俄国政府, 156—157
　～与1899年海牙会议, 258
　～与七月危机, 21, 24—25, 27
Nicolson, Sir Arthur　亚瑟·尼科尔森, 27, 33—34, 246
Niemann, August　奥古斯特·尼曼, 288
Nietzsche, Friedrich　弗里德里希·尼采, 277—279, 285
Nile　尼罗河, 61, 223
Normandy　诺曼底, 200
North German Lloyd Shipping　北德劳合航运公司, 187
North Sea　北海, 35, 62—63, 72, 146
Norway　挪威, 23, 128
Noske, Gustav　古斯塔夫·诺斯克, 144

Novikow, Jacques 雅克·诺维科, 261
Novoe Vremya 《新时代》, 164
Nuremberg 纽伦堡, 35

Obruchev, Gen. N. N. N. N. 奥波罗谢夫将军, 57—58
Octobrists 十月党人, 159, 161
Odessa, military district of 敖德萨军区, 22, 119
Olivetti, Gino 吉诺·奥利维蒂, 243
On War 《战争论》, 279
Origins of the War of 1914, The 《1914年战争的起源》, 41
Ottoman Bank 奥斯曼银行, 193

Pacifism 和平主义, 96, 204, 227, 257—258, 261—262, 267, 272, 276, 282
Paléologue, Maurice 莫里斯·帕莱奥洛格, 17—18, 23, 32, 121
Panama Canal 巴拿马运河, 231
Pan-German League 泛德意志协会, 63, 143, 170, 187, 233
Panslavs 泛斯拉夫, 54, 162
Paris 巴黎
~的军火工业, 211
作为金融中心的~, 192—193, 200, 202, 236
在德国战略计划中的~, 125
~与七月危机, 23, 30, 283
剧院, 165
沙皇访问~, 58
爱德华七世访问~, 62
Pašić, Nicholas 尼古拉·帕西奇, 18—19, 38, 113
Passy, Frédéric 弗雷德里克·帕西, 259
Pathans 印度西北边境的普什图人, 96
Patriotism Under Three Flags: A Plea for Rationalism in Politics 《在三种旗号下的爱国主义：呼吁政治中的理性主义》, 258

Peace and War 《和平与战争》, 261
Pearson, Karl 卡尔·培尔森, 227
Pemba 奔巴岛, 234
Persia 波斯, 66—67, 196, 238, 245—246
英俄在~问题上的协议, 66, 238, 240
Persian Gulf 波斯湾, 195, 236—238, 240
Petit Parisien, Le 《小巴黎人日报》, 256
Pichon, Stephen 斯特凡·皮雄, 50
Pig War of 1906—1910 猪肉战争, 1906—1910年, 201
Pius IX, Pope 教皇庇护九世, 55
Pius X, Pope 教皇庇护十世, 177
Plan XVII (French) 17号计划（法国）, 122
Plan 19 (Russian) 19号计划（俄国）, 118
Poincaré, Raymond 雷蒙·普安卡雷, 70, 121, 123, 130, 166, 169, 300
~与法国政治, 165—168
~与七月危机, 23—24, 26, 32, 34
与俄国的联盟, 79—80, 121, 166, 197—198
访问圣彼得堡, 1914年7月, 16—18, 198
Pola 波拉, 39
Poland 波兰, 21—22, 106, 118, 161, 281—282
Pollio, Gen. Alberto 艾尔伯托·波利奥, 39, 111—112
Popovici, Aurel 奥雷尔·波波维奇, 274
Portsmouth 朴次茅斯, 225, 261
Portsmouth, Treaty of 《朴次茅斯条约》, 93
Portugal 葡萄牙, 78, 234—235
Potsdam 波茨坦, 14
1910年沙皇访问~, 121, 238
Primat der Aussenpolitik "外交政策至上", 7, 150
Primat der Innenpolitik "对内政策至上", 7, 9, 151
Prinz Eugen (dreadnought) "欧根亲王

号"无畏舰,76
Proudhon,P-J. 蒲鲁东,263
Prussia 普鲁士,50,71,158,278
　选举权,139
　入侵东普鲁士,105—106,118

Radek,Karl 卡尔·拉狄克,303
Radetsky-Marsch《拉德茨基进行曲》,107
Ragozin,E. I. E. I. 罗戈津,205
Railways 铁路,119,192,194—6,221,237,303
　～与奥地利战略计划,117—118
　～与德国战略计划,35,91,124—125
　～与意大利战略计划,109,176
　～与俄国战略计划,105—106,117—118,121—122,166,192,198
　～罢工,112,176,265
　另见 西伯利亚大铁路(Trans-Siberian Railway),巴格达铁路(Baghdad Railway)
Ranke,Leopold von 列奥波德·冯·兰克,4,7,150
Rasputin,Grigory 拉斯普京,158—160
Rathenau,Walther 瓦尔特·拉特瑙,131,199
Redmond,John 约翰·雷德蒙德,173
Red Week "红色星期",177
"Reinsurance Treaty" of 1887 1887年《再保险条约》,49—50,55
Renault,Louis 路易·雷诺,211
Renouvin,Pierre 皮埃尔·勒努万,4
Revel,Thaon di 托塔·迪雷韦尔,76
Rhine 莱茵河,111,165,200
Rhodes,Cecil 塞西尔·罗兹,219,221
Richet,Charles 夏尔·里歇,260—261
Richelieu,Cardinal 黎塞留红衣主教,51
Riddle of the Sands, The《沙漠之谜》,173
Risorgimento 意大利民族复兴运动,39,287—288

Roberts,Field Marshal Frederick Sleigh,Earl 弗雷德里克·罗伯茨元帅,伯爵,284,289
Röhl,John C. G. 约翰·罗尔,vii—ix,6
Roosevelt,Franklin D. 富兰克林·D. 罗斯福,174
Roosevelt,Theodore 西奥多·罗斯福,259
Rosebery,Archibald Philip Primrose,Earl of 罗斯伯里伯爵阿奇博尔德·普里姆罗斯,203,220
Rosyth,British naval base at 罗塞斯,皇家海军基地,62
Roth,Joseph 约瑟夫·罗特,107
Rothschilds 罗斯柴尔德家族,193,195,203—204,238
Rouvier,Maurice 莫里斯·鲁维埃,51,64
Royal Naval Exhibition,1891 1891年皇家海军展览会,228
Romania 罗马尼亚,80,106,117,152—154,190,193
　～与七月危机,40
Rudolf,Crown Prince of Austria-Hungary 奥匈帝国王储鲁道夫,56
Russell,Bertrand 伯特兰·罗素,272
Russia 俄国
　～与法国的联盟,19,54,56—58,79—80,121
　～与巴格达铁路,238
　～与巴尔干战争,79
　～与波斯尼亚危机,69,80
　～与英国的协约,66—67
　～与道杰岬事件,52—53
　为战争做的经济准备,210
　～与德国的经济关系,57,206
　在～的外国投资,192,195—199
　德国在～的战争目标,212
　～与海牙会议,258—260
　日俄战争对～的影响,66—67,155
　～与英国的帝国主义竞争,223—224,

246—248
尼采在〜的影响,279
〜与七月危机,17,19,22,24—25,27—28
法国对〜的贷款,57,122,166,192,195—198
军事与军事政策,104—106,118—120,130—131
政治与政治体制,155—164
〜外交文件的出版,3—4
〜与塞尔维亚,81
Russo-Japanese War 日俄战争,60,92—94,209,288

Saint-Chamond 圣沙蒙,211
Saint Petersburg 圣彼得堡,17—18,155,157
普安卡雷和维维亚尼对〜的访问,121,168,198
Salandra, Antonio, 安东尼奥·萨兰德拉,175,177—178
Salisbury, Robert Arthur Talbot Gascoyne-Cecil, Marquess of 索尔兹伯里侯爵,罗伯特·阿瑟·塔尔博特·加斯科因-塞西尔,50,60,193,220
Sambre 桑布尔河,122
Sammlungspolitik 广泛团结政策,142,232
Sanderson, Thomas Henry, Baron 桑德斯男爵托马斯·亨利,171
San Giuliano, Marchese Antonio di 安东尼奥·迪·圣·朱利亚诺,37—40,175,177
Sarajevo 萨拉热窝,12,43,114,268
Sazonov, S. D. S. D. 萨佐诺夫
与巴尔干战争,79
与七月危机,17—19,22—24,26,43,120,158,163—164
Scandinavia 斯堪的纳维亚,206
Scapa Flow 斯卡帕湾,128
Schlieffen, Gen. Alfred Graf von 阿尔弗雷德·冯·施里芬将军,92—93,124—125,232
Schlieffen Plan 施里芬计划,21,30,92,124—126,129,137
Schmitt, Bernadotte 贝纳多特·施密特,4
Schneider-Creuzot 施耐德-勒克勒佐公司,106,188—189,191,205,210—211
Schnitzler, Arthur 亚瑟·施尼茨勒,107
Schoen, Wilhelm Freiherr von 威廉·冯·舍恩男爵,168
Schwab, M. M. 施瓦布,207
Schwabach, Paul von 保罗·冯·施瓦巴赫,203
Second International 第二国际,18,263,266,268,271
Second World War 第二次世界大战,4—5
Semaine Financière, La 《金融周刊》,256
Septennat 七年军事预算案,140
Serbia 塞尔维亚
奥匈利对〜的最后通牒,14,17—18
〜与巴尔干战争,112—113,163
〜与波斯尼亚危机,69,113
经济与经济政策,193—194,201,205
〜与七月危机,12—14,18—19,119
军事与军事政策,112,114—115
民族主义与民族主义组织,113—114,154,273—274,290
Serman, William 威廉·赛曼,103
Servir 《服役》,165
Shaw, George Bernard,197
Siam 暹罗,52,61,220
Siberia 西伯利亚,56,155
Sicily 西西里,109
Siemens 西门子,188
Simon, Sir John 约翰·西蒙爵士,35
Singapore 新加坡,221
Skoda 斯柯达,108,188—9,191,205
Slovenes 斯洛文尼亚人,152

索 引

Social Democratic Party(SPD)   德国社会民主党
　～与殖民主义,208,232
　～与对德国政治秩序的威胁,88,94,141—142,144,146—150,286
　～与战争 89,266—270
Sofia 索菲亚,73
South Africa   南非,62,96,219
　布尔战争,58,97,224,226,228—229,237,259,284,288
　在～的投资,192,221
South Tyrol   南蒂罗尔,74
Southern Slavs   南部斯拉夫人,13,70,152,290,299 另见,塞尔维亚人(Serbs),克罗地亚人(Croats)以及斯洛文尼亚人(Slovenes)
Spain   西班牙,189
Spencer, Herbert   赫伯特·斯宾塞,274
Spies   间谍,289
Spies of the Kaiser   《德国皇帝的间谍》,289
Spirit of 1914: Militarism, Myth and Mobilization in Germany, The, 《1914年的精神：德国的军国主义、神话和动员》,254
Spithead   斯皮特黑德海峡,127
Stabilimento Tecnico Triestino,108
Standard Oil Company   标准石油公司,238,240
Stanford University   斯坦福大学,231
Steevens, G. W.   G. W. 史蒂文斯,284
Steiner, Rudolf   鲁道夫·施泰纳,274
Steiner, Zara   扎拉·斯坦纳,ix,6,207
Stengers, Jean   让-斯坦热,23
Stern, Fritz   弗里茨·斯特恩,148
Stevenson, David   大卫·史蒂文森,viii,301
Stinnes, Hugo   胡戈·施蒂内斯,232
Stockholm   斯德哥尔摩,23
Stolypin, P. A.   P. A. 斯托雷平,157—161
Stone, Norman   诺曼·斯通,117

Straits(Bosphorous, Dardanelles)   土耳其海峡(博斯普鲁斯,达达尼尔),67,69,72,131,161—164,244,248,291
Straits of Otranto   奥特朗特海峡,37
Stuttgart, International Socialist Congress at   斯图加特国际社会党代表大会,185
Sudan   苏丹,61,220
Suez Canal   苏伊士运河,72,188,193,238
Sukhomlinov, Gen. V. A.   V. A.苏霍姆林斯基将军,105,158
Sumida, Jon   乔恩·苏秘达,98
Switzerland   瑞士,200,244,265,268
syndicalism   工团主义,88—89,169,265
Syria   叙利亚,237,245

Tangier   丹吉尔,63,245
Taranto   塔兰托,40
Tariff Reform League   关税改革协会,170
Tariffs   关税,57,187—188,205—209,225,238
Taylor, A. J. P.   A. J. P. 泰勒,5,49,171,236
Tehran   德黑兰,238,245,247
Temps, Le   《时代日报》,256
Thirty Years War   三十年战争,68,264
Thyssen, Fritz   弗里茨·蒂森,199—200
Thus Spake Zarathustra   《查拉图斯特拉如是说》,278—279
Times, The   《泰晤士报》,50,53—54,197,204,255,278—279,284
Tirpitz, Admiral Alfred von   阿尔弗雷德·冯·提尔皮茨海军上将
　对战争的态度,277
　～与七月危机,35
　～与英国的海军竞赛,99,101,230,301
　～与海军战争,93—95,99—101,142—143,151

与 1912 年战争会议,77,130
Tisza,Count,蒂斯扎伯爵 14—15,20,154,203
Tobruk 托布鲁克,111
Toulon 土伦,57,76
Trans-Siberian Railway 西伯利亚大铁路,56,62,105,155
Transylvania 特兰西瓦尼亚,80,117,152—154,162
Treitschke,Heinrich von 海因里希·冯·特赖奇克,277—278
Trentino 特伦蒂诺,37,176,287,305
Trieste 的里雅斯特,37,74,176,287,305
Triple Alliance 三国同盟,54,58—60,72—74,76,111,153,176,202,205,242
Tripolitania 的黎波里塔尼亚,73,243
Trotsky,Leon 列夫·托洛茨基,3
Tsushima,Battle of 对马海战,93
Tunisia 突尼斯,74,221,242
Turkey 土耳其
  利曼·冯·桑德斯代表团,79—81
  ~问题,67
  ~与意大利的战争,73,111
  青年土耳其党人(统一与进步委员会,CUP),68,238,241
Turner,L.C.F. L.C.F.特纳,119
Tyrone 蒂龙郡,256
Tyrrell,Sir William 威廉·蒂雷尔爵士,30

Uganda 乌干达,221
Ulster 乌尔斯特,170,172—173,255—256
Ulster Unionists 乌尔斯特统一派,172,273
Union or Death(Black Hand) "联合或者死亡"(黑手会),113
Union des Mines Marocaines 摩洛哥矿业联盟,199
United Russian Men 俄罗斯男性联盟,160
United States of America 美国,87,113,204
  参战,3
  ~与世界经济,187,207,225—226,231
United States Steel Corporation 美国钢铁公司,187
University College,London 伦敦大学学院,227

Valona 发罗拉港,37
Vandervelde,Emile,埃米尔·王德维尔德,204
Verband für internationale Verständigung 国际相互理解协会,261
Verhey,Jeffrey 杰弗里·维海,254,269
Versailles,Treaty of 《凡尔赛和约》,1,5
Vickers 维克斯公司,106,188—189
Victor Emmanuel II,King 维托里奥·埃马努埃莱二世,243
Victoria,Queen 维多利亚女王登基六十周年庆典,225
Vienna 维也纳,16,76,203,266,268,270
Vietnam War 越南战争,7,174
Viviani,René 勒内·维维亚尼,16,46,168,202
  ~与七月危机,18,23—24,32,121,123,168—169
Volksgemeinschaft 人民共同体,140,144,285

Wandervögel 漫游鸟,286—287
Warburg,Max 马克斯·瓦尔伯格,203—204,233
war guilt controversy 战争罪责争论,1,4—5
Weber,Max 马克斯·韦伯,230
Wegerer,Alfred von 阿尔弗雷德·冯·韦格勒尔,4
Wehler,Hans-Ulrich 汉斯-乌尔里希·韦勒,6
Wehrverein 陆军协会,71,146,187,283

Weltkrieg: *Deutsche Traüme*, *The* 《世界大战: 德国的梦想》, 288
Weltmacht 世界强国, 94, 224, 232, 306
Weltpolitik 世界政策, 141—142, 144, 208, 223, 230, 232—233, 236—237, 300
Wilhelm I, Emperor 威廉一世皇帝, 59
Wilhelm II, Emperor 威廉二世皇帝, 42, 91
　要求审判～, 2
　～与德国政治, 159
　～与七月危机, 15, 25, 30—31
　～与海军政策, 101
　～与俄国, 158
　～与世界政策, 58, 141—142
Wilkinson, Spencer 斯宾塞・威尔金斯, 279
Williams, E. E. E. E. 威廉姆斯, 207
Wilson, Gen. Sir Henry 亨利・威尔逊爵士, 将军, 126—127, 172
Wilson, Keith 基斯・威尔逊, 223, 249
Wilson, Woodrow 伍德罗・威尔逊, 2—3, 302
Witte, S. Y. 谢尔盖・维特, 155, 191—192, 196—197, 238

Woermann, Adolph 阿道夫・沃尔曼, 230
Woolf, Virginia 弗吉尼亚・伍尔芙, 90
World Peace Foundation 世界和平基金会, 261
Wyatt, Harold 哈罗德・怀亚特, 275

Yanushkevich, Gen. N. N. N. N. 雅努希凯维奇将军, 19, 120
Young Bosnia movement 青年波斯尼亚运动, 43, 114

Zabern affair 萨维尔纳事件, 90, 104, 147—148, 255
Zagreb 萨格勒布, 279
Zanzibar 桑给巴尔, 234
Zilinkskii, Gen. Yakov 雅科夫・日林斯基将军, 121
Zola, Emile 爱弥儿・左拉, 275
Zollverein 关税同盟, 55, 225
Zulus 祖鲁人, 96
Zurich 苏黎世, 267

图书在版编目(CIP)数据

第一次世界大战的起源:第三版/(英)詹姆斯·乔尔,(英)戈登·马特尔著;薛洲堂译.—北京:商务印书馆,2022(2024.1重印)
(汉译世界学术名著丛书)
ISBN 978-7-100-20966-3

Ⅰ.①第… Ⅱ.①詹… ②戈… ③薛… Ⅲ.①第一次世界大战—历史—研究 Ⅳ.①K143

中国版本图书馆 CIP 数据核字(2022)第 052760 号

权利保留,侵权必究。

汉译世界学术名著丛书
第一次世界大战的起源
(第三版)
〔英〕詹姆斯·乔尔 戈登·马特尔 著
薛洲堂 译

商 务 印 书 馆 出 版
(北京王府井大街36号 邮政编码100710)
商 务 印 书 馆 发 行
北京新华印刷有限公司印刷
ISBN 978-7-100-20966-3

2022年6月第1版 开本 850×1168 1/32
2024年1月北京第3次印刷 印张 14 5/8
定价:75.00元